더 나은 세상을 위한

학교혁명

제3기 진보 교육감 시기의 학교정책

더 나은 세상을 위한

학교혁명

제3기 진보 교육감 시기의 학교정책

초판 1쇄 발행 2018년 5월 15일
초판 4쇄 발행 2020년 11월 30일

엮은이 한국교육연구네트워크
펴낸이 김승희
펴낸곳 도서출판 살림터

기획 정광일
편집 조현주
북디자인 꼬리별

인쇄·제본 (주)신화프린팅
종이 (주)명동지류

주소 서울시 양천구 목동동로 293, 22층 2215-1호
전화 02-3141-6553
팩스 02-3141-6555
출판등록 2008년 3월 18일 제313-1990-12호
이메일 gwang80@hanmail.net
블로그 http://blog.naver.com/dkffk1020

ISBN 979-11-5930-067-7 03370

이 도서의 국립중앙도서관 출판예정도서목록(CIP)은
서지정보유통지원시스템 홈페이지(http://seoji.nl.go.kr)와
국가자료공동목록시스템(http://www.nl.go.kr/kolisnet)에서 이용하실 수 있습니다.
(CIP제어번호: CIP2018013628)

더 나은 세상을 위한
학교혁명

제3기 진보 교육감 시기의 학교정책

한국교육연구네트워크 엮음

살림터

　우리 교육은 역사상 유례없는 질적 전환기를 맞고 있다. 1980년대 이래 지속되어온 아래로부터의 교육운동을 바탕으로 시·도교육청 차원에서 추진했던 교육혁신 정책을 전국 단위에서 실현하여 우리 교육의 패러다임을 바꾸어낼 수 있는 절호의 기회를 맞이하고 있는 것이다. 이것은 다시 촛불혁명 이후 시대정신이라 할 수 있는 더 많은 민주주의의 구현이며, 교육의 분권과 자율화에 조응한 '학교혁명'이라는 새로운 과제를 우리에게 부과하고 있다.

　이 과제는 영국이나 미국 등 서구의 학교 운영 구조의 변화를 단순히 따라가며 해결할 수는 없다. 그것은 나라마다 학교체제와 문화가 다르기 때문이며, 특히 우리나라 학교는 서구와 다른 독특한 거버넌스 변화를 경험하고 있기에 더욱 그렇다. 우리 교육은 법제상으로든 역사적 경험으로든 관료적 통제를 받아온 오랜 역사가 있고, 학교는 관료적 교육행정의 최일선 기관으로서 조직을 구성하고 있다. 이런 조직 구조 때문에 학교에는 관료적 문화가 지배적인 실정이다. 이런 여건에서 자율화와 다양성을 강조하는 1995년 5·31 교육개혁은 학교 거버넌스 변화에 중요한 계기가 되었다. 하지만 이 개혁은 1980년대 말

이래 제창된 '교육민주화' 정신을 구현하기보다는 새로이 불어닥친 신자유주의적 세계화의 흐름에서 '시장적 통제' 방식을 강화했다. 자율의 슬로건은 외피일 뿐, 수직적이고 관료적인 통제는 더 강화되고 고착화되는 결과를 낳고 말았다.

이러한 가운데 진보 교육감의 대거 당선으로 추진된 2009년 이후 '혁신교육정책'은 지역의 단위학교를 중심으로 교육민주화의 거대한 흐름을 형성시키며 제도화되고 있다. 이것은 중앙정부의 통제에서 벗어나 시·도교육청 단위의 교육자치 확보, 혁신학교 정책 등을 통한 학교 단위의 자치 강화 정책으로 구체화되었고, 가히 철옹성 같은 학교도 변하기 시작했다. 이러한 학교개혁운동이 진행되는 가운데 때마침 출현한 촛불 정부는 중앙정부의 권한을 시·도교육청에 배분하는 분권화를 추진하고 있고, 학교자치 맥락에서 시·도교육청과 단위학교 간의 권한 배분 문제도 본격적으로 논의되고 있다. 이는 위로부터의 top-down 교육행정 혁신과 아래로부터의bottom-up 혁신적 교육운동이 만나는 우리나라만의 특유한 학교개혁의 전인미답前人未踏의 길을 가게 하고 있다.

그런데 정작 학교자치 실현을 위한 구체적 과제를 마련하지 못하는 실정이다. 학교자치가 국내외의 학교개혁운동과 어떤 연관이 있는지, 현시점에서 학교자율운영체제는 어떠해야 하는지, 교장제도를 포함하여 학교 내 민주적 거버넌스를 구현하기 위한 학교의 조직 구성 및 재정 배분 구조를 어떻게 해야 하는지에 대한 구체적 대안을 마련하지 못한 것이다. 학교자치를 위한 구성원들의 역량 함양은 어떻게 해야 하는지, 학교를 배움의 공동체로 만들기 위한 시간 배치와 공간 구성은 어떠해야 하는지, 교육과정에 대한 권한을 누구에게 부여할 것인지, 학교와 마을의 관계를 어떻게 정립해야 하는지, 그리고 이 모두를 온전히 구현하기 위한 정치적 권리를 어떻게 보장할지 등에 대해서도 대안을 마련해야 하는 상황이다.

그래서 『더 나은 세상을 위한 학교혁명』은 진보교육 3기를 앞두고 학교를 구체적으로 어떻게 바꾸어내야 하는지에 대한 지금까지의 논의를 정리하고, 더 발전된 깊고 풍성한 논의를 통해 구체적 전략과 지침이 만들어지기를 기대하며 기획되었다. 이 책은 올 2월 중순 서울 정동의 한 카페에서 차를 마시며 혁신교육의 방향에 대해 이런저런 이야기를 나눈 소박한 방담에서 시작되었다. 혁신교육을 평가하고 새로운 의제를 발굴해야 하는 당시 상황에서 그것이 무엇일지에 대해서는 막연했지만, 학교를 근본적이고 새롭게 바꾸어내는 것이 촛불혁명의 시대정신일 거라는 데 모두가 동감하였다. 또한 진보교육 1기의 시작과 함께 이미 앞서 발간된 『새로운 사회를 위한 교육혁명』2012, 민선 2기 교육자치 시대를 여는 선거에 즈음하여 출간된 『새로운 사회를 위한 교육자치 혁명』2014의 시리즈물로 기획하는 것에도 이심전심으로 합의하였다.

그 후 일사천리로 내용과 필자가 정해졌고, 출간에 이르렀다. 각 주제를 맡은 필자들은 현장 기반 연구를 지향하는 교수 및 전문연구자들과 학교현장 교원들로 구성되었다. 이 책이 출간되기까지는 짧은 시간이었지만 혁신교육의 현장에서 활동하며 성찰해온 필자들이 있었기에, 그리고 그 필자들과 상시적인 소통과 네트워크를 형성해왔기에 가능한 일이었다.

출간을 위해 세 번의 세미나를 통해 내용을 조율하며 조정을 거쳤지만 충분한 시간을 확보하지 못해 다소 매끄럽지 못하고 일관된 서술 체제를 구축하지 못한 것은 아쉬움으로 남는다. 그러나 이러한 부족함에도 『더 나은 세상을 위한 학교혁명』의 출간을 통해 학교를 바꾸어내기 위한 구체적인 논의와 실천이 일어나는 의미 있는 계기가 되기를 고대한다. 기획해주신 분, 원고를 써주신 분, 출판을 기꺼이 맡아주신 분 모두에게 진심 어린 감사의 마음을 전한다.

2018년 5월
한국교육연구네트워크 필자 일동

차례

-1부 -

학교개혁의 국내외 동향과
학교혁명의 방향

학교혁명과 교육개혁

심성보_한국교육연구네트워크 이사장, 마을교육공동체포럼 상임대표

사회는 변한다. 기술도 변한다. 그리고 세계에 대한 우리의 지식도 변한다. 오늘날의 세계는 너무나 크게 변화하였다. 그리고 그 변화의 의미는 과거와 너무나 달라졌다. 정말 세상은 너무나 빠르게 변화하고 있다. 이에 따라 학교도 사회 환경에 반응하면서 변화하고 있다. 학교와 사회는 오랜 세월에 걸쳐 서로를 변화시켜왔다. 변화하는 사회 환경에 생존과 번영을 위해서도 학교를 필요로 하였다. 앞으로 도래할 미래 사회에 학교가 적응해야 하듯, 학교는 계속 변화하지 않을 수 없다. 학교는 다른 많은 사회제도와 더불어 더욱 변혁될 것이다. 사회 변화는 분명 학교에 영향을 미쳐왔고, 교육 또한 분명 사회 변화의 방향에 영향을 미칠 것이다. 학교교육은 현대생활의 더욱 중요한 요소이며, 그것은 사회 변화의 과정에서 강력한 힘을 행사할 것이다. 오늘날 존재하는 학교체제는 변화하는 사회적 조건에 오랫동안 적응한 과정의 결과이다. 학교는 사회와 무관하게 변화될 수 없고, 학교의 변화에 따라 사회 또한 계속 변화할 것이다.

학교교육은 모든 현대사회에서 이루어지고 있다. 학교교육은 정치적으로 국가적 사업이라 볼 수 있는데, 교과과정, 수업, 행정 같은 교육의 핵심적 활동들은 지역이나 국가만이 아니라 초국가적인 힘의 영향을 점차 더 많이 받고 있다. 학교교육은 교육의 가치에 대한 세계문화에 의해 형성되고 변화되고 있다.Baker & LeTendre, 김안나 옮김, 2016 과거 수백 년 동안 인간사회가 이룬 성공은 모두 국가 차원에서 광범위하게 이루어진 교육 투자의 결과물이다. 우수한 공교육 제도는 현대 민주주의 사회에서 필수 불가결한 요소일 뿐 아니라, 인적자원 개발과 경제성장을 통한 국가 발전의 핵심적인 요소이다. 문명사를 통틀어 존재했던 어떤 교육제도와 비교하더라도 대중적 학교교육mass schooling은 매우 혁신적이었다. 대중적 학교교육은 그것이 기반을 둔 국가의 문화, 전통, 역사, 그리고 사회구조적 맥락으로부터 분리시켜서는 제대로 이해할 수 없을 것이다. 그것을 역사는 보여주고 있다. 하지만 오늘날 근대적 혁명을 이루었던 학교교육은 새로운 위기에 직면해 있다.

1. 사회의 급속한 변화와 교육의 응전

알고 생각하고 추론하는 데 꼭 필요한 기본적인 능력을 갖추기 위해서는 교육이 필요하다. 교육이야말로 개인과 사회가 가진 최선의 가능성들을 일깨우는 열쇠일 것이다. 오늘날까지 교육은 르네상스와 산업혁명, 민주화, 디지털화를 거치면서 여러 모습을 띠며 바뀌어왔다. 르네상스는 종교가 갖고 있던 교육의 권위를 인간에게 넘겼고, 노동력을 이동시킨 산업혁명은 조직화된 체계로서 학교의 발전을 가능하게 하였다. 산업혁명과 근대과학은 운명에 따라 사는 사람들에게 억눌린 삶과 생존의 불안으로부터 벗어나게 하는 희망의 등불 역할을 하였다. 근대화로 상징되는 도시화와 산업화 과정에서 새로운 노동력이 필요하였다. 그리하여 땅과 귀족에 얽매인 운명적 삶이 아니라 교육을 통해 자유를 얻고 사회적으로 성공할 수 있는 기회를 갖게 되었다. 교육이라는 행위는 개인주의적인 경쟁과 재능에 의한 출세, 그리고 출생에 대한 실력의 승리를 얻어내었다.Hobsbawn, 차명수·정도영 옮김, 2001: 366 또 그러한 교육의 역할을 국가가 떠맡는 공교육을 출현시켰다. 학교교육의 대중적 확대에 따라 산업화와 도시화가 일어나고, 시민의 기본권으로서 교육 기회의 확대라는 민주적 이상을 달성하였다.

　근대화를 이끈 산업혁명은 정보혁명을 거쳐 이제 지식혁명의 시대에 진입하였다. 일찍이 농업경제는 육체의 일꾼을 요구했고, 산업경제는 산업노동자들을 요구했지만, 오늘날의 지식경제는 지식노동자를 필요로 하며, 우리 시대의 가장 중요한 기술혁명은 컴퓨터의 지배력을 확장시켰다. 나아가 첨단과학기술시대를 맞이해서는 인공지능을 가진 로봇까지 등장하고 있다. 최근 빠르게 나타나고 있는 스마트 기술과 인공지능 시대의 도래는 사회 및 교육의 엄청난 변화를 불러올 것이다. 그렇게 되면 사회와 경제뿐 아니라 우리의 몸과 마음도 유전공학, 나노기술, 뇌 기계 인터페이스에 의해 완전히 바뀔 것으로 예상된다. 21세기로 접어들어 지식과 정보의 양이 폭발적으로 증가하면서 정보화 사회를 지나 이제 4차 산업혁명 시대의 도래를 거론하는 상황이 되었다. 단순한 정보나 지식의 양보다 문제해결력, 높은 창의력, 공동체에서 살아갈 역량을 갖춘 인재가 필요하다. 게다가 인공지능 시대의 도래를 앞두고 우리의 학교혁명은 더욱 절실하다고 할 수 있다. 이런 사회적 변화에 따라 세계 여러 나라에서는 학교교육의 변화를 추구하고 있다.

근대 역사는 가히 '학교교육 혁명기'로 특징지을 수 있다.^{Hurn, 박동}
준·차갑부 옮김, 1985: 101-104 개인의 능력에 따른 신분상승의 시대가 열렸
고, 합리적 중간계급이 출현하였으며, 계급들 사이의 문화적·관습적
차이가 줄어들기 시작하였다. 이제 개인은 합리적 개인과 자율적 사고
능력을 갖추는 것이 무엇보다 중요하게 되었다. 사회제도도 합리성에
따라 제도화되었는데, 사적인 것과 공적인 것의 형식적 분리, 국민국
가와 세계체제의 출현, 사유재산권과 자본주의 경제 질서의 팽창, 학
교교육과 같은 대규모 행정적이고 관료적인 사회조직과 규율 체제의
확장 등이 일어났다.손준종, 2017: 17 '해방의 근대성'이 열린 것이다. 그런
데 교육의 확대는 교육의 기회균등을 도모하는 공교육의 이상을 구현
하고자 하였지만, 배반과 허약의 역사로 변해갔다. 근대화의 물꼬를 튼
진보의 개척자로 여겨진 학교가 지금은 퇴보의 화신처럼 취급되고 있
다. 근대성은 역사적으로 그 어두운 이면인 '식민성'을 감추어왔고, 다
양한 주체들을 통제하는 식민성의 과정을 밟았다.Mignolo, 김영주 외 옮김,
2018

이처럼 근대성은 한편으로는 해방의 가능성을 보였지만, 다른 한편
으로는 규제와 통제의 대상으로 전락될 식민화의 가능성을 내포하고
있었다. 근대는 '가장 유망한 것'과 '가장 불리한 것'이 혼재되어 있었
으며, '기회'와 '위험'의 요소를 모두 안고 있었다. 월러스틴Wallerstein,
2000은 이렇게 모순된 두 개의 근대성을 '기술의 근대성'과 '해방의 근
대성'으로 구분하였다. 기술의 근대성이 물질적 근대에 주목하고, 자연
에 대한 인간 승리, 물질적 부, 기술의 진보를 강조하는 반면, 해방의
근대성은 인간성과 민주주의와 같은 이념에 주목하였다. 앞의 근대성
이 기술과 지배의 가능성을 강조하는 반면, 나중의 근대성은 인간과

자유를 강조한다는 점에서 이들 두 근대성은 모순을 내포하며, 불안한 동거를 하고 있는 셈이다. 이렇게 근대교육은 근대성의 불일치 성향을 동시에 내포하고 있다. 기술의 이용은 천국을 건설할 수도 있지만, 지옥도 만들 수 있다. 인간이 현명한 선택을 한다면 그 혜택은 무한할 수 있지만, 어리석은 선택을 한다면 인류의 멸종이라는 엄청난 위험을 감내해야 한다.

이러한 위험을 감지한 앤디 하그리브스Andy Hargreaves[2011: 2015]는 새롭게 인격과 영성의 부활을, 넬 나딩스Nel Noddings[2016]는 생태교육과 시민성교육을, 그리고 마이클 풀란Michael Fullan은 21세기 학습 역량으로서 4C, 즉 비판적 사고critical thinking, 의사소통communication, 협력collaboration, 창의성creativity에 인성character, 시민의식citizenship을 덧붙여 6C를 강조한다.Fullan, 이찬승·은수진 옮김, 2017: 267-268

2. 교육개혁의 세계적 동향

전 세계를 휩쓴 지난 30여 년간 세계화의 흐름과 함께 신자유주의 교육정책이 대세를 형성하였다. 그러나 지금은 그 역효과가 심화되어 공교육체제가 최대 위기에 봉착함으로써 이를 극복하려는 새로운 교육운동이 거세게 일어나고 있다.Adamson, Åstrand & Linda Darling-Hammond, 심성보 외 옮김, 2017 시장 원리에 기반한 교육개혁이 공교육을 황폐화시켰다며 공적 투자를 통한 교육의 공공성을 강화해야 한다는 것이다. 시장만능주의적 '세계교육개혁운동global educational reform movement'이 '세균GERM'으로 불리며 비판받고 있다. 시장 원리를 기반으로 한 교육개혁은 바우처, 차터스쿨 등 민간이 관리하는 학교에 공적 재정을 제공하는 다양한 방식의 특징을 보였다. 이 개혁은 또한 전형적으로 시험에 기반한 책무성 강화를 위한 시장 기반 전략에 바탕을 두었다. 그 결과 값싼 교원과 교사의 탈전문화/자율성 상실을 초래하여 교육의 불평등을 초래할 뿐 아니라, 학업성취도 및 교육의 질을 떨어뜨리고 말았다. 반면 공적 투자를 기반으로 공교육을 강화하려는 교육개혁은 전형적으로 공립학교 재정을 마련하고, 공평하게 배분된 양질의 교육과정과 교직을 위한 평등한 플랫폼을 창출하려고 한다. 이런 전략은 일반적으로 더 강력한 준비와 전문성 개발을 통해 교수법을 전문화하고, 교육자가 다양한 학습자에게 풍부한 교육과정을 가르칠 수 있도록 준비하는 정책을 수반한다. 공적 투자 강화를 통한 교육개혁은 민주적 교육체제 확립과 교원의 전문적 학습에 대한 투자 및 교사의 전문성/자율성을 강화함으로써 학업성취도와 교육의 질을 향상시키는 데 기여하고 있다는 평가를 받고 있다.

이러한 교육개혁의 흐름 속에서 교육개혁을 위한 제4의 길이 새로운 관심을 끌고 있다. 앤디 하그리브스와 데니스 셜리Dennis Shirley는 *The Fourth Way* 2009와 *The Global Fourth Way* 2012에서 교육개혁의 네 가지 방식을 제시한다. 교육개혁을 위한 제1의 길에서 핵심적 키워드는 '복지국가'다. 이 시기는 제2차 세계대전이 끝난 1945년부터 1970년대 중반까지 지속되었다. 호주, 캐나다, 영국, 미국 등지의, 사회적 안전망이 잘되어 있는 복지국가에서 흔히 볼 수 있는 교육의 변화이론이다. 이 길은 막대한 희생을 치른 만큼 이제 자유와 기회를 제공하고자 하였다. 경제학자 케인스와 그의 추종자들은 미래 번영의 동력인 인재를 양성하기 위한 복지에 대한 국가의 투자를 사회적 선일 뿐 아니라 경제적 이익을 위한 것으로 생각하였다. 정부의 강력한 지원, 교사의 높은 전문적 자율성, 학교개혁 그리고 학습의 질에서 다양성을 중시하였다.

그런데 제1의 길은 교사와 교육과정의 자율성은 높지만 개혁은 널리 공유되지 못했으며, 학교마다 그 개혁의 질과 방법이 들쭉날쭉할 수밖에 없어 일관성은 부족했다. 제1의 길은 국가의 자원이 풍부하고 교사의 자율성을 극단적으로 보장함으로써 다양한 교육개혁이 일어나기도 했지만, 이들 사이의 연관성은 부족하였다. 교육 목표를 사전에 상세히 기술한 교육과정을 획일적으로 적용하면서 모든 학교에서 학습은 시험 준비 중심이 되고, 시험에 나오는 과목만 가르치는 경향을 보임으로써 교사의 자발성까지 극도로 약화시켜 국가 주도의 하향식 교육개혁은 실패로 돌아가고 말았다. 또한 국가의 개혁 의지는 강했지만 정치·경제적 토대가 취약하여 교육의 원대한 목적을 담보할 수 없었다. 게다가 1970년대 중반 발생한 1차 오일쇼크로 인한 긴축 재정으로 교육 여건은 난관에 봉착하였다.

이런 여건은 시장과 표준화의 기치를 내건 제2의 길인 시장주의를 도입하는 결정적 계기가 되었다. 그리하여 효율성 제고를 위해 채택된 학교선택제와 경쟁 원리는 성취 기준을 정하고, 이를 기반으로 표준화, 시험, 책무성이란 개념을 도입하여 제1의 길이 결여한 정책의 일관성을 보완하고자 하였다. 교육 영역에서 제2의 거센 물결은 칠레를 시작으로 영·미 등에서 가장 먼저 나타나기 시작했다. 이들 나라는 철저한 구조적·법적 개혁에 기초한 민영화privatization를 추진하였다. 이 개혁들은 공급과 재정의 형태로 국가 중심적이었던 기존 교육체제의 중요한 변화를 시도하였다. 민영화를 통한 교육개혁은 처음에는 우파

정부에 의해 시도되었으나, 이후 우파의 전유물이었던 민영화 정책은 중도 좌파 정치 세력에 의해 전승되었다.

자유시장 옹호자인 밀턴 프리드먼Milton Friedman의 이론은 이들 나라에 강력한 영향력을 행사하였다. 밀턴 프리드먼이 이끈 시카고 경제학파가 주창한 신자유주의는 1950년대 학계에서 개발되었으나, 1970년대 후반과 1980년대 초반에 들어 공공 정책에서 관련성을 갖기 시작했다. 세계 최초로 신자유주의 실험을 시도한 칠레의 경우 1973년에 시작된 아우구스토 피노체트Augusto Pinochet의 군사정권에 의해 칠레 교육체제의 급격한 변화를 가져왔다. 밀턴 프리드먼을 만난 1980년대 피노체트 정부는 미국 CIA의 영향력 아래 신자유주의 교육정책을 시행하였다. 영국의 경우 교육 민영화 전략은 신자유주의 혁명이 시작된 1979년 마가렛 대처Margaret Thatcher의 선거 승리로 특징지어진 정치적 맥락에서 일어났다. 대처의 권력 장악은 프리드먼의 명제에 고무된 통화주의 운동의 승리를 보여주었고, 또 다른 영역의 지배구조와 함께 교육에 대한 직접적 함의를 가졌다. 신자유주의 원리는 부와 경제적 효율성을 증진시키는 가장 좋은 방법으로서 시장경제 및 시장개혁을 통해 옹호되었다. 이러한 원리의 적용은 국가, 시장 그리고 시민사회 사이의 관계를 재구성하는 것을 필요로 한다. 이러한 원리에 입각한 정책 개발은 두 가지 핵심 기제, 즉 전통적인 공적 재산의 민영화와 공공 서비스를 위한 운영 원칙으로서 선택과 경쟁의 원리에 기초한다.Verger, Fontdevila & Zancajo, 2016: 36

학교선택제를 중심으로 효율성 제고를 목적으로 한 제2의 길이 채택한 정부의 중앙집권적 통제, 교육 목표의 표준화 정책은 교사의 자율성 상실로 이어졌다. 교사의 자율성 상실은 탈전문화로 이어졌고,

교사를 단순사무노동자로 전락시켰다. 시장주의 원리는 공교육이 이루어지는 학교를 대입시험 준비를 위해 문제풀이를 하는 훈련기관으로 전락시켰으며, 또한 학교가 낙오자를 양산하는 대규모 공장처럼 변질되었고, 교육의 양극화는 더욱 심화되었다.

제2의 길의 단점이 극명하게 나타나자 이를 극복하기 위해 시장주의와 국가 통제의 장점을 결합한 제3의 길이 1980년대 영·미를 중심으로 모색되었다. 좌파의 경직성과 우파의 불평등성을 모두 넘어서고자 하였다. 정부 지원과 시장 경쟁의 장점을 살리고, 하향식과 상향식을 절충한 교육행정을 통해 교사의 자율성과 책무성의 균형을 이루고자 하였다. 자본주의와 사회주의의 중간의 길에 서 있으며, 신자유주의의 대안으로서 수정된 사회민주주의 접근이라고 할 수 있다. 앤서니 기든스Anthony Giddens 등의 이론에 기반을 둔 영국의 블레어 신노동당 정부의 교육정책은 19세기 자유주의에서 출발한 신노동주의, 치열한 국제사회와 세계경제에서 하나의 행위자로서 민족국가를 장려하기 위해 만들어진 개발주의, 규제되지 않은 자본주의를 국가 운영의 부적절한 기제로 보는 신사회민주주의라고 할 수 있다.Adams, 2014: 16-17

제3의 길은 겉으로 보기에는 좌우를 아우르는 중도적 길을 추구하는 듯하지만, 신자유주의적 우파 이념에 편향된 교육개혁으로 귀결되었다. 정부의 관료주의, 학업성취도 측정 자료에 의존하는 과학기술주의의 맹신, 정부가 제시한 목표 달성을 따르기에 급급한 학교현장의 수동성 등의 문제점이 동일하게 나타났다. 이러한 제3의 길에서 나타난 문제는 제4의 길을 찾게 하였다.

제4의 길The Fourth Way은 정부 주도 학업성취도 향상이나 학업성취도 격차를 줄이는 데 초점을 맞추는 것과는 다른 교육 목표를 추구한다. 교사를 끊임없이 진행되는 개혁에 동원함으로써 교사의 동기를 소진시키는 것이 아니라, 교육의 표준화, 데이터 중심의 의사결정, 목표지상주의의 환상을 뛰어넘어 사회와 교육에 대한 이상을 중심으로 정부 정책과 교육계의 헌신과 시민사회의 참여를 통합함으로써 지속가능한 혁신을 추구한다. 제3의 길이 다른 사람이 세운 정책을 차용하고 전달하는 훈련 방식이었다면, 제4의 길이 추구하는 교육개혁 방식은 각 지역사회가 주인의식을 공유하고 자신들만의 목표를 개발하는 자기주도형 성장과 발전 방식을 추구한다.Sahlberg, 이은진 옮김, 2016: 327-329

제4의 길로서 첫째, 변화의 목적과 파트너십을 떠받치는 여섯 개의 기둥으로 ① 영감을 주고 통합을 이끄는 비전, ② 시민의 적극적인 참여, ③ 학업성취를 위한 투자, ④ 교육에 대한 기업의 사회적 책임, ⑤ 변화의 파트너로서의 학생, ⑥ 사려 깊은 교수·학습. 둘째, 교사 전문성을 위한 세 가지 원칙으로 ① 질 높은 교사, ② 적극적이고 강력한 교원단체, ③ 활발한 학습공동체. 셋째, 개혁의 통합성을 높이는 네 가지 촉매로 ① 지속가능한 리더십, ② 통합적인 네트워크, ③ 책무성에 우선하는 책임감, ④ 다양성의 존중을 들고 있다.Hargreaves & Shirley, 2009

그동안 우리나라의 정부 주도 교육개혁은 제2의 시장주의 길과 좌우 노선의 균형을 추구하는 제3의 길 중간쯤에 있다고 할 수 있다. 다른 한편으로 새로운 학교를 만들고자 하는 진보적 교육청을 중심으로 한 '혁신학교운동'은 제3의 길과 제4의 길 중간쯤에 있다. 그동안 철옹성 같았던 공교육 또는 학교교육을 개혁하고자 하는 '혁신학교운동'은 공공성을 강화하는 교육개혁의 세계적 추세에 조응하고 있다.

3. 학교교육의 관점 이동과 새로운 학교의 탄생

다중지능의 제창자로 유명한 가드너는 학교교육의 존재 목적을 첫째, 읽고 쓰는 능력을 길러주는 문해력literacy의 습득, 둘째, 특정 학문의 내용과 사고방식을 알려주는 학과목의 숙달, 셋째, 문화적 가치를 전달하는 역할을 두는 것으로 정리하였다.Gardner, 류숙희 옮김, 2015: 39 클라이드 치티Clyde Chitty 2002: 2-5는 학교교육의 목적을 크게 인간의 완성human fulfillment, 일의 세계에 대한 준비preparation for the world of work, 그리고 사회적 진보 및 변화social progress and change의 촉진에 두면서 각 목적들 사이에는 갈등이 일어난다고 보았다.

첫째 범주인 개인의 완성에 목표를 두는 학교교육은 개인의 완성 및 인간의 잠재력 계발을 중시한다. 학교교육에 대한 아동 중심적 접근child-centred approach은 개인의 자질을 계발하고 개별 아동 각자의 행복을 증진시키고자 한다. 이 접근은 자아 발달과 성장을 강조하는 루소와 낭만주의 사상가들의 저작에 바탕을 둔다. 개별적 인간 존재의 자연적 선을 신뢰하는 루소의 『에밀』1762은 프랑스의 아동 중심 운동의 바이블이 되었고, 이것이 미국으로 건너갔다. 이 목적에 따른 교육은 개인차와 발견학습법을 강조하는 철학을 선호하면서 교육에 대한 전통적 접근을 거부하거나 강력하게 변화시키고자 하였다.

교육에서의 아동 중심성과 결합된 사상을 데이비드 하그리브스 David Hargreaves1982는 '개별화의 문화a culture of individualization'라고 불렀으며, 2차 대전 이후 미국의 많은 초중등 학교에 영향을 미쳤다. 이 운동이 영국으로 건너가 국가교육정책의 근간을 형성한 공식적 문건인 플라우든 보고서Plowden Report, 곧 〈아이들과 그들의 초등학교Children and their Primary Schools〉DES, 1967로 이어졌다. 그런데 개별화의 아이디어를 무조건 받아들이면 그것의 함정에 빠질 수 있고, 때로는 '개인주의의 오류'를 범할 수 있다.Hargreaves, 1982: 93 이런 생각의 바탕에는 학교가 모든 아이들에게 자신감, 독립성 및 자율성을 성공적으로 교육시키기만 한다면, 사회 자체는 스스로 관리될 수 있다는 믿음이 깔려 있다. 교육을 통해 좋은 사람들을 길러내기만 하면 좋은 사회는 저절로 구성된다는 것이다. 그런데 사실 교육은 직접 사회를 바꿀 수는 없으며, 간접적으로 그렇게 될 뿐이다. 따라서 개인의 필요에 지나치게 배타적으로 관심을 갖는 것은 사회의 필요를 위험스럽게 할 수 있다. 개인주의가 팽배하면 학교와 사회라는 '공동체community'를 소멸시킬 수 있다.Chitty, 2002: 3 그리되면 인간은 비참한 결과에 당면할 것이다. 공동체는 반품이 가능하지도 않고, 포기될 수도 없으며, 인간의 사회성을 위해 불가피하게 존재하지 않으면 안 된다. 사회의 토대로서 공동체는 개인의 정체성과 인격성을 발전시킬 수 있는 전제를 이루며, 또한 강고한 사회적 관계 없이는 상호관계와 협동을 불가능하게 할 것이다.Rosa, 곽노완 옮김, 2017: 85-86

학교교육의 둘째 역할은 일/직업 세계를 준비하는 데 있다. 이는 고용/취업(employment)을 위한 것으로, 국가경제의 필요와 밀접하게 연관되어 있다. 학교와 일터는 학생을 가르치고 노동자의 생산적 행위를 이끌어내는 장소일 뿐 아니라, 사회의 기본적 속성을 정의하도록 해주고, 그 사회의 구성원들이 어떻게 살아가는지에 대한 구조를 제공하는 사회적 공간이다.Bills, 장원섭 옮김, 2017: 6 따라서 상당한 낙관과 희망을 보였던 시기인 1960년대의 정책 입안자들은 교육개혁과 경제적 번영 사이에 직접적이고도 분명한 상관관계가 있다고 보았다. 인간자본 이론은 광범위한 종합적 재조직화와 고등교육의 급속한 팽창을 위한 지적 정당화를 제공하였다. 대체로 교육받은 노동력은 경제성장을 촉진할 것이라는 가정이 있었으며, 이는 다시 교육의 지속적 확장에 확고한 토대가 되었다.

교육은 인간자본 이론human capital theory[1]에서 중요한 투자 형태로 여겨진다. 이러한 형태는 우파적 친자본주의적 이념적 감성에 직접적으로 호소한 것이라고 할 수 있다.Karabel & Halsey, 1977 1970년대 중반 영국이 경제적 혼란을 겪고, 낙관과 희망이 냉소와 절망으로 바뀌면서 젊은이들이 여전히 학교를 다니는 동안 일/직업 세계에서 마주할 도전을 준비하는 것으로 강조점이 이동되었다. 대개 학생들을 교육하여 복지산업의 필요를 충족시키는 것을 기피하는 학교가 너무 많으며, 적어도 청년들의 실업률 상승에 부분적으로 책임이 있다. 그러기에 많은 젊은이에게 학교교육에 대한 새로운 관점은 이전이 가능한 수준 낮은 기술을 많이 습득하는 것 이상의 의미가 없을 것이다. 그리고 일자리를 얻기 위해 취업 준비를 하는 모든 젊은이를 위해 새롭게 고도로 적응력 있는 어느 정도의 노동력을 필요로 하였다. 이에 1994~1997년 영국의 보수당은 몇 년 동안 대대적 개혁을 통해 현대의 경쟁력 있는 경제의 요구에 부합하는 교육 시스템을 갖추게 되었다.

그렇지만 경제적 생산성을 위해 개인의 능력을 필요로 하는 인간자본론은 비즈니스 자본으로서 인격과 공동체의 상실을 가져왔다. 그래서 새로이 등장한 것이 사회적 자본[2]과 함께 전문적 자본[3]과 의사결

---

1. 인간 자본(human capital)은 1960년대, 경제적 생산성, 개인의 능력, 교사의 지식과 기술을 말한다.
2. 사회적 자본(social capital)은 1980년대 이후 지나친 경쟁으로 인해 상실된 사회적 관계, 협력, 상호작용, 집단적 역량, 신뢰감, 소속감, 단결력을 요구하고 있다.

정의 자본[4]이다.Hargreaves & Fullan, 2012; 진동섭 옮김, 2014 이 중 전문적 자본의 관점에서 보는 좋은 학습은 좋은 가르침에서 나오며, 장기간의 훈련과 지속적 계발을 통해 완성되며, 증거와 경험에 입각한 사려 깊은 판단을 포함하고, 집단적 성취와 책임을 요구하였다. 따라서 전문적 자본은 책무성을 중시하는 관리적 전문성을 넘어서는 협력적이고 민주적인 자본이지 않으면 안 된다.Whitty, 2008: 41-46

'신전문주의new-professionalism'라고 부르기도 하는 민주적 전문성은 파편화된 전문성을 넘어 문제를 규명하고 명료화하고 해결을 위해 고객(개인, 집단, 지역사회 등)과 협력하고, 자신의 관점으로 상황을 이해하는 수단으로서 고객과 소통하고 공감하며, 특별한 범주를 가지고 상황을 배타적으로 이해하기보다 전문적 실천의 기반으로서 상황을 총체적으로 이해하고, 틀에 박힌 정형화된 판단과 반응을 극복하는 수단으로서 자기성찰을 중시한다.Adams, 2014: 122-123 이러한 신전문주의는 좋은 실천의 준거가 일과 고객을 향해 통합되고, 교육 목적이 인간의 다양한 역량을 개발하고, 행정적 기능을 전문적·협력적 리더십과 행동에 두며, 동기가 내재적이며, 전문적 헌신이 책무성의 척도를 규정한다. 신전문주의는 단순히 지위의 향상이 아니라 서비스의 질에 관심이 있다. 돌봄적, 도덕적, 문화적, 지적 그리고 정서적 요소를 지닌 복잡한 노력의 과정으로서 가르침과 배움이 일어나는 교육이라고 할수 있다.

---

3. 전문적 자본(professional capital)은 최근 대두된 개념으로, 신중한 판단, 교사 개개인의 축적된 경험과 실천, 그리고 성찰적 사고를 통해 장기간에 걸쳐 형성되는 전문직으로서의 교원의 역량을 요구한다.
4. 의사결정 자본(decisional capital)은 신중한 판단, 결정을 할 수 있는 능력, 교사 개개인의 축적된 경험과 실습 그리고 성찰적 사고를 통해 장기간에 걸쳐 형성되는 전문직으로서의 교원의 역량을 요구한다.

셋째, 학교교육의 사회적 기능에 중점을 두는 관점은 사회적 변화와 진보의 촉진을 지향한다. 이 관점은 분명 무한하고 다양한 의미를 띤다. 1960년대에 교육에 대한 지출이 투자일 뿐 아니라 소비라는 인식은 모든 교육 시스템이 사회적 기능과 결과를 갖는다는 인식과 나란히 존재할 수 있었다. 단지 구식 선발 시스템이 많은 능력의 낭비를 초래하였을 뿐만 아니라, 서로 배경이 다른 아이들이 동일한 학교에서 혼합될 수 있다면, 사회 자체가 보다 안정적이고 응집력을 갖게 하는 초기의 종합학교는 크게 환영을 받았다. 이러한 종합학교 comprehensive school는 자본주의 체제의 기본 계급구조를 흔들지 않는다면 보다 큰 사회적 조화를 낳을 수 있을 것이다.

이것은 상당히 제한적이지만, 융통성 있는 형태의 학교교육의 사회적 기능이라고 할 수 있다. 이러한 사회적 기능은 학교교육이 젊은이들에게 변화하는 필요needs에 따라 사회를 개선하기 위한 능력과 의지를 갖추어야 한다는 미국의 위대한 교육자인 존 듀이의 견해이기도 하다. 여기에 우리는 학교가 학생들이 사회에서 효과적으로 기능하도록 준비하고, 다양한 환경을 변화시키고, 열망을 발휘하여 사회를 변화시키는 데 필요한 다양한 능력을 사용할 수 있는 아이디어를 가지고 있다. 문제는 우리가 살고 싶은 사회의 종류에 대한 지배적인 관점은 없다는 사실이다. 1970년대의 비관론은 1980년대의 거친 확실성에 밀려났고, 지금 특히 제3의 천년을 준비하면서 지난 십여 년의 가혹한 유산은 여전히 우리에게 남아 있다. 특히 1988년에 제정된 교육개혁법에 녹아 있으며 중앙통제적인 국가교육과정의 청사진을 처음으로 제공하였지만, 학교교육에 대한 대처 영국 수상의 특별한 비전은 여전히 불확실하였다.

그런데 대처의 교육개혁 방식은 학부모의 선택권을 증대하고 학교들 사이, 특히 중등학교에서의 지나친 경쟁을 강조함으로써 자유시장주의에 열광하는 민영화의 길로 들어서게 하였다. 이러한 정책은 보수당뿐 아니라 이후 노동당의 교육정책으로 일정 부분 구현되었다. 공적 영역이었던 학교교육에 민간이 참여할 수 있는 미국의 차터스쿨, 영국의 아카데미 등 자율학교independent school의 설립으로 나타났다. 그러자 교육과 사회의 역동적 관계를 더욱 요구하는 새로운 관점이 대두하였다. 이 관점은 사회적 변화와 진보를 촉진하고 자극하는 학교교육을 더욱 강조하는 사회적 재건주의social reconstructionism라고 할 수 있다.Chitty, 2002: 7 합리적 민주주의와 공동체적 가치에 따라 지배적·사회적 규범과 관행이 분석되고 비판되고 재구성되는 학교교육과정 모델이라고 할 수 있다. 시민성, 사회적 협동 등의 사회적 가치와 민주주의 사회를 중시하는 사회적 재건주의는 기능주의적 사회관과 아동 중심주의를 넘어서고자 한다. 지식을 소홀히 하지 않으면서 '왜'라는 질문을 던지며 지식의 이모저모에 대해 비판적 탐구를 해야 한다. 그래야 지식은 관습이나 문화적 유산 그 자체—문화적 유산이 어떤 환경에서는 상당한 사회적 중요성을 갖지만—가 아니라, 개인의 사회적 필요 차원에서 정당화될 것이다.

모든 학교는 자율적 시민—자유를 수호하면서 스스로 생각하고 행동할 수 있고, 착취에 저항하고, 혁신을 수행하고, 경계하는 사람—을 길러낼 책임을 져야 한다. 학교교육의 목표를 국가적으로나 지역적으로 행동하고 돌보는 적극적 시민이 되게 하는 데 두고자 한다. 학교교육의 목적이 기존 사회를 재생산하는 것이 아니라, 더 나은 새로운 사회를 위해 다시 정의된다. 이렇게 재정의된 학교교육의 목표는 인간의 완성과 일의 세계에 대한 준비, 그리고 사회적 진보의 촉진에 있어 때로는 갈등하는 경우가 많을 것이다. 학교의 사회적 역할이 무엇이어야 하는지에 대해서는 서로 경합적이며 여러 논란이 제기되고 있다. 학교의 목표를 민주적 시민정신, 사회적 효율성, 사회 이동/유동성에 두기도 한다.

우리는 학교교육과 일 사이에 긴밀한 연계를 선택할 수도 있고, 사회 이동을 우선적 목적으로 선택할 수도 있다. 학교와 일터의 관계는 우리가 어떤 사회를 원하는지와 관련된다. 돌봄의 교육적 기능을 강조하는 나딩스는 아이들이 개인으로서 가정적 삶, 생활인으로서 직업적 삶, 그리고 공동체 구성원으로서 시민적 삶을 두루 향유하게 해야 함을 역설한다.Noddings, 심성보 옮김, 2016 대체로 학교교육의 기능은 크게 스스로 다스릴 수 있는 자율적 성인이 되게 하는 것, 경제적으로 자력 갱생할 수 있게 하는 것, 행복한 삶을 살도록 이끄는 것, 책임 있는 숙의적 시민이 되게 하는 것이다. 궁극적으로 아이들이 행복한 삶을 살게 하고자 하므로 학교교육의 기능은 다음 세대를 사회적으로나 도덕적으로 책임 있는 시민이 되도록 하는 것이다.

『탈학교론de-schooling』의 저자 이반 일리치Ivan Illich는 중세의 종교가 시대 사명을 다했듯 학교의 종말을 예언하였다. 그는 학교가 민주적 사회관을 억압하고 있기 때문에 단지 학교교육을 개혁하는 것이 아니라, 아예 학교를 폐지할 것을 요구하였다.Illich, 심성보 옮김, 2004 그는 새롭고 더 훌륭한 학교교육이 아닌 '탈학교사회de-schooling society'를 제시하였다. 하지만 너무 이상적인 탈학교사회의 구상보다는 현실적으로 학교를 수리·보수하여 재건설하자는 '학교의 리모델링re-schooling'[5] 주장도 만만치 않게 제기되었다.Porter, 1999 그리하여 '탈학교운동'과 '학교 재구조화'의 대치가 일어나고 있다. 2000년대에 들어 OECD는 미래형 학교 시나리오를 현상유지 학교 모형, 학교 리모델링 그리고 탈학교 유형으로 유형화하며 전망을 내놓았다. 학교가 사회의 변화를 무시하고 관료주의적 학교체제를 고수하면 학생의 대량 탈출 현상이 나타날 것은 명약관화하다. 이에 대한 대안으로 학교교육schooling/school education을 살리기 위해 이익사회에서 공동체사회로 전환하는 교육운동이 벌어지고 있다.Sergiovanni, 주철안 옮김, 2004: 25-40

학교의 다섯 가지 이미지

개인을 넘어서는 조직으로서의 학교	정서적 공동체로서의 학교	높은 학업 수행 학습 조직으로서의 학교	인간 중심적 학습공동체로서의 학교	민주적 동료애를 지닌 주체로서의 학교
기능적인 것이 인간적인 것을 주변화한다.	인간적인 것이 기능적인 것을 주변화한다.	인간적인 것이 기능적인 것을 위해 이용된다.	기능적인 것이 인간적인 것을 위해 이용된다.	정치적인 것이 인간적인 것을 표현하고 지원한다.
기계적 조직	정서적 공동체	학습 조직	학습공동체	민주적 동료애
효율적	회복적	효과적	실존적·도구적으로 활력적인	민주적 삶과 학습

Fielding & Moss, 2011: 54

민주적 공동체를 지향하는 새로운 학교alternative school로서 자유학교free school, 열린교실open classroom, 담장 없는 학교school without wall, 작은 학교small school/mini school나 학교 내 학교schools-within-schools, 개별화 수업individualized instruction 등이 제창되고 있다.Hurn,

---

5. 학교의 리모델링화는 글로벌 미래 사회/세계화 시대를 맞이하여 국민국가의 학교 실패(효율성 학교 등)를 넘어 성찰적 근대성을 위한 '성찰적 학교(reflective school)'를 대안으로 제시하고 있다.

박동준·차갑부 옮김, 1985: 43; Ballantine & Hammack, 2012: 147-148 이들 학교는 학생의 역할을 매우 능동적인 것으로 보며, 학생 행동에 대한 세세한 통제를 지양하고, 더 나은 학업성취와 수업을 좀 더 개별화할 것을 강조하였다. 21세기 진보적/비판적 학교개혁progressive or critical school reform은 신자유주의 이데올로기(경쟁, 책무성, 효율성, 선택 등)보다는 성찰적·창의적 탐구, 공평한 정책과 실천, 다양성의 긍정, 민주적 삶, 그리고 돌봄과 협력적 공동체를 중시한다. 즉, 학교의 삶을 구성하는 요소로서 비판적 탐구, 공평, 다양성, 그리고 공동체의 원리를 중시한다.Teitebaum & DeVitis, 2014: 1-3 민주적 학교개혁을 창출하려면 학생의 학업성취 결과에서 차이를 없앨 뿐 아니라, 사회적·경제적 구조를 위협하는 교육체제 자체의 불평등도 시정하지 않으면 안 된다.Shields, 2014: 127 교육계 내부의 갇힌 운동으로서 배타적으로 전개되는 것이 아니라, 지역사회는 물론 사회의 다른 부문과 연대하는 교육개혁운동으로 발전해야 할 것이다. 그리고 학교의 민주적 분위기나 학교문화를 발전시키기 위해서는 다음과 같은 요소들이 필요하다.

- 동료로서 행동하고 공동으로 계획하기
- 모든 사람이 공감하는 분명한 목표와 수준 높은 기대치를 정하고 지키기(교육적 규범)
- 합의 도출하기(교육적 합의)
- 분명하고 정당한 규칙에 따라 학생들에게 받아들여지는 규정 및 규율 정하기

Wehr, 박규호 옮김, 2003: 159

이런 민주적 요소들이 구체적으로 실천될 때 학생들의 책임감은 강해지고 학교와의 일체감도 높아질 것이다. 그리고 교사의 자율적 전문성 강화와 함께 학교개혁에 학생을 참여시킴으로써 교육개혁은 완성될 것이다._{Rubin & Silva, 2003} 학생을 가르침을 받는 단순한 수용자/객체가 아니라 주체로, 주인으로 그리고 인격체, 나아가 시민의 개념으로 확장시켜야 한다. 교사는 학생들의 다양한 경험과 관점을 통해서도 많은 것을 배울 수 있도록 유도하여야 한다. 협력적 탐구, 함께하는 의사결정, 협동적 가르침과 배움 등을 통해 학생들의 목소리에 귀 기울여야 한다. 학생들이 자신의 목소리를 갖게 한다는 것은 진정한 민주주의자가 되게 하는 것이다. 이것이 학생의 '자력화empowerment'이다.

새로운 학교개혁을 위한 용기는 밑으로부터 나온다. 그렇지 않을 경우에는 모든 것이 구태의연하게 이전 것을 답습할 뿐이다. 삶과 경험을 학습하게 하는 공간인 학교는 민주적 공화국이어야 한다. 삶의 모든 문제들과 아이들의 학습 문제는 서로 동떨어진 것이 아니다. 독일의 교육학자 하르트무트 폰 헨티히Hartmut von Hentig가 자신의 실험학교에서 역설하였듯 최소한의 교육 성과를 내려면 다음과 같은 실천 가능한 원칙을 필요로 한다.

- 삶을 허용하기
- 차이를 인정하기
- 공동체 안에서 살기
- 전인적 인간이 되기
- 작은 세계와 큰 세계를 잇는 다리가 되기

- 학교는 학교로 남기

Wehr, 박규호 옮김, 2003: 162

이와 비슷한 주장은 현재 혁신학교운동의 일정한 배경을 이루는 우리나라의 '학교교육연구회'http://cafe.daum.net/schooldialogue의 목표에도 잘 나타나 있다.

- 학교가 스스로를 변화의 주체로 발견하기
- 학교와 학교 간의 대화와 교류, 협력을 촉진하기
- 교사 하나하나의 철학과 삶을 닦아나가기
- 우리 문화와 학교현장을 바탕으로 한 교육이론과 방법론을 발전시키기
- 이론과 실천 사이의 생생한 교류 및 협동을 촉진하기
- 타자의 관점과 입장의 차이를 생산적인 것으로 만들기
- 작은 변화를 진지하게 받아들이기

송순재, 2018: 23-24

학교교육연구회는 학교가 변화를 위한 기초 단위가 되어야 한다는 취지로 '학교를 단위로 한 변화란 무엇인가'라는 물음을 내걸고 2002년부터 현재까지 전국적 규모로 활동하고 있다. 혁신은 '학교를 단위로'라는 여러 교육청들의 정책 방향에서 확인할 수 있으며, 운동 방식의 골자를 1년을 단위로 한 변화에 두고 있다.

4. 혁신학교운동의 출현과 학교개혁사적 의미

우리나라 '혁신학교운동'은 권위주의적인 한국의 공교육을 개혁하기 위해 탄생되었다. 혁신학교운동은 과거의 교육개혁이 학교와 그 구성원을 대상화함으로써 근본적이고 지속가능한 혁신을 이루어내지 못했다고 판단하고, 근본적이고 지속가능한 학교혁신을 달성하고자 하는 교육운동이라고 할 수 있다. 혁신학교운동은 특정한 이론에 근거한 것이 아니라 우리나라 교육문제 해결을 위한 다양한 이론적 틀거리를 통해 실천적으로 발전하고 있는 실천적 교육운동이다. 그러기에 혁신학교운동은 이전의 국가 주도 교육개혁과는 근본적으로 성격이 다르다. 2009년 이후 등장한 교육감들의 정책으로 구현되기 시작하였고, 지금은 전국 17개 교육청 중 14개 시·도교육청 규모로 확대되었다. 혁신학교운동은 한국의 진보 교육감이 한국 교육의 모순이 집결된 곳이 바로 학교이고, 그 속에서 교사, 학생, 학부모가 고통받고 있는 것으로 인식하여 혁신학교를 핵심 공약으로 내세우면서 활성화되었다. 혁신학교 공약은 혁신학교를 지렛대로 하여 학교 구성원들의 자발적이고 협력적인 문화 속에서 민주적 학교문화 형성, 교수학습 방법 개선 등과 같은 혁신적 과제들을 추진하겠다는 시도이며, 나아가 학교혁신을 중심축으로 전면적인 교육개혁의 시대를 열고자 하는 프로젝트라고 할 수 있다.

혁신학교는 진보 교육감들의 정책으로 구현되기 시작했지만, 이 운동은 다양한 학교교육개혁운동의 역사적 맥락에서 비롯되었다. 정부 주도의 연구학교뿐 아니라 열린학교운동, 대안학교운동, 참교육실천운동, 작은학교운동 등 숱한 역사적 경험을 통해 축적된 학교개혁의 경험들이 어우러진 실천운동이라고 할 수 있다.손동빈, 2018; 송순재, 2018 이러한 혁신학교운동은 여러 맥락을 타고 또한 여러 상이한 이름하에 전개되었는데, 그 주축을 이룬 것은 우리 어린이와 청소년 그리고 학교교육 문제를 붙들고 줄기차게 씨름해온 교사와 학부모, 실천가와 이론가들이다.

이들의 공통된 관심사는 근대화 과정에서 지금까지 우리 교육을 옥죄었던 대학 입시경쟁교육과 이런 방식으로 도구화된 학교교육에 대한 비판적 노력으로 모아졌다. 그 성격을 한마디로 말하자면 '학교교육 패러다임의 전환'을 위한 인고의 노력이라고 할 수 있다. 그동안 우리 어린이와 청소년들의 삶은 도구화된 학교체제 속에서 추하게 뒤틀렸으며, 학교의 실상은 강요와 억압, 무기력과 지루함, 폭력과 죽음에 내몰린 형국이 되어버렸다. 그래서 어린이와 청소년의 삶을 담보로 한 무자비한 경쟁교육의 울타리를 넘어서고자 아이들을 살리는 교육운동이 벌어졌다. 이는 뒤틀린 학교교육의 기본 틀, 즉 현 사회와 미래를 위한 시대정신을 반영하지 못하는 낙후되고 완고하며 황폐화된 학교교육 체제 전반을 비판적으로 극복하고자 하는 교육적 시도이며 운동이라고 할 수 있다. 나아가 혁신학교운동은 이전의 교육개혁과 달리 담론과 실천의 장이 통합되어 작동함으로써 그 구체성을 제고한 교육운동이다.

혁신학교운동은 "아이들이 건강하고 조화로운 삶을 살 수 있도록 교육을 하자"는 목표를 내세운다. 아이들을 중심에 두면서 첫째, 관료주의 관행을 단위학교가 바탕이 된 교육활동 중심 체제로 바꾸고자 한다. 통제와 지시, 경쟁으로 굳어진 판을 자발성과 협력이 생동하는 마당으로 만들고자 한다. 둘째는 교육과정의 틀을 바꾸고자 한다. 국가교육과정을 기본 구조로 하는 공교육제도의 한계 때문에 법적으로 보장된 범위 내에서 자율성을 최대한 살려 단위학교의 특성에 맞는 교육과정을 재구성하여 발전시키고자 한다. 이런 과제는 학교만으로는 감당하기 벅차기 마련이어서 학부모와 지역민들의 도움을 요청할 수밖에 없다. 학교와 가정, 지역사회가 하나로 어울리는 교육공동체를 만들려는 학교들은 새로운 교육의 틀을 제각기 모색·실천했으며, 이 학교들은 '참삶을 가꾸는 교육', '행복한 학교', '공동체교육' 등의 가치를 추구하였다. 혁신학교 패러다임의 핵심은 인간다운 교육, 행복한 아이들, 자유와 자발성, 협력과 공생, 민주시민, 생태적 위기에 봉착한 인류사회의 미래를 제대로 담보해낼 수 있는 학교 등에 있다. 혁신학교들은 그들이 추구하는 가치를 구호화하지 않고 실제 교육현장에서 바꾸어가고자 하였다.

혁신학교운동은 종래의 교육개혁 운동이 거대 담론, 즉 정책이나 이념 등을 중심으로 전개되었던 것과 달리, 학교와 교실이라는 일상적·구체적 현장에 초점을 맞추어 살아 있는 성과를 냈다는 데 의의가 있다. 요컨대 거점학교나 허브 스쿨의 역할을 하는 우리의 혁신학교운동이 학교를 관료적 지배구조에서 민주적 교육활동공동체로 재구성하려는 학교와 교사의 관점, 위로부터의 하향식 개혁이 아닌 교사들의 자발적 참여를 통한 상향적 개혁, 학교의 문화 건설을 비롯해 학교의 조직구조와 교육활동 등에서 분절적 접근보다는 총체적 접근의 시도, 경쟁의 가치보다는 공적 가치, 더불어 사는 협력하는 교육, 학생들을 책임 있게 가르치겠다는 공교육의 본질적 기능 회복을 위한 학교의 효과성 운동 등을 지향한다는 면에서 한국의 공교육/학교교육 개혁사에서 중대한 역사적 의미를 가질 것이다.

5. 혁신학교운동의 평가와 과제

오늘날 혁신학교는 안팎으로 다양한 도전에 직면해 있으며, 이를 극복해가면서 진화하고 있다. 이러한 도전은 혁신학교의 발달 시기별로 상이할 수 있으며, 이에 대한 극복 전략과 초점도 달라질 수 있다. 초기에는 혁신학교의 필요성과 한국 교육에서의 역할을 설득하기 위한 노력을 경주하면서 혁신학교를 안착시키는 데 주력했다. 이른 시기에 혁신학교로 지정된 학교들이 10여 년에 접어들면서 소진화, 조급증, 경쟁교육 체제에서의 압력, 정치적 변화에 따른 위협 등 새로운 도전에 직면해 있다. 이제 혁신학교운동은 그 성과와 함께 다음과 같은 과제를 안게 되었다.

첫째, 혁신학교운동은 양적 확대가 아니라 질적 변화를 위해 노력해야 한다. 혁신학교가 학교개혁과 한국 교육을 근본적으로 조타하는 역할을 맡지 않는 한, 혁신학교에 대한 사회적 도전에서 자유로울 수 없을 것이다. 따라서 혁신학교의 확산 속도와 함께 실질적 성장 동력 확보 사이의 간극을 최소화해야 한다. 혁신학교가 일정한 성과를 내기 시작하면서, 진보 교육감의 대거 당선과 함께 혁신학교가 급속하게 확대되면서 학교 구성원들의 자발성과 혁신학교 운영의 다양성이 훼손되고 있다.

그 이유는 혁신학교가 교육청의 정책으로 포섭되어 위로부터의 강제된 혁신으로 변모되고, 교사들의 자발성에 기초하여 지역적으로 특성화된 새로운 교육 모델을 제시하기보다 획일적이며 정치적 성격의 보여주기식 전시행정의 우를 범할 위험성이 높아졌기 때문이다.성기선, 2014 같은 맥락에서 일부 학교에서 혁신학교가 지향하는 철학과 운영 원리를 기반으로 한 총체적 학교혁신에 이르지 못하고, 개별 프로그램을 나열하는 방식으로 혁신학교를 운영하는 경우도 있으며, 혁신 역량을 갖춘 혁신적 리더의 양적 속도에 비해 혁신학교 지정 및 일반화 속도가 빨라 혁신적 리더의 소진과 고갈 현상이 심화되었기 때문이다.^{백병부 외, 2014} 따라서 혁신학교의 질적 성장을 위해 철학적·사상적 무장과 함께 체계적 인력 양성이 더욱 필요하다.

둘째, 혁신학교로 지정된 지 오래된 학교에서는 혁신적 리더를 비롯한 구성원의 교체나 학생 구성 및 학부모의 요구 등이 변화하면서 구성원 사이의 갈등이 첨예하게 대립되는 경우도 발생하고 있다. 이와 관련하여 교육 목표를 새롭게 설정하고 교육과정을 재구성해야 하는 과제를 안게 되었다. 새로운 설정과 재구성 과정에서 갈등이 수반될 수 있지만, 이러한 갈등이 변화를 지지하는 방향으로 나아가지 않는다면, 지속적 학교혁신이 불가능할 것이다.^{성열관·이윤미, 2015} 이러한 상황에서 가장 긴요한 것은 혁신학교 안에서 차이 인정하기, 조급증에서 벗어나기, 소진 현상을 경계하기, 집단주의를 주의하기, 학습하는 교사공동체를 구축하기, 학교의 윤리적 수준을 높게 유지하기 등이 필요할 것이다.^{백병부 외, 2015: 165-178}

셋째, 혁신학교는 기본적으로 학교를 바꾸기 위한 본보기 또는 전범의 역할을 해야 한다. 이제 '혁신학교'를 넘어 학교 전체의 '학교혁신'으로 발전해야 한다. 혁신학교 정책은 학교를 바꾸려는 목적으로 추진되지만, 그것과 연동되어 우리나라 공교육의 새로운 패러다임을 형성하는 계기가 되어야 한다. 혁신학교 정책은 학교 안팎에서 지속적으로 전개되는 다양한 교육개혁운동과 상호 영향을 받고 있다. 따라서 혁신학교 정책은 단순히 학교를 바꾸는 데 머무는 것이 아니라, 우리나라 교육체제를 포함한 사회체제 변화로 나아가야 한다. 고교체제와 고교교육의 정체성, 초중등교육의 연계, 교장제도를 포함한 인사제도, 교육부와 교육청의 역할과 교육행정, 예산 편성과 집행 방식 등 다양한 분야의 변화를 동반해야 한다. 특히, 혁신학교를 모델로 교육과정 중심의 학교를 지향하고 있는 것을 고려하면 국가교육과정을 이에 걸맞게 개선해야 한다.

넷째, 혁신학교는 자율성과 이와 관련된 창의성이나 독창성을 강조하는 경향이 있는데, 아동이 공적 유산의 일부인 지식과 기술의 체제에 먼저 입문하지 않고는 아무 의미를 갖지 못한다는 점을 유념할 필요가 있다. 아동의 본성이나 자아는 입문으로서 교육의 구성적 힘과 분리될 수 없다. 아동의 성장 못지않게 지식의 성장도 중요한 것이다. 고립된 원자적 개인은 무기력하기 때문에 지식의 구성에는 공동체가 필요하다. 미래의 아이들은 인류가 공유하는 공적 유산(지식의 형식, 규칙의 체계)을 활용하여 삶의 역경에 직면했을 때 인간의 조건과 세계의 힘을 이해해야 한다.

교육철학자 피터스R. S. Peters는 아동의 발달·성장/요구·흥미를 중시하는 아동 중심적 접근과 공적 지식 및 공유된 가치에 대한 입문initiation을 강조하는 전통적 접근이 절충된 중도적 노선을 제안한 바 있다.Cupers & Martin, 2017: 330-336 혁신교육이 중시하는 아동 존중이 억압으로부터의 자유와 해방을 지향하지만, 교육의 권위와 지식을 부정하는, 다시 말해 반교조주의가 반권위, 반지식으로 발전해서는 안 된다.Kitchen, 2014: 3-7, 38-52, 182

한나 아렌트도 진보주의 교육, 특히 루소의 소극 교육의 위험성을 지적하면서 교육 형식의 보수성/권위의 필요성을 강조한 바 있다.Arendt,

2005: 259-262 다중지능 이론을 제창한 가드너H. Gardner도 아동 중심적 진보주의 교육이 방법을 지나치게 중시함으로써 아이들이 교과에 대해 통달하지 못할 개연성을 주의할 것을 요구한다.Gardner, 1995/2011: 211-214 따라서 혁신학교는 아동의 성장·발달을 소홀히 하지 않으면서도 더욱 정의롭고 인간적이고 평등적인 사회질서를 만들어가는 공동체적 사회의 재건에 초점을 두는 실험학교로 변화되어야 한다.James, 1995; Sadovnik & Semel, 1998: 150 혁신학교운동은 사회정의 교육을 적극적으로 실현하는 학교로까지 나아가야 하는 것이다.성열관·이윤미, 2015: 24 물론 사회개조라는 명분 아래 박탈된 아이들의 인간성과 발달 및 성장을 간과해서는 안 될 것이다. 현실 제도의 강압에 영향을 받지 않는 개인의 마음/심리를 함양하지 않으면 안 될 것이다. 그러기에 마음과 사회 모두를 지켜내고자 한 듀이의 명제를 다시 상기하게 한다.Olson, 2003

이는 마음속의 문화와 문화 속의 마음을 동시에 이해하고자 하는 구조주의와 심리주의의 교류를 시도한 비고츠키를 불러내는 것이다. 비고츠키를 불러낸 브루너는 인간의 발달과 사회를 재생산하고자 하는 교육/학교 사이의 반목을 극복하고자 하였다.Olson, 2003: xiii 개인/인간의 목표와 사회/문화의 목표 간의 갈등, 즉 개인과 문화, 지역성과 보편성, 그리고 재능과 수단 간의 갈등적 공간이라고 할 수 있는 학교의 혁명, 즉 제도 속에 살고 있는 인간/아이의 심리학 그리고 부정의한 제도의 혁명을 동시에 요구하고 있다. 그리고 제도화된 지식, 즉 책 속의 지식과 이를 넘어서는 새로운 해방된 지식을 요청한다. 이것은 인간/학생의 마음 형성과 학교교육의 공동체화를 동시에 요구하는 일이다. 사회 속의 학교가 현실 사회를 넘어서야 하는 과제이기도 하다. 제도적 실천을 하는 사회제도로서의 학교는 아이들의 인격과 지식을 동시에 발달시켜야 하는 이중의 과제를 안고 있다.

다섯째, 더 본질적으로 혁신학교가 넘어야 할 가장 큰 과제는 학력 담론이다. 학력은 신용카드, 운전면허와 마찬가지로 낯선 사람에게 자신이 주장하는 기술과 역량에 대한 신뢰를 주기도 하지만, 과잉 교육 overeducation 등으로 학교교육의 목적을 매우 협소하게 함으로써 기만과 배제를 광범위하게 조장하기도 한다.Bills, 장원섭 옮김, 2017: 76-86 우리의 경우 입시 위주 교육으로 지식 습득이 계층상승의 도구화로 변질되는 모습을 보면 특히 그렇다. 그래서 세상을 변화시키는 새로운 학력관을 요구한다. 새로운 학력관은 학력을 지성, 감성, 시민성이 전면적으로 발달된 결과로서 인생을 풍요롭게 영위하고, 인간의 존엄한 권리를 지키며, 사회를 민주적으로 발전시킬 수 있는 토대로 인식한다. 따라서 경쟁 중심의 입시교육 체제에서 형성된 학력, 즉 대학졸업장을 대체할 기제를 마련해야 한다. 대학은 초·중등교육의 정상화, 사회구조의 변화, 더 나아가 우리 사회의 가치와 정신, 그리고 문화를 바로 세우는 데 주체적 노력을 기울여야 한다. 지나치게 아동 중심적인 교육으로는 아이들이 살아갈 사회의 전망이 보이지 않고, 사회개조적 진보주의에는 사회 변화를 이끌 주체가 보이지 않을 가능성이 있기 때문이다.심성보, 2018: 44, 75

따라서 혁신학교는 아동을 존중하면서도 사회를 개조해야 하는 동시적 사명을 구현해야 한다. 그렇지 않으면 사회변혁이 없는 방법론적 열린 교육이나 낭만적 아동중심주의로 전락하고 말 것이다. 미시적 범위의 교실과 학교에서의 변화 그리고 거시적 사회에 대한 비전을 공유함으로써 사회제도의 변화가 동시에 일어나야 할 것이다. 나아가 혁신학교 정책은 소득 양극화와 교육 불평등의 심화, 기후변화에 따른 환경생태계의 위기, 신자유주의적 세계화의 심화, 출산율 저하로 인한 인구구조의 변화, 기술융합과 정보사회의 전면화, 분단체제 극복 등 도래할 사회 변화에 대응해야 한다. 결국 혁신학교는 우리나라 교육 패러다임을 바꿀 공교육의 새로운 표준을 만드는 일로 발전해야 한다.

6. 더 나은 세상을 위한 학교혁명을 위해

오늘날 압축적 근대화를 달성한 우리나라의 경제적 성공은 교육에 대한 국민들의 기대와 신뢰를 바탕으로 가능하였지만, 과거의 성공에 도취되어 미래 사회가 요구하는 교육의 패러다임을 만들어내지 못하는 딜레마에 빠져 있다. 궁극적으로 한국 사회 특유의 학력·학벌주의가 신자유주의에 입각한 교육개혁과 맞물리면서 학교는 경쟁과 선발, 입신출세를 위한 도구적 가치가 압도하는 공간이 되고 말았다. 우리의 학교는 경쟁교육에 치중하다 보니 학습의 즐거움을 사라지게 한 지 오래되었다. 역사 속 학교의 모습은 교육이 사회적·경제적·문화적 정책 의제, 집단 간 권력 갈등, 그리고 불균형한 힘의 긴장 관계 때문에 늘 이리저리 휘둘리는 모습을 보였다.Mondale & Patton, 유성상 옮김, 2014 이러한 경쟁하는 힘들을 잘 조화시켜 더 나은 세상을 건설하기 위한 학교혁명을 이룩해야 한다. 사회에 영향을 미치는 주요한 사회적 힘—산업화, 도시화, 세계화, 그리고 이데올로기적 변화—은 국가교육체제의 토대를 형성하는 요소이기에 더 나은 세상을 위한 학교혁명을 위해서는 이러한 변화의 힘을 잘 읽어내야 한다.Rury, 2013: 248 과학기술의 획기적인 발전, 정치적 추세, 경제적 힘, 근대사회의 사회적·문화적·개인적 추세, 변화하는 지식 지형, 모더니즘 이후의 걷잡을 수 없는 포스트모던 조건, 다문화주의적 견해 등은 지식의 중요한 기능들에 대한 인식을 요구한다.Gardner, 2000: 43-58

오늘날 인공지능의 등장을 포함한 지식의 발전은 학교교육을 담당하는 교육자들에게 상당한 도전으로 다가오고 있지만, 이런 기술적 변화에 제대로 대응하기 위해서는 위대한 가치(참, 착함, 아름다움)를 담고 있는 고전 읽기, 아이들의 개인차와 성장·발달을 중시하는 진보주의 교육, 기술 발달을 위한 교육, 깊이 있는 이해교육, 다문화교육이 매우 중요하다.위의 책: 223-226 근대화의 중요한 에너지였던 기술의 힘이 정복이나 전쟁의 도구가 되지 않으려면, 과학기술교육과 함께 인문교양교육이 동시에 강조되어야 한다. 특히 우리나라의 학교는 개발주의 시대의 교육 패러다임이 여전하기에 근대성 및 근대교육에 대한 근본적 반성을 요구하는 '성찰적 학교reflective school'를 더욱 필요로 한다. 그리고 비판적 경험과 실천이 결여된 이론과 지식 중심의 입시교육은 극복되어야 한다.

최근 촛불혁명 이후 더 많은 민주주의와 분권·자치에 대한 국민적 요구가 높아지면서 새로운 학교혁명의 시대를 열어야 한다. 지방분권 시대에는 무엇보다 학교자치가 중요하다. 학교자치를 통한 학교혁신은 낡은 교육을 넘어서서 새로운 교육을 실현하는 교두보가 될 것이다. 학교자치는 일정한 범위의 구성원을 전제로 하며, 그 구성원들이 자치 공동체의 의사결정에 참여하여 최종적인 민주적 정당성을 부여할 것이다. 구성원의 참여가 없는 자치란 있을 수 없다. 학교 구성원의 참여 없는 학교 자율성의 확보란 진정한 학교자치가 아니다. 따라서 지방분권이 확대된다 하더라도 교육감을 정점으로 한 관료조직의 구성원으로서 교장의 권한이 확대되어서는 안 될 것이다. 학교자치는 교사의 자율성을 기반으로 학교의 변화를 이끌어낼 수 있는 장치라는 점에서 학교자치의 실현은 학교혁신에서 매우 중요한 전략적 의미를 가진다.

학교는 학생들의 삶의 공간이자, 미래를 살아갈 수 있는 역량을 길러주는 공간이어야 한다. 학교를 통한 학생들의 온전한 배움과 성장을 위해, 학부모의 고통을 덜어주기 위해, 교사의 교육자로서의 보람과 긍지를 회복하기 위해, 지역사회의 교육적 요구를 실현하기 위해서는 교육과정과 운영 시스템, 학교문화 등이 전면적으로 혁신되어야 한다. 학교현장과 지역에서 교육 주체들이 광범하게 자발적으로 개혁에 나서야 한다. 아무리 훌륭한 개혁이라 하더라도 내부의 동력이 붙지 않으면 반드시 실패하고 말 것이다. 그동안 학교현장에서 수없이 되풀이된 이른바 각종 '개혁'의 실패는 그 점을 잘 보여준다. '개혁주의에 매몰되지 않는 개혁non-reformative reform'은 사회변혁, 특히 교육을 통한 사회변혁이라는 과제를 수행하는 사람들에게는 권장할 만한 교훈일 것이다.Apple, 2014 학교혁신을 넘어 사회를 변화시키는 변혁교육revolutionary/radical education으로 나아가야 한다.

물론 전면적인 교육개혁의 시대를 여는 것은 교육감의 힘만으로는 어림도 없을 것이다. 그것은 중앙정부의 과제이기도 하다. 기회의 평등, 과정의 공정성, 결과의 정의를 표방한 문재인 정부의 교육정책은 불평등, 불공정, 부정의의 해결 의지를 명확히 하여 혁신학교 성과를 한 단계 끌어올려야 한다. 교장승진제도의 근본적 변화와 교원의 정치기본권이 보장되지 않는 여건에서 교실에서의 수업 전문성 강화 전략은 방법론적 구성주의 운동에 묶어놓을 위험이 있다. 교육과정 재구성을 아무리 강조해도 교사의 평가권과 정치적 자유가 보장되지 않는다면, 지식의 비판적 구성은 애당초 불가능한 일이다. 세상 질서를 바꾸는 지식/지혜를 전달하는 교사의 정치적 지위가 취약하면 사회를 변혁시킬 가능성이 원천적으로 차단되고 말 것이다. 따라서 학교혁명은 곧 지식혁명이 핵심이기에 이를 가능하게 하는 교사들의 사상의 자유, 표현의 자유 보장이 필수 불가결하다. 이런 자유의 법적 보장을 통해 인간해방과 사회해방을 동시에 구현해야 한다.

오늘날 우리의 학교가 위기에 처해 있다는 사실을 모두 인정할 것이다. 경제적·사회적 문제를 수정하기 위한 목적으로 학교를 변화시키려는 계획적 노력인 교육개혁에 대한 정책적 대화가 이상주의적이고 요란할 때도 있지만, 실제 개혁은 보통 완만하고 점진적으로 이루어졌다.Tyack & Cuban, 권찬욱·박대권 옮김, 2011: 23-38 학교가 할 수 없는 일에 대한 과도한 약속은 학교에 대한 환멸과 비난으로 다가오기 마련이다. 사실 학교개혁을 통해 사회개혁을 하려는 유토피아적 전통은 많은 비용이 들고 정치적 논란거리가 되어왔다. 유토피아적 생각은 비전 있는 생각으로 칭송받을 수 있지만, 땜질식 발상으로 비하되기도 하였다. 물론 아무리 강력한 지지자가 있는 개혁이라도 항상 학교로 파고들어 가기란 쉬운 일이 아닐 것이다. 교육자들은 외부로부터의 개혁을 환영하기도 했고, 향상시키거나 굴절시키기도 했으며, 흡수하거나 변형시키기도 했고, 때론 거부하기도 했다.

따라서 교육의 유토피아를 꿈꾸는 이상주의자면서도 현실을 아예 무시하며 처음부터 다시 시작하는 급진주의나 공상주의에 머물러서는 안 된다. 세계 교육사에 훌륭한 사상들이 많이 등장하고 있지만, 그들 중 많은 것은 이상을 너무 멀리 끌고 감으로써 현실에 뿌리내리지 못할 관념적 한계에 머물러 있기도 했다. 그림의 떡 같은 유토피아적 개혁은 교사들과 대중의 냉소와 환멸을 불러일으킬 수 있다. 이상적 교육공동체를 꿈꾸는 것은 매우 아름다운 일이지만, 그것을 현실화하는 데 지배적 교육체제나 교육과정을 몽땅 내버리거나, 아니면 모든 것을 다시 시작하는 방식의 양자택일을 하기보다 주어진 현실 속에서 혁신 또는 진보의 싹을 키우는 가능한 실천들을 위해 애쓰는 세심한 노력이 요구된다.

특히 우리는 촛불혁명 이후 더 나은 세상을 위한 새로운 학교체제를 준비해야 하는 과제를 안고 있다. 이러한 학교체제의 도래를 위해 세계적 공동체와 지역 공동체를 유기적으로 결합시키는 국가 공동체의 새로운 역할 요청, 관과 민의 협치를 원활하게 하는 지역사회의 중간 지원 조직 활성화, 교육청과 교사의 원활한 교량 역할을 하는 교장의 수평적/분산적 리더십, 교사의 전문적학습공동체 활동, 민주적 학생자치활동, 그리고 시민으로서 학부모의 참여활동 등이 절실하다.

촛불혁명 이후의 변혁교육은 미시적으로는 단위학교의 실천을 기반으로 하면서도 그 미시적 실천 속에 거시적 비전이 녹아 있어야 한다. 교육개혁을 가로막는 학교의 블랙박스를 드러내면서도 교육의 실제와 정책을 교육의 원대한 사상과 목적, 그리고 더 넓은 사회문화적·정치적·경제적 상황과 연결시켜 보아야 한다. 상식이 입증한 가정에 도전하고, 일차적 경험의 한계를 넘어서는 목소리를 내고, 역사와의 대화에 참여하고, 현재를 단순히 재생산하지 않는 미래를 상상해야 한다.Giroux, 2017: xii 그러기에 학교교육 개혁은 단순히 교육뿐만 아니라 사회 자체를 변화시키는 방법으로 이어져야 한다. 학교 울타리를 넘어 사회 전체의 구조 개편으로 직결되어야 한다. 학교혁명은 교육개혁이 '변혁교육'으로 승화되어야 세계 교육사적 보편성을 가질 것이다.

| 참고 문헌

백병부·성열관·하봉운(2014).『경기도 혁신학교 중장기 발전 방안』. 경기도교육
　연구원.
백병부 외(2015).『혁신학교 지속가능성 제고 방안』. 경기도교육연구원.
성기선(2014).「혁신학교에 대한 비판적 성찰과 과제」.『새길을 여는 교육비평』
　33, pp. 121-143.
성열관·이윤미(2015).「혁신학교의 성장과 현 단계에서의 과제」. 한국 교육의 길
　을 열다: 진보교육의 성과와 과제(교육정책연구소네트워크 학술대회), 2015년
　6월 26일.
손동빈(2017).「이미 시작한 본보기 미래학교, '혁신학교'」.『혁신학교, 한국 교육
　의 미래를 열다』. 살림터.
손준종(2017).『한국 교육의 사회적 풍경: 교육사회학의 주요 쟁점』. 학지사
송순재(2017).「혁신학교의 발단·전개·특징」.『혁신학교, 한국 교육의 미래를 열
　다』. 살림터.
심성보(2018).「서구 진보주의 교육이론의 동향과 한국 혁신교육의 전망」.『진보
　주의 교육의 세계적 동향』. 살림터.
Adams, P.(2014). *Policy and Education*. Oxon: Routledge.
Apple, M. 강희룡 외 옮김(2014).『교육은 사회를 바꿀 수 있을까?』. 살림터.
Apple, M. & Beane, J. A. 강희룡 옮김(2015).『민주학교: 혁신교육의 방향을 묻
　는다』. 살림터.
Arendt, H. 서유경 옮김(2005).『과거와 미래 사이』. 푸른숲.
Baker, D. & LeTendre, G. K. 김안나 옮김(2016).『세계 문화와 학교교육의 미
　래』. 교육과학사.
Ballantine, H. & Hammack, F. M.(2012). *The Sociology of Education: A
　Systematic Analysis*. Boston: Pearson.
Biesta, G.(2013b). *The Beautiful risk of education*. Boulder: Paradigm
　Publishers.
Bills, D. B. 장원섭 옮김(2017).『교육과 일: 사회학적 접근』. 박영Story.
Chitty, C. *Understanding Schools and Schooling*. London & New York:

RoutledgeFalmer.

Cupers, S. & Martin, C.(2017). 이병승 옮김(2017). 『피터스의 교육사상』. 서광사.

Darling-Hammond, L. Adaman, F. Åstrand, B. 심성보 외 옮김(2017). 『세계교육개혁: 민영화 우선인가 공적 투자 강화인가?』. 살림터.

Elias. 한국교육연구네트워크 옮김(2014). 『프레이리와 교육』. 살림터.

Fullan, M. 서동연·정효준 옮김(2017). 『학교를 개선하는 교장』. 살림터.

Fullan, M. 이찬승·은수진 옮김(2017). 『학교교육은 왜 실패하는가: 교육 변화의 새로운 의미와 성공 원리』. 21세기교육연구소.

Fullan, M. & Hargreaves, A. 최의창 옮김(2006). 『학교를 개선하는 교사』. 무지개사.

Gardner, H. 류숙희 옮김(2016). 『인간은 어떻게 배우는가?: 인지과학이 발견한 배움의 심리학』. 사회평론.

Giroux, H.(2017). Foreword: Paulo Freire and the Courage to be Political, *Reinventing Paulo Freire: A Pedagogy of Love*. New York: Routledge.

Gordon, M. & Green, M. eds.(2001). *Hannah Arendt and Education*. Colorado: Westview Press.

Grace, G.(2014). Professions, Sacred and Profane: Reflections upon the Changing Nature of Professionalism. M. Young & J. Muller(Eds.). *Knowledge, Expertise and the Professions*. Oxon: Routledge.

Green, A.(1997). *Education, Globalization, and the Nation State*. London: Macmillan Press.

Guile, D.(2014). Professional Knowledge and Professional Practice as Continuous Recontextualisation: A Social Practice Perspective, M. Young & J. Muller(Eds.). *Knowledge, Expertise and the Professions*. Oxon: Routledge.

Habsbawn, E. 차명수·정도영 옮김(2001). 『혁명의 시대: 시민혁명과 산업혁명』. 한길사.

Hargreaves, A. & Shirley, D.(2009). *The Fourth Way: The Inspiring Future for Educational Change*. Corwin Press.

Hargreaves, A. 곽덕주 외 옮김(2011). 『지식사회와 학교교육: 불안정한 시대의 교육』. 학지사.

Hargreaves, A. & Shirley, D. 이찬승·김은영 옮김(2015)가. 『학교교육 제4의 길

(1)』. 21세기교육연구소.

Hargreaves, A. & Shirley, D. 이찬승·홍완기 옮김(2015)나. 『학교교육 제4의 길 (2)』. 21세기교육연구소.

Hurn, C. J. 박동준·차갑부 옮김(1985). 『학교교육과 사회: 학교교육의 가능성과 한계성』. 한서출판.

Illich, I. 심성보 옮김(2004). 『학교 없는 사회』. 미토.

James, M. E.(Ed.)(1995). *Social Reconstruction through Education: The Philosophy, history, and Curricula of a Radical Ideal*. Norwood: Ablex Pub.

Kitchen, W.(2014). *Authority and the Teacher*. London: Bloomsbury.

Mignolo, W. D. 김영주·배윤기·하상복 옮김(2018). 『서구 근대성의 어두운 이면: 전 지구적 미래들과 탈식민적 선택들』. 현암사.

Mondale, S. & Patton, S. B. 유성상 옮김(2014). 『스쿨: 미국 공교육의 역사 1770-2000』. 학이시습.

Noddings, N. 심성보 옮김(2016). 『21세기 교육과 민주주의: 개인적 삶, 직업적 삶, 그리고 시민적 삶을 위한 교육』. 살림터.

Oson, D. R.(2003). *Psychological Theory and Educational Reform: How School Remakes Mind and Society*. Cambridge: Cambridge University Press.

Porter, J.(1999). *Reschooling and the Global Futuere: Politics, Economics and the English Experience*. Oxford: Symposium Books.

Ravitch, D. 윤재원 옮김(2011). 『미국의 공교육 개혁, 그 빛과 그림자』. 지식의 날개.

Rosa, H. Gertenbach, L. Laux, H. & Strecker, D. 곽노완·한상원 옮김(2017). 『공동체의 이론들』. 라움.

Rubin, B. C. & Silva, E. M.(2003). *Critical Voices in School Reform: Students Living through Change*. London & New York: RoutledgeFalmer.

Rury, J.(2013). *Education and Social Change: Contours in the History of American Schooling*. New York & London: Routledge.

Sadovnik, A. & Semel, S.(1998). Durkheim, Dewey and Progressive Education: The Tension between Individualism and Community, G. Walford & W. S. F. Pickering(Eds.). *Durkheim and Modern Education*. London & New York: Routledge.

Sahlberg, P. 이은진 옮김(2016). 『핀란드의 끝없는 도전: 그들은 왜 교육개혁을 멈추지 않는가』. 푸른숲.

Scott, D., Posner, C., Martin, C. & Guzman, E.(2015). *Interventions in Education Systems*. London: Bloomsbury.

Sergionvani, T. 주철안 옮김(2004). 『학교공동체 만들기』. 에듀케어.

Shields, C. M.(2014). A Critical Examination of Today's (Un)Democratic Reform Agenda for Teachers, Administrations, and Teacher Education, J. L. Teitebaum & K. DeVitis(Eds.). *School Reform Critics: The Struggle for Democratic Schooling*. New York: Peter Lang.

Teitebaum, J. L. & DeVitis, K. Introduction, J. L. Teitebaum & K. DeVitis(Eds.). *School Reform Critics: The Struggle for Democratic Schooling*. New York: Peter Lang.

Tyack & Cuban. 권찬욱·박대권 옮김(2011). 『학교 없는 교육개혁: 유토피아를 꿈꾼 미국 교육개혁 100년사』. 럭스미디어.

Verger, A. Fontdevila, C. & Zancajo, A.(2016). *The Privatization of Education: a Political Economy of Global Education Reform*. New York & London: Teachers College Press.

Wehr, H. 박규호 옮김(2003). 「학교발전을 위한 생명 애호적 대안」. R. Funk, G. Meyer & H. Johach. 『에리히 프롬과 현대성』. 영림카디널.

학교자율운영체제 1.0에서 2.0으로

김용_한국교원대학교 교수

1. 교육 역사 속의 학교자율운영:
학교자치 개념의 등장과 제도화

　교육의 역사에서 학교가 자율적으로 운영된 사례는 거의 찾아보기 어렵다. 물론 사립학교가 아닌 공립학교의 경우에 한정하여 말하는 것이다. 오히려 학교는 오랫동안 학교 외부의 어떤 존재의 부속물에 지나지 않았다. 중세의 학교는 교회의 부속물이었다. 교회 관계자들이 교사 역할을 수행하였으며, 교회는 교육과정도 결정하였다. 학생 훈육이나 학교 운영의 관행 역시 기독교적인 방식에 따랐다. 근대가 개막하는 시점에서 학교의 주인이 교회에서 국가로 변하였다. 1794년 제정된 「프로이센 일반 란트법」은 "학교는 국가의 시설…"(제1조)이라고 선언하고 "모든 공립학교는 국가 감독을 받아야…"(제9조) 한다고 규정하였다. 절대주의 국가 시대 행정의 전능全能 사상이 투영된 것으로 평가할 수 있다.結城 忠, 2002 이런 태도는 이후 계속 이어졌다. 근대적 헌법의 효시로 인정받는 「바이마르 헌법」(1919년)은 "모든 학교제도는 국가 감독에 따른다"(제144조)고 규정하였고, 이 조항은 전쟁 후에도 그대로 계수되었다〔「독일연방공화국기본법」(1949년) 제7조 제1항〕.

전쟁 후의 자유로운 분위기에서도 여전한 국가의 학교 감독에 대하여 곧 문제가 제기되기 시작하였다. 독일의 교육법학자인 베커 H. Becker는 교육행정당국에 강하게 속박된 학교를 '관리된 학교Die verwaltete Schule'라고 부르며, 다음과 같이 문제점을 지적하였다.

> 독일의 학교는 경찰서나 세무서와 같은 최하급 행정기관에 지나지 않는다. 그렇지만 학교 교장은 일선 세무서장만큼도 재량을 행사하지 못한다. 교사들은 자유롭게 수업을 계획하고 실행할 수 없으며, 그저 규칙이나 행정당국의 명령에 따라야 한다. 교장과 교사 모두 단순한 집행자 역할만 하는 공무원이 되어버렸다. 이렇게 '관리된 학교'에서는 상상력이 부족하고 대세에 순응하기만 하며, 통제하기 쉽고 획일적인 인간이 길러질 뿐이다.Becker, 1954: s.1155 등 여러 논문의 내용을 정리한 結城 忠, 2009: 93-94頁을 수정하고 재구성함

'관리된 학교'에 대한 비판은 1970년대 독일 교육개혁의 방향을 제시하였다. 「독일 교육심의회Deutscher Bildungsrat」는 관리된 학교에서 탈피하기 위하여 교사는 물론 학생과 학부모의 학교 운영 참여권을 확대하고, 궁극적으로 학교 자율성을 강화하기 위한 각종 제안을 내놓았다. 이런 제안은 법률 형태로 현실화되었는데, 「학교 공동 결정법Schulmitbestimmungsgesetz」(잘란트주, 1974년)이나 「학교 참가법 Schulmitwirkungsgesetz」(노르트라인베스트팔렌주, 1977년) 같은 법 제목에서 짐작할 수 있는 것처럼 학교 구성원의 학교 운영 참여를 학교 자율성 강화 차원에서 제도화하였다. 1990년대 들어 '학교 자율

성Schulautonomie' 담론은 학교교육정책의 가장 중요한 주제가 되었으며, 이 흐름에서 학교회의Schulkonferenz와 교원회의Lehrerkonferenz, 학생 대표제Schulervertrung와 부모협의회Elternbeirat 등이 성립되었다.Avenarius & Hecker, 2000: ss. 117-118 1995년 교육개혁 당시 도입된 학교운영위원회는 독일의 학교회의가 모델이었으며, 오늘날 한국의 교육자들 가운데 교사회와 학생회, 학부모회 등을 법제화하자는 주장 역시 독일의 사례를 수용하려는 것이다.

2. 한국에서의 학교자율운영: 저항 담론에서 관리 담론으로

한국 교육의 전개 과정에서 나타나는 중요한 특징 중 하나는 교육정책에서 국가의 주도성이 강하게 발휘되어왔다는 사실이다. 한국전쟁 이후 폐허 상태에서 국가는 당시 가용한 교육재정의 절대액을 초등교육 완성에 투자하였고, 이후 중학교 무시험입학과 고교평준화, 대학졸업정원제 등 교육 기회를 확대하기 위한 정책을 연이어 시행하였다. 국가수준의 교육과정을 제정하고 교원 자격 법정주의를 채택하여 교육 프로그램과 교사의 질을 확보하고자 하였으며, 교육재정 관련 법률을 통하여 지역 간 교육 격차를 최소화할 수 있도록 뒷받침하였다.이종재·이차영·김용·송경오, 2015

국가 주도의 교육 발전에는 공과가 있었다. 단기간에 교육 기회를 확대하고 어느 정도 질적 수준을 담보하였으며, 학교 간·지역 간 격차가 두드러지지 않은 사실은 정책의 성과라고 할 수 있다. 반면, 교육의 획일성과 타율성은 국가 주도 발전 과정에서 피하기 어려운 문제였다. 1980년대 한국 교육계에서 종종 운위되던 "붕어빵 기계에 붕어빵 찍어내는 교육"이라는 표현은 당시 한국 교육의 문제점을 적확하게 지적한 것이다.

한편, 당시 한국에서 학교교육의 주인으로서의 국가는 선한 존재가 아니었다. 비민주적 정권과 이들이 강요하는 권위주의적 교육행정 관행은 많은 교사에게 참기 어려운 일이었다. 독재정권의 하수인이 되기를 강요당하는 상황에서 많은 교사가 번민하고 갈등하였으며, 이들의 응집된 힘이 1980년대 중반 '교육민주화 운동'으로 분출되었다. 교육민주화 운동은 교육행정당국의 비교육적이고 부당한 지배를 철폐하고, 학교를 민주주의 공간으로 바꾸어 '참교육'을 실천하려는 시도였다.이철국, 1991 이런 점에서 한국에서 학교자율운영 실천의 출발점을 찾는다면, 그것은 마땅히 '교육민주화 운동'이 되어야 할 것이다. 한국의 학교자율운영은 저항 담론으로 제기되었다.

그런데 정책으로서의 학교자율운영은 전혀 다른 맥락에서 전개되었다. 한국 현대 교육사에서 학교자율운영이 본격적으로 논의되고 실천된 계기는 1995년의 교육개혁이라고 할 수 있다.김용, 2012 5·31 교육개혁은 한국 교육이 글로벌 교육정책 장Global Education Policy Field: GEPF에 편입되는 계기가 되었는데김용·박대권, 2018, 이것은 학교자율운영 논의에서 중요한 의미를 갖는다. 영국과 미국이 주도하는 국제기구(대표적으로 OECD)에서 1980년대부터 논의되고 있던 학교자율운영 정책 제안이 한국의 학교개혁 방안으로 대폭 채택된 것이다. 이렇게 5·31 개혁으로 등장한 학교자율운영 정책을 '학교자율운영 1.0'으로 명명할 수 있다.김용·김혁동·송경오·정바울, 2015 다음 절에서 그 정책과 논리,

그리고 정책의 공과를 검토한다.

한편, 교육부 주도로 5·31 개혁 정책이 실천되는 사이에 몇몇 학교에서 교사들이 중심이 된 자발적 학교 변화 운동이 시작된다. 이들의 실천은 실질적으로 1980년대의 교육민주화 운동과 맥이 닿아 있으며, 학교를 민주주의 공간으로 변화시키고 학생 성장과 교육이라는 본연의 목적을 중심으로 학교 운영을 혁신하고자 한 것이었다.정진화, 2014 또, 다른 면에서는 1990년대 중반 이후 교육부 주도의 학교자율운영 정책의 문제점을 제기하고, 전혀 다른 차원에서 학교 변화를 실천하고자 한 것이었다. 2000년대 중반 교육감 주민직선제 시행을 계기로, 이들의 운동은 혁신학교라는 정책으로 전면에 등장하게 되었다. 애초에 교사 주도의 학교혁신 운동은 명확한 정책 논리에 입각한 것이라기보다는 다소 파편화된 시도였다. 여러 학교에서 다양한 실천이 더해지는 과정에서 논의가 풍부함을 더하고 있다. 진보 교육감이 다수를 차지하게 되고 학교혁신이 전국적으로 확산하는 과정에서 '학교자율운영 1.0'을 지양하는 학교 변화 모형이 필요하다는 인식이 확산하고 있다. 이 글은 새로운 학교 변화 모형을 '학교자율운영 2.0'으로 명명하고, 논의를 전개한다.

3. 학교자율운영 1.0

1995년 교육개혁으로 등장한 학교자율운영 1.0 모형은 한국 교육계의 자율 지향과 호주의 실천 사례, 그리고 OECD에서 논의되던 공공선택론적 학교 변화 모형이 결합한 산물이다.김용·김혁동·송경오·정바울, 2015

앞에서 1980년대 말 교육계 인사들이 타율과 획일의 문제를 지적하고, 그 대안으로 '자율'과 '다양성'을 제시했다고 했는데, 당시 이것은 교육개혁의 방향 또는 원리였을 뿐, 변화를 위한 현실적이고 구체적인 지침은 되지 못하였다. 그런데 비슷한 시기 호주에서 학교 운영에서 '자율' 원리를 구현하려는 시도가 일어났다. 호주의 교육자 콜드웰 Caldwell과 스핑크스Spinks[1988]가 자율 경영 학교Self-managing school 를 운영하고, 그것이 학교 운영의 효과성과 질을 상당히 제고하였다는 실증적 자료를 제시하였다. 이들은 교육청의 규제하에 있던 인사man, 교육과정material, 교육재정money—이것들은 '3M'으로 불리는 교육행정의 가장 중요한 세 가지 요소다— 면에서 규제를 완화하여 학교가 교사를 자율적으로 초빙하고, 교육과정 운영의 탄력성을 확보하며 학교 재정을 학교 구성원의 뜻대로 편성·운용하였으며, 그 결과 학생과 교원의 만족도가 높아짐은 물론 교육성취도도 제고되었다고 자신들의 사례를 널리 소개하였다. 교원 초빙, 교육과정 자율화, 학교회계제도가 한국의 교육개혁안에 포함되었다.

한편, 호주의 개혁 사례는 당시 신공공관리적New Public Management: NPM 행정개혁을 실천하고 있던 영국에서 크게 환영받았다. 1970년대 말 재정 위기를 경험한 영국은 공공 부문을 대폭 축소하고, 경쟁 원리를 도입하고자 하였다. 또, 책임 운영 기관Agency을 도입하여 기관 운영의 자율성을 최대한 보장하며 고객 맞춤형 행정 서비스를 제공하도록 유도하고, 감독 기관은 성과를 점검하고 책임을 묻는 방식의 개혁을 추진하고 있었다.[정정길, 2000] 신공공관리적 개혁의 배경에는 교사(넓게는 공무원)들을 지대 추구자rent-seeker로 보는 시각이 전제되어 있었다. 주인principal인 국민과의 관계에서 대리인agent의 위치에 있는 교사들의 지대 추구적 행위를 규제하기 위하여 표준 설정, 모니터링, 경쟁, 인센티브 부여 등 기제를 활용하여야 한다는 논의가 제기되었다.김용, 2012 영국 개혁가들은 호주의 시도가 책임 운영 기관 아이디어와 맥이 닿는다고 생각하였다.

1980년대 OECD를 중심으로 신공공관리적 학교개혁 논의가 한창이었는데, 다음과 같은 내용이었다. 학생 성장과 교육에 별 관심이 없고 자신들의 편의와 복지 향상에만 관심을 두는 교사들을 지대 추구자로 볼 수 있는데, 이들을 변화시키고 학교를 자율적으로 운영할 수 있게 하려면 외부의 충격과 책무성을 확인하는 일이 필요하다. 교원평가와 성과급제도, 나아가 교육정보공개제도가 이런 문제의식에서 제도화하였다. 평가와 성과급 부여를 위해서는 객관적 자료가 필요한데, 학생들의 학업성취 관련 정보를 활용하는 편이 바람직하다. 시험 결과를 교원평가와 결부 짓고, 평가 결과에 따라 성과급을 지급한다는 것이다. 또, 학부모들이 학교를 선택할 수 있게 하는 것도 교사에게 강력한 자극이 될 수 있는데, 이를 지원하기 위하여 학업성취도평가를 시행하고, 그 결과를 공개하는 일도 중요하다. 이렇게 하면 교사들 사이에 선의의 경쟁이 유발되고 교육의 질이 전체적으로 높아질 것이다. 이것이 이른바 신자유주의적 학교 변화 전략으로, 학교자율운영 1.0 모형을 구성한다.

학교자율운영 1.0은 공과가 있다.김용·김혁동·송경오·정바울, 2015 우선 성과로는 교육 규제의 부정적 측면에 관심을 가지고, 불필요한 규제를 완화하거나 폐지하여 학교자율운영의 공간을 마련해준 사실을 들 수 있다. 실제로 초기의 혁신학교 상당수는 교원 초빙이나 교육과정 자율화, 학교회계제도 등을 적절하게 활용하여 학교를 변화시킬 수 있었

[그림 1] 신자유주의적 학교 변화 전략

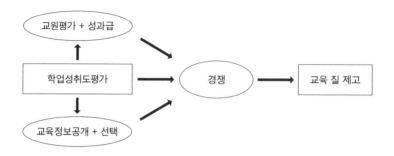

다. 학교마다 독특한 발전 전략을 수립하고, 실천하고자 하는 움직임을 강화한 것도 성과로 들 수 있다.

반면, 학교자율운영 1.0은 여러 가지 문제 또는 한계를 노정하기도 했다.김용·김혁동·송경오·정바울, 2015 가장 큰 문제는 학교자율운영 1.0이 애초에 약속한 것과 현실이 달랐다는 사실이다. 학교자율운영 1.0은 규제 완화를 주요 전략으로 채택하였으며, 교사들의 역량 배양capacity building을 위한 지원 정책에는 그다지 힘을 기울이지 않았다. 또, 교사를 불신하여 책무성 기제나 금전적 유인과 같은 외적 동기 기제를 활용하여 내적 책무성을 유발하고자 했던 신자유주의 교육개혁 전략은 현실에서 작동하지 않았다. 책무성 정책은 교사들의 창의와 사기를 꺾고 탈전문화하였으며, 시험을 위한 수업teaching for test으로 교육활동을 왜곡하였다.Elmore, 2004; Fuller, 2008 그뿐만 아니라, 학교교육을 다양화하고 학교 당사자들의 공동체성을 강화할 것이라는 약속도 허망한 것이었음이 드러났다. 신자유주의 교육개혁과 결합한 학교자운영은 교육을 다양화하지 못했다. 오히려 학교 서열화 체제를 강화시켰을 뿐이다.Olssen, Codd, and O'Neill, 2004 또, 학교자율운영은 학교장 중심

체제를 구축하도록 지원하였는데, 협응적 리더십distributed leadership 이나 섬김의 리더십servant leadership 등 새로운 리더십을 체화하지 못한 학교장이 중심이 된 학교 운영 체제는 학교 구성원의 공동체성을 강화하기는커녕 교사 소외와 학생과 학부모 목소리의 질식과 같은 결과를 초래하였을 뿐이다.김용, 2012

한편, 학교자율운영은 사회적 폐쇄social closure를 강화하는 기제로도 작동하고 있다.김용·김혁동·송경오·정바울, 2015 사회적 폐쇄는 "제한된 범위의 적격자들a limited circle of eligibles만 재원과 기회에 접근할 수 있도록 구성함으로써 자신들의 보상을 극대화하려는 사회 집단들의 전략"이다.Parkin, 1979: 오욱환, 2010: 225 재인용 학교자율운영은 학교 단위에서 구사할 수 있는 자율권을 발휘하여 학교 간 벽을 높이는 방향으로 작동한다. 학교자율운영으로 학교 간 연대와 협력이 강화되기는커녕 학교 간 분리가 심화된 것이 사실이다.

4. 문제 인식과 학교자율운영 2.0

1995년 교육개혁 당시도 그렇고, 근래 몇몇 시·도교육청에서 학교자율운영을 주창하는 배경에는 '학교가 잘 움직이지 않는다'는 문제의식이 존재한다. 학교 불활성不活性을 문제로 보는 것이다.김용·류현진·이준범, 2017 학교자율운영 1.0 모형은 학교조직의 불활성 문제의 원인을 교사의 개인적 속성에서 찾았다. 즉, 교사 한 사람 한 사람의 기회주의적 성향을 원인으로 본 것이다. 반면, 학교자율운영 2.0 모형은 그 원인을 교사의 개인 내적 성향에서만 찾지는 않는다. 물론, 교사 내적인 원인도 있지만, 교사들이 일하는 상황(과업 여건)과 학교조직의 상황(조직 여건), 그리고 학교 밖 교육 및 사회체제의 상황(체제 여건)이 교사의 자율과 창의를 가로막고 있다고 본다. [그림 2]김용·류현진·이준범, 2017: 19와 같이 복합적 원인 구조가 존재한다고 보는 것이다.

[그림 2] 학교자율운영의 저해 구조

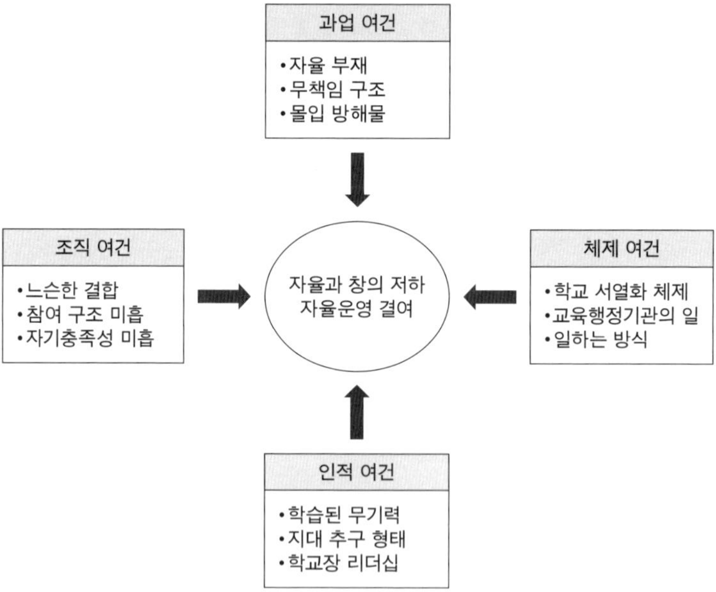

한편, 학교자율운영 1.0은 신공공관리적 학교 변화 접근법으로서 교사에 대한 불신distrust을 전제한다. 교사는 믿을 수 없는 존재이기 때문에 그들을 강제할 수 있는 장치로 선택과 경쟁을 도입하고자 하였다. 궁극적으로 책무성 기제를 도입하여 변화 여부와 수준을 확인하고자 한다. 반면, 학교자율운영 2.0은 사뭇 다른 원리에 근거한다.김용·김혁동·송경오·정바울, 2015 학교자율운영 2.0은 교사에게 책무성이 아니라 책임감을 발동시키는 일을 중요한 목표로 삼는다. 책임감은 신뢰받는 상황에서만 일어난다. 신뢰가 책임감의 전제 조건이라면 민주주의는 책임감을 고양하는 중요한 요건을 형성한다. 한편, 학교자율운영 1.0이 개별 학교 차원의 변화를 기도한 것이었다면, 학교자율운영 2.0은 학교 간, 그리고 학교와 지역사회 간의 연대와 협력, 동반 성장을 도모한다. 두 모형의 주요 원리를 요약하면 [그림 3, 4]김용·류현진·이준범, 2017: 20와 같다.

[그림 3] 학교자율운영 1.0의 원리   [그림 4] 학교자율운영 2.0의 원리

학교자율운영 2.0은 학교 안에 공동체를 구축하는 일이 매우 중요하다고 본다. 공동체는 일차적으로는 교사들의 학습공동체여야 한다. 교사들에게 가장 강한 압력은 동료 교사들에게서 받을 수 있는 압력이다. 공동체가 형성되면 교사들 개개인의 자율성을 보장하면서도 집단적 전문성을 신장할 수 있다. 공동체에서는 전문 직업적 덕과 동료의식도 형성되는데, 이것은 학교를 건강한 조직으로 만드는 중요한 요소다. 공동체로서의 학교에서는 교사 개개인의 지대 추구적 행태를 효과적으로 제어할 수 있다. 나아가 공동체는 교사들의 공동체에서 공

동체로서의 학교school as community로 발전하여야 한다. 교사뿐만 아니라 학생과 학부모, 직원도 공동체의 일원이 되어야 한다.

학교를 공동체로 만드는 데는 교사, 학교, 교육청, 교육부 등 다양한 주체의 노력과 변화가 필요하다. 우선 교사들은 교실이라는 자신의 공간을 개방하고 동료와 함께 나누고 성장하려는 노력을 하여야 한다. 고립과 개인주의라는 교사문화가 신자유주의적 변화 전략을 불러온 면이 없지 않다. 함께 배우고 함께 성장하는 문화 만들기를 지향하는 교사 개개인의 변화야말로 학교자율운영 2.0의 가장 중요한 요건이다.

학교 차원에서는 참여의 제도와 문화를 갖추는 일이 중요하다. 이것은 학교민주주의의 문제로 귀착될 수 있다. 교사는 물론 학생과 학부모도 학교의 여러 가지 일에 자신의 목소리를 낼 수 있어야 한다. 그런데 학교민주주의를 반드시 교사회 등의 법제화로 치환할 이유는 없다. 법제화 이전에도 학교 차원에서 다양하게 학생 등의 참여를 진작하는 시도를 할 수 있다. 또 민주주의는 궁극적으로 타인에게 관심을 가지고 존중하는 마음을 전제하는 것이다. 이런 마음이 공유되지 않은 채로 제도화하면 그 제도는 곧 형해화할 가능성이 있다.

교육청과 교육부는 학교자율운영의 인프라를 형성해주고, 자율운영의 과정을 면밀하게 분석하여야 한다. 교직원이 더 장기간 친화 관계를 형성할 수 있도록 인사 행정을 개선하고, 일에 몰입할 수 있도록 지원하는 일은 중요한 과제가 된다. 또한 학교자율운영 또는 학교혁신은 다소간 실험적 성격일 지닐 수밖에 없기 때문에 학교자율운영 과정에 관한 다양한 조사 연구를 실시하고, 그 결과를 분석하여 학교에 환류하는 일 역시 중요하다. 아울러 학교장과 교사들의 학교자율운영을 지원하는 역할도 중요한데, 이 일은 장학이 본래 기능을 회복하는 일을 통해 기대할 수 있을 것이다. 마지막으로 서열화한 학교체제를 개혁하고, 교육청과 교육부가 일과 일하는 방식을 개혁하는 것도 학교 자율운영체제를 구축하는 데 중요하다.

5. 향후 과제

학교자율운영 2.0은 분명 우리가 지향해야 할 방향이다. 신뢰를 바탕으로 민주주의 제도와 문화를 형성하고, 교사들의 책임을 불러일으키는 학교 운영, 그리고 개별 학교만의 변화가 아니라 지역을 기반으로 이웃 학교와 네트워크를 구축하고 동반 혁신·동방 성장하는 학교 운영은 미래의 학교 운영 방향이다.

그런데 학교자율운영이 항상 선한 것은 아닐 수 있다. 현실화할 수 있는 가장 중요한 문제는 학교 간 격차 문제가 될 것이다. 학교자율운영의 주체를 둘러싸고 다양한 문제가 발생할 가능성도 있다. 교사가 일방 독주할 때는 학생이나 학부모가 소외되는 문제가 나타날 수 있고, 여러 주체가 건강하게 협의하지 못하고 갈등 상황에 빠질 수도 있다. 학교자율운영은 저절로 작동할 수 있는 체제가 아니다. 방향이 정해진 것도 아니다. 학교자율운영은 '결과'라기보다는 '과정'에 가까운 것이고, 그 과정에 대한 면밀한 조사 분석과 성실한 논의가 늘 필요하다.

김용(2012).『교육개혁의 논리와 현실』. 교육과학사.

김용·김혁동·송경오·정바울(2015).『단위학교 자율경영체제 연구』. 경기도교육청 정책연구보고서.

김용·류현진·이준범(2017).『학교자율운영체제 모델링을 위한 혁신학교 교사, 학생, 학부모 자치 사례연구』. 서울특별시교육청교육연구정보원 교육정책연구소.

김용·박대권(2018).『문민정부 교육개혁에 나타난 OECD의 역할: 국제기구의 영향과 글로벌 교육정책 장으로의 편입』(미출판).

오욱환(2010).『베버 패러다임 교육사회학의 구상』. 이화여자대학교 출판부.

이종재·이차영·김용·송경오(2015).『교육정책론』. 학지사.

이철국(1991).「전교조: 참교육을 위한 투쟁과 시련의 2년」.『역사비평』14호, pp. 327-361.

정정길(2000).『행정학의 새로운 이해』. 대명출판사.

정진화(2014).「교사 주도 학교개혁 운동의 등장」.『교육사회학연구』제24집 제2호, pp. 243-276.

結城 忠(2002). ドイツにおける教育主権と国家の学校監督権(1). 季刊 教育法 135号. エイデル研究所.

結城 忠(2009). 教育の自治 分権と学校法制. 東京: 東信堂.

Becker, H.(1954). Die verwaltete Schule. In *Merkur*.

Avenarius, H. & H. Heckel(2000). *Schulrechtskunde*.

Caldwell, B.J. and Spinks, J. M.(1988). *The self-managing school*. London: Falmer Press.

Elmore, R. F.(2004). *School reform from the inside out: Policy, practice and performance*. Cambridge: Harvard Education Press.

Fuller, B.(2008). Overview: liberal learning in centralizing states. in Fuller, B., Henne, M. K. and Hannum, E.(eds.). *Strong states, weak schools: The benefits and dillemmas of centralized accountability(Research in sociology of education v.16)*. Emerald.

Olssen, M. Codd, J. and O'Neill, A-M.(2004). *Education policy: Globalization, citizenship and democracy*. 김용 옮김(2015).『신자유주의 교육정책, 계보와 그 너머: 세계화·시민성·민주주의』. 학이시습.

학교체제 전환의 상상력: '학교문법' 재구성과 정책 과제

이수광_경기도교육연구원장, 전 이우학교 교장

배움이나 교육의 실체가 그렇듯 학교문법[1]도 자명한 것은 아니다. 중요한 사회적 전기를 맞이할 때마다 '학교제도의 적합성과 타당성, 그리고 학교교육의 이념적 기반' 등을 묻고 그 물음에 나름의 답을 시도하는 것은 이 때문이다. 이 물음은 변주도 가능하다. 이를테면 학교 원형은 무엇이고, 어떻게 그 원형의 구현이 가능하겠는지를 캐물을 수 있다. 이 글에서는 이런 물음에 기초하여 새로운 학교문법 전환 가능성을 따져보고, 학교체제 전환의 핵심 관문 구실을 하는 몇 가지 정책 과제를 살핀다.

---

1. 학교문법이란 당대 사회 구성원들이 공유하는 학교교육과 관련한 신념체계 혹은 학교 운영에 일정한 방향을 부여하는 교육적 의미체계를 아우르는 용어다. 예컨대 입시 가치의 절대화, 학교 운영의 표준화, 입시 경쟁 준비의 하향화, 교사의 탈숙련화, 학생 및 학부모의 객체화 등등은 전통적인 학교문법의 주된 내용이라 할 수 있다.

1. 당대 학교를 이해하는 키워드
–'메리토크라시' 그리고 '소졸화'

메리토크라시meritocracy 개념은 당대 학교를 이해하는 중요한 밑감이다. 이는 "부와 권력과 명예 등과 같이 사회적 재화를 어떤 사람의 타고난 혈통이나 신분, 계급 같은 것이 아니라 오로지 능력에 따라 사람들에게 할당하자는 이념"장은주, 2012이다. 이 이념이 지배하는 사회에서는 일반적으로 교육이 아주 특별한 의미를 갖는다. 누구나 공부를 잘하면 성공할 수 있다는 신화가 만들어지고, 실제로 대개 사람들은 학교교육에 진력하게 된다. 그리고 학교에서는 성적, 점수, 시험, 입시 등의 가치가 핵심이 된다. 이런 과정에서 학교는 메리토크라시 이념의 수행 기구 구실을 한다.

학교가 메리토크라시 이념을 기반으로 운영되는 경우, 학생 개개인의 능력이나 사유 형식 그 자체에는 크게 주목하지 않는다. 그보다는 학업성취 수준을 평가하고 그 결과를 수치화하는 것에 관심이 집중된다. 이로 인해 학생들의 경쟁은 격화되고 학습동기가 천박해지는 증상이 나타난다.이종각, 2002 그리고 학생들의 학습동기가 천박해질수록 이들의 공부관념은 더욱 왜곡되는 악순환이 반복된다. 즉 공부에 대한 무의미감이 심화된다. 공부를 어쩔 수 없이 해야 하는 것, 그냥 해야 하는 것, 안 하면 불안해서 하는 것 등으로 인식하는 경향이 굳어지는 것이다. 그리고 학업전략도 도구적으로 순응(명확하게 이해하거나 동의하지 않더라도 언젠가 쓸모를 위해 일단 따르자)하거나 선택적으로 포기(좋은 대학에 가기 위한 목표 달성에 불필요한 요소가 있다면 비록 그 자체는 의미가 있다 하더라도 과감히 포기)하는 쪽을 택하게 된다.조용환, 2009: 61-79 특히 이러한 학습동기 저차원화와 공부관념의 왜곡은 학생들에게 독특한 정신습관을 고착화시키는 문제로 연결될 수 있다.

(우리 교육)은 두 가지 치명적 특성을 가진 정신습관을 길러놓는다. 지적 무기력성과 호기심 상실이 그 특성이다. 지적 무기력성 상태는 암기력이나 수리계산력의 부족과는 다르다. 지능지수와도 별 관계없다. 암기도 잘하고 수리능력도 있고 집중력도 있다. 그런데 질문하고 생각하고, 생각한 것을 비판적, 논리적, 분석적으로 점검하는 일에 이르면 정신은 절인 배추와도 같은 무기력 상태에 빠진다. 생래적 저능이 아니기 때문에 이 무기력성은 수동적 반응만이 강하게 요구되는 환경에 오래 노출되고 거기 적응하면서 '길러진' 정신습관이다. 호기심 상실의 경우도 선천적 저능이 아닌 경우에는 지능과도 큰 관계가 없다. 지적 자극에 대한 반응 능력의 둔화, 뭔가 알고 싶다는 적극적 자발적인 탐구욕의 결여, 무관심, 집중력 부족 등이 호기심을 잃어버린 정신의 특징이다.도정일, 2007: 21

요컨대 당대 학교에서는 〈메리토크라시 이념〉 → 〈성적·입시·진학의 핵심 가치화〉 → 〈학습동기의 저차원화〉 → 〈공부관념 왜곡〉 → 〈지적 무기력성과 호기심 상실〉의 연쇄가 공고화된다. 그리고 학부모들의 '부모도덕'[2]이 더해지면서 이 연쇄로 인한 학생들의 '삶의 헐벗음'은 더

---

2. 부모도덕이란 학부모가 자신의 삶은 방치·포기·희생하고서라도 아이를 키워내는 것이 바람직한 부모라고 믿음을 이르는 말이다(신샛별, 2015).

욱 심해지고, 학교의 '비장소화'[3] 경향도 강화된다.

당대 학교를 이해하는 또 다른 키워드는 바로 '소졸화小卒化'다. 본디 학교는 '제도적 착상의 소산'장상호, 1990: 49이다. 학교는 제도적 틀로 구성·운영된다. 그리고 학교의 운영 과정도 제도적으로 관리된다. 따라서 학교의 존재 방식은 각종 법률, 규정, 지침 등을 기반으로 한다. 학교에 대한 '제도적 관리'의 또 다른 의미는 규제다. 학교 구성에 적합하지 않은 조건이나 학교가 지향하는 바를 저해하는 요소를 차단하기 위한 장치를 포함한다. 그 형식은 법률에 의한 제도적 규제, 각종 규정이나 지침에 의한 직접적인 규제, 그리고 지원 사업 등에 의한 간접적인 규제(보조금, 중점 사항, 주요 행사, 요구 기준 등에 의한 규제), 여건 제약에 의한 규제 등으로 나타난다. 이에 더해 학교는 전체 사회구조의 역학力學으로부터 자유롭지 못한 만큼 풍토적 규제도 받게 된다.

문제는 이러한 규제가 복합적으로 작용하는 상황에서는 단위학교의 자율성과 개별 교사의 교육적 소신은 크게 위축된다는 점이다. 단위학교가 행사하는 자율권이라 하더라도 이는 일정한 범위 내에서만 행사될 수밖에 없는 '제도적 자율'로 한정된다.[4] 그리고 교사들은 스스로를 '교육과정을 전달하는 과학적 기술과 방법을 지닌 존재'로 규정

---

3. 인류학자 마르크 오제의 개념은 '비장소'란 "익명성 속에서 자기 자신만을 대면하고 타자를 소외시키는 곳"을 의미한다. 마르크 오제(1992). 이상길·이윤영 옮김(2017). 『비장소-초근대성의 인류학 입문』. 아카넷.

4. 예컨대 교육청이 요구하는 범교과 계기학습의 경우, 12개의 요구 주제(학교안전교육, 보건교육, 약물 오남용·흡연·음주예방교육, 양성평등 및 성교육, 심폐소생술 및 응급처치교육, 생명존중 및 자살예방교육, 정보통신윤리교육 및 인터넷중독예방교육, 식품안전 및 영양·식생활교육, 장애이해교육, 독도교육, 통일교육, 다문화교육)가 정해지고, 교육 대상과 요구사항(필수 혹은 권장), 수업시수(학년별 시간, 학기당 시간, 교육 대상별 시간), 운영 방법(교과 혹은 창체)까지 세세하게 요구한다. 이런 조건에서 단위학교가 집단적 지혜를 발휘할 여지는 별반 없다. 이런 점에서 당대 학교의 자율성은 '제도적 자율', '타성적 자율'이라 할 수 있다.

하고, 그런 역할만을 자기책임 범주로 설정할 개연성이 있다. 특히 교사들은 촘촘하게 엮여 있는 법률, 규정, 지침. 사업계획 등에 근거해서 교육활동과 각종 행정업무를 수행하게 된다. 이들 규정과 지침의 깨알같은 구체성은 빈틈이 없다. 이로 인해 성실한 교사가 되고자 노력할수록 몰개성화deindividuation가 두드러지는 역설이 나타난다. 교사로서의 역할 밀도가 짙어질수록 주체로서의 자기 밀도는 작아지고 점차 소졸화小卒化하는 것이다(학생들도 크게 다르지 않다. 학교생활기록부에 공식 기록될 수 있는 활동에만 교육적 가치를 부여하고, 그 범위 내에서만 실천하고 사유하는 경향이 짙어지고 있다).

교사가 소졸화하는 여건에서는 학교자치가 요원하거니와 교사 스스로도 삶의 존엄성을 갖기 어렵다. 이런 점에서 교사 개성화를 촉진할 수 있는 학교체제로의 전환 상상력과 실현 의지가 무엇보다 중요하다.

2. 학교체제의 추세적 전환 방향

한국 사회에서 세월호 참사와 촛불항쟁은 전환적 각성의 사건이다. 두 사건은 개별적 사안이기보다는 체제적 연결성을 띠고 있다. 즉 기존 체제의 허술함과 무능력의 확인이자 새로운 체제에 대한 갈망을 확인하는 연속 과정이었다고 할 수 있다.

그렇다면 시민들은 어떤 새로운 체제를 갈망하는 것인가? 세월호 참사 당시의 상징 구호는 '돈보다 생명'이었다. 그리고 촛불항쟁 당시의 상징 구호는 '이게 나라냐'였다. 시민들이 이 구호에 담은 핵심 요구는 '생명이 존중되는 체제', '인간의 존엄이 지켜지는 체제'로의 전환이고, '모두가 고르게 잘 사는 민주공화국'의 회복이라 할 수 있다. 이를 위해 국가의 역할을 새롭게 정의하고, 결함 있는 민주주의도 정상화하고, 민주적 절차와 형식을 넘어서 실질적 민주주의가 실현되길 갈망한 것이다.^{박찬표, 2017}

이러한 추세는 교육개혁의 방향성을 시사한다. 크게는 모든 학생의 존엄이 동등하게 보장되는 공화적 교육체제로의 전환을, 미시적으로는 학교민주주의가 더욱 공고화되어야 함을 시사한다. 즉 모든 학생이 동등하게 대우받을 수 있는 제도적 기반을 만들고, 학교를 실질적인 민주주의의 정원으로 만드는 것이 바로 시대정신이라는 점을 일깨워준다.

그러나 당대 학교의 민주주의 수준은 결함이 많다. 형해화形骸化된 측면도 강하다. 이를 온전한 민주주의로 복원해야 한다. 즉 학교를 실질적인 민주적 공동체로 전환하는 것이 관건이다. 여기에는 두 가지 의미가 포함된다. 하나는 모든 학생이 잠재력을 발휘하고 이를 통해 존재감을 인정받을 수 있는 '다채로운 배움터'가 되어야 한다는 의미다. 인간의 다양한 능력 중 한두 가지를 특권화하는 것, 그리고 그것을 기준으로 서열을 매기는 것은 다수의 존엄을 크게 해치는 일이다. 따라서 모든 학생의 다양한 능력을 인정하고 그것을 사회적 자원으로 바꾸어내는 것이야말로 학교민주주의의 첫걸음이다.^{박복선, 2017} 다른 하나의 의미는 학교 구성원의 실천적 참여를 통해 단위학교의 고유성을 구축하는 '자치학교'로의 전환이다. 즉 의제를 발굴하고, 토론을 통해 해결 방법을 찾고, 과제 해결을 위해 협력적으로 자원을 충원하는 실질적인 민주적 작업장으로 전환해야 하는 것이다.

학교가 실질적인 민주적 생태계로 전환하기 위해서는 몇 가지 조건이 선결되어야 한다. 첫째는 학교 주체를 교육시민으로 인식하는 것이 중요하다. 학교 3주체는 자신의 생활 공간을 민주적으로 만들어갈 수 있는 힘을 지닌 존재들이다. 그리고 이들은 학교 구성원으로서 어떻게 사고하고 행동하고 연대하고 협업하는지를 아는 존재들이다. 경우에 따라서는 '네모난 구멍에 둥근 못같이 구는 구성원'이 있을 수는 있지만, 이들조차도 다른 구성원의 행동을 조회하면서 자기조정이 가능하다. 그렇기에 학교를 민주적 생태계로 전환하는 일은 학교 구성원을 시민으로 인식하고 이들의 민주적 구성력을 인정하는 것에서 출발해야 한다.

　둘째는 '주체 참여의 구조화'다. 학교 구성원이 공동 주인의 지위를 갖고, 일상적·정례적으로 학교 운영에 참여하는 것이 중요하다. 그러기 위해서는 학교 구성원의 법적 지위가 확보되고, 이들의 실질적 참여가 보장될 수 있는 장치가 구조화되어야 한다. 이런 조건이 충족될 때, 수평적인 정책 조정은 물론 공동 의제 발굴이 가능하기 때문이다.

　셋째는 '실험과 상상의 일상화'가 중요하다. 학교 운영 과정에서는 다양한 질문이 동반되기 마련이다. 순간순간 인간 존재에 대한 보편적 의미를 사유하고 성찰해야 하는 기회에 맞닥뜨리게 된다. 또한 삶의 본질과 가치를 되짚는 과정도 빈번해진다. 따라서 존재론적 질문이 활발하게 소통되고 사회사상事象에 대한 다양한 사고실험이 가능한 풍토가 조성될 필요가 있다. 이에 더해 실천적 차원에서는 학교가 '상상의 장場'이 되어야 한다. 즉 다양한 기획, 도전, 연출, 파격, 재해석이 가능한 개방적 공간이 되어야 한다. 학교가 이렇게 '상상의 장'으로 작동될 때, 구성원의 열정은 증폭되고 질문의 연쇄도 더욱 확장될 것이다. 이런 점에서 '실험'과 '상상'은 서로 나선형처럼 겹쳐지는 학교의 일상 원리로 정착될 필요가 있다.

3. 학교문법 재구성 상상력과 적용 가능성

우리가 기대하는 '새로운 학교'란 특별한 학교가 아니다. 오래전부터 희망했던, 그리고 반복하여 언급했던 내용의 학교다. 즉 모든 학생의 존엄이 동등하게 존중되는 학교, 학생이 배움의 주인이 되는 학교, 모든 학생의 '보편적 필요'가 차별 없이 충족되는 학교, 제도적 폭력이 없는 학교, 가치관의 왜곡을 조장하지 않는 학교, 특정한 능력을 특권화하지 않는 학교, 민주적인 가치와 태도를 지지·옹호하는 학교 등이다. 당대에 이러한 학교가 실재하기 위해서는 일차적으로 학교와 관련한 핵심 관념체계, 즉 학교문법의 재구성이 우선되어야 한다. 몇 가지를 상상해보자.[5]

첫째, 학교 의미를 새롭게 구성하는 것이 중요하다. 학교란 어떤 공간인가? 대개 사람들은 학교에 무엇을 기대하는가? 사회 일반에서 공유하고 있는 학교에 대한 지배적 '의미'는 무엇일까? 해석 방식에 따라 차이가 있지만, 대개 사람들은 학교를 '공부하는 곳', '입시 준비하는 곳' 혹은 '미래를 준비하는 곳'의 의미로 읽는다. 따라서 학교에서는 공부해야 할 '주어진 교육과정'이 강조되고, 상급 학교 '진학 실적'이 중요한 성취 척도가 된다. 그렇다 보니 학교는 '공부' 혹은 '입시'를

---

5. 학교문법과 관련한 내용은 이수광 외(2016)의 『부산다행복학교 중간 평가 및 정책 발전 방향 연구』(경기도교육연구원), pp. 41-62를 참고함.

위한 기능적 공간으로 최적화된다. 이런 문제를 넘어서기 위해서는 학교의 의미를 새롭게 할 필요가 있다. 즉 학교를 '삶을 익히는 공간'으로 의미화하는 것이다. 인간적 고귀함이 무엇인지, 삶의 본질은 무엇인지, 어떻게 사는 것이 가치 있는 삶인지, '좋은 삶'을 찾아가는 방법이 무엇인지 서로 묻고 답하는 공간으로 학교를 의미화하고 그에 부합하게 운영하자는 것이다. 이러한 의미 전환을 통해 학교의 기능과 역할, 운영 방식, 교육과정 편성·운영, 주체 간의 관계 방식 및 권리 관계 등에서 연쇄적인 변화가 추동될 수 있다는 점에 주목할 필요가 있다.

둘째, 학생 존재 규정도 새롭게 할 필요가 있다. 학교라는 제도 때문에 발생하는 '제도적 삶institutional life'을 살아야 하는 학생은 어떤 존재인가? 통상 학생은 '공부해야 할 존재'로 정의된다. 그런데 이런 존재 규정하에서는 학생들을 단선적인 기준(학업성취 수준)으로 판단하게 되는 문제가 있다. 따라서 모든 학생의 존엄을 동등하게 보장하는 학교로 전환하기 위해서는 단지 '공부해야 할 존재'를 넘어서서 '자기 삶을 사는 존재', '자신의 가치를 스스로 고양할 수 있는 존재'로 정의할 필요가 있다. 이런 정의는 인간이 영적인 존재라는 사실에 기초한다. 그리고 개별 학생을 집단 내에서 살피기보다 그가 어떤 '독특성'과 '특장점'을 담지하고 있는가의 관점에서 보자는 의미이기도 하다.

셋째, 교육과정의 관점 전환이다. 학교교육과정에 대한 사회 일반의 해석은 단선적이다. 즉 '교과의 합리적 배열체계'로 이해하는 경향이 짙다. 학교교육과정을 '고정된 구조'로 인식하고 교사의 역할도 제한적으로 설정한다. 따라서 교육 내용의 적합성 논의보다는 내용의 전달

체제message system, 즉 교수 방법과 교육평가에 관심을 집중한다. 또한 개별 교과의 자기 완결성을 강조하다 보니 교과 간 분절이 심하다. 이렇듯 학교교육과정을 '합리적 배열체계'로만 해석하는 경우, 교육과정이 평범화trivialization되고 교사들의 무성無性: neutering은 더욱 심화될 가능성이 있다는 점에 주목해야 한다.

이러한 문제를 극복하기 위해서는 학교교육과정의 해석 관점을 전환할 필요가 있다. 바로 학교교육과정을 '삶의 설계체계'로 보자는 것이다. 즉 학교교육과정을 '존재의 풍요로움을 위해 삶의 가치 기준을 설정하고, 자신의 삶을 개척할 수 있도록 잘 다듬어진 경로를 안내하는 기제'로 삼자는 것이다. 이렇게 관점을 전환하는 경우, 학교교육과정과 관련해서는 이전과 다른 차원의 고민이 제기된다. 즉 '삶의 의미와 가치가 무엇인지', '어떤 삶이 좋은 삶인지', '자신이 기대하는 삶을 살기 위해서는 어떤 조건(준비도)들이 필요한지', '자신이 추구하는 삶과 학교에서 배우는 내용들이 어떤 연관성을 갖는지' 등과 같은 존재에 대한 고민들이 교육과정 논의에서 중요하게 다루어질 수 있게 된다.

넷째, 학교 3주체의 지위 재인식이 필요하다. 장차 학교는 '학교 구성원이 호혜적 관계 속에서 참여와 협력을 통해 학교를 공동 운영하는 자치체계'로 전환해야 한다. 즉 실질적인 공영共營체제로 진화해야 한다. 학교가 공영체제로 발전하기 위해서는 각각의 구성원이 '공동 주인'의 지위를 갖고, 공적 입장에서 학교 운영에 참여하고, 그 공과功過에 공동 책임을 지는 공적 과정의 구성이 중요하다. 이를 위해서는 교사, 학생, 학부모가 공동 주인의 지위를 상호 인정·지지하고, 각 주체가 주인 됨을 실천할 수 있는 장치를 제도화하는 것이 필요하다. 즉 권한 위임을 통한 교사 간 수평적 협업 구조의 고도화, 학생자치 활성화, 그리고 학부모 참여의 일상화가 실현되어야 한다.

다섯째, 자원 배분 관점의 조정도 중요하다. 공교육은 정의로워야 한다. 그렇기에 교육 정의 차원에서 강조되는 명제가 있다. 즉 '모든 학생의 출발점은 평등해야 한다', '모든 학생은 배움의 주인이 되어야 한다'는 것이다. 우선 '모든 학생의 출발점은 평등해야 한다'는 신념은 바로 모든 학생에게 차별 없는 보편적 필요가 제공되어야 함을 강조하는 것이다. 특히 '보편적 필요'의 충족은 교육 결과의 평등 실현을 위해서도 필요하다. 출발점 단계에서의 격차는 상급 학교 단계로 갈수록 심화될 가능성이 높기 때문에 조기 개입을 통한 적극적인 학습복지체제를 갖출 필요가 있다.

'모든 학생은 배움의 주인이 되어야 한다'는 신념은 학생 개개인이 실존하는 존재라는 점에서 출발한다. 따라서 배움의 과정에서 소외됨이 없어야 함을 강조한다. 특정한 준거에 의한 차별과 배제가 있어서도 안 된다. 무엇보다 학생 각자의 교육적 요구가 존중되어야 하고, 행정당국과 학교는 이를 수용하기 위한 구체적인 노력을 기울여야 한다. 학생들의 '특별한 요구'라 할지라도 이는 그 요구 수준만큼 정책에 반영해야 한다. 이런 맥락에서 학생들의 다양한 교육적 필요와 개인차를 고려하여 교육 프로그램의 다양성이 확보되어야 한다.

이들 문제를 해결하기 위해서는 자원의 규모도 문제이지만, 더 중요한 것은 자원 배분의 철학이다. 즉 어떤 원칙에 근거하여 자원을 배분할 것인가가 중요하다. 이런 점에서 최소최대수혜minimax 원칙이 중요하다. 복지 영역처럼 가정 배경이 열악하고, 정서가 불안하고, 학습동기가 낮고, 관계상 어려움을 겪는 학생들에게 관심과 자원을 우선 배분하자는 것이다. 이러한 분배 원칙이 지켜질 때, 학교는 존엄의 동등성이 보장되는 정의로운 공동체로 변모하게 될 것이다.

이상에서 언급한 학교문법을 기반으로 하는 학교가 아주 없는 것은 아니다. 부분적이긴 하지만 정규학제상의 '대안교육 특성화중·고등학교'[6], 방계학제상의 각종 학교로 운영되는 '대안학교'[7], 그리고 시·도교육청 차원에서 운영하는 프로그램 형태의 '전환학교'[8]가 새로운 학교문법을 기반으로 설계·운영되고 있다.

몇 가지 사례를 살펴보자. 대안교육 특성화학교의 경우를 보면, 학교의 의미와 학생에 대한 존재 규정에서 제도학교들과는 확연한 차이가 있다. 대개 대안교육 특성화학교에서는 모든 학생의 고유성을 그

---

6. 2018년 1월 현재 대안교육 특성화중학교는 14개교, 대안교육 특성화고등학교는 25개교기 운영 중이다. 이들 학교의 특성을 살펴보면, 치유와 회복에 중점을 두는 학교와 지향하는 이념과 가치 교육에 중점을 두는 학교로 크게 범주화될 수 있다.

7. 「초중등교육법」 제69조 3에 의해 설립되는 각종학교 형태의 대안학교는 2018년 1월 현재 32개교가 운영 중이다. 대안학교 내에는 예술교육, 다문화교육, 치유와 회복교육, 위탁교육 등을 중점에 두는 다양한 유형의 학교들이 혼재한다.

8. 전환학교란 시·도교육청이 직접 운영하거나 위탁 운영하는 프로젝트 및 프로그램 학교를 망라하는 말이다. 시·도교육청에서 직접 운영하는 장기 위탁 프로젝트 학교(대표적으로 서울시교육청이 운영하는 오디세이학교가 있다), 단기 특별 프로그램 학교, 시·도교육청이 지원하고 시민단체나 유관 기관이 운영하는 주제 중심 프로그램 학교 등이 이에 포함된다.

자체로 존중한다. 그리고 학교를 학생들의 고유성을 촉진시켜주는 공간으로 의미 부여한다. 그러기에 교육과정 편성·운영은 실험성이 돋보인다. 철학교육 혹은 영성교육을 중시하며, 삶의 가치를 숙고할 수 있는 진로직업교육, 사회사상事象과 생활세계를 중요한 교육 소재로 삼는 사회체험교육, 그리고 생태적 감수성을 신장시킬 수 있는 자연체험교육을 강조한다. 교과 운영에서는 선택권이 부여되며, 수업 설계에서는 교사의 전문적 자율성이 제도학교보다 폭넓게 보장된다. 제도학교에 비해 주제별 프로젝트 수업, 통합교과 수업, 체험활동과 지식교과의 연계수업 등이 활발하다.

일부 학교이긴 하지만 혁신적인 운영 구조를 갖추고 있음도 확인된다. 즉 3주체의 동등한 참여를 보장하는 장치를 제도화하고, 이를 통해 구성원 간 상호 학습이 가능한 교육적·문화적 구조를 갖춘 학교들도 있다. 실제적인 공영共營 학교로 운영되는 것이다. 그리고 자원배분과 관련해서도 대개 학교들은 사회적 통합성을 고려한 지원 원칙 입장을 견지한다. 물론 '대안교육 특성화중·고등학교'는 정규학교의 틀을 유지하는 만큼 새로운 운영 문법의 적용은 부분적이고 제한적이다.

이에 비해 각종학교 형태의 '대안학교'에서는 훨씬 높은 수준에서 기존 학교문법 변주가 가능하다. 대안학교 관련 규정에서 허용하는 자율성의 범위가 큰 만큼 기존 제도학교와는 확연한 차이를 드러낼 수 있기 때문이다. 실제 외형상 교육과정 운영, 학기 구성, 학년 구성 등에서는 실험적 시도가 가능하다. 문제는 대개의 대안학교가 제도적으로 허용된 자율성을 극대치로 행사하고 있는가 하는 점이다. 일부 학교가 운영되는 면면을 보면, 제도학교와 큰 차이가 두드러지지 않다는 의견도 제시된다. 학생 존재 규정이나 주체의 지위 인식에서도 전통적인 관점을 강조하는 학교들도 있는 것으로 보고된다. 이런 맥락에서 볼 때, 대안학교의 운영 문법을 특정한 일반론으로 정리하기에는 무리가 따른다. 그럼에도 대안학교가 제도학교의 강고한 인식체계를 자극하는 요소를 내재하고 있음은 분명하다.

파격적인 학교문법을 채택한 학교는 바로 '전환학교'다. 서울시교육청에서 운영하는 '오디세이학교'나 경기도교육청에서 운영하는 '꿈의학교'가 그 예다. 오디세이학교는 중학교 졸업 후 고등학교에 진학하는 고교 1학년 학생을 대상으로 자율적인 대안 교육과정을 운영한다. 오디세이학교는 '성장 전환기', '새로운 교육원리'(넘나들며 배우기, 실행하며 배우기, 더불어 배우기, 몸으로 배우기), '지역사회 네트워킹', '맞춤형 교육과정customized curriculum' 등의 개념과 원리를 전제한다는 점, 그리고 서울시교육청이 이 학교를 직접 운영했다는 점에서 파격성이 돋보인다(2018년 3월 '오디세이학교'는 각종학교로 정식 개교함). 앞서 밝힌 개념과 원리를 적극적으로 현장화하고 구체화하기 위해서는 '관성적 인식'을 넘어서야 하기 때문이다.

오디세이학교와는 성격이 다르긴 하지만 경기도교육청에서 추진하는 '학생들이 만들어가는 꿈의학교'도 기존 학교문법을 크게 넘어서는 발상이 엿보인다. 꿈의학교는 "학생들이 자유로운 상상력을 바탕으로 스스로 기획·운영하고 진로를 탐색하면서 꿈을 실현할 수 있도록 돕는 학교"백병부, 2016: 21다. 이 학교에서는 학생에게 기획자 및 프로그램 운영자의 지위를 부여하며, 프로그램 운영을 통해 진로 전망을 구체화한다는 점, 마을과 학교를 통한 교육 나눔을 실천한다는 점 등에서 학교문법의 혁신성이 돋보인다.

특히 오디세이학교와 꿈의학교는 교육과정 자체가 '개인 체험의 지식화' 및 '개인 지식의 공유화' 과정으로 연결될 수 있도록 운영한다는 점에 주목할 필요가 있다. 이는 기존 제도학교의 스낵 교육과정 Snack Curriculum 전환에 의미 있는 참조 체제 구실을 하기 때문이다. 이런 점에서 시·도교육청 차원에서 운영하는 '전환학교'는 제도학교의 전환을 촉진하는 크리티컬 매스Critical Mass로서의 가치가 있다고 할 수 있다.

4. 학교체제 전환을 위한 정책 과제

제도학교에는 늘 반복되는 문제가 있다. '제도적 강제'로 나타나는 학교 운영의 '폐쇄성'과 교육활동의 '획일성'이다. 이에 더해 당대 학교의 '비장소화' 경향도 두드러진다. 실제로 다수 학생들은 일상적으로 소외를 경험하고 교사들은 무성화無性化 경향을 보인다. 이러한 문제를 극복하기 위해서는 학교체제를 민주적 생태계로 전환할 수 있는 전향적인 정책 도입이 고려되어야 한다. 학교체제 전환을 위해 교육부와 시·도교육청, 그리고 단위학교 차원에서 추진해야 할 정책 과제를 살펴보자.

가. 교육부 차원의 과제

학교체제를 민주적 생태계로 전환하기 위해서는 두 가지 정책 방향을 고민해볼 필요가 있다. 하나는 단위학교 자치권 강화를 위한 관련 법률의 정비이고, 다른 하나는 국책 사업의 정비·축소다. 몇 가지를 구체적으로 살펴보자.

첫째, 단위학교 운영 자율권 확대를 위한 법률 개정이 필요하다. 현재 중학교 단계에서는 '특성화중학교', 고등학교 단계에서는 '대안형 특성화고등학교', '자율학교'가 일반 학교에 비해 폭넓은 자율권을 행사하고 있다. 「초·중등교육법시행령」 관련 규정에 따라, 학교 운영, 교육과정 운영, 입학전형, 교원배치 등에서 자율권을 보장받는다. 이들 학교는 자율권이 부여되는 대신 5년마다 학교 운영 성과를 평가받고 이에 따라 재지정 여부가 결정된다. 이처럼 일부 특정 학교들에 대한 자율권의 '예외적 허용' 정책에 대해 일각에서는 '학교 서열화'라는 비판을 제기한다. 따라서 모든 단위학교가 '공적 통제를 받되 폭넓은 자율권을 보장받는 학교'로 전환될 필요가 있다. 중학교의 경우에는 모든 학교에 '특성화중학교' 수준의 자율권을 부여하고, 일반계 고등학교의 경우에는 '자율학교' 수준의 자율권을 부여하는 방향으로 「초·중등교육법시행령」을 개정할 필요가 있다.

둘째, 단위학교의 자율통제체제를 고도화하기 위해서는 법률 정비도 필요하다. 단위학교 자율권은 '파르마콘pharmakon'과 같다. 즉 잘 행사하면 '약'이지만 그렇지 않으면 '독'이 된다. 따라서 자율권이 '자의적 편리성'으로 왜곡되는 것을 방지하려면 내재율이 작동될 수 있는 조건 충족이 중요하다. 이런 점에서 학교 3주체 자치조직의 법제화가 중요하다. 각 주체 간 긴장과 균형이 제도화될 때, 자율권이 적확하게 행사될 수 있기 때문이다. 이와 동시에 학교운영위원회가 실질적인 최종심급의 정치조직이 될 수 있도록 관련 규정도 개정될 필요가 있다. 자율통제체제의 고도화는 학교가 홀라크라시Holacracy로 변모하기 위한 선결 과제다.

셋째, 학교장의 권한 조정도 중요하게 고려되어야 한다. 현행 「초·중등교육법」 제20조에서는 교장을 '교무 통할統轄자'로 규정한다. 즉 '모두를 거느려서 다스리는 자'로 그 권한 범위가 지나치게 포괄적이다. 그렇다 보니 자율통제체제가 갖추어진다 해도 학교장과의 권한 갈등 가능성이 있다. 이런 문제를 극복하기 위해서는 학교장의 지위와 권한을 재조정할 필요가 있다. 즉 학교장의 지위를 민주적 의사결정 과정에서의 조정자 및 결정 사항 집행자로 조정하는 문제를 전향적으로 검토해볼 필요가 있다.

넷째, 국책사업을 적정화하기 위해서는 특별교부금 책정 비율을 조정해야 한다. 교육부는 시·도교육청의 자율역량 및 학교자치 실현을 위해 특별교부금을 4%에서 3%로 축소하였고, 국정과제 사업도 230여 개 사업, 1,000여 개 내역을 5개 영역 19개 사업으로 축소·통폐합하였다. 문제는 특별교부금 비율이 축소되었지만 교육 예산 총액이 증가함에 따라 교부금 실제 총액 규모도 지속적으로 증가하고 있다는 점이다.[9] 특히 특별교부금 구성 비율(국가시책 60%, 지역현안 30%, 재해대책 10%)을 조정하지 않는 한 시·도교육청에 대한 교육부의 간섭은 여전하다는 것이다. 따라서 교육부에서는 특별교부금 비율을 지속적으로 축소하면서 특별교부금 구성 비율 조정을 통해 '국가시책' 비율은 대폭 축소하고 '지역현안' 비율을 획기적으로 높이는(50% 이상) 방향으로 전환해야 한다.

---

9. 2016년 15,216억 원, 2017년 17,040억 원, 2018년 18,458억 원임(교육부, 국가시책사업 개편 시·도교육청 통합설명회 자료, 2017. 9. 13).

나. 시·도교육청 차원의 과제

학교현장에 새로운 학교문법이 적용되기 위해서는 시·도교육청의 행정적 간섭을 최소화하는 노력이 필요하다. 그 방향을 살펴보자.

첫째, 권한·사무 배분을 통한 시·도교육청 조직 슬림화가 필요하다. 시·도교육청에 권한과 사무가 집중되는 경우, 조직은 비대해진다. 그리고 단위학교에 대한 간섭과 통제 또한 심화하기 마련이다. 특히 행정적 규제는 물론이거니와 각종 지침, 실적 중심의 컨설팅 및 장학, '즉흥적이고 전제 조건이 복잡한 지원 사업'들로 인해 단위학교의 자율성은 크게 위축된다. 실제 시·도교육청의 권한·사무 증가, 조직 세분화, 각 조직 간 신규 사업 경쟁, 사업에 대한 통제 시스템 부재 등의 문제가 중첩되면서 '학교 운영 관행의 자동화 경향'은 더욱 짙게 나타난다.[10] 이러한 시·도교육청의 사업을 통한 통제 프레임을 극복하기 위해서는 권한과 사무를 혁신적으로 배분하며, 이런 흐름의 연장에서 조직 슬림화를 추진해야 한다. 동시에 시·도교육청에서는 사업 방향과 재정 운영의 원칙만 제시하고, 구체적인 실행 계획부터 실행 이후 평가 결과의 피드백 과정까지 단위학교가 책임지도록 사업의 프레임워크를 재구성해야 한다.

둘째, 학교기본운영비를 확대하고 '사업 선택제'도 채택·확대할 필

---

10. 이기정은 신문 칼럼을 통해 '학교 운영의 자동화 경향'을 다음과 같이 묘사한다.
"학교는 교육 그 자체보다 교육에서 파생하는 사무·행정적 업무를 더 중요하게 여긴다. 무엇보다 교육청과 교육부에서 내려 보내는 사업과 행정업무를 더 중요하게 여긴다. 단순히 중요하게 여기는 선에 그치는 게 아니다. 하지 않아도 되는 일을 만들어서 하고, 간단하게 해도 될 일을 복잡하게 한다. 조금 복잡한 것은 매우 복잡하게 하고, 하지 말아야 할 것까지 만들어서 한다. 그래서 교육 그 자체로 향해야 할 교사의 관심과 에너지를 끝없이 소모하게 만든다. 교육부와 교육청의 관료주의적 행정이 이러한 폐단을 강요하고 있으며, 사무·행정업무 위주의 학교제도와 조직체계가 그 폐단을 일상화한다. 교육은 몸통이고 사무·행정업무는 꼬리에 불과한데 학교에는 꼬리가 몸통을 흔드는 주객전도 현상이 뿌리 깊이 고착돼 있다"(『경향신문』 2018년 2월 6일).

요가 있다. 단위학교는 고유한 맥락inherent context에서 운영되기 마련이다. 따라서 단위학교의 운영 맥락을 최대한 고려하는 행정 지원이 중요하다. '상황적 특수성'을 포용하는 일반론이 필요한 것이다. 이런 맥락에서 학교기본운영비를 확대하여 단위학교 자체 특성에 반영한 사업 기회를 늘려가는 것이 중요하다. 그뿐만 아니라 시·도교육청 차원에서 추진하는 사업도 일률적으로 추진하는 것은 지양해야 한다. 따라서 단위학교가 인적·물적 조건 및 상황적 특성에 적합한 최적 사업을 선택할 수 있도록 '사업 선택제'를 채택·확대할 필요가 있다.

셋째, 각종학교 형태의 '대안학교'를 미래형 학교 모델을 창안하기 위한 파일럿 스쿨pilot school 개념으로 설립·운영하는 것이 필요하다. 「초·중등교육법」 제69조의 3에서 규정하는 '대안학교'는 제도적 자율성의 범위(설립인가, 학기운영 및 학년제, 수업연한 및 수업일수, 교육과정 운영, 교과용 도서 등)가 넓다. 미래형 학교 모델을 개발하는 차원에서 기존 제도학교를 '대안학교'로 전환하거나 '공립대안학교'를 신설하는 정책도 검토할 만하다. 특히 시·도교육청 차원에서 프로그램 형태로 운영하고 있는 전환교육을 각종학교 형태의 '대안학교'로 정규화하는 방안도 필요하다. 이와 관련해서는 두 가지 인식 전환이 전제되어야 한다. 하나는 '대안학교'를 제도학교에 적응하기 어려운 학생들을 위한 '예외적 학교'로 보는 단견을 넘어서야 한다. 즉 '대안학교'를 새로운 학교문법을 창조해가는 '실험학교pilot school'로 규정할 필요가 있다. 다른 하나는 대안교육에 내재하는 교육의 보편성에 주목할 필요가 있다. 대안교육은 실험성이 생명이다. 왜 실험을 하는가? 실험을 통해 무엇을 얻으려고 하는가? 그것은 바로 교육의 '보편성'을 되찾으려는 것이다. 이런 맥락에서 '대안학교' 혹은 대안교육에 대한 행정청의 마인드 전환이 선결되어야 한다.

다. 단위학교 차원의 과제

새로운 학교문법이 안착되기 위해서는 자치학교로 전환할 수 있는 제도적·풍토적 여건을 갖추어야 한다.

우선, 자치학교自治學校란 어떤 학교인가? 바로 '학교 구성원이 자신의 현재 상태를 진단하고, 이를 근거로 운영 목표를 설정하고, 구체적인 실행전략을 채택하고, 그 결과에 공동 책임을 지는 순환체제를 갖춘 학교'라 할 수 있다. 단순화하면, 협치協治 시스템을 갖추고, 이를 집단의 지혜로 운영하는 학교다. 이 자치학교 운영을 위해서는 교사·학생·학부모가 학교 운영에 전면적으로 참여할 수 있는 다양한 시스템을 구축해야 한다. 즉 거버넌스governance 구축이 필요한 것이다. 거버넌스를 구축한다는 것은 단위학교 권력구조를 3원적 균형구조(교원, 학생, 학부모)로 재편하는 것을 뜻한다. 학교 관리자에게 집중돼 있는 권한을 교사들에게 위임하며, 교원집단에 집중되어 있는 권력을 학생과 학부모에게 분산함으로써 다수의 참여를 제도화하는 것이다. 이를 통해 교사의 자율성(자기통제권과 자기결정권) 신장, 학생·학부모 권리의식 및 책무성 고양을 기대하는 것이다. 구체적으로 교직원회의를 최고의 의사결정기구로 격상하고(의사결정 사항에 대해서는 높은 구속력을 갖는 기구), 각종 협의회와 위원회를 실질적인 실무 조직으로 운영하는 것이 필요하다, 학생들의 참여 장치도 다양하게 시스템화하여 학교 운영, 학습활동, 자치활동 등의 영역에서 학생들의 권리가 보장될 수 있게 해야 한다. 물론 학부모회를 학부모들의 집단적 의사를 반영하는 기구로 운영하는 것도 검토해볼 만하다.

다음으로, 학교 구성원의 '민주성'을 고양할 수 있는 작풍作風을 조성하는 것이 중요하다. 민주성이란 '집단의 이념과 정신을 존중하는 마음, 교육활동과정에서 자기책임을 다하려는 직업적 성실성, 토론 과정에 적극적으로 참여하는 태도, 집단의 결정이 자기 의견과 다른 경우라도 이를 존중하는 아량, 그리고 조직 명예를 자긍심의 한 부분으로 생각하는 행동양식'이다. 일의 과정을 통해 민주성이 상호 고양되는 작풍은 새로운 학교문법의 핵심 밑감이다. 이런 점에서 교직원의 관계 방식이 기능적 동료관계를 넘어 삶을 나누는 이웃관계로 전환되어야 한다. 새로운 학교문법은 제도적 원리 이전에 삶의 원리를 전제하는 것이기 때문이다.

위에서 언급한 과제들과는 별개로 시급한 과제가 있다. 바로 '교원의 성장 함수'를 새롭게 구성할 수 있는 제도 전환이다. 당대 교직 사회에서 일반화된 성장 함수는 〈교대·사범대에서 임용고시 준비 → 임용고시 합격 → 승진 준비·경쟁 → 교감 승진 → 교장 승진〉이다. 이러한 성장 함수에는 크게 두 가지 문제가 따른다. 하나는 교사의 업業의 개념, 즉 사명의식이 단조롭게 고착된다는 점이다. 교사의 업業을 '지식 가르치기', '경로의존 시키기', '제도적 사유 강화하기', '행정적으로 유능해지기'로 제한하는 경향이 나타나는 것이다. 따라서 교사 스스로는 자기 자신을 '교수 전문가', '행정 숙련가'로 정치시킨다. 이는 학생들이 '삶의 태도'(한 개인이 타인을 대하는 방식이기도 하지만 더 중요하게는 자신을 규정하는 삶의 방향)를 올바르게 형성하도록 돕는 존재로서의 교사상과는 거리가 멀다. 실제로 당대 교원의 성장 함수를 따르자면, 각종 승진 점수를 세세하게 관리하는 '점수 챙기는 교사'가

되어야 한다. 그러자니 교사들 사이에서는 승진 점수를 우선시하는 '인지 단일화'가 나타나고, 점수 경쟁 과정에서 갖가지 기괴한 광경도 연출된다. 문제는 이러한 교직 풍토에서는 학교자치, 협업, 공영共營의 가치가 고양될 가능성이 낮다는 점이다. 이런 점에서 현재의 용속庸俗한 교원의 성장 함수를 재구성할 수 있는 환경 조성이 중요하다.

장차 두 방향의 정책이 켤레로 도입될 필요가 있다. 우선 교육대학과 사범대학의 교육과정을 혁신적으로 개편해야 한다. '교수 전문가'를 목표로 하는 것이 아니라 '지성적 교사'를 육성하기 위한 교육과정으로 전환해야 한다. 입직 전 교육에서 '인간 존재론', '존재미학', '인문학적 소양', '시대정신', '민주성' 등의 내용이 더욱 강조되어야 한다. 이런 내용들이 중요하게 다루어져야 교사가 시대정신의 담지자는 물론 학교민주주의 실천자로서의 면모도 갖추게 될 것이다. 또 다른 방안은 '교장공모제 확대' 정책이다. 교육적 양심을 지키는 소신 있는 교장, 학교민주주의 수호자로서의 교장, 학교 구성원의 민주적 통제 속에서 권한을 행사하는 교장이 교직사회에 진입할 수 있는 제도적 공간을 확보할 필요가 있다. 이런 조건에서 삶의 품격과 인간적 기품의 가치를 강조하는 교육이 구체화될 수 있고, 학교자치 및 학교민주주의의 가치도 더욱 고양되고 확장될 것이기 때문이다. 무엇보다도 교직사회에 다양한 성장 함수가 가능하다는 메시지가 중요하다. 이런 메시지가 교직 활력화의 넛지nudge 전략이 될 수 있기 때문이다.

요컨대 학교체제를 민주적 생태계로 전환하기 위해서는 실질적인 분권이 이루어져야 한다. 이때의 분권은 관에서 관으로의 권한 이양이 아니라 관에서 민으로의 분권, 관에서 자치권으로의 분권이다.하승수·하승우, 2016: 185 따라서 앞으로 단위학교는 분권을 통해 학교 구성원들이 서로 시끄럽게 부딪치면서 소란스러운 학교가 되어야 한다. 학교 구성원 간 자치 과정에서의 소란스러움은 학교의 지속가능을 담보하는 최고의 효율이기 때문이다. 이런 점에서 새로운 학교문법으로 전환한다는 것은 바로 '소란스러움의 조직화'와 '정서적 지분의 균등화'[11]의 추구라 할 수 있다.

---

11. 정서적 지분의 균등화란 '조직에 열정을 쏟아부은 사람이 갖는 지분 의식을 학교 구성원이 고루 나눠 갖는 것'을 의미한다.

도정일(2007). 「경쟁력, 수월성, 창의성의 비극」. 『비평』, 15. 생각의나무.

마르크 오제(1992). 이상길·이윤영 옮김(2017). 『비장소-초근대성의 인류학 입문』. 아카넷.

박복선(2017). 「학교와 민주주의?」. 『가장민주적인, 가장 교육적인』. 교육공동체벗, pp. 12-31.

박찬표(2017). 「촛불과 민주주의」. 『양손잡이 민주주의』. 후마니타스, pp. 173-252.

백병부·박복선·송찬순·이민선(2016). 『학생이 만들어가는 꿈의학교 활성화 방안 연구』. 경기도교육연구원.

신샛별(2015). 「부모의 자리에 서서」. 『창작과 비평』 168(2015 여름호). 창작과비평사, pp. 32-51.

이기정(2018. 2. 6). 「교장공모제 확대보다 급한 일」. 『경향신문』.

이수광·김은정·백병부·오재길·김현자·조윤정(2016). 『부산다행복학교 중간 평가 및 정책 발전 방향 연구』. 경기도교육연구원.

이종각(2002). 「한국 풍요 속에 교육 빈곤」. 『스모그(smog)』 여름호, pp. 76-106.

장은주(2012). 『정치의 이동: 분배 정의를 넘어 존엄으로 진보를 리프레임하라』. 상상너머.

조용환(2009). 『고등학생의 학업생활과 문화 연구』. 한국교육개발원.

하승수·하승우(2016). 『껍데기 민주주의』. 포도밭.

-2부-

학교혁명 실천을 위한 과제들

민주적 학교를 위한 학교자치 법제화

손동빈_전국시도교육감협의회 정책과장

최근 촛불정국 이후 들어선 정부에서는 분권화·자율화를 강조해오고 있다. 교육 분야에서도 민선 교육감 시대를 거치면서 교육부 중심의 교육에서 시·도교육청 중심의 교육자치를 더욱 강화할 것을 요청받고 있다. 특히 교육부의 역할 재조정 논의가 국가교육위원회 설치와 맞물려 진행되었는데, 교육부의 권한 중 유초중등교육의 권한을 시·도교육청으로 이양하는 것이 논의의 핵심이었다. 그러나 이 방향이 공감을 얻으면서도 현실적 한계로 인해 전면화되지 못하고 있다.

이런 상황에서 중앙정부 권한을 시·도교육청으로 이관하는 것이 관 주도 교육행정체계의 주체가 중앙정부에서 지방정부로 바뀐 것에 불과할 것이라는 비판이 제기되고 있다. 학교 입장에서는 큰 변화가 없을 것이며, 오히려 학교에 대한 간섭과 통제가 더 강화되리라는 우려가 큰 것이 현실이다. 이런 우려를 불식하기 위해서는 시·도교육청의 개혁도 함께 진행되어야 하며, 그것은 시·도교육청의 권한을 단위학교로 다시 이양하는 것을 포함해야 한다는 주장이 힘을 얻고 있다.

그런데 단위학교로의 권한 이양이 학교장의 권한만 강화시킴으로써 학교의 자율운영체제를 지향하는 정책 목적을 충실히 실현하지 못할 것이라는 문제 또한 제기되고 있다. 학교의 자율성과 책무성 증진을 위한 방안의 하나로 시행되었던 학교 단위 책임경영제School-site Management, School Based Management가 학교의 거버넌스 변화 없이 학교장의 자율적 경영권에 초점을 맞추면서, 정부의 학교 통제가 강화되고 학교 간 경쟁 심화로 귀결되어왔기 때문이다. 결국 학교에서는 외부, 즉 교육부나 교육청으로부터의 독립성·자율성을 위한 단위학교로의 권한 이양이라는 외적 조건 마련과 함께 그 권한을 행사할 단위학교의 변화, 즉 학교자치를 요청하고 있다.

1. 학교자치의 의의와 법제화 필요성

가. 학교자치의 의의

학교자치는 학교교육의 주체들이 실질적 권한을 갖고 참여하여 소통하고 협력하며 교육 운영과 관련된 일을 민주적으로 결정하고 실행해나가면서 그 과정에서 나름대로 성장하는 것이다.[1] 여기서 핵심은 학교교육의 주체들이 의사결정 거버넌스에 참여할 수 있도록 기회와 권리를 실질적으로 보장하는 것이며, 다음과 같은 의의를 갖는다. 정재균, 2016

첫째, 학교자치는 민주적인 학교문화 조성을 위한 동력이 된다. 학교 운영 전반에 걸쳐 단위학교 운영 주체들이 공동으로 학교의 의사

---

1. 교육부·전국시도교육감협의회(2017)는 학교민주주의(학교자치)를 "단위학교가 학교교육 운영에 관한 권한을 갖고, 구성원들이 학교의 고유한 교육과정을 구성하여 운영하고 평가하는 과정에 함께 참여하며, 그 결과에 책임지는 것"이라고 정의 내리고 있다.

결정 과정에 참여함으로써 학교 의사결정 구조가 수평적이고 민주적으로 개편되도록 해준다. 둘째, 학교자치는 교권 신장과 인권 우호적인 학교문화 조성을 위한 동력이 된다. 교직원, 학생, 학부모가 서로의 영역을 존중함으로써 교권이 신장되고, 학생인권도 보장되는 등 인권 우호적 학교문화가 조성될 수 있다. 셋째, 학교자치는 학교 운영 시스템의 변화를 가져와서 학교교육의 본질 회복에 기여한다. 교사에게는 교육전문가로서 교육활동이나 학교 운영에 최대한 참여할 기회와 권리가 보장되고, 학생은 스스로에게 영향을 미치는 학칙 제정, 학교 운영 등에 관하여 의견을 제시할 수 있다. 학부모들은 학교 운영에 대해 충분한 정보를 얻고 자신들의 의견과 요구를 논의할 수 있게 된다. 이 과정에서 학교교육의 방향과 내용에 대해 충분한 숙의가 이루어지므로 교육의 본질을 회복시킬 가능성이 높아진다.

요컨대, 학교자치는 교직원, 학생, 학부모의 참여권을 법적으로 부여하여 실질적인 학교 참여를 가능하게 함으로써, 학교 교육력이 살아날 수 있게 한다는 데 의의가 있음을 알 수 있다. 실제로 최근 학교혁신 흐름에서도 학교가 더 많이 민주적일 때 집단지성이 발휘되고, 소통과 협력이 교육 성과로 이어질 수 있음을 경험적으로 확인시켜주고 있다. 학교에서 교사의 직무만족도에 영향을 미치는 가장 큰 요소는 민주적 협의 문화정태식 외, 2013이며, 특히, 혁신학교의 민주적·협력적 학교문화가 학교교육활동과 밀접한 상관관계가 있음을 보여준다. 연구에 의하면, 민주적 학교문화는, 첫째, 교사들이 학교 운영에 관심을 갖게 하고 자신들의 학교를 '우리' 학교라고 인식하게 하였다. 둘째, 자율적이고 다양한 교육과정 계획과 운영을 보장해주었다. 셋째, 불필요한 교육과정과 교육활동을 점검하고 이를 폐지하는 등 학생 중심의 교육활동에 집중하게 하였다. 넷째, 아이들이 학교의 교육활동에 적극적으로 참여하게 하였다. 다섯째, 민주적이고 협력적인 학생문화로 이어졌다.최진영 외, 2016

나. 학교자치 법제화의 필요성

학교자치가 이론적으로나 실제적 경험에서 볼 때 의미 있는 것이 사실이지만, 그것의 보장 여부는 단위학교의 재량이고, 학교교육 주체의 참여 또한 매우 제한적일 뿐만 아니라 자의적으로 보장되고 있을 뿐이다. 일반적으로 학교는 정부 및 지자체로부터 위임받은 교육사무를 수행하는 '하급 행정기관'으로 여겨지고 있기 때문이다. 하급 행정기관으로서의 학교는 정부 및 지자체가 교육이라는 공적 목적을 달성하기 위한 물적·인적 수단의 혼합체로, 설립자가 스스로 위임하지 않는 한 자신의 권리로 법률행위를 할 수 없다. 그러나 설립자가 권한을 위임하면 그 범위 내에서 학교를 자율적으로 운영할 수 있는데, 이 경우 그 권한은 학교장의 권한일 뿐, 구성원의 참여를 보장할 수는 없다.허종렬, 2005 학교의 인사, 재정, 장학, 교육과정 운영, 시설·환경, 운영·기구 등의 권한을 갖는 학교장과 달리, 학교 구성원의 참여는 권리행사로서 의미를 갖는 것이 아니라 학교의 시혜적 조치로 가능할 뿐이다. 그래서 구성원의 참여와 배제는 학교장 권한에 따라 달라진다. 참여가 허용된다 하더라도 그것은 학교를 이용하는 관계에서 불편 사항 전달과 민원 해결 정도에 그치고 만다.

결국 현행법상으로는 단위학교 교장에게 모든 권한과 책임이 집중되어 있어서 혁신학교를 비롯한 학교혁신을 추구하는 학교의 구성원들은 권한 배분 내지 권한 위임을 둘러싸고 갈등하는 일이 벌어질 수 있으며[2], 권한 배분이 실질적으로 이루어지지 않아서 학교민주주의를 현실적으로 기대하기 어려운 실정이다. 따라서 학교 구성원의 참여를 통한 학교자치를 실현하기 위해서는 학교자치의 '공식기구화' 내지 '법제화'가 필요하다.홍석노, 2014

2. 학교자치의 법적 근거와 학교 내 의사결정체계의 한계

가. 학교자치의 법적 근거

우리 헌법과 현행법령은 학교자치에 대해 명시적으로 규정하고 있지 않지만, 헌법을 비롯하여 교육 관련 법령에서 이와 관련한 근거를 찾을 수 있다. 먼저, 우리 헌법 제31조 제4항은 "교육의 자주성·전문성·정치적 중립성 및 대학의 자율성은 법률이 정하는 바에 의하여 보장된다"라고 규정하고 있다. 이것을 학교에 적용하면 학교의 자율성이라는 개념이 도출되며, 그것을 제도적으로 보장하기 위한 틀을 고려할 때 학교자치라는 개념이 도출된다.허종렬, 2005

이러한 헌법에 기초하여 제정된 교육 관련 법령에는 학교 구성원의 학교 참여를 보장하고 있다. 교육기본법 제5조 제1항은 교육의 자주성, 전문성 확보를 위한 국가의 의무를 담고 있고, 제2항은 "학교 운영

---

2. 혁신학교의 경우, 교장의 수용적 자세, 민주적인 학교 운영, 배움 중심의 수업, 자율과 협력의 생활지도, 기존 행정체계에서 벗어나는 업무분장 등의 특징을 보여주기는 하나, 교장의 일방적 리드와 교사들의 부동의, 최적의 업무분장과 학생 지도 방식과 내용에 대한 서로 다른 생각과 관점 등으로 빚어지는 갈등(배은주, 2014)도 존재한다. 학교혁신에 참여하는 일반 학교의 경우에도 혁신에 대한 학교 구성원들의 서로 다른 이해와 생각으로 인한 갈등, 갈등을 회피하고자 기존 방식이나 윗사람의 의견 따르기 등의 문제가 나타나고 있다(윤정 외, 2016).

의 자율성은 존중되며, 교직원·학생·학부모 및 지역 주민 등은 법령이 정하는 바에 의하여 학교 운영에 참여할 수 있다"라고 함으로써 학교자치의 법률적 근거를 명시적으로 제시하고 있다. 따라서 모든 학교는 동법에 따라 학교 구성원의 참여를 보장해야 하며, 그것이 현실적으로 미흡할 경우에는 자치입법을 통해서라도 현실화되도록 노력해야한다는 것을 알 수 있다.허종렬, 2005

나. 학교 내 의사결정체계의 한계

단위학교의 자치는 현행 헌법과 법령에 근거를 마련하고 있으며, 법령에 따르거나 관행적으로 존재하는 의사결정 관련 기구에 따라 단위학교의 의사결정이 이루어지고 있다. 법률상 기구로서 학교운영위원회가 있고, 시·도 조례 또는 지침에 의한 학부모회, 인사자문위원회, 예·결산자문위원회, 교육과정위원회, 학교분쟁조정위원회 등이 있으며, 교직원회의, 부장교사회의, 학년협의회, 교과협의회 등도 자율적으로 운영되고 있다.

이러한 기구의 설치 자체는 학교자치에 기여한 측면이 있는 것은 사실이다.전제상 외, 2016 그런데 여전히 학교 내 의사결정에서 학교장이 최종적으로 책임지게 함으로써 학교 구성원들의 적극적이고 실질적인 참여가 잘 이루어지지 않고 있다. 책임과 권한은 동전의 앞뒷면 같은 관계이기 때문이다. 또한 학교자치에 관한 규정들이 전체적인 통일성과 체계를 갖추지 못하고 법률과 시행령에 분산되어 있음으로써 학교자치의 전체적인 상을 그리기 어렵다. 특히, 단위학교 구성원들의 자치조직 구성 및 그들의 조직화된 의사를 수렴하는 절차에 관한 규정이 미흡하여 학교 내 의사결정체계를 제대로 갖출 수 없는 한계를 드러

1) 학교운영위원회

현행법상 대표적인 학교자치기구는 학교운영위원회이다. 현재 단위 학교 자치의 실행기구와 그 절차적 실현 방안이 구체화되지 않은 상태에서 학교자치를 실현하도록 기대할 수 있는 거의 유일한 법적 기구라고 할 수 있기 때문이다. 학교운영위원회 구성에 대해 「초·중등교육법」 제31조, 제34조에 근거하여 「초·중등교육법시행령」 제58조, 제59조, 제63조에 규정되어 있다.

학교운영위원회는 학교자치기구로서 나름 기여하고 있지만, 제도적 한계로 인해 여러 가지 문제를 나타내고 있다.전제상 외, 2016; 홍석노 외, 2014 첫째, 도서 선정 같은 매우 전문성을 요구하는 사항도 학교운영위원회의 심의를 받게 한다는 점이다. 학교운영위원회의 구성 자체는 학교의 민주성을 실현시키려는 것이기는 하지만 자칫 교육의 전문성을 훼손시킬 수 있다는 우려를 가져올 수 있으며, 학교운영위원회의 학교자치기구로서의 위상 정립에서 해결해야 할 문제로 제기되고 있다. 둘째, 학교운영위원회를 구성하는 위원의 대표성 문제가 제기된다. 교원위원과 학부모위원을 선출하는 교직원회와 학부모회에 대해 불충분하게 규정되어 있기 때문이다. 이로 인해 위원의 민주적 정당성을 확보하기 어렵게 하고 있으며, 위원들이 교직원회나 학부모회와 유기적으로 연대하지 못함으로써 학교 운영에 실질적으로 참여하는 데 어려움을 겪고 있다. 특히 학생의 경우, 교육관계에서 가장 중요한 당사자임에도 일부 법령에서 운영위원회의 필요시 학생 대표를 참여시켜 의견을 물을 수 있다거나, 시·도 조례로 참여 절차를 규정할 수 있다고 할 뿐, 학교운영위원회의 정식 구성원으로서 상시적 참여가 보장되어 있지 않다. 셋째, 학교운영위원회는 국·공립학교의 경우 주로 심의 권한을, 사립학교의 경우 주로 자문 권한을 가짐으로써 의사결정기구로서의 권한이 제한되어 있다. 특히, 사립학교의 장은 얼마든지 학교운영위원회의 자문 결과와 다르게 시행할 수 있어서 사립학교 학교운영위원회의 자문 권한이 유명무실할 수 있다. 이처럼 학교운영위원회는 법령상 미비와 그에 따른 실제 운영 문제 등으로 학교현장에서조차 의사결정기구로서 실질적인 정당성을 확보하지 못하고 있다.

2) 교직원회의[3]

일반적으로 학교에는 교장, 교감, 수석교사 및 교사 등의 교원과 교원 외에 학교 운영에 필요한 행정, 지원을 담당하는 직원 등이 있는데, 이들을 통칭하여 교직원이라 한다. 이들 교직원의 학교 내 회의를 교직원회의라 통칭하는데, 교육부에서는 교직원회의를 초·중·고등학교의 관행적인 모임으로, 학교 운영에 관한 사항에 대해 지시·전달·연수 및 논의를 하는 학교장의 임의적 '자문기구'교육부, 1998로 볼 뿐, 그에 대한 명시적인 법적 근거는 미흡하다.

물론 「초·중등교육법시행령」 제59조 제3항은 "당연직 교원위원을 제외한 교원위원은 교원 중에서 선출하되, 교직원 전체회의에서 무기명투표로 선출한다"라고 규정함으로써 교직원회의를 공식화하고 있기는 하다. 그렇지만 교원위원의 선출 기능만이 규정되어 있을 뿐, 교직

---

3. 학교현장에서는 교직원회의를 교무회의와 동일한 것으로 받아들이며, 전체교원회의, 학교교직원 전체회의, 교장·교감·행정실장·부장교사가 참석하는 간부회의, 부장교사회의, 학년협의회 등 각종 회의체를 포함하는 것으로도 볼 수 있다.

원회의의 법적 성격, 권한과 역할, 기능 등은 규정하고 있지 않다.

교직원회의의 운영 방식이나 결정사항에 대한 어떤 근거 규정도 없다 보니, 그것은 학교 내 의사결정기구로서 기능하지 못하고 있다. 즉 학교 운영과 관련한 중요한 의사결정 과정에 교사가 참여할 기회가 주어지지 않으며, 상부 기관의 지시나 전달만 있을 뿐, 교사들의 광범위한 의견 수렴 과정이 생략되고, 결과적으로 학교 의사결정 과정에서 평교사는 학교 운영의 한 주체로서 역할과 기능을 다하기보다는 학교장의 결정이나 부장회의 합의사항에 대한 수동적인 수용자로 되어 의사결정에서 소외되고 있다.^{전제상 외, 2016}

3) 학생회

학생자치활동은 법적으로 보장되어 있다. 「초·중등교육법」 제17조는 "학생의 자치활동은 권장·보호되며, 그 조직과 운영에 관한 기본적인 사항은 학칙으로 정한다"라고 규정하고, 동법 시행령 제30조는 "학교의 장은 학생의 자치활동을 권장·보호하기 위하여 필요한 사항을 지원하여야 한다"라고 규정함으로써 학생의 자치활동 보호를 강조하고 있으며, 학교장에게 학생자치활동 보호를 위한 지원의무를 부과하고 있다. 또한 동법 시행령 제9조 제1항에서는 학교규칙의 기재사항으로 "8. 학생자치활동의 조직 및 운영"을 적시하고 있으며, 제4항에서는 "학교의 장은 학칙을 제정하거나 개정할 때는 학칙으로 정하는 바에 따라 미리 학생, 학부모, 교원의 의견을 듣고, 그 의견을 반영하도록 노력하여야 한다"라고 규정하고 있다. 한편, 일부 시·도교육청에서는 조례를 통해 학생자치와 관련된 규정을 두고 있다.

시·도교육청 학생인권조례 제정 경과 및 주요 내용

기관	조례명	추진 경과	조항	내용
경기도 교육청	경기도 학생인권조례	(제정·시행) 2010. 10. 5. (개정) 2015. 2. 27. (시행) 2015. 3. 1.	제2장 (학생의 인권) 제6절 (자치 및 참여의 권리)	(제17조) 자치활동의 권리 (제18조) 학칙 등 학교 규정의 제·개정에 참여할 권리 (제19조) 정책결정에 참여할 권리
광주광역시 교육청	광주광역시 학생인권 보장 및 증진에 관한 조례	(제정) 2011. 10. 28. (시행) 2012. 1. 1.	제3장 (학생의 인권)	(제15조) 자치와 참여에 관한 권리
서울특별시 교육청	서울특별시 학생인권조례	(제정·시행) 2012. 1. 26. (개정·시행) 2016. 12. 29. (개정·시행) 2017 9. 21. (개정·시행) 2018. 1. 4.	제2장 (학생인권) 제6절 (자치 및 참여의 권리)	(제18조) 자치활동의 권리 (제19조) 학칙 등 학교 규정의 제·개정에 참여할 권리 (제18조) 정책결정에 참여할 권리
전라북도 교육청	전라북도 학생인권조례	(제정·시행) 2013. 7. 12. (개정·시행) 2014. 8. 8.	제2장 (학생의 인권) 제6절 (자치와 참여의 권리)	(제18조) 자치활동의 권리 (제19조) 학칙 등 학교규정의 제·개정에 참여할 권리 (제18조) 정책결정에 참여할 권리

하지만 현행법은 학생자치활동 운영에 대한 구체적인 규정 없이 학교장에게 학생자치활동 지원에 대한 전권이 위임되어 학교규칙으로 정하게 되어 있을 뿐이다. 교육기본법에서 규정하는 학생의 학교 운영에의 참여는 임의규정이며, 그 의견 수렴 등에 관한 사항은 구체적 입법을 필요로 한다. 또한 초·중등교육법령은 학생의 자치활동을 학생자치조직의 구성과 운영에 관한 활동으로 보고 있고, 학생의 학교생활에 관한 사항에 한정하여 자신들의 의견을 표명할 수 있을 뿐, 학교 운영과 관련된 사항에의 참여 및 의견 표명을 실질적으로 제한하고 있다. 각 시·도교육청이 제정한 인권조례의 경우 학생자치 구현을 위

한 구체적인 조항을 두고 있지만, 자치법규로서 제한된 구속성을 갖는 다는 점에서 한계가 있다. 결국 현행법령은 사실상 학생자치를 실질적으로 보장하지 않아 법령 미비 상태라고 할 수 있다.김현정, 2016

4) 학부모회

학부모의 학교 운영 참여는 교육기본법 제5조와 더불어 제13조 제2항에서 "부모 등 보호자는 보호하는 자녀 또는 아동의 교육에 관하여 학교에 의견을 제시할 수 있으며, 학교는 그 의견을 존중하여야 한다"라고 하여 법적으로 보장되어 있다. 또한 「초·중등교육법시행령」 제59조 제2항에는 "학부모위원은 학부모 중에서 민주적 대의 절차에 따라 학부모 전체회의에서 직접 선출한다. 다만, 학교의 규모·시설 등을 고려하여 위원회 규정이 정하는 전체회의에서 선출하기 곤란한 사유가 있는 경우에는 당해 위원회 규정이 정하는 바에 의하여 학급별

시·도교육청 학부모회 조례명 및 추진 경과

기관	조례명	추진 경과
경기도교육청	경기도교육청 학교 학부모회 설치·운영에 관한 조례	(제정·시행) 2013. 2. 27.
광주광역시교육청	광주광역시교육청 학교 학부모회 설치·운영에 관한 조례	(제정) 2016. 12. 15. (시행) 2017. 1. 1. (개정·시행) 2018. 4. 1.
부산광역시교육청	부산광역시교육청 학부모회 설치 및 학부모 학교 참여 활성화 지원 조례	(제정) 2017. 9. 27. (시행) 2018. 3. 1.
서울특별시교육청	서울특별시교육청 학교 학부모회 구성 및 운영 등에 관한 조례	(제정) 2015. 10. 8. (개정) 2015. 12. 31. (시행) 2016. 1. 1.
인천광역시교육청	인천광역시교육청 학교 학부모회 설치 및 운영 등에 관한 조례	(제정·시행) 2011. 1. 2.
전라북도교육청	전라북도교육청 학교 학부모회 설치·운영에 관한 조례	(제정·시행) 2015. 4. 3. (개정·시행) 2017. 6. 2.

대표로 구성된 학부모 대표회의에서 선출할 수 있다"라고 규정함으로써 학부모(전체) 회의를 공식화하고 있다. 한편, 일부 시·도교육청에서는 조례를 통해 학부모회 운영 관련 규정을 두고 있다.

이들 조례에서 규정하는 학부모회의 기능은 대동소이한데, 학교운영위원회의 성격과 기능에 비추어 보면, 학교 운영과 관련한 자치기구로서의 성격과 역할이 매우 미흡하다는 것을 알 수 있다. 즉, 학교운영위원회는 교육자치심의(자문)기구로서의 성격을 갖지만, 학부모회는 학교교육활동 참여·지원기구로서, 대체로 학교 운영에 대한 의견 제시, 학교교육 모니터링, 학부모 자원봉사, 학부모교육, 지역사회와 연계한 비영리 교육사업 등의 활동 등 학교 관련 다양한 활동에 참여하고 지원할 뿐이다. 이처럼 학부모회는 실질적인 학교 참여가 제한되어 있으며, 의무만 있고 법적 권한이 없는 임의단체로서의 성격을 탈피하지 못하고 있을 뿐만 아니라, 학교운영위원회 학부모위원 선출에서 학부모회와 별개로 진행됨에 따라 상호 연계성이 미흡하여 그 기능을 제대로 발휘하지 못하고 있다.

3. 학교자치 법제화 진행 현황 및 논의

가. 학교자치 법제화 진행 현황

학교자치 법제화는 기본적으로 현행법상 단위학교의 대표적인 자치기구로서 학교운영위원회 활성화의 전제 조건을 충족시키려는 것이었다. 학교운영위원회는 1995년 5월 대통령 직속 자문기구였던 '교육개혁위원회'에서 단위학교의 자치를 위해 제안했던 것이다. 그런데 현행법상 그것은 "출범 이후 지금까지, 머리는 있는데 손발이 없는 기형적인 기구라고 본다. 학교운영위원회가 제대로 가동되려면, 그것의 법제화와 더불어 각 구성원 집단의 법제화도 동시에 이루어져야 할 것이다"^{허종렬, 2005}라는 지적이 있어왔다. 따라서 지금까지 학교자치 법제화는 "학교운영위원회를 학내 의사결정구조의 정점에 놓고, 그 아래 '학생회, 학부모회, 교사회'를 각각 법적 기구로 설치하여 이들의 참여를 제도적으로 보장해야 한다"라는 의미로 이해되어왔다. 이러한 법제화 요구는 법률입법과 자치입법(조례 제정)이라는 두 방향으로 진행되었다.

1) 법률입법 진행 현황

학교자치 법률입법은 2002년 당시 대통령 후보 노무현의 교육 부문 공약의 주요 정책으로 수용되고 국정과제로 채택되어 구체화 전략을 정부 차원에서 추진하였으며, 관계법령 정비 노력 및 개정법률안 발의 등으로 확대되었다. 2006년 17대 국회에서 민주노동당 최순영 의원과 열린우리당 구논회 의원이 학부모·학생·교사회의 법제화를 담은 학교자치 법안을 최초로 발의하는 등의 움직임이 있었으나, 구체적 결실을 맺지 못하였고, 현행법상 '학교운영위원회'를 활성화하는 방안을 모색하는 데 그쳤다.

이후 2012년 대선 국면에서 교장선출보직제와 함께 교직원회, 학부모회, 학생회의 법제화를 공약으로 내세우는 경우도 있었으며, 여기서는 이들 자치기구를 포괄하는 학교자치위원회가 제시되었다. 물론 학교자치위원회와 학교운영위원회의 관계가 분명하게 설명되지는 못했지만, 학교운영위원회 중심의 자치기구에서 새로운 기구를 구상하는 계기를 마련하였다는 점에서 의미가 있다. 이후 2013년 12월 유은혜 의원 발의로 학생회, 학부모회, 교직원회의 설치 운영의 법적 근거 마련과 운영 경비 지원을 골자로 한 발의안이 제출되었다.

2017년 대선에서 당선된 문재인 대통령도 단위학교의 자치 강화 등을 공약으로 제시하고 국정운영 5개년 계획에 제시되었다.

문재인 정부 국정운영 5개년 계획(국정기획자문위원회, 2017)

* 단위학교 자치 강화
▶ 학교운영위원회 학생·학부모 자치활동 활성화 방안 마련(2017)
▶ 유치원 포함 초·중·고 학교 학부모회 지원 확대

이 계획안에서 단위학교 자치 강화를 방향으로 설정한 것은 그간 아래로부터 지속적으로 요청되었던 요구를 바탕으로 한 것이며, 분권화·자율화를 지향하는 정부 정책 방향과도 부합한다고 할 수 있다. 그렇지만 구체적으로 제시된 내용에는 단위학교 자치를 위한 구체적 입법을 과제로 제시하기보다 '활성화'에 그치고 있는 점, '학교운영위원회 학생·학부모 자치활동'에 국한하고, 교직원 자치활동에 대해 언급하지 않은 점, 그동안 지적되어온 학교운영위원회의 문제점이 충분히 고려되지 않은 점 등이 과제로 남는다.

특히, 문재인 정부 출범 이후 제출된 법률안은 단위학교 자치에 대한 전체적인 그림을 그린 것이라기보다 그동안 제안된 일부 내용만 포함한다는 점에서 아쉬움을 준다. 이들 법률안은 모두 기존 학교운영위원회를 중심에 두고 제기되던 문제, 예를 들면 학교운영위원회에 대해 교원, 학생, 학부모가 의견 개진을 할 수 있게 하거나 자치기구를 두게 하는 방안을 제시하고 있다. 현행법에서 국공립학교에 한하여 학생들이 학교운영위원회에 의견을 반영할 수 있도록 하던 것을 법률로 상향 입법하여 모든 종류의 초·중·고 및 특수학교에 대해 의견을 수렴하도록 한다거나^{정재룡, 2017A} 학생자치기구를 신설하고, 동 기구가 학생의 의견을 수렴하고 학생이 학교운영위원회에 참석할 수 있도록 하는 것^{정재룡, 2017B} 등이 있다.

또한 일부 지방자치단체가 제정한 학부모회의 구성 및 운영에 관한 조례의 경우, 학부모들에 의해 선출된 학부모 대표가 학교운영위원회 위원이 되지 못하는 경우가 있는 문제를 해결하기 위해 학부모회 근거 규정을 신설하고, 학부모회가 있는 경우 학부모회 대표가 학교운영위원회 위원이 되도록 한다든가^{전해철, 2017}, 현행 학교운영위원회 구성을 전제로 학생회를 제외한 교사회와 학부모회의 법적 근거를 마련하려는 것^{박경미, 2017} 등이 있다.

2) 자치입법(조례) 진행 현황

학교자치기구 법제화는 다른 한편으로 시·도교육청 중심의 조례 제정으로 진행되었다. 현실적으로 교육 당사자들의 학교 운영 참여가 제도적으로 보장되어 있지 않고, 관련 법률 제정도 요원한 상황에서 조례 제정을 통해서라도 학교자치가 실질적으로 이루어질 수 있도록 해야 한다^{정재균, 2016}는 판단에 근거한 것이다. 시·도교육청의 학교자치 조례에서 주체별 자치조직을 명문화한 대표적 사례는 광주광역시교육청과 전라북도교육청의 조례다. 이들 내용을 약술하면 다음 표와 같다.^{전제상 외, 2016}

그런데 이들 조례는 시행과 동시에 교육과학기술부의 재의 요구와 대법원에의 '조례' 제소 및 대법원의 무효 판결로 무력화되었다. 예를

광주광역시 및 전라북도 학교자치에 관한 조례 주요 내용

	광주광역시 학교자치에 관한 조례	전라북도 학교자치에 관한 조례
제안자	주민 발의(교육감)	교육감
적용 대상	학생, 학부모, 교사 및 직원	학생, 학부모, 교사 및 직원
제안 이유	교사회, 학생회, 학부모회, 직원회 등 설치·운영의 법적 근거를 마련하여 학교를 민주적으로 운영되도록 하는 환경을 조성하고 학생, 교사, 학부모의 자치 및 참여를 통하여 민주적인 학교공동체 실현 도모	학생회, 학부모회, 교사회, 직원회 설치·운영의 법적 근거를 마련하여 학교를 민주적으로 운영되도록 하는 환경을 조성하고 학생, 교원, 학부모의 자치 및 참여를 통하여 민주적인 학교공동체의 실현과 배움과 성장이 있는 학교문화 조성에 기여
주요 내용	가. 목적과 용어 정의(안 제1~2조) 나. 학교 운영의 원칙으로 교육의 당사자가 교사, 학부모, 학생의 권리를 존중하고 의견을 존중하도록 함(안 제3조) 다. 학교자치기구로 교사회, 학생회, 학부모회 및 직원회 설치 및 심의사항(안 제4조~제8조) 라. 교무회의 설치 및 심의사항(안 제9조) 마. 교원인사자문위원회 설치 및 심의사항(안 제10조) 바. 학생의 학습권 보장 및 학부모의 교육 선택권 존중 등(안 제11~13조) 사. 학교회계 예산 편성과 집행의 투명성 제고를 위한 절차 마련(안 제14조~15조)	가. 목적과 용어 정의(안 제1~2조) 나. 학교 운영의 원칙으로 교육 당사자가 교사, 학부모, 학생의 권리를 존중하고 의견을 존중하도록 함(안 제3조) 다. 학교자치기구로 학생회, 학부모회, 교사회 및 직원회 설치 및 심의사항(안 제4조~제7조) 라. 교무회의 설치 및 심의사항(안 제8조) 마. 교원인사자문위원회 설치 및 심의사항(안 제9조) 바. 사립학교 교원인사위원회 설치 및 운영(안 제10조)

들어 2013년 1월 광주광역시의회는 주민 발의된 '광주광역시 학교자치에 관한 조례'를 의결하였으나, 교육부는 광주광역시교육청에 조례에 대해 재의를 요구했다(2013. 2. 20). 광주광역시의회는 교육부의 요구대로 조례를 재심사하였고, 심사 결과 의결하는 것으로 최종 결정이 나서 의결되었음을 공표하였다(2013. 3. 18). 그러나 교육부는 대법원에 조례무효확인소송과 집행정지 신청을 하였고(2013. 4. 9), 대법원의 집행정지 결정(2013. 8. 26)에 이어, 대법원은 광주광역시의회가 재

의결한 '광주광역시 학교자치에 관한 조례'에 대해 무효 판결을 내렸다(2016. 12. 29). 대법원 판결의 주요 내용은 다음과 같다.김정현, 2018

광주광역시 학교자치에 관한 조례에 대한 대법원 판결 주요 내용과 관련 조항

* 대법원 판결 주요 내용
▶ 조례안 중 제10조(교원인사자문위원회) 제4항은 교원의 지위와 관계된 규정으로 「헌법」 제31조 제6항 및 「교육공무원법」 제43조 제2항 등에서 규정한 바와 같이 국가사무이므로 법령의 위임 없이 조례로 정한 것은 조례제정권의 한계를 벗어나 위법함
▶ 조례안 제10조가 위법하여 효력이 없으므로 조례안에 대한 재의결은 전부 효력이 없음
* 대법원 위법 판시 조항
▶ 제10조(교원인사자문위원회) ④ 교원인사 원칙 및 교원인사자문위원회 조직과 운영은 해당 학교 교원인사규정으로 한다.

이후 전라북도교육청의 학교자치조례에 대해서도 무효 판결이 이루어졌고, 이런 상황에서 경기도교육청은 학교자치조례 상정 자체를 보류하게 되었다.

학교자치 관련 시·도교육청 조례 진행 경과

시기	내용
▶ 2013. 9.	광주 학교자치조례 시행
▶ 2013. 8.	대법원 광주 학교자치조례 효력 정지 결정
▶ 2015. 1.	전북 학교자치조례 시행
▶ 2016. 2.	대법원 전북 학교자치조례 효력 정지 결정
▶ 2016. 12. 29.	대법원 광주 학교자치조례 무효 판결
▶ 2017. 1.	대법원 전북 학교자치조례 무효 판결
▶ 2017. 9. 4.	경기도 학교자치조례 상정 보류

이처럼 학교자치조례 제정 및 확산 흐름에 제동이 걸려 있다. 하지만 시·도교육감협의회에서 학생회, 학부모회, 교직원회의 법률기구 격상, 학교운영위원회에 학생 참여 보장, 학부모의 학교 참여, 유급휴가제 도입 등 학교자치의 주요 내용이 제안되었고, 2017년 8월 28일 교육부장관과 시·도교육감 협의구조인 '교육자치정책협의회'에서도

시·도교육감 권한 이양과 학교 운영의 자율성이 핵심 의제로 논의되었다.

나. 논의

1) 학교자치 법제화 추진 시 고려할 점

학교자치 법제화 진행 현황에서 볼 수 있듯이 학교자치 법제화는 학교운영위원회의 실질적 기능을 담보하기 위한 방안으로 법률개정안이 제출되었고, 법률입법이 지지부진한 상황에서 혁신교육의 진전에 따른 학교자치 요구에 부응하기 위해 자치입법(조례)의 형태로 진행되었다. 그런데 자치입법조차도 지난 정부의 제소에 따라 무효 판결을 받은 상태다.

학교자치 법제화 진행 과정을 보면, 앞으로 학교자치 법제화를 추진할 때 고려해야 할 몇 가지 지점을 확인할 수 있다. 첫째, 지금까지 학교자치 법제화는 학교운영위원회를 학내 의사결정구조의 정점에 놓고 '학생회, 학부모회, 교사회'를 각각 법적 기구로 설치하여 이들의 참여를 제도적으로 보장하려는 것이었다. 그런데 이들 기구들을 자치기구로 인정한다 해도 이들 기구의 대표들과 학교운영위원회의 대표들의 상호 관계가 어떠해야 하는지의 문제는 여전히 남는다. 이를 해결하기 위해, 예컨대 학부모회 근거 규정을 신설하고, 학부모회가 있는 경우 학부모회 대표가 학교운영위원회 위원이 되도록^{전해철, 2017} 하는 법률안이 제출되고 있지만, 학교운영위원회와 다른 자치기구의 관계 설정 문제를 해결해야 한다. 즉 학교운영위위회의 구성과 역할을 포함하여 여타 자치기구와의 상호 관계를 규정하는 학교자치기구의 큰 그림을 그려야 할 것이다.

둘째, 학교자치기구를 중심으로 한 학교 주체들의 참여 법제화는 학교 운영의 공공성과 민주성을 담보할 수 있는 반면 오히려 또 다른 법원칙인 전문성을 약화시킬 수 있다. 따라서 이를 보완하기 위한 대안이 강구되어야 한다.허종렬, 2005 학교의 권한을 학교 구성원들에게 배분하는 것이 매우 시급한 과제이지만, 각각의 교육 주체들이 역할과 위치에 따라 권한과 책임에서 차이가 생겨날 수밖에 없다. 학교의 일상적인 교육활동에서 멀리 떨어져 있고, 교육활동의 직접적인 주체-대상이 아닌 학부모들에게 학교교육과정과 교과서를 검토하고, 다양한 교육활동과 이에 수반되는 예결산과 학칙을 검토하라는 것은 쉬운 일이 아니다. 그러다 보니 많은 학교에서 학교운영위가 내실 있게 운영될 수 없었다. 교육 주체들의 권한은 각자가 처한 상황과 본질적인 역할에 부합하도록 재설정할 필요가 있다.

셋째, 학교자치조례에 대해 대법원이 무효 판결한 것은 학교자치조례가 다루는 사무의 성격에 기인한 것이다. 지방자치단체가 다루는 사무의 성격이 국가사무로서 기관 위임인 경우에는 원칙적으로 조례를 제정할 수 없고, 법령의 위임이 있는 경우에만 가능하다는 것에 기인한다. 따라서 조례가 다루는 사무가 기관위임사무가 아니라 자치사무 내지 단체위임사무라면 해당 지방자치단체의 조례 제정 권한은 확대될 수 있다. 이렇게 보면, 지난 정부에서 제정했던 학교자치조례를 그대로 다시 추진하는 경우, 현재의 교육 관련 법률을 전제로 해서는 학교자치조례의 제정 권한을 둘러싼 논란은 반복될 수 있다. 다행히 교육부가 유·초·중등교육에 관한 권한을 시·도교육청에 넘기면서 교육자치를 강화하는 방향으로 나아가고 있다. 교육부의 권한을 이관할 때, 사무의 성격을 분명하게 확인하며 진행해야 할 것이다. 이때 그 방향은 지방자치단체의 조례 제정 권한을 확대하는 방향이어야 할 것이다. 이렇게 되면 학교자치조례 제정도 원활하게 진행될 수 있을 것이다. 물론 이 경우, 어느 영역까지를 법률 차원의 입법을 통해 해결하고, 어느 영역까지를 조례 차원의 입법을 통해 해결할지 충분히 숙의해야 할 것이다.

2) 새로운 학교자치 입법안(예시)[4]

학교자치 법제화 추진 시 고려할 점, 특히, 학교운영위원회의 위상과 역할 재조정과 주체들의 전문성과 기능에 따른 역할과 자치기구들의 상호 관계를 염두에 두고, 학교자치기구의 전체적인 밑그림을

새로운 학교자치기구(예시)

주요 기구	내용
학교 구성원 자치기구	▶ 각 교육 주체들의 자치활동, 권익 보호, 각 주체들의 고유 활동(교사회, 직원회, 학생회, 학부모회) ※ 교사회와 직원회를 교직원회로 구성할 수도 있음
민주적 학교 운영 기구	▶ 교무회의: 교육활동에 직접 참여하는 주체들이 일상적 교육활동과 교육 운영에 관한 사항 심의 의결 ▶ 학교자치위원회(구학교운영위원회): 학교 구성원 자치기구의 대표가 모여 각 자치기구의 제안 사항을 심의 의결하고 교무회의 심의-의결 사항에 대한 재심 요청(최종 승인)
법정소위원회 기구	▶ 교원인사위원회 ▶ 학교교육과정위원회

---

4. 새로운 학교자치 입법안을 구상할 때 외국의 사례를 검토해보는 것도 유용할 것이다. 학교자치의 주요 기구인 학생회, 학부모회, 학교협의회를 법률로 규정하고 있는 독일 헤센주의 학교법 관련 규정이나(김용 외, 2017), 초등학교까지 학부모나 교육행정기관 및 지역 인사 대표와 동수로 학생들을 참여시키는 프랑스 등의 사례(김현정, 2016)를 살피면서 학교자치의 전체적인 그림을 구상할 수 있을 것이다.

제시해보면 표와 같다. 물론 이 경우, 법률 차원의 입법과 조례 차원의 입법을 어느 선과 영역에서 진행할지는 더 깊이 논의해야 할 것이다.

4. 학교자치 실현을 위한 과제

가. 교육부

교육부는 우선, 지난 정부의 제소에 따른 학교자치조례 대법원 무효 판결 문제를 해소하고 관련한 권한 조정 문제를 해결하기 위해 적극적으로 나서야 한다. 교육부는 전국시도교육감협의회와 공동으로 '학교민주주의 실현을 위한 교육자치 정책 로드맵'을 발표하였다. 이 로드맵은 유·초·중등교육의 교육자치를 강화하고 학교민주주의를 이루기 위한 것으로, 교육부 권한의 시·도교육청과 학교 배분, 권한 배분을 위한 법령 개정이 주요 내용이다. 그러나 권한 배분 과제가 모호하고, 매뉴얼, 길라잡이, 지침 등이 주를 이루어 실질적인 권한 배분 효과를 가늠할 수 없고, 법률 개정은 아직 구체적인 방안이 나오지 않고 있다.^{김정현, 2018} 따라서 이미 제출된 로드맵을 좀 더 구체화하고 실천해가야 한다.

둘째, 학교자치를 위한 법제화에 나서야 한다. 이때, 권한 배분을 할 때 이루어지는 이양사무와 위임사무와 연동하여, 법률입법과 자치입법의 선을 분명히 하되 자치입법을 강화하는 방향으로 진행해야 할 것이다. 그리고 교육청이 할 자치조례는 교육청에 넘기고, 교육부는 입법과 관련된 사항을 추진하는 방향으로 가야 한다.

나. 교육청

학교자치가 어려운 이유는 교육청과 학교의 전통적 관계와 그에 따른 관행 때문이라 할 수 있다. 즉, 학교는 교육청의 하급 기관으로 이해되고 통제되고 그 관계에 익숙해져 있다. 학교 스스로 결정하여 실행할 수 있는 여지가 주어져도 문제 발생 시 감사나 질책을 우선 고려하여 교육청의 지시에 그대로 따라가는 경우가 많다.

이런 상황에서 첫째, 교육청은 교육청의 권한 가운데 학교에 넘길 수 있는 것을 과감하게 위임하거나 이양해야 한다. 둘째, 특히 교육청은 중앙에서 시작하여 학교로 이어지는 관료적 통제를 전제로 진행되던 학교 자율화가 아니라, 분권화·자율화의 맥락에서 학교자치를 추구해야 하는 이중적 과제를 안고 있다. 교육청은 지금까지 정책을 추진해온 방식을 과감하게 변화시켜, 넛지Nudge 행정을 구현하기 위한 노력을 계속해야 한다. 교육청이 정책을 수립하고 학교에서 수행하게 하는 방식이 아니라 학교 스스로 학교의 문제를 고민하고 해결책을 찾도록 하고, 교육청은 그 과정에서 도움이 될 만한 정보를 제공하고, 정책적 대안을 연구하여 제시하는 넛지 행정을 지향해야 할 것이다. 셋째, 혁신교육을 지향하는 교육청에서 추진해온 정책들 중 학교자치를 지향했던 정책을 지속해가야 한다. 서울특별시교육청의 경우, 학교 업무정상화, 토론이 있는 교직원회의, 공모사업 학교자율운영제, 학생참여예산제 등 학교자치를 강화하는 방향으로 정책을 추진해왔다. 이와 같은 정책을 지속함으로써 학교자치 역량을 더 강화할 수 있을 것이다. 넷째, 학교자치조례를 적극 추진한다. 법률의 입법은 상대적으로 시간이 많이 필요하므로 시·도교육청 단위에서 현재 가능한 범위에서 학교자치조례를 제정한다. 장기적으로 권한 배분과 위임 및 이양 사무가 분명하게 정리되는 것과 동시에 학교자치조례를 개정해가면서 학교자치를 지원하는 것이 바람직할 것이다.

다. 학교

그동안 우리 사회의 민주화 역사에서 배우듯이, 학교자치의 법적 토대가 만들어졌다고 해서 학교자치 활성화를 기대하기는 어려운 일이다. 학교 구성원들이 학교자치를 실행할 수 있는 태도, 의지, 배려하고 존중하는 문화 등이 필요하다. 학교자치의 법제화를 논의하는 것과 함께 학교 구성원이 자치의 주체로 상호 존중하며 실행하는 일이 함께 이루어져야 한다. 단위학교에 자치권이 주어지더라도 자율적인 의사결정과 교직원들의 역량이 뒷받침되지 못하면 학교에서 혼란이 초래될 수도 있다.

첫째, 학교 스스로 교무회의 등의 활성화를 위한 규정을 만들어 활동하도록 한다. 위에서 이미 살펴본 것처럼 학교에서 진행되는 교무회의는 지시와 전달 위주이고, 토론이 이루어진다 해도 최종 결정을 학교장이 하기 때문에 교무회의 등에 대한 참여 의지가 작아지는 것도 사실이다. 어떤 경우에는 학교의 일부 구성원이 학교의 의사결정을 좌지우지하는 경우도 있고, 안건이 미리 공지되지 않아 깊이 있는 논의를 기대하기 어려운 경우도 있다. 이런 문제를 해결하기 위해 교무회의 등의 회의 규칙을 학교에서 마련해 실행하는 것도 필요하다.[5] 나아가서는 학교의 교원, 학생, 학부모 3자 협의회 같은 것을 상시적으로 활성화하여 학교의 주체들이 참여하는 문화를 정착해갈 필요가

---

5. 서울의 일부 학교에서는 "교무(교원)회의 운영규칙"을 만들어 회의를 운영하고 있다. 여기에는 회의의 조직, 기능, 의사결정 방식을 포함한 운영 방식 등을 포함하고 있다.

있다.

둘째, 학교장이 학교자치의 중요성을 인식하고 그에 걸맞은 리더십을 발휘해야 한다. 대다수 학교장은 교직원들이 참여하는 민주적 의사결정을 중요하게 생각하고, 책임을 나눠 가지며 구성원의 동기를 부여하고 성장하게 하는 것을 교장의 중요한 역할이라고 인식하고 있다. 그러나 현실적으로는 교장의 의사결정에 기대는 문화가 있고, 학교의 모든 책임을 학교장이 지는 상황에서 민주적 리더십을 발휘하는 것은 쉽지 않다. 그럼에도 학교는 교장만의 리더십이 아니라 교장의 리더십과 교사의 리더십이 결합된 학교 리더십school leadership, 즉 학교조직 내 구성원들의 집단 리더십이 중요하다는 점을 고려하여 학교자치에 따른 리더십을 발휘해야 한다.정재균, 2016

셋째, 교육청에서 추진하는 각종 학교자치 관련 정책을 적극 활용해야 한다. 그동안 시·도교육청은 학교자치를 지향하면서 각종 정책을 추진해왔다. 서울특별시교육청의 토론이 있는 교직원회의의 경우 그동안의 교직원회의의 관행과 문화를 바꾸고 학교 구성원이 학교의 문제를 스스로 토론하고 결정하는 문화를 만들기 위한 것이다. 공모사업학교자율운영제는 공모사업학교선택제를 더 진전시킨 것으로, 교육청에서 추진하던 공모형 목적사업 중 통폐합 가능한 일부 사업을 통합하여 모든 학교에 총액으로 배부하고 학교에서 사업 내용이나 소요 예산 등을 자율적으로 운영할 수 있도록 한 것으로, 학교의 자율운영 역량을 제고하기 위한 것이다. 학교참여예산제는 학생회장 공약 이행 및 학생 제안 아이디어를 실현할 수 있는 예산을 지원하여 학생 스스로 사업을 기획하고 예산을 집행하는 제도이다. 이 정책들을 활용함으로써 구성원들의 학교자치 역량을 증진시킬 수 있을 것이다.

넷째, 학교 규칙과 같이 학교자치를 위한 현행법령을 최대한 활용한다. 학교규칙은 학교 운영에 관한 사항과 학생생활에 관한 사항으로 구성되는데, 학교 운영에 관한 사항과 달리 학생생활에 관한 사항은 학생, 학부모, 교원 등의 의견을 수렴하여 학교별로 법령의 범위 내에서 정할 수 있다. 학생생활규정에는 학교생활에 관한 사항과 학생자치활동에 관한 사항이 포함되어 있다. 「초·중등교육법시행령」 제9조에는 교장이 학생 상벌이나 생활지도, 학생자치활동, 학칙 개정 절차 등에 대해 학칙을 제정하거나 개정할 때는 학칙으로 정하는 바에 따라 학생, 학부모, 교원의 의견을 듣도록 하고 있다. 이에 혁신학교의 3주체 생활협약[6]과 같이 학생, 학부모, 교원이 참여하고 스스로 결정하는 것을 문화로 만들어가는 것이 긴요하다.

다섯째, 교원, 학생, 학부모가 학교에서 활동할 수 있는 시간과 공간을 확보하여 지원한다. 교사의 경우, 토론이 있는 교직원회의를 하려면 그에 필요한 시간과 공간을 확보해야 한다. 수업시간표를 조정하여 회의 시간을 확보하고, 상호 토론이 가능한 공간을 확보하거나 그것이 가능한 자리 배치를 시도한다. 또한 학생들이 자유롭게 모여 토론하고 협의할 수 있는 공간을 지원하는 차원에서 학생회실을 비롯한 동아리실 등을 지원하는 것이 필요하다. 학부모의 경우도 단순 동원이 아니라 실질적 참여가 가능하게 하기 위한 출발점으로 학부모들을 위한 공간 제공, 일하는 학부모를 위해 학부모 모임 시간 조정, 한부모·조

---

6. 3주체생활협약이란, 학생들의 생활규정을 강제규범과 자율규범으로 나누고, 강제규범은 최소화하며, 자율규범은 교원·학생·학부모가 상호 규율하는 규범을 토론 과정을 거쳐 만들고 자율적으로 지켜가는 것이다(윤우현, 2017 참조).

손·비혼·다문화 가정 등을 고려한 학부모회 운영, 학교문화에 익숙하고 시간적으로 경제적으로 여유가 있는 소수 학부모들의 목소리만이 과대 대표되는 것을 막기 위한 제도적 장치[7] 등이 필요하다

7.『마이클 애플의 민주학교: 혁신 교육의 방향을 묻는다』의 제2장에서 다루는 프래트니 학교에서는 학부모들을 학교운영위원회에 실질적으로 참여시켜 학교의 거버넌스에 획기적인 전환을 이루고자 했다(마이클 애플 외, 강희룡 옮김, 2015).

| 참고 문헌

경기도교육청(2013). 「경기도교육청 학교 학부모회 설치·운영에 관한 조례」.
경기도교육청(2015). 「경기도 학생인권조례」.
광주광역시교육청(2012). 「광주광역시 학생인권 보장 및 증진에 관한 조례」.
광주광역시교육청(2018). 「광주광역시 학교 학부모회 설치·운영에 관한 조례」.
교육부(1998). 『학교운영위원회 길라잡이』. 교육부.
교육부·전국시도교육감협의회(2017). 「학교민주주의 실현을 위한 교육자치 정책
　　로드맵」.
국정기획자문위원회(2017). 『문재인 정부 국정운영 5개년 계획』. 국정기획자문위
　　원회.
김용·류현진·이준범(2017). 『학교자율운영체제 모델링을 위한 혁신학교 교사, 학
　　생, 학부모 자치사례 연구』. 서울특별시교육청교육연구정보원.
김정현(2018). 「학교민주주의 실현을 위한 우리의 과제: 학교자치조례 제정」. 『광
　　주광역시 학교자치에 관한 조례안 제정을 위한 시민토론회 자료집』.
김현정(2016). 「학생자치의 법적 정당성 연구」. 석사학위논문. 한국교육원대학교
　　대학원.
마이클 애플·제임스 빈. 강희룡 옮김(2015). 『마이클 애플의 민주학교: 혁신교육
　　의 방향을 묻는다』. 살림터.
박경미(2017). 「초·중등교육법 일부개정법률안(의안번호2008386)」, 2017. 8. 4.
배은주(2014). 「혁신학교 운영의 특징과 갈등 탐색」. 『교육사회학연구』 제24권 제
　　2호, pp. 145-180.
부산광역시교육청(2018). 「부산광역시교육청 학부모회 설치 및 학부모 학교참여
　　활성화 지원 조례」.
서울특별시교육청(2016). 「서울특별시교육청 학교 학부모회 구성 및 운영 등에
　　관한 조례」.
서울특별시교육청(2018). 「서울특별시 학생인권조례」.
윤우현(2017). 「공동체 생활협약 이야기」. 『혁신학교, 한국 교육의 미래를 열다』.
　　살림터, pp. 107-130.
윤정·김병찬(2016). 「'학교혁신'에 참여하게 된 교사들의 갈등 경험에 관한 연
　　구」. 『교육행정학연구』. 제34권 제2호, pp. 221-252.

인천광역시교육청(2011). 「인천광역시교육청 학교 학부모회 설치 및 운영 등에 관한 조례」.

전라북도교육청(2014). 「전라북도 학생인권조례」.

전라북도교육청(2017). 「전라북도교육청 학교 학부모회 설치·운영에 관한 조례」.

전제상·김성기·이덕난·주현준·박일수(2016). 『세종특별자치시 학교자치조례 제정 방향 연구』. 세종특별자치시교육청.

전해철(2017). 「초·중등교육법 일부개정법률안(의안번호2009899)」, 2017. 10. 23.

정정균(2016). 「민주적 학교 운영을 위한 제도적 장치 확립 방안–전북교육청의 '학교자치조례'를 중심으로」. 『2016 전국교육정책연구소네트워크 하반기 공동 워크숍 자료집』. 전국교육정책연구소 네트워크.

정재룡(2017A). 『초·중등교육법 일부개정법률안(신경민 의원 대표발의, 진선미 의원 대표발의) 검토보고』. 교육문화체육관광위원회.

정재룡(2017B). 『초·중등교육법 일부개정법률안(권미혁 의원 대표발의) 검토보고』. 교육문화체육관광위원회.

정태식·조무현(2013). 『2013 혁신학교의 학교효과성 분석』. 전라북도교육연구정보원.

최진영·송경오·이현숙(2016). 『서울형혁신학교의 민주적·협력·학교문화에 관한 연구』. 서울특별시교육청교육연구정보원.

허종렬(2005). 「학교참여제도의 법제화와 학교장의 전문적 리더십 강화」. 『사학』 통권 112호. 대한사립중고등학교회, pp. 26-37.

행정이 아니라 교육하는 학교[1]

강민정_국회의원

최근 몇 년 사이에 의미 있는 교육혁신 정책들이 시도되고 있다. 그러나 그런 혁신정책들에도 불구하고 학교현장의 변화 속도는 느리기만 하다. 안타깝게도 새로운 혁신정책들조차 학교에게는 또 다른 업무 부담으로 더해지기도 한다. 이는 혁신정책들이 추진되는 행정체계상의 문제와 하향식 정책추진 방식이 갖는 문제 때문이기도 하지만, 이를 또 다른 행정업무로 받아들일 수밖에 없게 하는 학교 조직문화의 뿌리가 깊기 때문이기도 하다.

학교는 교육이 아니라 행정하기 위해 존재하는 조직인 듯 본말이 전도된 상황에 오랫동안 지배받아 왔다. 학교에 자율성을 주고 권한을 아무리 이양해준다 해도 학교가 행정 중심으로 돌아가는 조직문화가 해소되지 않는 한 학교의 자율성은 형식적 자율성에 머물 수밖에 없다. 학교자치는 학교에 행정이 수반되는 모든 일을 없애는 것에서 출발해야 한다. 당연히 학교의 업무조직체계 역시 행정이 아니라 교육이 중심이 되게끔 전면 재구조화되어야 한다. 이것이 학교업무정상화다.

---

1. 『혁신학교, 한국 교육의 미래를 열다』(2017, 살림터) 중 「행정 중심에서 교육 중심의 학교로」(강민정) 일부 참조.

학교업무정상화의 필요성과 방안의 구체적 내용을 살펴본다.

1. 학교는 교육기관인가?

가. 학교는 행정을 중심으로 돌아간다

모든 교사는 처음 발령받아 학교에 부임하면 교무부나 연구부, 생활지도부, 교육정보부 등의 ○○계라는 것을 첫 정체성으로 부여받게 된다. 나 역시 첫 학교에 발령받아 교무실로 안내받아 갔을 때 연구부 교과서계와 C·A(지금의 동아리)계가 주어지고 연구부에 자리를 배정받는 것으로 교직 생활을 시작했다. 모든 교사는 담임과 교과수업교사 외에 최소 두 가지 이상의 업무계를 맡는다.

교육과정상 보통 일주일에 1시간씩 운영하는 학생동아리 부서를 정하고, 전교 학생들을 대상으로 각 동아리 소속을 확정하여 조직하고, 외부 강사를 초빙해 운영하는 동아리의 경우에는 외부 강사를 섭외하고 그들의 근태를 관리하며, 출장이나 질병 같은 교사의 개인 사정으로 동아리 지도가 어려운 상황이 발생하면 임시 지도를 담당할 보강교사를 배정한다. 교사들의 보강수당을 일일이 체크하고 계산해 올려야 하는 수업계 교사에게 이를 통보해주는 것도 동아리 담당 교사의 일이다.

오랜 투쟁 끝에 지금은 많은 학교에서 교과서 신청 및 배부 업무가 행정실로 넘어갔지만, 얼마 전까지만 해도 매 학기말 수백 명 전교생에게 교과서를 배부하는 것[2]도 교사의 일이었다. 학생생활기록부에 생년월일과 주소 같은 아이들의 기본 인적사항이 기록되어 있지만 전국의 모든 학교에서는 학년 초인 3월 초에는 만 13세 아이들이 몇 명인지, 만 14세 아이들은 몇 명인지를 담임들이 다 조사해 교무부에 일괄 전달하여 이를 통계내고 결재받고 교육청에 보고하는 일을 매해 반복하고 있다.

축제를 할 때면 수백 명 아이들이 참여하여 한꺼번에 다양한 프로그램으로 펼쳐지는 행사에 필요한 수십에서 수백 가지 물품들을 조사하고 구입 신청하는 일이 다 교사의 일이다. 수련회나 수학여행을 가기 위해서는 여행지 사전 답사, 이동 중에 들를 식당 예약, 숙소 선정 및 예약, 버스회사 선정은 말할 것도 없고 장기자랑이나 학급별 행사라도 할라치면 그를 위한 필요물품과 간식과 상품 등을 정하고 구입하는 것도 교사들의 일이다. 말할 것도 없이 그걸 기안도 하고 결재를 받아야 한다. 학교의 교육용, 업무용 컴퓨터를 어떤 기종으로 살지 결정하고 매일 수십 대의 컴퓨터를 관리하는 것도 교사의 일이다.

전학 가고 오는 아이들의 학부모를 만나 업무를 처리하는 것도 교사의 일이다. 전학 가는 아이의 생활기록부 기재사항을 점검하여 담임이나 교과교사에게 기재를 요청하고 이를 전출학교로 송부하는 일은 그렇다 치고, 전학 오는 아이와 학부모가 새 학교에 첫 방문했을 때 담당 교사가 수업 중인 경우에는 전입생과 학부모는 그 교사의 수업이 끝날 때까지 하릴없이 교무실 한쪽에서 기다리고 있거나 복도를 배회해야 한다.

학교의 수십 명 교사들이 한 학기 동안 담당할 수업시간표를 짜는 것도 교사의 업무다. 그리고 매일 아침 질병이나 출장 등의 사유가 발

2. 중학교의 경우, 한 학년이 200명이라 할 때 3개 학년 600명 학생에게 14권의 교과서를 배부한다면 교과서 담당 교사는 8,400여 권의 교과서를 처리해야 한다.

생한 교사의 수업시간표를 조정해서 전체 학교 수업이 단 한 반도 펑크 나지 않게 하는 일도 교사의 업무다. 각종 위원회는 갈수록 늘어가고 그에 비례해 위원회 회의록을 작성해서 결재를 받아야 하는 일도 늘어간다. 이런 종류의 일들은 모두 관련된 문서를 만드는 것으로 완료되나, 이것이 학교 안에서만 끝나는 것도 아니다. 대부분의 경우는 교육청에 그와 관련된 통계를 내고 보고해야 한다. 매달 전교생 대상 학교폭력 관련 설문조사를 하고 통계를 내고 결재 받고 보고한다. 학교폭력 관련 상황을 파악하여 교육적으로 대처하기 위한 일인지, 교육청이나 교육부가 통계자료를 확보하도록 돕기 위한 일인지 도무지 알 수 없는 일을 전국의 11,000여 개 모든 학교에서 매월 하고 있다.

2006년 갑자기 전국 모든 학교에 방과후 부서를 만들고 방과후부장제를 운영하라는 지시가 내려왔다. 방과후학교는 사교육 폐해에 대한 처방으로 실시되었지만 지금은 방과후 돌봄이라는 복지적 성격의 정책으로 바뀌었다. 방과 이전인 정규교육과정 문제도 심각한데 방과후 교육이라니. 방과후학교 도입 후 오랫동안 많은 교사는 정규수업시간 외에 방과후 수업을 추가로 담당해야 했으며, 점차 비교과 수업 중심으로 변화된 후에는 외부 강사를 물색하고 채용하고 방과후 비용 및 강사비를 정산하고, 아이들의 방과후 수업 출석과 교실 관리 등이 모두 교사들의 업무가 되었다.[3] 방과후학교는 어떤 교육적 효과가 있으며 정규교육과정과의 관계 속에서 어떻게 운영되어야 바람직한지에 대해서는 제대로 된 논의조차 이루어지지 않은 채 일방적이고 획일적으로 도입되었다. 현재 많은 학교에서 교사들의 업무 부담을 가중시키

---

3. 최근 방과후 코디라는 제도가 운영되고 있지만, 이는 방과후학교와 관련된 보조적 실무 지원에서 벗어나지 못하고 있다.

고, 안 그래도 교육이 아닌 행정 중심으로 돌아가고 있는 학교를 복지기관으로까지 변형시키는 큰 원인이 되고 있다.[4]

수시로 국회나 시의회 보고 요청 자료라며 인성교육은 몇 시간 했는지, 성교육은 몇 시간 했는지 수없이 많은 자료를 조사해서 보고해야 한다. 한 해가 아니라 지난 3년 치를 보고하라는 경우도 흔한 일이다. 어느 국회의원은 전국 5,000여 개 중·고등학교에 4년 치 국사 시험 문제를 다 제출하라고 하여 논란이 되기도 하였다. 모두 직·간접적으로 아이들에 관련된 일들이지만 어디에도 교육적인 것들은 없다.

처음 발령받은 학교에서는 물론 5년마다 학교를 옮길 때에도 내가 맡은 ○○계 업무를 어떻게 해야 하는지, 보고는 언제 해야 하는지 일러주는 교사는 있었지만 우리 학교 학생들의 특성은 무엇이고 수업이나 상담을 어떻게 해야 좋은지 가르쳐주는 교사는 없었다. 단 한 명도 없었다. 수업과 학생들 생활지도는 철저하게 교사 개인의 몫이었다. 보고기한을 놓치면 안달하고 질책하는 선배교사나 교감선생님은 있었지만 수업이 잘되고 있는지 물어보고 도움을 주는 교사는 없었다. 어떤 수업 자료를 사용하고 어떤 수업 방식이라야 교육적 효과가 높은지, 수업 분위기가 좋지 않은 A반의 문제를 해결하려면 어떻게 해야 하는지, 비슷한 주제를 다루는 B교과와 C교과가 통합하고 협력하는 것은 가능한지, 가능하다면 언제 어떤 방식으로 통합수업을 하는 게 좋을지, 어떤 평가 방식을 적용해야 아이들 학습의 부족함이나 어려움을 해결하고 학습 성장을 이끌어낼 수 있을지에 대해 교사들 간에 토론

---

4. 이는 학교의 물리적 공간을 아동·청소년 복지를 위해 활용할 수 있다는 것과는 전혀 성격이 다른 것이다. 문재인 정부에서는 한 발 더 나아가 온종일돌봄교실 운영을 추진하고 있다. 그런데 이 일이 복지업무임에도 여가부나 보건복지부가 아니라 여전히 교육부 업무로 배정되어 있다. 학교의 복지지관화는 더욱 심화될 것이라 심히 우려스럽다.

하고 연구하는 일은 거의 없다. 획일적인 오래된 관행대로 하거나 교사 개인이 알아서 하는 식이다. 진보 교육감들에 의해 혁신정책들이 추진되어왔고 일부 학교에서는 그 결과 약간의 변화가 있었겠지만 지금도 여전히 거의 전국 대부분의 학교는 이와 다르지 않을 것이다.

대부분의 학교는 획일적인 교육과정에 따라 획일적인 교과서[5] 진도를 떼는 데 급급하고, 진학을 위한 선발 자료를 확보하여 제공하는 역할에 충실하며 그 이상으로 나아가지 못하고 있다. 학교 안의 교육적 행위는 거의 교사 개인의 역량이나 노력에 의존한다. 기관으로서의 학교는 교육적 행위 주체가 아니라 말단행정조직으로 작동한다. 학교가 교육전문기관으로 소임을 다하려면 모든 교사가 아이들에게 관심을 두며 늘 머리를 맞대고 좀 더 나은 교육적 해법들을 찾아내는 데 집중해야 한다. 그렇게 해도 근본적으로 여전히 익명성이 발효될 수밖에 없는 대규모 학교가 태반인 현실에서 아이들 각자의 교육적 성장을 담보하기란 결코 쉬운 일이 아니다. 하물며 교사의 첫 임무배치가 몇 학년 몇 반 담임이 아니라 ○○부 △△계이며, 수업보다 보고행정이 중시되고, 1년에 8,000~1만여 개 공문이 쏟아지는 학교에서는 더 말할 필요가 없다.

게다가 소위 4차 산업혁명이라는 디지털 중심사회로의 거대한 변화가 점점 더 깊이 우리 삶 속으로 들어오고 있는 상황이다. 창의적이며, 비판적이고 주체적인 인간을 길러내려면 지식 전달과 지식 습득 중심 교육에서 벗어나기 위해 끊임없이 학습하고 연구하며, 교사 스

---

5. 초등은 여전히 국정교과서를 사용하며, 중·고등은 검정교과서 체제로 바뀌었다고 해도 교과서의 기본 구성과 방향, 주요 내용 등이 정해진 체제이기 때문에 본질상 획일적 교과서라는 한계에 머물러 있다.

스로 창의적이며 비판적이고 주체적인 존재이지 않으면 안 된다. 교사들 간에 아이들 각자에 대한 교육학, 각 학급에 대한 교육학, 학교의 특성에 맞는 교육학이 모색되고 실천되어야 한다. 그러나 현실의 학교에서 이를 위한 여건이나 조직적 환경은 조성되어 있지 않다. 여전히 많은 교사가 행정업무 짬짬이 수업하고, 문서작성이나 보고서 작성을 위해 상담하던 학생을 돌려보내거나 기다리게 해야 하는 게 현실이다.

이것이야말로 심각한 교권 침해이며, 그 결과 아이들의 학습권도 침해당한다.

나. 학교조직은 행정을 잘하기 위한 체계로 짜여 있다

모든 조직은 여러 사람이 함께 일하는 단위에서 그 단위가 맡은 일을 효율적으로 수행하기 위해 만들어진다. 조직의 목적과 성격에 따라 가장 효율성을 발휘하기에 적합한 조직형태와 조직체계가 운영되기 때문에 조직체계와 형태는 그 조직의 성격과 목적에 조응하게 되어 있다.

학교는 사회적 비용을 들여 전 국민의 교육받을 권리를 충족시켜주고 사회 구성원의 재생산을 담당하는 교육전문기관이다. 이는 학교에서 이루어지는 수업 등을 통한 정규교육과정과 학생생활교육으로 구현된다. 그러나 현행 학교조직체계는 수업과 학생생활교육보다 행정업무의 효율적 수행에 적합한 형태로 되어 있다.

중등의 경우에는 교무부, 연구부, 생활교육부(구 학생부) 등을 주무부서이자 공통부서로 하고 학교별로 몇몇 부서를 더 설치해 운영하고 있다. 초등의 경우 담임 중심의 학년부 형태를 띠나 주무부서가 교무부(교육과정부), 연구부, 생활교육부를 기본으로 한다는 점에서는 본질상 중등과 같은 조직체계라 할 수 있다. 이들 주무부서들에서 다루는 업무들은 학교교육활동과 관련되어 있기는 하나 교육의 본령인 수업과 생활교육을 직접 담당하기보다 이 일들이 잘 이루어질 수 있도록 주로 '지원하는 업무'들이다. 따라서 이들 부서가 중심이 되는 한 학교는 수업과 생활교육을 잘하기 위한 조직이 아니라 지원업무를 잘하기 위한 조직일 뿐이다. 우리나라 교육행정체계는 교육부는 교육청에 지시하고(보고받고), 교육청은 학교에 지시하고(보고받고), 학교의 교육지원부서는 담임과 교사들에게 지시하는(사실상 보고나 다름없는 수합) 일이 반복되는 구조다. 거기 자율성이 끼어들 틈은 너무나 협소하다.

학급과 담임제가 운영되는 우리나라 학교에서는 수업을 비롯한 기본 교육활동이 대부분 학급과 담임을 통해 이루어진다. 교육활동의 기본단위가 학급이며, 이를 담당하고 교육적 책임을 지는 사람이 담임인 것이다. 그럼에도 지난 수십 년 동안 우리나라 학교에서는 학급과 담임 중심의 학교조직체계가 구축되어 오지 않았다. 각 학교의 경우, 특히 중등의 경우 학년부가 생긴 지는 그리 오래되지 않는다. 그나마 교육활동을 위해서라기보다 행정적 업무처리를 위해 유사 학년부를 만들어 운영해왔다. 처리해야 하는 행정업무가 많은 졸업학년의 경우 진학 관련 업무 처리를 위해 진학지도부(혹은 3학년부)라는 명칭으로 졸업학년 '업무'부서를 두는 것이 일반적이었다. 언어교육부나 인문사회부, 과학부 등 교과 관련 부서를 설치 운영하는 경우에도 교과 수업을 위한 연구나 협의가 아니라 외국어나 과학, 인문사회 교과 관련 행사나 행정업무 처리를 위해 해당 부서를 운영하는 것이 주목적이었다. 학교마다 교육과정위원회가 있긴 하지만 이는 교과별 시수조정과 교사 정원조정 등 지극히 행정적 사항을 조정하고 협의하는 기구다. 당연히 수업이나 교육과정을 위한 교사들의 진지하고 상시적인 협의와 결정이 가능한 조직적 구조는 존재하지 않는다. 교육부에서 정해져 내려온 교육과정 시수에 맞춰 수업과 행사를 빠뜨리지 않았는지 점검하는 일은 있어도 어떤 자료를 써서 어떤 방식으로 수업을 해야 더 높은 교육적 성취를 이룰 수 있는지, 창의력·비판적 사고력·통합능력을 기르려면 어떤 교육과정이 필요한지, 뒤처진 아이들은 누구이며 이들을 끌어올리기 위해 학교는 어떤 노력을 해야 하는지, 소통과 협업능력을 높이기 위해 학교는 어떤 지원을 해야 하는지[6]에 대해 연구하고 토론하는 공식기구[7]는 학교 안에 없다.

학교는 행정이 아니라 좋은 수업과 충분한 생활교육이 잘 이루어질 수 있도록 조직체계와 운영 시스템을 전면 개편해야 한다.

2. 교사는 교육전문가인가, 말단행정직원인가?

교사는 업무가 특수하여 자격·신분보장·복무 등에서 특별법이 우선 적용되는 특정직공무원이며 헌법에서도 그 전문성을 보장받아야 한다는 것을 명시하고 있다. 1966년 채택된 ILO-UNESDCO의 교원

---

6. DeSeCo 핵심역량, 'OECD 교육 2030 프로젝트', 우리나라 2015 교육과정 등에서 공통적으로 제시하는 교육 목표다.

7. 서울시교육청과 일부 시·도교육청에서는 최근 교원학습공동체를 적극 지원하는 정책을 추진하고 있다. 그러나 아직 이 같은 교원들의 집단학습은 학교교육활동과 연계되지 않는 별개의 학습모임으로 운영되고 있거나 지극히 형식적으로 운영되는 경우가 많다. 이런 현상은 아직 교사들이 교육과정 수립 주체로서의 자기 정체성이 약하고 무엇보다 교사들의 집단연구와 학습이 학교 운영의 공식 활동으로 인식되고 지원되지 못한 결과라 할 수 있다.

의 지위에 관한 권고에서는 "교원의 근무조건은 효과적인 학습을 가장 잘 촉진시키고 교원들로 하여금 교직임무에 전념할 수 있도록 하는 것이어야 한다"(제8조), "교원은 소중한 전문가이기 때문에 그의 직무는 시간과 정력의 낭비가 없도록 조직되고 지원되어야 한다"(제85조), "정규교과 외 활동에의 참여가 교원에게 과중한 부담을 주지 않아야 하며, 교원의 본무 수행에 방해가 되어서는 안 된다"(제92조)는 규정으로 교사 전문성 보장의 중요성을 일찍이 천명한 바 있다. 교사는 '교육하는 사람', 즉 교육전문가이며, 그래서 사회는 교사에게 교육전문가로서의 역할과 처신, 책임을 요구한다.

그러나 현재의 학교조직은 교사들이 교육전문가로서 교육에 전념할 수 있도록 작동되고 있지 못하다. 모든 교사가 수업하는 교사, 학생생활교육을 하는 교사가 아니라 행정업무를 담당하는 사람으로 규정되어 교직을 시작한다. 교사들은 자신의 정체성에 혼란을 겪을 수밖에 없다. 자신의 주요한 업무가 교육이어야 함에도 온갖 서류와 기안 문서를 만들고 그 기일을 지키느라 쫓겨야 하는 조직 환경에서 살고 있다. 수업 준비를 해야 하고 학생 상담을 해야 하는 교사는 교무실의 자기 자리에 돌아오면 교무부나 연구부 같은 행정부서의 일원이다. 옆자리 교사와 수업과 생활교육에 대해 상의하기보다 행정업무에 대해 상의할 수밖에 없는 구조다. 교사들은 끊임없이 자문한다. '나는 교육전문가인가, 말단행정직원인가?'

교육활동이 중심이 되어야 할 학교에서 수업과 생활교육은 학교의 조직적 지원과 시스템에 의해서가 아니라 철저하게 교사 개인이 감당해야 할 몫일 뿐이다. 이런 환경에서 좋은 수업이나 충분한 생활교육을 기대하는 것은 교사 개인의 지나친 헌신을 요구하는 것이다. 수업과 생활교육은 교사 개인이 담당할 때보다 교사들이 협력할 때 효과가 극대화된다. 같은 학교에서 근무하는 교사들은 같은 학생들을 대상으로 교육적 활동이라는 같은 일을 담당하고 있고, 이들이 교육하는 과정에서 부딪치는 문제들은 공통의 문제인 경우가 많기 때문이다. 단순한 지식 전수가 아니라 인간의 성장과 변화를 도모하는 일이 교육이라 할 때 교사들은 교과의 틀에 갇힌 교과교사 이상의 역할을 해야 한다. 이를 위해서는 교사들 간에 협의와 협력이 일상적으로 이루어져야 한다. 이를 가능케 하는 학교조직의 구조화가 이루어져 있지 않기 때문에 모든 교육활동에 대한 책임을 교사 개인이 감당해야 하는 상황이 확대재생산되고 있다. 학부모나 사회로부터는 '교육자'로서 교육 내용과 교육적 성취에 대해 책임을 추궁받는 존재이지만 학교를 포함한 교육행정체계 안에서 교사는 말단행정직원의 정체성을 요구받고 있는 게 오늘날 교사가 매일 직면하는 상황이고 학교 현실이다.

학교조직은 교사들이 더 나은 수업을 위해 협력할 수 있는 구조, 학생생활교육에 집중하고 더 나은 생활교육을 위해 협력할 수 있는 구조여야 한다. 학교조직체계와 조직운영 시스템은 행정이 아니라 교육을 중심으로 전면 개편되어야 하며, 이것이 학교업무정상화의 핵심이다.

3. 학교업무는 교육을 중심으로 재편되어야 한다

가. 학교업무정상화란?

학교업무정상화는 학교와 교사의 정체성, 사회적 역할에 대한 근본적인 성찰과 변화를 요구하는 일이다. 전국의 거의 모든 학교가 행정업무 중심으로, 교육활동이 아닌 교육지원 활동 중심의 조직체계로 운영되고 있다. 학교는 행정을 하고 교육은 교사가 개인적으로 감당하는 현실을 더 이상 지속하면 안 된다. 행정 중심 조직구조에서 학교가 교육전문기관으로 기능하기는 어렵다. 더구나 교육은 교사 개개인 차원에서 개별적으로 이루어질 작업이 아니다. 그럼에도 대부분 학교에서 학급을 넘어선 행사의 경우를 제외하고 교실에서 이루어지는 교육은 교사 개인 영역의 일로 치부된다. 이런 의미에서 현실의 학교에서 수업과 여타 교육활동은 철저히 사적 영역의 성격을 띤다. 그러나 교육이야말로 교실을 열고 교사들 간에 교육 내용과 교육 방법에 관한 수평적 공동 협의와 협력에 의해 이루어져야 하는 일이다. 교육은 교사와 학생 간 상호작용을 통해 지적 성취와 정서적 교감을 이루고 그 과정에서 관계 맺는 방식을 배우는 역동적 과정이다. 따라서 교사의 특질과 역량만큼이나 아이들의 특징이 중요한 요소가 된다. 동일한 교사가 같은 교육 자료, 같은 교육 방법을 사용해도 아이들마다, 학급마다 다른 교육 장면들이 만들어지고, 다른 교육적 효과가 나타나는 것을 모든 교사는 매일 경험하지 않는가?

따라서 효과적인 교육을 위해서는 어떤 교육 자료를 어떤 교육 방법으로 구현할 것인지 못지않게 아이들과 학급의 특징에 대한 이해와 그에 맞는 교육적 해법을 찾아내고 적용하는 노력이 요구된다. 이러한 작업은 교사 개인이 아니라 비슷한 아이들을 대상으로 하는 교사들 간에 정보와 경험이 공유되고 토론 및 연구가 이루어질 때 교육적 효과가 극대화될 수 있다. 이 점에서 교육은 다양한 임상적 경험을 요구받는 의사들의 업무와 속성이 비슷하다. 의사가 사람의 신체를 대상으로 하는 데 비해 교사는 사람의 의식과 감성, 가치와 태도 등을 종합적으로 다룬다는 점에서 임상적 경험의 축적과 공유의 필요성은 더 커진다. 따라서 학교교육이 제대로 이루어지려면 교사들 간 경험 공유와 교육적 토론·연구가 일상적으로 이루어져야 한다. 학교의 조직 체계는 이런 일이 가장 효율적으로 이루어질 수 있도록 구조화되어야 한다.

교사들은 가급적 아이들 교육에만 집중하고, 아이들 교육과 관련된 토론과 연구에 전념할 수 있어야 한다. 의료전문가인 의사들이 환자 진료를 하다가 입·퇴원 수속이나 진료비 정산 같은 원무과 행정업무를 하지는 않는다. 반면, 교육전문가인 교사들은 아이들 교육을 하다가 보고서 기안을 하거나 교육 자료 구입 정산을 하는 일을 일상적으로 반복하고 있다. 학교업무정상화는 교사들이 수업과 생활교육에 전념하고 이에 부수적으로 파생되는 행정업무로부터 완전히 자유로워지는 학교 업무조직체계를 만드는 일이다. 진료와 이를 지원하는 행정업무가 완전히 분리되는 병원의 업무조직체계처럼 학교도 교육과 이를 지원하는 행정업무가 완전히 분리된 업무조직체계로 전환되어야 한다. 그러기 위해서는 병원만큼 행정전담 인력과 체계가 확보되어야 한다. 그러나 지난 수십 년 동안 교육과 행정을 교사와 학교의 업무로 여기는 조직 환경에서 학교의 행정인력과 체계는 최소한으로만 배치되어 운영되어왔다. 진보 교육감 등장 이후 비로소 일부 지역에서 학교업무정상화의 중요성을 인식하기 시작하고 그 대책으로 학교당 1명의 교무행정전담사를 추가 배치하는 정도의 조치가 취해지고 있을 뿐이다.

오래된 관행과 경직된 학교 업무조직체계로 인해 학교업무정상화가 일거에 이루어지기는 어려운 상황이다. 불가피하게 일정한 단계와 과정을 거치는 과도기적 조치들을 피할 수 없다. 비록 불완전한 과도기 형태이긴 하지만 교육청이 정책적으로 협조하며, 학교 관리자들의 인식이 바뀌고, 추가 인력지원이 있다면 학교가 행정 중심에서 탈피할 수 있다. 실제로 서울뿐 아니라 전국의 많은 혁신학교에서 학교업무조직을 개편하여 학교업무정상화를 추진하는 것을 학교혁신의 첫 번째 과제로 삼았으며, 이를 실천에 옮기고 있다. 이들 혁신학교에서도 초기에는 회의와 불안에서 출발하였으나 실제 운영 과정을 통해 그 효과가 입증되면서 더 많은 학교로 확산되고, 여러 시·도교육청에서 정책으로 추진되고 있다.

나. 학교업무정상화의 원칙과 구체적 방향은?

1) 원칙

학교업무정상화를 위해서는 먼저 학교업무에 대한 전체적인 분석이 필요하다. 학교업무정상화는 기존 학교 구성원들이 맡아왔던 업무들이 교육적으로 꼭 필요한 일인지 근본적으로 되묻는 것에서 출발해야 한다. 학교업무정상화는 새로운 무엇인가를 더하는 것이 아니라 기존 것에서 덜어내고 빼는 것이 우선이어야 한다. 따라서 기존 학교업무 중 교육적으로 불필요한 업무, 관행적으로 해왔던 업무, 전시성 업무 등을 과감히 폐지하거나 간소화 방안을 마련해야 한다. 또한 학교업무정상화의 방향과 방안은 교직원 전체 업무내용과 방식을 변화시키게 된다. 따라서 소수에 의한 일방적 결정이 아니라 모든 교직원이 참여하는 민주적 협의와 의사 수렴 과정을 통해 이루어져야 한다.

2) 구체적 방향

가) 학년부중심업무조직체계

학교에서 이루어지는 중요한 교육활동은 수업과 생활교육이며, 이는 학급을 기본단위로 이루어진다. 따라서 수업과 생활교육을 잘하기 위한 학교의 조직체계는 학급을 중심으로 짜여야 한다. 그 구체적인 형태는 학년부중심업무조직체계다. 학년부중심업무조직체계는 학교의 중심 조직이 학년이 되도록 하고, 나머지 조직은 이를 지원하는 보조적 위치를 갖는 것으로 전환하는 것을 의미한다. 기존 교무부, 연구부, 생활지도부, 교육정보부 등은 학년단위 교육활동이 잘 이루어질 수 있도록 지원하는 부서이며, 학년을 넘어선 학교 전체 차원에서 진행해야 할 업무를 위해 각 학년 간 연계를 촉진하고 필요한 지원을 하는 부서가 되어야 한다. 당연히 학교의 주요 교육활동 계획과 추진이 학년부에서 이루어질 수 있어야 한다.

담임들은 직접적인 교육활동에 전념할 수 있고, 이를 위해서는 학년별로 독립적인 별도 교무실이 있어야 한다. 담임들의 효율적인 학급 운영을 위해서는 동학년 담임 전원이 다른 부서에 흩어지지 않고 각 학년부 교무실에 배치되고, 일반행정업무와 구별되는 교육지원업무는 비담임들이 전담하는 것을 원칙으로 해야 한다. 10여 개 이상으로 나뉘어 있는 기존 부서들은 업무분석 결과와 효율적 지원을 고려하여 통폐합해야 한다. 당연히 10여 명의 부장이 필요하지 않다. 교무행정의 총괄관리는 교감이 맡는다. 물론 전체 교사들이 분담하던 기존 교무행정업무를 상대적으로 소수인 비담임들이 맡아야 하기 때문에 이를 전적으로 지원할 교무행정전담사를 별도 채용해야 하며, 이들은 각 학교에서 운영되고 있는 기존 행정실 업무를 지원하는 것이 아니라 수업을 하면서 교육지원업무도 담당해야 하는 비담임 교사들의 업무 지원을 제1임무로 하여야 한다. 교육재정 규모와 연동되어 교무행정전담사 고용이 극히 제한되고 있는 현실이다. 따라서 기존 학교에서 근무하던 교무실무사, 과학조교, 정보담당조교, 학습도움실무사(초등) 등 다양한 업무를 수행하던 실무사들의 업무가 학교업무정상화를 위해 전체적으로 조정되고, 이들이 적극적인 역할을 수행할 수 있도록 재조직되어야 한다.

나) 수업 및 교육활동을 위한 교원학습공동체

수업을 포함한 교육활동이 기본적으로 학급 단위로 이루어지고 있긴 하지만 학교 안에서 이루어지는 모든 교육활동은 전체 교사와 관련되어 있다. 학년부중심업무조직체계는 학급과 학년 단위 교육과정을 기획하고 운영하는 데 적합하기는 하나, 학교의 기본 교육활동인 수업 내용과 방법까지 기획하고 연구하는 데는 한계가 있다. 따라서 수업을 위해서는 담임·비담임 구분 없이 모든 교사가 참여할 수 있는 교사수업연구회 같은 별도의 공식 조직이 기본 계선 조직과 별개로 운영되어야 한다. 그 형태는 동일학년 수업교사 전체가 모인 교사학습공동체일 수도 있고, 교과군이나 몇몇 교과 간 연합 형태일 수도 있다. 수업이 단순한 교과지식을 전달하는 행위 이상이어야 한다는 점에서 수업연구를 위한 교원학습공동체는 단일 교과나 인접 교과끼리보다 가급적 다양한 교과교사들로 구성하는 것이 바람직하다. 이는 통합과 융합, 프로젝트 학습 등의 필요성이 높아지고 있는 최근 흐름에 대한 적극적 해법이기도 하다.

학교의 공식업무조직은 수업에 관한 한 시수를 챙길 뿐이고, 행사나 보고를 주요 업무로 삼아 작동되고 있다. 매주 이루어지던 교직원회의는 행사나 행정처리와 보고 관련 사항을 전달하고 공유하는 것으로 채워져왔다. 1년 내내 수업에 대한 얘기는 수업시간표 짤 때, 연구수업 교사를 정하고 형식적인 수업평가회를 할 때, 시험문제 제출 기한과 채점 기한을 공지할 때가 거의 전부라 할 수 있다. 이때를 제외하고는 학교의 공식업무조직체계 내에서 수업은 사라져버린다. 행정중심 학교조직문화는 수업과 수업 외 교육활동을 엄격하게 구분하고 별개의 것으로 왜곡시키는 원인이 되어왔다. 창체활동이라는 개념 도입으로 수업 외 교육활동도 교육과정으로 이해하는 계기가 되긴 하였으나 여전히 '교육과정=수업시수 편재, 수업 외 교육활동=행사'로 교육과정을 협소하게 이해하는 인식의 한계에서 벗어나지 못한 실정이다.[8]

그러나 수업뿐 아니라 학교에서 이루어지는 공식적인 교육활동은 모두 학교교육과정이며, 수업과 수업 외 교육활동은 상호 연관성을 갖고 통합적으로 이루어져야 교육적 효과가 제대로 달성될 수 있다. 수업과 동아리 활동, 축제, 체육행사, 학생자치 활동, 봉사활동, 진로교육 등은 결코 분리될 수 없으며 분리되어서도 안 된다. 이 점에서 학년을 기본 단위로 하여 교육활동이 이루어지는 학년부중심업무조직체계가 통합적인 교육활동의 실행체계가 되기 위해서는 수업과 수업 외 교육활동을 통합하고 이를 질적으로 발전시키기 위한 별도의 노력이 필요하며, 이를 가능케 하는 조직적 환경과 체계도 필요하다. 그것이 공식

---

8. 초등의 경우에는 통합교육, 교육과정 재구성 등이 활발하게 이루어지면서 교육과정에 대한 이해 폭이 상대적으로 넓어지고 있다. 그러나 교과로 분절되어 있는 중등의 경우에는 교육과정에 대한 이해에서 여전히 교과 간 수업시수 편재라는 틀을 넘어서지 못하는 경우가 많다.

화된 수업연구회와 다양한 교육연구회[9] 형태로 운영되는 교원학습공동체다. 기존 행정업무에서 상대적으로 자유로워진 교사들은 학년부와 다양한 교육연구회 활동에 전념해야 한다. 최근 여러 시·도교육청에서 추진하는 교원학습공동체 정책이 이 교육연구회를 활성화하기 위한 정책이다. 그러나 아직 교원학습공동체는 교사들에게 필수가 아니라 선택 사항이며, 학교 공식 업무로 자리 잡지 못하고 있다. 그래서 교사들은 교원학습공동체를 위한 충분한 예산 지원을 받지 못하거나 업무가 다 끝난 퇴근 시간 후에 교원학습공동체를 위해 활동해야 하는 일이 비일비재하다.

학교업무정상화가 진전되기 위해서는 학년부중심업무조직체계를 근간으로 하고, 공식화된 다양한 교원학습공동체가 동시적으로 운영되는 조직체계 변화가 일어나야 한다. 다양한 교원학습공동체를 통해 교육활동 내용이 풍부화·전문화되고 그 성과들이 학년부업무조직체계를 통해 구체적인 교육활동으로 실현된다. 교원학습공동체와 학년부업무조직체계는 학교라는 조직의 씨줄과 날줄의 관계 속에서 학교교육과정을 완성시킨다. 이때에야 비로소 교사들은 온전히 교육활동에 전념할 수 있고, 학교교육의 질이 획기적으로 개선될 수 있다. 당연히 모든 교사는 학년부나 교육지원업무부서 외 교원학습공동체 안에서 사례연구와 학습을 일상화해야 한다. 이런 변화가 가능하려면 모든 교사가 행정업무에서 완전히 자유로워져야 한다. 현실적으로 일거에 이런 변화가 어렵다면 최소한 학교조직체계를 학년부 중심으로 전환하는 일과 교원학습공동체를 학교의 공식 업무로 인정하고 지원하

---

9. 예를 들면 진로교육연구회, 학생자치연구회, 민주시민교육연구회, 문화예술교육연구회, 독서교육연구회, 교육철학연구회, 젠더교육연구회 등등 다양한 교육활동을 주제로 수십 가지가 가능하다.

는 일이 우선 추진되어야 한다.

프랑스, 미국, 영국, 핀란드 등 외국의 학교 내 업무구조에서 시사점을 찾는 것도 의미가 있다. 이들 국가에서는 학교의 인력을 교수직과 비교수직, 지원직으로 구분하고[10] 직무 배분에서 교수직과 비교수직의 직무를 완전히 분리한다. 교사들은 교육활동에 전념하도록 하며 행정 업무나 학생사안 등은 교장과 교감 중심으로 처리되는 게 일반적이다. 보조교사는 말할 것도 없고 학교에 의사, 간호사, 심리치료사, 사회복지사가 배치되는 등 비교수직의 규모와 영역이 늘어나는 추세이며, 교수직 행정업무 보조 인력이 많은 것이 특징이다. 우리 현실과 거리가 멀긴 하지만 지향해야 할 바를 보여주고 있다.

4. 학교업무정상화를 위해 교육부, 교육청이 해야 할 일

학교업무정상화의 일차적인 주체는 학교업무 전체를 통솔하고 관장하는 교장·교감, 학교교육활동의 직접적인 담당자인 교사, 기타 관련 업무를 담당하는 교직원이다. 그러나 학교업무정상화를 위한 조치에는 단위학교만으로는 해결할 수 없는 요소들도 큰 부분을 차지한다. 우리 현실에서 학교는 교육에 관한 권한과 책임을 갖는 전문기관이 아니라 교육부·교육청 정책을 실행하는 말단집행기구로 인식되고,

---

10. 이들 나라들에서는 교수직에는 주로 직접 교육활동을 하는 교과교사들이 포함되고, 교육을 하지 않으나 학생을 직접 담당하는 상담, 보건, 사서 교사, 사회복지사, 영양사 등은 비교수직으로, 행정업무 담당이나 보조, 학생안전관리 담당은 지원직으로 분류한다(김갑성, 2014, 주요국의 학교인력구조 및 직무특성 연구).

관리와 통제의 대상으로 취급되고 있다. 따라서 학교에서 이루어지는 모든 업무는 보고되고 관리되는 것이 너무도 당연하게 여겨졌다. 게다가 방과후학교나 돌봄교실, 교육복지 사업같이 교육보다는 복지 성격이 강한 업무조차 아무런 저항 없이 학교의 일로 내리꽂히고, 교육과정 안에서 통합적으로 실시되어야 함에도 공교육에 대한 불신과 사회적 갈등이나 쟁점에 대한 면피용 해법으로 강제된 각종 법정 교육들로 학교는 거의 과포화 상태에 이르고 있다. 이런 일들은 시행 후 어김없이 점검과 보고를 수반하기까지 하며, 학교교육과정을 흔들어 해체하는 것에서 나아가 과도한 행정업무 부담까지 가중시키는 주범이 되고 있다.

교육행정체계 안에서 학교가 차지하는 이 같은 위치는 학교를 말단 행정기관으로 변질시키는 중요한 원인이다. 따라서 단위학교 안에서 학교조직체계를 바꾸는 것만으로는 학교업무정상화가 근본적인 한계에 봉착할 수밖에 없다. 학교가 지닐 수 있는 교육적 자율성은 극히 제한적인 반면 감당해야 할 행정업무의 절대량이 너무나 많기 때문이다. 전국 11,000여 개 학교에서는 모두 이처럼 본말전도 현상이 매일 벌어지고 있고, 수십 년 동안 계속되어왔다.

그런데 학교의 위상과 성격 문제는 교육청과 교육부의 그것과 직결되어 있다. 그간 교육부와 교육청은 학교와 수직적 상하관계를 맺어왔고, 게다가 다양한 이름과 방식으로 직접 사업을 실시하기까지 해왔다. 즉, 스스로 수직적 관계를 구축하고 그 정점에 서왔으면서도 정부 시책사업(교육부)이나 정책사업(교육청)이라는 이름으로 직접 사업 실행까지 하는 것이다. 이는 교육부와 교육청이 정책기관으로서의 자기 정체성을 스스로 부정하는 것이며, 이로 인해 학교의 자율적 교육활동을 심대하게 침해하는 결과를 초래하고 있기도 하다. 이 점에서 학교업무정상화는 교육청업무정상화, 교육부업무정상화와 불가분의 관계에 있다. 따라서 학교업무정상화 문제는 학교의 제자리 찾기임과 동시에 교육부와 교육청의 제자리 찾기이기도 하다.

첫째, 교육청과 교육부는 시·도와 전국 차원의 교육 방향과 원칙을 세우는 정책전문기관이 되어야 한다. 교육부와 교육청은 사업이 아니라 정책을 생산하고 학교를 지원하는 일에 집중해야 한다. 교육부와 교육청이 성격을 변화시키면 그동안 실시해온 직접 사업과 관련해 학교에 요구해왔던 행정업무는 자연스럽게 줄어들게 된다. 교육부와 교육청이 학교업무정상화를 실질적으로 추진하기 위해서는 문재인 정부에서 최근 추진되고 있는 교육자치정책과 그 일환으로 시작된 교육부 권한 배분 같은 방식으로 접근해야 하며, 양적 전환이 아니라 교육부-교육청-학교의 관계와 역할의 근본적 변화라는 관점에서 추진되어야 한다.

그 가장 일차적 해법이 목적사업 형태로 학교에 내려가는 교육부와 교육청 정책사업[11]을 전면 폐지하는 일이다. 마치 선택권이 부여되는 듯한 착시현상을 만들어내는 각종 공모사업도 폐지해야 한다. 교육부와 교육청은 전국 단위와 시·도 단위에서 추진해야 할 교육과정의 대강과 방향 및 원칙을 제시하는 일을 주요 업무로 삼아야 한다. 그리고 학교가 이를 실행하는 데 필요한 정책적 '지원'에 집중해야 한다.

둘째, 학교업무정상화를 위해 교육부와 교육청이 해야 할 실질적

---

11. 2018년 현재 4%에서 3%로 축소된 교육부 특교예산은 2% 이하로 더 축소되어야 하며, 교육청의 정책사업은 폐지에 준할 정도로 감축되어야 한다. 또한 교육청이 직접 시행하는 사업은 전면 폐지하고 정책생산 단위로 성격이 바뀌어야 한다.

인 지원은 각 학교에 교무업무전담팀이 구성될 수 있도록 인력과 재정을 지원하고 업무의 절대량을 줄일 수 있는 시스템을 구축하는 일이다. 학교에서는 순수한 의미의 행정업무 외에 교육활동 자체에서 발생하는 행정업무가 존재할 수밖에 없다. 교육과정을 짜고, 각 교육활동들을 기획하고 실행하고 평가하는 일들에 따르는 업무들이 그것이다. 이와 같이 교육활동에서 발생하는 행정업무들의 양도 그리 적다고 할 수 없다. 따라서 교육활동과 관련된 업무들은 기획과 같은 내용생산 업무와 그로부터 파생되는 행정적·사무적 일들을 구분하여 처리하는 것이 필요하다.

이를 위해 후자의 업무를 담당하기 위한 행정전담인력이 배치될 필요가 있다. 현재 많은 학교에 교무행정전담사가 배치되는 추세지만 인력 추가배치 같은 양적 접근이 아니라 교육지원업무전담팀 운영 같은 구조적 접근이 필요하다. 교사들이 행정업무를 맡는 것이 당연하다고 생각했을 때는 추가적인 행정인력 배치가 선택의 문제일 수 있으나, 애초에 출발이 잘못되어 발생한 문제라면 학교에 행정전담인력을 충분히 배치하는 것은 당연하고도 필수적이다. 따라서 지금 총액인건비로 전체 교직원 수와 규모를 획정할 때 교사와 최소한의 행정인력만을 포함하는 관점에 대전환이 필요하다. 병원에 원무과가, 대학에 교무행정처나 학사관리 인력이, 법원에 행정전담 조직과 인력이 있는 것이 당연한 것처럼 학교에도 동일한 조직관점이 적용되어야 한다. 이런 조직적 관점의 대전환뿐 아니라 학교의 행정업무 부담을 가중시키는 또 하나의 요인인 각급 의회나 기관들의 요구 자료나 통계 등을 교사들이 담당하지 않고 해결될 수 있는 시스템도 만들어야 한다. 이는 현재 전국적으로 운영되고 있는 전산화 시스템을 활용하면 결코 어려운 일이 아니다.

셋째, 학교가 행정이 아니라 교육 중심 조직으로 전환되려면 가산점과 행정능력 중심으로 승진이 이루어지는 교원승진제도도 근본적으로 바뀌어야 한다. 승진하려면 수업과 생활교육보다 행정에 유능해야 하는 현재와 같은 구조에서는 학교업무정상화가 한계를 띨 수밖에 없다. 학교 규모와 관계없이 10여 명의 부서와 부장제도를 운영하는 것도 엄밀히 따지면 학교 업무의 내적 필요에서보다 승진에 필요한 부장 점수를 위한 것인 면이 더 크다. 소수 승진 준비 교사 외의 교사들에게는 부장 기피 현상이 심화되는 상황에서도 기존 조직 관행이 여전히 학교를 지배하고 있다.

이는 학교업무정상화의 또 다른 질곡으로 작용하고 있다. 이 점에서도 교원승진제도 개선에 관한 최근의 본격적 논의가 중요해진다. 가산점과 행정능력으로 승진 점수를 관리하는 이들이 아닌 학교 구성원들에 의해 교육적 능력이 평가되어 교장으로 나아갈 수 있는 내부형교장공모제도가 과감하게 확대되어 자율학교는 말할 것도 없고 전국 모든 일반 학교에까지 적용되어야 한다. 궁극적으로는 교장도 단순 관리자가 아니라 본질적으로 교육하는 교사라는 관점이 자리 잡아야 하며, 그 제도화인 교장선출보직제가 추진되어야 할 것이다. 검사가 검찰총장이 되고, 판사가 대법원장이 되며, 의사가 병원장이 되며 그 직의 임기가 끝나면 다시 검사, 판사, 의사로 돌아가는 것과 같은 체계가 학교에도 적용되어야 한다. 교장자격증제는 폐지되고 교장 직무수행을 위한 연수와 지원으로 대체되어야 한다.

넷째, 교사들의 업무가 늘어나는 것에 비례해 행정실 일반직의 업무도 증가한다. 그러나 행정실 인원의 증원은 그에 맞게 이루어지지 않고 있다. 특히 초등의 경우 방과후학교[12]나 돌봄교실 같은 업무 관련 행정업무도 학교업무에 포함되면서 행정실 업무의 절대량이 급격히 늘어나고 있다. 그런데 학교 업무가 전산화되면서 행정실 업무 부담 해결책으로 교사들이 직접 회계와 정산을 하는 경우가 많아져 결과적으로 교사의 행정업무 부담 증가 현상도 심화되고 있다. 따라서 학교 운영과 관련한 일반행정을 담당하는 일반직도 늘려야 하며, 배치도 전면 재조정해야 한다. 또한 행정실의 업무량과 무관하게 초·중·고등학교의 행정실 급을 달리해 직급이나 인원수를 구분하여 차등 배치하는 것도 전면 재검토되어야 한다. 앞서 언급한 것처럼 교육청의 역할이 정책생산기구로 조정되면 현재 교육청의 인력도 전면 재배치되어야 한다. 학교 일반직 증원에 순수 증원 외에 이러한 교육청 인력 재배치도 연계될 필요가 있다.

또한 실험적으로 학교의 조직체계를 교육전담부와 교육지원부로 이원화하고 기존 행정실 인력이 교육지원부에 통합적으로 운영되는 시범사업을 실시해볼 필요도 있다. 학교 공간이나 시설환경도 교육의 중요한 요소이며, 예산 수립과 집행도 교육활동과 직접 연계되어 있다는 점에서 교육적 관점에서 검토되고 결정되며 집행될 필요가 있다. 이것이 학교라는 교육기관이 일반 공공기관과 다른 특수성이라 할 수 있다. 교사와 일반직 간에 오랜 구분과 분리 문화가 자리 잡고 있어 이같은 통합 운영이 교사와 일반직 양자에 심리적 저항을 불러올 수도 있다. 그러나 교육지원업무라는 공통의 인식 하에 서로의 업무와 역할에 대한 전문화가 용인된다면 소통과 협력의 수준이 높아지는 협업

---

12. 방과후학교가 사교육대책이라기보다 복지업무적 성격이 강화되면서 중등의 경우 방과후학교는 점차 축소되는 추세다.

속 분업이 가능해질 수도 있다.

마지막으로 학교업무정상화의 실질적인 주체는 다른 누구도 아닌 교사 자신이다. 아무리 정책적 지원이 있고 조직체계와 환경이 바뀐다 해도 교사 스스로 행정업무를 자신의 당연한 업무로 받아들이고 이를 이행하는 한, 학교업무정상화가 제대로 이루어지기는 어렵다. 학교는 오랫동안 행정 중심 업무조직체계로 운영되어왔기 때문에 학교장이나 교사들 스스로 행정 중심 학교업무조직체계를 당연한 것으로 여기고 그 체계의 일부로 살아왔다.

이제 학교는 교육전문기관인가, 교사는 교육전문가인가에 대해 더 근본적으로 스스로에게 질문을 던져야 한다. 그리고 그 질문의 답은 학교업무조직체계를 행정 중심이 아니라 교육 중심으로 전환하기 위한 노력에서 시작되어야 한다. 교사들은 자신이 하고 있는 일이 교육적으로 필요한 일인지를 스스로 물어야 한다. 그리고 교육적으로 필요하지 않은 일은 과감히 버려야 한다. 우리 학교 아이들에게 꼭 필요한 교육활동과 그것을 위한 지원이 무엇인지, 그걸 가장 효율적으로 실행할 수 있는 조직체계는 어떤 것이어야 하는지 스스로 찾아내야 한다. 시대의 변화뿐 아니라 해마다 다른 아이들이 학교를 구성하기 때문에 내용과 방법 역시 매해 달라져야 한다. 그러니 교사들은 행정업무를 덜어낸 그 시간에 우리 학교 아이들에게 맞는 수업과 생활교육을 위해 연구하고 학습하고 토론해야 한다. 그럴 때에만 교사는 진정한 교육전문가로 거듭날 수 있고, 우리 교육의 수준은 획기적으로 높아질 수 있으며, 공교육에 대한 학부모와 사회의 비판과 공격, 불신이 설 자리는 없어질 것이다.

| 참고 문헌

강민정(2017).「행정 중심의 학교에서 교육 중심의 학교로」.『혁신학교, 한국 교육
    의 미래를 열다』. 살림터.
김갑성(2014).「주요국의 학교인력구조 및 직무특성 연구」.『한국교원교육연구』,
    Vol. 31, No. 4, pp. 275-297.

학교개혁은
교장제도 개혁으로부터

교장공모제를 넘어 선출보직제로

이현_여의도고등학교 교사, 전 참교육연구소 소장

교장제도를 둘러싼 사회적 논란이 뜨겁다. 새 정부가 들어서서 평교사도 지원 가능한 내부형 공모 교장제도를 확대하는 시행령 개정안을 입법예고하자, 이에 대한 찬반양론이 거세게 일고 있다. 다수의 교장, 교감과 승진 준비를 하는 교사들이 많이 참여하는 교원단체에서 교장공모제 확대가 무자격 교장을 양산하고, 특정 교원노조 출신들의 공모 교장 독식으로 이어질 것이라는 우려를 제기하면서 반대 의사를 격렬하게 표출하고 있다. 반면 대다수 교원단체, 학부모 단체 등은 교육개혁의 핵심 과제로 교장제도 개혁을 강력하게 요구하고 있다.

교장공모제는 기존 교장승진제의 폐해를 줄이고, 유능하고 헌신적인 평교사도 교장으로 진출할 수 있는 기회를 제공하기 위해 고안된 제도다. 노무현 정부 때부터 시범적으로 운영되다가 이명박 정부 시절, 국회에서 자율학교 중심으로 교장공모제를 실시하는 법안이 통과되었다. 하지만 이명박 정부는 시행령을 통해, 공모제를 신청한 자율학교 중에 15% 이하의 학교에서만 평교사도 지원 가능하도록 비율을 제한함으로써 교장공모제는 사실상 유명무실해졌다. 실제로 2017년 현재, 평교사로 내부형 교장공모제에 진입한 인원은 56명이며, 전체

공모학교 지정 현황

유형	자격 기준	대상 학교	인원	
			전체	자격증 미소지자
초빙형	교장자격증 소지자	일반 학교	1,160	
내부형	교육 경력 15년 이상 교원 (교장자격증 소지자 포함)	자율학교 및 자율형공립고	573	56
개방형	해당 학교 교육과정과 관련된 기관에서 3년 이상 종사자 (교장자격증 소지자 포함)	자율학교로 지정된 특성화 중·고, 특목고, 예체능계고	59	33
계	–	–	1,792	89

2017. 3. 1. 현재

9,955개 국·공립학교 중 0.56%에 불과하다.

문재인 정부가 15% 제한 비율을 폐지하는 시행령 개정안을 입법 예고한 것은 새로운 개혁을 추진하는 것이 아니다. 시행령에 의해 훼손된 입법취지를 원상복구하고, 지체된 개혁을 새롭게 시작하는 출발점에 불과하다.[1]

교장제도 개혁은 평교사가 지원할 수 있는 공모 교장의 비율을 늘리는 것으로 완결될 수 없다. 학교교육 정상화에 필요한 교장의 위상과 역할을 재정의해야 하며, 가장 합리적이면서도 민주적인 교장의 임용 방식을 마련해야 한다.

이를 위해 '교육과 학교의 본질과 역할'을 다시 숙고해야 하며, 한국

---

1. 하지만 문재인 정부는 2018년 3월 13일 국무회의를 통해 입법예고안에서 후퇴하여 제한 비율을 폐지하는 것이 아니라 50% 이내로 규정하였다. 자율학교가 전체 학교의 15%에 불과하고, 자율학교 중에 교장공모제를 신청하는 학교는 전체 자율학교의 1/3 정도에 그치기 때문에 평교사가 지원 가능한 공모학교의 제한은 15%에서 50%로 늘려도 평교사의 교장 진출은 매우 제한적일 수밖에 없다.

의 학교 현실을 면밀히 진단해야 한다. 이를 기반으로 교장제도의 근본적인 재설계가 이루어져야 한다.

1. 매우 독특하고 기형적인 한국의 교장제도

한국의 교장제도는 세계에서 유례를 찾기 힘들 정도로 매우 독특하다.

우선 교장의 법적 권한과 실제적 권력이 막강하다. 교장은 학교에서 의사결정권을 가진 사실상 유일한 개인이자 기관이다.[2] 심의기구로 학교운영위원회가 있지만, 교장의 독자적인 결정권을 견제하는 것 이상의 역할을 하기 힘들다. 학교운영위는 학부모 중심의 구조이며, 교장이 제출한 안건을 형식적으로 심의하는 것에 그치는 경우가 대부분이다. 결국 학교 운영에 대한 대부분의 사항은 교장이 최종 결정한다. 아무리 사소한 일이라도 교장의 결재가 없으면 시행이 불가능하다.

최근 교직원이나 학부모의 의견에 귀 기울이는 교장들이 늘고 있다.

---

2. 「초·중등교육법」 제20조 (교직원의 임무)
 ① 교장은 교무를 통할(統轄)하고, 소속 교직원을 지도·감독하며, 학생을 교육한다.
 ② 교감은 교장을 보좌하여 교무를 관리하고 학생을 교육하며, 교장이 부득이한 사유로 직무를 수행할 수 없을 때는 교장의 직무를 대행한다. 다만, 교감이 없는 학교에서는 교장이 미리 지명한 교사(수석교사를 포함한다)가 교장의 직무를 대행한다.
 ③ 수석교사는 교사의 교수·연구 활동을 지원하며, 학생을 교육한다.
 ④ 교사는 법령에서 정하는 바에 따라 학생을 교육한다.
 ⑤ 행정직원 등 직원은 법령에서 정하는 바에 따라 학교의 행정사무와 그 밖의 사무를 담당한다.

「초·중등교육법」 제20조는 학교 교직원들의 권한과 임무를 규정하는 조항이다. 교사는 법령에 따라 학생을 교육하게 되어 있지만, 어떤 법령에서도 교사의 교육적 권한을 명시적으로 규정하지 않는다. 반면 교장에게는 교무를 통할하고, 교직원을 지도 감독할 권한을 부여함으로써 교장의 독점적 권한을 보장한다. 또한 학교운영위원회 외에 어떤 법정기구도 인정하지 않음으로써 교사를 비롯한 학교 구성원들의 집단적 참여와 의사결정권도 없는 실정이다.

하지만 이런 의견 수렴 과정이 법과 제도에 근거한 것은 아니다. 학교 구성원들의 불만을 잠재우고 자신의 결정에 대한 정당성을 강화하기 위한 수단으로 활용하는 경우가 많다. 교장의 판단과 학교 구성원의 의견이 어긋나면 교장은 의견 수렴 과정을 언제든지 중단할 수 있으며, 의견 수렴 결과도 쉽게 무시할 수 있다. 학교에서 교장의 의사에 반하는 어떤 사항을 관철시키려면 집요한 저항 과정이 필요하며, 의사결정 과정에서 엄청난 힘을 소진하게 된다. 제도로 뒷받침되지 못하는 불안정한 의사결정 과정은 구성원들의 피로감을 가중시키며, 어렵게 관철시킨 사항도 언제든지 번복되는 것을 경험하면서, 결국은 교장의 독점적 결정권에 순응하는 결과를 가져온다.

교장이 결정권을 독점하면서 대부분의 학교는 교장 1인에 의해 좌지우지된다. 어떤 교장인가에 따라 학교의 분위기가 완전히 뒤바뀐다. 학교교육이 학교 구성원들의 집단적 역량과 실천이 아니라 교장이라는 '우연한 개인'에 의해 좌우되는 것이다.

민주적 논의와 집단적인 숙고를 거치지 않은 개인의 결정은 그릇된 방향으로 흐르기 쉽다. 또한 견제와 감시가 없는 권력은 전체의 요구와 이해를 보호하기보다는 사적인 욕망과 이익에 봉사하기 쉽다. 학교에서는 교장 개인의 독단, 편견, 미숙, 사적 욕망 등을 견제하는 장치가 없다.

또한 한국의 교장은 자신의 권한을 적극적으로 행사하지 않음으로써 학교를 무력한 공간으로 만들기도 한다. 최근에는 교장들의 과도한 권력 행사가 문제가 되는 경우보다 권한을 독점한 교장들의 무능력과 무사안일이 문제가 되는 경우가 더 많다. 뒤에 원인을 상술하겠지만 대부분의 교장은 학교 행정에는 관심이 많지만, 학생 교육에는 거의 관심이 없다. 그는 학교 행정업무를 원활하게 처리하는 데는 많은 역량을 쏟지만, 학생 교육활동에는 힘을 거의 쏟지 않는다. 교장이 학생 교육을 방치하는 상황에서, 교장 외에 누구도 동료 교원들과 함께 학생 교육활동에 적극적으로 나서기 힘들다. 모든 권한과 책임을 교장이 독점하는 상황에서 교사들이 집단적으로 교육활동을 기획하고 실천하는 것은 거의 불가능하다.

권한과 권력을 독점한 교장이 교육보다 행정에 치중함으로써 한국의 학교는 매우 기형적인 모습을 보인다. 학교의 근본적인 존재 이유인 학생 교육은 소홀히 하면서 학생 교육활동을 지원하기 위한 부차적 업무인 학교 행정이 더 강조되는 파행이 학교 곳곳에서 일어나고 있다. 학교의 조직적·집단적 활동은 대부분 학교 행정에 집중되고, 학생 교육은 고립된 개별 교사들에게 맡겨진다.

교장의 권한은 막강한 반면, 교장 임용 제도는 매우 비합리적이고 후진적이다. 한국의 교장 임용은 승진 점수를 쌓아서 남들보다 높은 점수를 얻은 사람이 교장 자격을 취득하는 방식으로 이루어진다. 승진 점수는 경력(교사 경력, 부장 경력) 점수, 연구 점수(자격연수, 직무연수, 연구실적 등), 각종 가산점(연구시범학교, 벽지근무, 석·박사학위, 학교폭력 지도 등) 그리고 근무평정 점수 등으로 이루어진다. 외국의 경우 대부분 교장은 공모제 등 공개적 절차를 거쳐 선발된다.[3] 이때 공모 절차는 교장으로서 자질이나 능력, 전문성, 비전 등을 철저히 검증하는 과정이다. 하지만 한국의 교장 임용은 오랜 세월 동안 쌓아온 점

---

3. 미국, 영국, 독일, 프랑스 등 대부분의 국가에서는 교장공모제를 통해 교장을 선발한다. 지원 자격은 대부분 교사로 5~10년 정도 근무한 경력을 요구한다. 공모 주체는 학교, 교육청 또는 학교와 교육청의 협력체. 공모 절차는 서류심사, 인터뷰 등을 통해 교장으로서의 자질을 검증하는 것으로 이루어진다. 일본의 경우는 특이하게 공개선발시험을 통해 교장을 임용한다.

수가 공개적인 검증 절차를 대신한다.

한국에서 교장이 되고 싶은 사람은 다른 나라에서처럼 다양한 교육활동과 연구와 연수를 통해 교장으로서의 전문성과 능력을 키우는 대신 승진 점수에 몰두한다. 점수 경쟁이 매우 치열하여 일찍부터 점수 관리에 신경 써야 한다. 특히 경력점수와 연구점수는 비슷하기 때문에 가산점이 매우 중요하며, 이를 위해 시범 사업을 많이 하는 학교에 일부러 지원하기도 하고, 도서벽지 학교 근무를 자청하기도 한다. 그리고 승진이 가까워오면, 근무평정 점수가 절대적으로 중요하다. 근무평정은 교장이 부여하는 점수이기 때문에 승진을 원하는 교사는 교장에게 절대적으로 복종할 수밖에 없으며, 교장은 근무평정과 가산점 등을 매개로 자신의 후계자를 사실상 지명할 수 있다.

교장승진제는 교장 자격을 검증하는 수단으로 매우 부적절하다. 승진 점수는 교장으로서의 전문성과 자질이 뛰어나야 획득할 수 있는 것이 아니다. 오로지 승진을 목적으로 점수를 체계적으로 관리하고 점수 획득을 위해 분주하게 뛰어다니면 된다. 교장으로서의 능력이나 자질을 전혀 갖추지 못한 사람도 점수 관리만 잘하면 자동적으로 교장이 된다.

또한 교장승진제는 교직 사회에 점수 경쟁이라는 매우 반교육적인 풍토와, 지시와 복종이라는 비민주적인 문화를 조성한다. 헌신적인 교육활동을 통해 동료 교사나 학생, 학부모로부터 신뢰를 쌓아가는 대신, 점수를 딸 기회를 부여하는 학교 관리자에게 줄서기를 강요당한다. 학교 관리자에게 의지하지 않고는 근무평정은 물론 각종 가산점과 경력점수 관리도 쉽지 않다. 따라서 현재의 교장승진제는 교육활동보다는 승진 점수에 목매는 교사, 학생들보다는 교장·교감의 눈치를 먼저 살피는 교사가 교장이 될 가능성이 훨씬 높은 제도이다. 대부분 출세지향적인 교사들이 교장·교감이 되고, 이로 인해 교사들로부터 진정한 신뢰를 받지 못하기 때문에 이들은 더욱 권위적이고 강압적인 방식으로 교사들을 통제하려 한다. 또한 승진을 원하는 교사들이 교장과 교감에게 일방적으로 복종하고 그들의 친위대가 됨으로써 비민주적인 학교문화를 유지하고 강화하는 결정적인 원인이 된다.

교장승진제는 동질적인 교장집단 형성을 조장한다. 근무평정과 가산점 등 승진 점수 관리에 교장이 절대적인 영향력을 행사하면서 교장은 자기와 성향과 가치관이 비슷한 교사를 승진 대상자로 밀어준다. 교장 승진을 매개로 서로 밀어주고 당겨주는 폐쇄적인 패밀리가 형성되는 것이다. 이를 통해 교육보다는 행정을 중시하고, 소통과 협력보다는 지시와 복종 관계에 익숙한 관리자 집단이 탄생한다. 이들은 단위학교를 벗어나 학교와 교육청을 넘나들면서 합종연횡을 구축한다.

결국 현재의 교장승진제는 이종교배를 통해 다양한 스타일의 교장을 배출하는 것이 아니라 동종교배를 통해 거의 비슷한 유형의 교장을 양산한다. 교장들은 서로의 장단점을 배워가며 성장할 기회가 거의 없다. 교사들도 다양한 교장들의 다양한 학교 운영 방식을 체험하면서 풍부한 경험을 갖춘 훌륭한 교사로 성장할 기회를 누릴 수 없다. 한국의 학교에서 변화는 거의 없거나 매우 느리다. 어제의 학교와 오늘의 학교, 여기의 학교와 저기의 학교가 거의 비슷하다. 그 중심에는 교장승진제에 의해 동종교배되고 있는 동질적인 교장집단이 존재한다.

2. 교장제도 개혁 없이 새로운 교육은 없다

교장제도 개혁의 필요성이 논의된 것은 어제 오늘의 일이 아니다. 1987년 6월 민주항쟁 이후 '교장선출보직제-교무회의 의결기구화'는 입시경쟁교육 폐지와 함께 진보적 교육운동의 단골 요구가 되었다.

1987년 6월 민주항쟁 이후 '민주주의'는 한국 사회의 최상의 가치가 되었다. 하지만 이때 민주주의는 행정기관(중앙정부와 지방정부)과 입법기관(중앙의회와 지방의회)의 대표들을 국민이 직접 선출할 수 있는 대의제의 실현과, 권력자 또는 권력기관의 자의적 지배와 폭력을 견제하고 제어할 수 있는 법치주의의 구현이 중심이었다.

'교장선출보직제와 교무회의 의결기구화'의 요구는 대의제와 법치주의를 넘어 현장민주주의와 직접민주주의의 성격을 지닌다. 다른 분야에서도 이런 요구가 간헐적으로 존재하였지만, 교육부문에서만큼 대중적이고 지속적인 형태로 등장하지는 않았다.

한국의 학교민주주의는 매우 열악한 수준이지만, 한국의 기업들이나 다른 공공기관들의 민주주의 수준이 학교보다 높다고 보기는 힘들다. 따라서 학교민주주의에 대한 높은 요구가 상대적으로 다른 사회적 분야나 기관보다 학교의 민주주의 상황이 열악하기 때문이라 볼 수 없다. 교육 주체들이 현장-직접민주주의 성격이 강한 학교민주주의에 대해 요구가 높은 것은 교육의 특수성에 기인한다. 이로 인해 교육 주체들은 다른 현장에서보다 현장민주주의의 부재에 훨씬 민감하게 반응한다.

교육활동은 고도의 자율성과 전문성을 요구한다. 일반 기업의 업무는 많은 부분 표준적인 작업 공정을 토대로 매뉴얼을 만들 수 있다.

하지만 교육은 살아 있는 인간과 인간의 역동적인 부딪힘의 과정이다. 모든 교사와 학생들, 모든 교과와 교육 주제에 적용될 수 있는 가장 바람직한 교육 모델이 존재할 수 없다. 또한 초중등 교육은 단순한 지식 전달을 넘어 교육 주체 간의 전인격적인 교류와 소통의 성격을 강하게 띤다. 교사에게 높은 수준의 윤리적 책임성이 요구되는 이유다. 이렇듯 교육활동의 표준화하기 힘든 복잡성과 교육활동에 필요한 높은 윤리성은 교사들의 자율성을 최대한 보장하고 이를 통해 강력한 자발적 책임을 요구한다. 즉 외적 통제와 간섭을 통해 교사들의 교육력을 최대한 이끌어낼 수 없다. 교사들이 자발적으로 참여하고 서로 협력할 때, 학교의 교육력은 극대화된다.

또한 교육활동은 교사의 높은 수준의 전문성이 필요하다. 단순히 교과 지식이 많다고 훌륭한 교사가 될 수 없다. 다양한 교수학습 방법론, 발달이론, 청소년 심리학과 인지이론, 나아가 철학적 인간학 그리고 현 시대에 대한 성찰, 미래 사회에 대한 비전까지…. 특히 교사들은 이런 지식과 소양들을 이론적으로 아는 수준에 머물러서는 안 된다. 교육활동 속에서 실천적으로 구현할 수 있으려면 체화하는 수준으로까지 나아가야 한다. 단순한 이론적 습득이라면 교사의 개별 학습을 통해 가능하겠지만, 실천적인 체화를 위해서는 교사들의 집단적인 상호작용이 필요하다. 교사들이 서로의 경험을 나누고 구체적인 지식과 노하우를 공유하는 과정을 통해서만 교사는 높은 수준의 전문성을 갖출 수 있다.

따라서 교육활동이 이루어지는 학교에서 일방적인 지시와 명령, 기계적인 업무 분담은 민주주의라는 보편적 가치에 반하는 것은 물론 교육활동의 효율성 측면에서도 커다란 문제를 야기한다. 기업이나 일반 행정기관에서 비민주적인 관료주의가 계속 유지되는 것은 업무 효율성이라는 명분 때문이다. 하지만 학교에서 관료주의는 교육의 효율성 측면에서도 정당화되기 어렵다. 교사들의 자율성과 윤리적 책임감을 고양시키고 상호 협력을 통해 전문성을 높여나가는 데 제왕적 교장의 관료주의적 학교 운영 방식은 심각한 해악일 수밖에 없다.

한국의 학교에서처럼 명령과 지시 중심의 문화 속에서 교사들의 자율성과 책임감은 고갈되어간다. 행정 중심의 역할 분담 체계에서 학생 교육을 위한 교사 간의 교류와 소통의 공간은 거의 존재하지 않는다. 개별적으로 고립된 교사들은 자기 혁신의 기회를 상실하고 화석화된 교육관과 교육 방법을 고집하면서 스스로 퇴화한다.

교육활동이 제대로 이루어지려면 제왕적 교장을 중심으로 하는 관료적 학교문화를 척결해야 한다. 교장은 지시와 명령을 내리는 자가 아니라, 학교 구성원들이 교류하고 협력할 수 있도록 촉진하고 지원하는 자여야 한다. 교사들에게 불필요하게 간섭하고 개입하는 자가 아니라 교사들의 자율성을 존중하고 교사들이 교육활동에 전념할 수 있는 환경을 조성하는 자여야 한다. 우리는 혁신학교의 사례를 통해, 교장의 역할과 위상의 조그마한 변화가 학교교육에 얼마나 큰 변화를 가져올 수 있는지 충분히 경험하고 있다.

3. 교장승진제 폐지:
행정 중심에서 교육 중심으로

한국의 학교가 교육보다 행정 중심으로 운영된다는 비판이 지속되어왔으며, 이에 따라 교사들의 행정업무 부담을 줄이고 학교체제를 행정 중심에서 교육 중심으로 바꾸기 위한 시도가 계속되었다.

그러나 학교의 현실은 여전히 큰 변화가 없다. 모두가 문제점을 인지하고, 이를 개선하려는 노력도 계속되고 있지만, 왜 변화가 없을까? 왜 학교는 여전히 행정 중심으로 돌아가고 있을까?

가장 근본적인 문제는 한국 교육 시스템의 구조에 있다. 한국의 공교육 체제는 철저하게 수직적인 구조를 지닌다. 1년에 1만 건이 넘는 공문이 교육부나 교육청에서 학교로 내려오고, 학교는 상부 기관에게 수천 건의 보고를 해야 한다. 이런 상황에서 학교는 상부의 지시나 정책을 행정적으로 처리하기에도 버겁다. 행정업무 처리의 부담이 크다보니 학생 교육보다는 원활한 행정 처리를 위한 역할 분담 체계가 일반화되어 있다.

한국의 학교가 행정의 수렁에서 빠져나오지 못하는 또 다른 이유는 바로 교장과 교감의 존재 때문이다. 위에서 언급한 것처럼 한국의 학교 관리자들은 학생 교육보다는 학교 행정 처리에서 중요한 역할을 하면서 관리자로 성장한다. 승진을 원하는 교사들은 교장과 교감의 행정업무를 열심히 보좌하는 대가로 승진 점수를 챙긴다. 이런 과정을 통해 새롭게 관리자로 승진하는 사람들은 행정 중심의 사고가 체질화되며, 학교 관리자가 되면 항상 행정업무 처리를 앞세우게 된다. 그들에게는 교육 중심의 마인드가 없으며, 학생 교육을 위한 교사들의 협력 체제를 구축할 수 있는 경험도, 능력도, 의지도 없다. 교장과 교감이 될 수 있는 또 다른 경로인 장학사를 거치는 경우에도 마찬가지다. 그들의 호칭은 장학사지만 실제로 장학업무를 수행하는 경우는 거의 없다. 대부분의 장학사는 교육청에서 행정업무를 처리하고, 학교로 행정업무를 지시하고, 결과를 수합하는 일을 하게 된다. 오히려 학교현장에서 멀어지면서 학생 교육으로부터 더욱 멀어지고 오로지 행정에 파묻혀 살면서 행정 중심의 인간으로 바뀌게 된다.

한국의 교장과 교감은 행정을 중시하면서도 행정업무를 처리하지 않는다. 교장과 교감이 수업을 면제받는 이유는 행정업무를 전담하기 위해서다. 하지만 한국의 승진제에서 교장과 교감이 되는 것은 외국처럼 행정 전담자로 전직의 의미를 지니기보다는 교사에게 명령과 지시를 내릴 수 있는 권력자가 되는 것이다. 따라서 외국처럼 교장과 교감이 행정업무를 처리하는 것이 아니라 행정 처리의 지시를 내리고 이를 잘 수행하는지 감시할 뿐, 본인들은 실제적인 행정업무를 담당하지 않는다. 결국 한국의 교장·교감은 학교를 행정 중심으로 운영하면서도 본인들은 전혀 행정업무를 담당하지 않고, 학생 교육에 집중해야 할 교사들에게 모든 행정업무를 떠넘김으로써 학교의 교육력을 더욱 약화시키고 있다. 당연히 많은 교사가 교장과 교감을 잉여적 존재로 느낀다. 학생 교육을 담당하거나 지원하지도 않으면서 행정업무도 담당하지 않는, 그러면서 모든 권한은 독점하고 있는, 막강한 힘이 있지만 실체를 체감하기는 어려운 유령 같은 존재로 느끼는 것이다.

4. 교장제도 개혁의 출발: 교장공모제의 일반화

교장제도 개혁은 크게 두 가지 방향으로 추진되어야 한다. 우선 교장의 위상과 역할 재정립이 필요하다. 그리고 이에 기초하여 가장 적합한 사람이 교장이 될 수 있는 교장 임용 방안이 마련되어야 한다.

교장은 크게 두 가지 유형으로 나눌 수 있다. 우선 학교 행정을 전담하면서 교사들의 교육활동을 지원하는 유형이다. 이 경우 교장이 되는 것은 교사에서 행정가로 전직을 의미한다. 둘째로는 교장이 선임 교사(헤드 티처)로서 교사들과 함께 학생들의 교육활동을 이끌어가는 유형이다. 이때 교장은 행정가보다는 교사로서의 정체성이 강하다.

현실에서는 이 두 유형을 완전히 분리하기 힘들다. 나라마다 또는 급별에 따라 교장의 위상과 역할에 대한 강조점은 다르지만, 두 가지 역할이 혼재되어 있는 경우가 많다. 우리의 경우에도 교장의 역할을 어느 하나로 고정하는 것은 아직 시기상조로 보인다. 예를 들어 교장의 역할을 행정가로 고정시키려면 교사들의 집단적 참여를 통해 교육활동을 이끌어갈 수 있는 제도적·문화적 여건이 마련되어야 하는데, 이는 일정한 준비 과정이 필요하다.

한국 교장의 문제는 행정과 교육활동 모두에서 권한을 독점하지만, 행정에만 관심을 쏟고 교육활동은 방치하거나 매우 소극적인 태도로 접근한다는 점이다. 앞으로 교장은 학교의 교육활동에서 더 많은 역량과 관심을 쏟아야 한다. 그런데 교육활동은 교사들의 고도의 자율성, 윤리적 책임성, 전문성을 요구한다. 현재와 같이 권한을 독점하고 일방적인 지시와 명령을 내리는 제왕적 리더십이나, 형식적이고 기계적인 업무 분담을 통해 오히려 교사들의 교류와 협력을 제한하는 관료적 리더십으로는 교육활동에 필요한 교사들의 능력이나 자질을 이끌어낼 수 없다.

교육활동을 위해 교장에게 필요한 것은 수평적이면서 민주적인 리더십이다. 학교교육의 목표와 비전을 학교 구성원들과 함께 고민하고 공유할 수 있어야 한다. 교사들이 모여 교육활동 경험과 생각을 교류하며 함께 공부하고 연구할 수 있도록 자극하고, 격려하고, 지원해야 한다. 한국의 교사문화는 지극히 수동적이고 개별화되어 있다. 오랜 세월을 통해 굳어진 이런 문화적 관행을 바꾸어가기 위해 교장은 학교 구성원 중에 가장 혁신적인 마인드가 있어야 한다.

또한 교장은 교사, 학생, 학부모의 참여를 확대하고 민주적 의사결정 과정을 통해 실질적인 학교자치 구현에 앞장서야 한다. 교육 주체 간 갈등과 충돌을 조정하고 협력을 강화시킬 수 있는 능력이 있어야 한다. 나아가 지역사회와 긴밀한 협력 관계를 만들어갈 수 있어야 한다.

하지만 무엇보다도 교장은 이런 방대한 과제들을 동료 교사들과 함께 해결해가는 개방적이고 민주적인 성향을 체화하고 있어야 한다. 한마디로 교장은 지금까지의 수직적이고 관료적인 행정 중심의 학교를 수평적이고 민주적인 교육 중심의 학교로 바꾸어가는 과업을 동료 교직원들과 함께 실천하되, 반 발짝 앞장서서 이끌어갈 수 있어야 한다.

현재의 교장 임용 방식으로는 민주적이고 혁신적인 교장의 출현을 기대하기 어렵다. 승진 준비 과정에서 민주적인 문화보다는 지시-복종의 권위적 문화를 배우고, 동료들과 협력보다는 자신의 승진 점수를 먼저 챙기는 사람이 된다. 교육보다는 행정을 중시하고 과정보다는 가시적 결과만 추구하는 성향을 갖기 쉽다. 무엇보다도 현재의 승진 점수로는 그 사람이 민주적이고 혁신적인 교장으로서 능력과 자질을 갖추고 있는지 전혀 판단할 수 없다.

모든 교사는 행정 처리에 유능한 교사보다는 교육을 잘하여 학생들로부터 신뢰와 존경을 받는 교사가 되고 싶어 한다. 학교가 행정 중심으로 돌아가다 보니, 행정업무를 중시하는 모습이 나타나는 것이다. 학생과 학부모도 당연히 행정이 아니라 교육에 열정을 쏟는 교사를 좋아할 것이다. 현재의 승진제도에서는 사실상 교장과 교감이 학교 관리자로 승진할 대상자를 선정한다고 볼 수 있으며, 그들에게 가장 중요한 교장 자격 기준은 행정처리 능력일 것이다. 만약 교사, 학부모, 학생이 교장을 선정할 수 있다면 이들과는 전혀 다른 관점에서 교장의 자격을 바라볼 것이다. '누가 학생 교육을 가장 잘 이끌어나가고 지원할 것인가?' '누가 교사들의 자율성을 존중하고 전문성을 신장하는 데 도움을 줄 것인가?' 등이 핵심적인 기준이 될 것이다.

새로운 교장 임용제도로서 교장공모제는 기존 교장승진제와 크게 두 가지 점에서 다르다. 첫째, 기존 교장승진제에서는 사실상 교장과 교감이 새로운 승진 대상자를 선정하는 데 막강한 영향력을 미치는 반면, 교장공모제에서는 교사와 학부모가 교장 대상자 선정에 결정적인 영향을 미친다. 이에 따라 교장의 자격 기준을 바라보는 관점이 완전히 바뀌게 된다.

둘째, 기존 교장승진제는 여러 항목의 승진 점수가 교장 자격의 유일한 기준이 되고, 가장 높은 점수를 얻은 사람만이 교장이 될 자격을 획득할 수 있다. 반면 교장공모제에서는 일정한 교직 경력을 갖춘 모든 사람이 교장이 될 자격을 가지며, 교사로서 살아온 삶의 총체적 과정, 교육에 대한 철학, 학교 운영에 대한 비전 등이 심사 대상이 된다.

교장공모제를 반대하는 사람들이 제기하는 우려는 크게 두 가지가 있다.

우선 교장공모제는 무자격 교장을 양산할 것이라는 주장이 있다. 하지만 승진제 하에서의 교장 자격증이 과연 교장의 자격을 보증할 수 있는지 논란이 많다. 기관장에 대하여 별도의 자격증을 부여하는 것은 외국은 물론 한국 사회의 다른 분야에서도 볼 수 없는 매우 특이한 제도이다. 병원, 법원, 회사 등 대부분의 기관에서 기관장의 자격증은 별도로 존재하지 않는다. 병원장은 의사 자격증으로 충분하고 법원장은 판사 자격으로 충분하다. 그렇다면 교장도 교사 자격증으로 충분하지 별도의 교장 자격증을 요구하는 것은 불필요하다. 오히려 승진 점수로 부여되는 교장 자격증은 교장의 자격을 보증하는 것과는 매우 거리가 멀다. 교사와 학부모 등 다양한 주체가 참여하는 공개적인 교장 공모 과정을 통해 교장 자격을 더욱 엄격하고 정확하게 검증할 수 있다. 부장이나 교감 등을 거치면서 얻을 수 있는 행정 경험을 강조하는 입장도 있다. 분명 학교 운영의 참여를 통해 얻어지는 행정 경험은 교장 역할 수행에 중요한 것일 수 있다. 하지만 이는 교장 연수를 통해 충분히 보완할 수 있다. 교장 연수 과정(교육청 또는 대학에 설치)을 개방하고 일정한 연수를 거친 사람에 한하여 교장 공모에 참여할 자격을 부여하거나, 새로운 교장 임기가 시작되기 전에(예를 들어 6개월 전 등) 공모를 완료하고, 공모 교장으로 선정된 사람들에게 연수 기회를 부여할 수 있을 것이다. 사전이든, 사후든 충분한 연수 과정을 통해 교장으로서 필요한 행정 능력과 교육적 능력을 키울 수 있을 것이다. 연수 과정을 통해 부적격 교장을 걸러낼 수도 있을 것이다.

둘째로, 교장 공모 과정에서 학연, 지연 등 불공정한 요소가 개입할 수도 있고, 특정 교원단체의 입김이 강하게 작용할 수 있다는 우려가 있다. 이런 문제를 해결하려면 공모 절차의 공정성과 투명성을 강화해야 한다. 공모 심사에 참여하는 교사와 학부모를 늘리는 것, 공모 심사 과정을 세밀하게 설계하고 공모 결과에 대한 투명성을 높이기 위한 제도적 장치를 마련하는 것 등이 필요하다. 특정 교원단체의 부당한 영향력에 대한 우려의 경우, 교장공모제 심사위원회에서 학부모 위원이 과반수가 넘으며, 가장 큰 교원노조인 전교조의 경우도 조합원 수가 전 교원의 15%를 넘지 않기 때문에 현실적인 문제가 될 수 없다.

그리고 이런 문제를 해결하는 데 가장 근본적인 것은 교장 자리가 출세나 승진의 자리가 되지 않게 하는 것이다. 이를 위해 교장공모제는 반드시 교장보직제와 결합되어야 한다. 일정 기간 동안 역할 분담 차원에서 교장 업무를 담당하다 임기가 끝나면 평교사로 돌아가는 제도가 필요하다. 교장이 출세와 승진이라는 욕망의 대상이 아니라 학생과 동료 교사, 직원들을 위한 헌신과 명예의 자리가 될 때 교장공모제를 둘러싼 여러 가지 문제는 사라질 것이다.

5. 교장제도 개혁의 완성: 교장선출보직제

교장공모제의 문제점은 무자격 교장의 양산이나, 공모 과정에서 공정성의 결여가 아니다. 기존의 다양한 연구 보고에 의하면 승진제 교장보다 공모 교장, 특히 평교사 출신 공모 교장에 대한 학교 구성원들의 만족도가 높고, 이들의 업무 수행 능력이 뛰어난 것으로 나타났다.[4] 또한 교사를 대상으로 하는 최근 여론조사에서도 평교사가 지원 가능한 교장공모제에 찬성 비율이 압도적으로 높았다. 특히 평교사 출신 내부형 공모 교장을 경험한 교사들의 경우 교장공모제 확대에 대

---

4. 나민주 외(2008). 『교장공모제 학교의 효과 분석』. 충북대학교 지방교육연구센터. / 김갑성 외 (2010). 『교장공모제 성과분석 및 세부 시행모형 개선 연구』. 한국교육개발원. / 김이경 외(2012). 『교장공모제 현황 분석 및 개선방안 연구』. 교육과학기술부 등.

한 찬성과 교장공모제가 가져올 긍정적 효과에 대해 더 높은 기대를 보이고 있다.[5]

여러 가지 연구조사 결과나 교사들의 경험에 기초한 응답을 볼 때, 평교사 출신의 공모 교장이 교장으로서의 업무능력이 떨어질 위험이 있다는 것은 사실이 아니다.

오히려 교장공모제의 문제는 다른 데 있다. 현재의 교장공모제의 경우 학교 밖 교사들이 주로 교장에 지원하기 때문에 이들의 자질과 전문성 검증에 어려움이 있다. 현재는 지원자들이 제출한 서류와 의견 발표, 면접 등을 통해 공모 절차를 진행하는데, 충분한 검증이 쉽지 않다. 또 다른 문제는 평교사 참여형 교장공모제가 확대될 경우 교장이 되기 위한 경쟁이 광범위하게 확산될 우려가 있다는 것이다. 지금은 승진 과정이 비교육적 경쟁과 비인간적인 굴종을 요구하기 때문에 일부만 승진 욕망이 있다. 하지만 교장공모제가 확대될수록 더 많은 교사들이 승진 경쟁에 뛰어들 수 있다. 현재의 교장 권력을 그대로 유지한다면 충분히 이런 현상이 나타날 수 있다. 많은 교사가 교육활동보다는 공모 준비에 더 많은 힘을 쏟을 수도 있다.

교장공모제의 이런 문제들을 해결하기 위해 제출된 방안이 교장선출보직제이다.

교장선출보직제는 교장공모제와 달리 주로 학교 내부 교사 중에 교

---

5. 전교조가 2018년 2월 발표한 설문조사 결과는 설문에 참여한 교사들의 소속 단체가 전교조 22.5%, 교총 23.%, 기타 단체 5.0%, 가입 단체 없음이 49.5%로 교사들의 모집단의 분포를 비교적 잘 반영하고 있기 때문에 신뢰성이 높다고 본다. 이 설문조사 결과를 보면, 교사들의 70.4%가 평교사가 참여하는 교장공모제의 도입을 찬성하였으며, 28.2%의 교사만이 현재의 교장승진제가 교장의 전문성을 보장하는 데 긍정적이라고 답변하였다. 평교사 출신 공모 교장을 경험한 교사들은 80.4%가 교장공모제를 찬성하였으며, 84.3%가 교장공모제가 민주적 학교 운영에 도움이 될 것이며, 84.1%는 학교교육력 강화에 기여하리라고 응답하였다.

장을 선출한다(단, 학교 규모가 작거나 적당한 대상자가 없을 경우 외부 출신 교장을 선출할 수도 있다). 내부 구성원 중에 교장을 선출함으로써 철저한 검증을 거칠 수 있는 장점이 있다. 수량화된 업적이나 가시적인 치적이 아니라 일상적인 교육활동을 통해 검증할 수 있기 때문에 가장 적합한 교사를 교장으로 선출할 수 있다. 또한 내부 구성원 중에 교장을 선출하면, 교장공모제처럼 불필요한 경쟁이나 보여주기식 업적 쌓기가 발생할 가능성이 대폭 줄어들 수 있다.

또한 보직제를 실시함으로써 교장이 상위 권력자가 아니라, 교사들 사이의 역할 분담자로 받아들여질 것이다. 보직 기간은 2+2년(2년 후 재신임을 얻으면 2년 연임)으로 하는 것이 적합할 것이다. 보직제의 경우 교장의 권위가 하락하여 학교현장이 무질서해질 위험과, 교장이 자주 바뀌어 학교교육의 안전성과 지속성이 떨어지는 문제가 나타날 수 있다. 따라서 보직제 실현은 반드시 교직원들의 집단적인 학교 운영 체제와 함께 가야 한다. 교직원들이 공동으로 학교를 운영하는 체제 속에서 여러 역할 중 하나로 교장의 보직이 존재해야 한다. 전체 교직원이 의사결정권을 가져야 하며, 교장은 의사결정 과정에서 교직원들의 의사를 조정하는 역할을 하고, 학생과 학부모의 참여와 협력을 확대하고, 교육 주체 간의 갈등과 대립을 조정하고 중재하는 역할을 해야 한다. 또한 집단적 의사결정을 통해 결정된 사항을 집행하고 지원하는 책임을 져야 한다.

교장선출보직제는 교장 임용 방식의 변화만을 꾀하는 것이 아니라, 학교 운영 방식의 전면적인 재편을 의미한다. 기존 교장제도가 학교장에게 모든 권한을 집중시켜 교장 1인 중심으로 학교를 운영하는 체제였다면, 교장선출보직제는 교육 주체들이 집단적으로 학교를 운영하고 교장은 여러 역할 중 하나를 담당하는 것이다. 1인에 의한 지배는 불안정할 수밖에 없다. 1인의 우연적인 역량과 자질에 모두의 운명을 맡겨놓을 수밖에 없기 때문이다. 반면 모두에 의한 지배는 집단적 역량과 지혜를 통해 우연적 요소를 최소화하고 조직의 역량을 극대화할 수 있다.

교장선출보직제에서 교장 선출 과정은 독일의 사례를 참조할 수 있을 것이다. 독일의 경우 교장의 공석이 생기면 해당 학교 교사회에서 주로 내부 구성원 중에 교장을 추천하고, 학교협의회와 교육청에서 최종 승인한다. 교육청에서 교장 공모를 주도하는 경우에도 복수의 후보를 학교에 추천하면 교사회에서 최종 결정하며, 추천한 후보 중에 적합한 인물이 없다고 판단되면, 교사회는 새로운 후보의 추천을 요구할 수 있다.

교사 또는 교직원이 교장을 선출하는 데 중심적인 역할을 해야 하는 이유는 첫째로, 교장은 교직원들의 대표 성격을 띠며, 교직원들과 함께 교육활동을 수행하기 때문이다. 따라서 일상적으로 함께 교육활동을 해야 할 교직원들이 자신들의 파트너로서 교장을 선출하는 것이 자연스럽다. 둘째로, 함께 일상적으로 교육활동을 해온 교직원들이 교장으로 적합한 사람을 가장 잘 선별할 수 있기 때문이다. 중학교나 고등학교의 경우 학생들도 교장 선출 과정에 참여할 수 있을 것이다.

교직원들과 학생이 교장 후보를 선출하여 추천하면 학부모가 참여하는 학교운영위가 선출된 사람에 대한 거부권을 행사할 수 있어야 한다. 혹시 발생할 수 있는 교직원들의 불공정한 교장 선출을 견제하고 감시하기 위해서다. 그리고 최종적으로 교육청에서 승인하는 절차가 필요하다.

6. 민주적-협력적 학교공동체 건설을 위하여

한국의 교육과 학교개혁의 목표는 분명하다. 학생들에게 배움의 기회를 풍부하게 제공하고, 이를 통해 학생들이 전면적으로 성장하고 발달할 수 있는 여건을 마련하는 것이다. 이는 학생 개개인의 행복한 삶은 물론 우리 사회의 미래를 위해서도 매우 중요하다.

교육개혁의 가장 큰 장애물은 소모적인 입시경쟁교육과 권위적인 관료지배 체제이다. 한국의 입시경쟁교육은 극단적인 대학서열체제와 학벌사회에 기인하기 때문에 이를 근본적으로 해결하는 것은 결코 쉬운 과제가 아니다. 반면 행정 중심의 권위적 관료지배 체제를 해체하고, 교육 중심의 민주적-협력적 학교공동체를 건설하는 것은 상대적으로 어렵지 않은 과제다. 교장·교감 등 기득권 계층과 승진을 준비해 온 일부 교사들이 반발하겠지만, 사회적 합의와 대다수 교육 주체들의 동의를 얻어내는 데 큰 어려움이 없다.

교장승진제는 이미 옛날에 수명을 다했다. 한국에만 존재하는 매우 낡고 비합리적인 제도다. 오로지 교육계 내의 일부 기득권 세력의 반발, 민주시민교육의 활성화를 두려워하는 반민주적 정치세력들의 방해 그리고 기존 제도와 관습을 유지하려는 관성 때문에 교장승진제는 계속 유지되고 있다. 이제 낡은 교장승진제를 폐지하여 학교를 살려야 한다. 교장승진제의 일몰제(특정 시점에서 제도의 종료를 미리 예고하는 것)를 통해 기존 제도에 대한 신뢰성의 원칙을 지키면서도 제도의 폐지를 현실화해야 한다.

평교사가 참여하는 교장공모제는 자율학교를 넘어, 일반 학교로 확대해야 한다. 모든 학교에 학교운영위원회가 있기 때문에 학교 구성원들의 충분한 의견 수렴을 통해 교장공모제 도입 여부를 결정하면 될 일이다. 교감제도는 폐지하거나, 공모 교장이 지명하여 교장을 보좌하고 교무행정을 총괄하면서 행정업무를 실제로 처리하는 보직으로 변경해야 한다.

교장제도 개혁의 최후의 목표는 교장선출보직제 도입이다. 교장 1인이 학교를 지배하는 구조를 넘어, 전체 학교 구성원의 참여와 민주적 의사결정으로 학교가 운영되어야 한다. 이를 위해서는 교장선출보직제와 더불어 학교자치기구의 법제화가 필수적이다. 특히 교무회의(전체 교원+직원대표+학생대표)를 의결기구로 만들어 학교 구성원들의 집단적인 지혜를 발동하여 일상적인 교육활동을 결정할 수 있어야 한다. 또한 학교운영위를 내실화하여 학부모 등이 교장을 비롯한 교직원들의 학교 운영과 교육활동에 대해 충분히 견제하고 감시할 수 있어야 한다.

교장제도 개혁 없이 한국의 학교는 변할 수 없다. 교장제도 개혁만으로도 학교교육의 커다란 변화를 가져올 수 있다. 비록 많지는 않지만 평교사 출신의 공모 교장들의 사례를 통해 이를 충분히 체감할 수 있다.

교육부(2017. 5). 「2017학년도 하반기 교장공모제 추진계획」.

김갑성·정수현·박인심·문찬수(2010). 『교장공모제 성과분석 및 세부 시행모형 개선 연구』. 한국교육개발원.

김영인·홍기석·이문원·최병진·구순란·오재길·김성천·이인숙·박성하·한혜진·홍섭근(2016). 『미래학교를 준비하는 교육공무원 인사제도 혁신방안 연구』. 경기도교육청.

김이경·고전·나민주·박인심(2012). 『교장공모제 현황 분석 및 개선방안 연구』. 교육과학기술부.

김이경·한유경·박상완·정일화(2008). 『교장 자격제도 개선방안 연구』. 한국교육개발원.

나민주·이차영·박상완·김민희·박수정·선영규·허홍화·김창원(2008). 『교장공모제 학교의 효과 분석』. 충북대학교 지방교육연구센터.

이준희·최환영·고의숙·김권호(2017). 『교육과정 중심의 교원인사정책 개선방안 연구-교감·교장제도를 중심으로』. 2017 전국교육정책연구소네트워크 공동연구 최종자료집.

한국교육연구네트워크(2013). 『교장제도 혁명』. 살림터.

.

교사학습공동체, 교육혁신의 주체 되기

홍제남_오류중학교 교장, 한국교원대학교 교원정책전문대학원 박사

교육혁신은 비정상 상태인 학교문화를 교육의 본질에 맞는 정상적인 학교문화로 바꾸는 것, 즉 비정상화의 정상화 과정이다. 민주적 학교 운영, 학생들의 교육 주체성 회복과 학생 주도 학습, 학생자치 활성화와 생활교육 혁신, 공동체적 배움터 조성, 행정업무에서 학생교육업무로의 학교업무 시스템 전환, 개별화된 교사문화에서 공동체적 문화로의 변화 등 이 모든 변화의 지향이 학교문화의 혁신이다. 이 속에서 학생들이 자신의 꿈을 탐색하고 사회생활을 경험하며, 건강하고 교양 있는 사회 구성원으로 살아가는 데 필요한 역량을 기를 수 있도록 학교의 기능이 혁신되어야 한다.

　교육현장에서 교육혁신을 실천할 핵심적 주체는 교사이다. 기존의 여러 교육개혁이 실패한 큰 요인 중 하나는, 현장교사의 자발적 실천을 중심에 둔 상향적 요구에 기초한 방식이 아닌, 점수나 평가 등의 경쟁과 외적 보상기제로 교사를 몰아세워 교사로서의 자긍심과 자존감을 떨어뜨리는 일방적이고 지시적인 방식 때문이다. 2009년 시작된 혁신학교운동은 현장교사들이 주체가 되어 교사학습공동체를 중심으로 자발적으로 활발한 학교혁신을 추진하면서 의미 있는 많은 교육적

성과를 도출하고 있다. 혁신학교운동이 만 10년을 맞으며 단위학교에서 학교혁신 성공 여부에 가장 큰 요인으로 제시되고 있는 교사학습공동체에 대한 성찰과 반성을 통해, 그간의 성과를 확대·발전시킬 대안을 모색해야 할 시점이다.

이 글에서는 학교혁신 성공 여부의 가장 주요한 요소로 언급되는 교사학습공동체의 개념과 운영 실제를 먼저 살펴보고, 이론적 검토와 교육혁신의 실천 경험을 토대로 교사학습공동체의 발전과 지속을 위해 고찰되어야 할 것들은 무엇인지 제시하고자 한다.

1. 교사학습공동체의 필요성과 운영 실제

가. 교사 전문성은 어떻게 성장하는가?

교육개혁과 학교혁신에서 교사 전문성은 매우 주요한 요인이다. 교육의 변화란 교사의 변화를 의미하며, 교육의 질적 변화와 혁신은 유능하고 우수한 교사를 기반으로 이루어진다.Sergiovani & Starratt, 1983 교육개혁에 대한 최근 연구를 보면, 교사의 주체적이고 전문적인 헌신이 교육개혁의 중심에 있어야 교육개혁은 성공할 수 있다.Autio, 2015

그간 교육개혁의 핵심적 열쇠로 평가되는 교사 전문성이 무엇이고 어떻게 성장하는가에 대해 많은 연구가 있었다. 연구는 주로 현장교사가 아닌 외부 전문가들에 의해 이루어져왔으며, 대체로 지식·기술·태도의 세 차원으로 정리하여, 이를 교사들에게 효과적으로 전수하고자 하는 방식으로 예비교사교육 및 교사연수가 이루어졌다. 외부 전문가나 특별히 선택된 소수의 교사들에 의해 최신 지식이나 기술을 교사들에게 전수하고 업데이트해주는 방식이 주를 이뤘다. 이로 인해 현장 교사들이 현장에서 습득한 실천적이고 암묵적인 지식은 다른 교사들에게 체계적으로 전수되지 못하고 교육현장에서 사라져갔다.서경혜, 2015

이렇게 일방적으로 전수되고 전달되는 교사 지식과 교사 전문성의 형성 과정에 반해, 이론적·실증적 연구 결과를 토대로 교사학습공동체의 효과성과 필요성에 대한 논의와 실천이 대두되었다. 지식이 형성되는 과정에 대해 개인주의적 접근이 아닌 사회문화적 접근이 필요하다는 것이다. 특히 상황인지론자들은 인지에 대하여 '개인'을 넘어서 '개인과 상황의 불가분의 관계성'에 주목하여 분석 단위를 관계의 집합인 공동체의 수준으로 확대하였다.김대훈, 2014[1] 이것이 의미하는 바는 개별 교사들의 학습과 교사 전문성이 개인 영역이 아니라, 교사들이 머무르고 있는 상황인 학교공동체 속에서 이루어져야 한다는 것이다.

교사학습공동체[2]의 개념은 개인주의와 과중한 업무 등으로 고립화되어 있는 교사문화와 장학 연수의 비효율성에 대한 대안으로 미국을 비롯한 서구에서 먼저 제시되었다. 연구자들은 학교교육의 효과성에 대한 현장연구를 진행하며, 교사들이 협력하는 학교 학생들의 학업성취가 의미 있게 높다는 연구 결과를 제시했다. 이후 호드Hord1997는 여러 선행연구를 분석하여 교사학습공동체 개념을 체계화하여 아

---

1. '상황'은 미리 존재하고 주어지는 것이 아닌 행위자들의 활동에 의해 구성되는 것이다. 단순히 객관적으로 주어진 장소나 시간 등이라기보다는, 행위자들의 인식으로 드러나고 그 인식에 영향을 미치는 일상적 행위나 사고를 구조화하는 생활 공간이면서 동시에 사람들이 사고와 행위에 의해 일상적으로 구조화된 상태를 말한다(Lave & Wenger, 1991; 박성선, 1998; 손민호, 2005; 박동섭, 2008. 김대훈, 2014에서 재인용).

2. 교사학습공동체는 국내·외적으로 다양한 용어로 혼재되어 사용된다. 전문(적)학습공동체, 전문가학습공동체, 학습공동체, 교사공동체, 교사학습공동체, 협력적 학습공동체, 실천공동체 등이다. 그러나 학자마다 표현은 조금 다르지만 내용적으로는 학교혁신을 위해서는 교사(원)들이 학습공동체에서 협력하며 함께 학습하고 연구할 필요가 있다는 점에서는 동일하다.

래와 같이 제시하였다.

홀Hall과 호드Hord(2006)가 제시한 전문적학습공동체의 특징

공유된 가치와 비전	교직원의 본질적 업무로서 학생들의 학습력 향상을 위한 지속적인 배려와 헌신
협력적 학습과 적용	학생들의 요구를 포괄하는 해결책들을 학습하고 적용
지원적 환경	협력적 조직 정비와 관계를 향상시키는 물리적·인간적 역량
지원적 공유 리더십	의사결정에 직원들이 참여하는 권력과 권위
개인 실천의 공유	개인과 공동체의 향상을 지원하는 동료에 대한 피드백과 협력

출처: 이경호, 2012

즉, 교사학습공동체는 '공유된 가치와 비전'을 가진 교사들이 '지원적 환경'과 '지원적 공유 리더십'의 문화 속에서, '개인 실천을 공유'하고 '협력적으로 학습하고 적용'하며 학교문화를 바꾸고 교육혁신을 실천하는 교사실천공동체라 할 수 있다.

우리나라에서도 1990년 후반부터 교사학습공동체에 대한 논의오은경, 1996; 한대동, 1996가 시작되어, 혁신학교 정책이 추진되면서 학교혁신의 실천적 주체로 주목받게 되었다.곽영순 외, 2016 현재는 전국적으로 진행되고 있는 혁신학교 정책 추진 과정에서 학교마다 다양한 형태와 내용으로 교사학습공동체를 중심으로 학교혁신을 실천하고 있다. 그간의 비효율적 연수나 형식적인 공개수업에서 벗어나 교사학습공동체의 중요성을 공유하며, '프레네 교육', 사토 마나부의 '배움의 공동체', 핀란드의 학교교육, 서근원 교수의 '아이 눈으로 수업 보기' 등으로부터 큰 도움을 받고 있다.노상우, 2015

성공적인 혁신학교는 교사학습공동체를 중심으로 다양한 교육철학과 수업 방식을 응용하여 가르침과 배움에 대한 새로운 변화를 시도

하고 있으며홍제남, 2017; 윤석주, 2016; 김경숙, 2017; 의정부여자중학교, 2015, 교육부나 시·도교육청 또한 이를 정책적으로 지원하고 있다.

나. 교사학습공동체는 어떻게 운영되고 있나?

혁신학교 이전의 우리나라 교사학습공동체는 대체로 학교 밖에서 동일 교과 위주의 모임으로 이루어져왔다. 그러나 혁신학교 정책 이후 혁신학교를 중심으로 학교 안에서 교사학습공동체가 활발하게 이루어지고 있다. 학교 밖 교사학습공동체의 긍정성도 크나, 학교 안의 교사학습공동체는 더 많은 이점과 실천적 의미가 있다. 같은 학교 교사들은 같은 학교에 다니는 비슷한 여건의 학생들을 함께 가르치고, 학교 내에서 해결해야 할 문제들을 공유하며, 모임을 위해 이동하는 시간이나 공간적 제약 등을 훨씬 적게 받는다는 점 등, 많은 장점이 있다. 이 소절에서는 우리 교육혁신 과정에서 새롭게 확산되고 있는 학교 내 교사학습공동체 운영의 실제와 실천적 의미를 살펴보고자 한다.

곽영순 외[2016]는 최근 우리나라에서 진행되는 교사학습공동체는 국외의 사례와는 다른 양상을 보이며 이를 '한국형 교사학습공동체'라고 명명하고 특징을 분석하였다. 한국형 교사학습공동체의 동인으로 상향식 교사운동, 배움의 공동체 수업철학[3], 혁신학교교육정책을 들었고, 전개 양상은 수업연구를 중심으로 하는 '수업주도형 교사학습공동체'와 주로 열악한 생활여건에 속한 학교에서 학생들의 생활교육의 필

---

3. '배움의 공동체'는 일본의 사토 마나부 교수가 수많은 학교를 대상으로 수업 컨설팅과 현장연구를 실시하며 정립한 이론으로, 그에게서 박사학위를 받은 손우정이 우리나라에 보급하였다. 2009년 혁신학교 정책 이후 수업 혁신의 대안으로 전국의 많은 학교에서 검토되고 시도되었다. 사토 마나부의 대표 저서 제목인 '수업이 바뀌면 학교가 바뀐다'는 '배움의 공동체'가 지향하는 학교혁신의 실천 방향을 보여주는 대표적 문구이기도 하다.

요성을 느낀 교사들이 함께 연대하여 만든 '생활주도형 교사학습공동체'의 두 가지 양상으로 나타난다고 제시하였다.

교사들의 자발성을 토대로 진행되는 교사학습공동체는 각 학교의 실정이나 학교급에 따라 다양한 방식으로 진행되며, 참여하는 학습공동체 분야[4]와 중요하게 생각하는 성과 또한 다소 다르게 나타나고 있다. 다음의 표를 보면 교사학습공동체 운영 성과에 대해 전체적으로 '학습자 참여중심의 수업' 33.6%, '교원 간 화합 및 의사소통 활성화' 32.6%, '교사 자신감 및 효능감 증진' 13.7%, '토론 및 협력문화 확산' 13.4%, '교사 자율성 증대' 5.3% 순으로 나타났다. 학교급에 따라 중요하게 생각하는 성과의 순서는 다소 다르게 나타나고 있다. 이런 연구결과들로 미루어 보건대 각 학교의 구체적 조건인 학교급별, 학생들의 생활환경, 관리자 및 교사 여건, 학교문화 등의 상황에 따라 교사학습공동체가 다양한 목적과 방법으로 운영되고 있는 것을 알 수 있다.

각 학교에서 진행되는 교사학습공동체의 형태가 수업주도형 교사학습공동체거나 생활주도형 교사학습공동체, 또는 두 내용이 혼합된 형태 등으로 다르게 진행되더라도 학생들에게 미치는 영향은 수업과 생활지도 양 측면 모두에 직간접적으로 영향을 미치게 된다. 수업이 개선되면 학생-교사 간에 상호 긍정적인 관계가 형성되고 학생과 교사 모두 학교생활의 효능감이 높아지게 되어 학교생활에 대한 적응도와 만족도가 높아지며 생활지도상 문제 또한 줄어든다. 사토

---

4. 학교급별 교사학습공동체의 양상을 비교해보면, 초등학교의 경우는 초등비교과 55.2% 초등교과 31.5%, 중학교는 중등비교과 40.6% 중등교과 34.4%, 고등학교는 중등비교과 41.1% 중등교과 43.8%로 나타났다. 초·중·고로 갈수록 상대적으로 교과 비중이 높아지는 것을 볼 수 있다. 교직 경력이 낮을수록 교과 중심으로, 경력이 많을수록 비교과 중심으로 참여하는 특징을 보였다(전제상 외, 2016).

교사학습공동체 운영의 가장 중요한 성과

구분		전체		학습자 참여 중심의 수업 개선		교원 간 화합 및 의사소통 활성화		교사 자신감 및 자아 효능감 증진		토론 및 협력 문화 확산		교사 자율성 증대		학생 및 학부모 만족도 증대		학교 현안 해결력 증대	
		빈도	비율	빈도	비율	빈도	비율	빈도	비율	빈도	비율	빈도	비율	빈도	비율	빈도	비율
전체		417	100	140	33.6	136	32.6	57	13.7	56	13.4	22	5.3	4	1.0	2	0.5
학교급별	초등학교	248	100	76	30.6	81	32.7	40	16.1	29	11.7	18	7.3	3	1.2	1	0.4
	중학교	96	100	35	36.5	32	33.3	10	10.4	14	14.6	3	3.1	1	1.0	1	1.0
	고등학교	73	100	29	39.7	23	31.5	7	9.6	13	17.8	1	1.4	0	0.0	0	0.0

출처: 전제상 외, 2016

마나부[2000]는 '수업이 바뀌면 학교가 바뀐다'라는 문구로 이런 관계를 표현하고 있다. 생활주도형 교사학습공동체의 활동 결과로 학생-교사 간 상호 이해가 증진되고 관계가 개선되면 이 또한 학생들의 수업 개선에 긍정적인 영향을 미치게 된다. 교사-학생 간의 친밀도와 교사들의 학생에 대한 정서적 지원은 학생들의 수업 참여와 학습에 긍정적인 영향을 준다.[김윤희 외, 2010] 또 이 과정에서 교사들이 좋은 수업을 만드는 데 필요한 요인인 교사들의 교수내용지식PCK: Pedagogical Content Knowledge이 증가하게 된다. 이는 교수내용지식을 구성하는 주요한 한 요소가 교사들이 학생들의 현재 상태를 잘 이해하는 것이기 때문이다.[신경명, 2010]

구체적으로 교사학습공동체는 어떻게 교사들의 수업 전문성을 높이게 될까? 홍제남[2017]은 서울의 혁신중학교 두 곳의 교사학습공동체에 대한 사례연구를 하여, 교사학습공동체 활동 과정 중 공개수업을 참관하는 교사들이 주목하는 부분과 이를 통해 교사의 수업 전문성이 향상되는 과정을 분석하여 다음과 같이 제시하였다.[5]

교사들이 수업 참관하며 관찰하고 성찰한 점

관찰 대상	관찰 내용
교사-학생	수업 설계, 수업 운영에 따른 학생들의 활동, 반응/ 교사의 적절한 개입, 촉진, 피드백에 따른 학생들의 반응/ 교사들의 학생에 대한 언어 구사로 나타나는 학생들의 심리 상태 변화
학생-학생	학생들의 교우관계, 소외되는 학생/ 친구와 배움을 주거나 받는 학생/ 모둠 내의 의견 수렴 과정/ 모둠의 협력이 일어나는 방식: 모둠칠판, 교사 촉진, 모둠을 이끄는 학생 등/ 모둠 수업의 장점
학생 개별	학생들의 작은 혼잣말, 웅얼거림, 작은 목소리/ 학생들의 수다, 대화의 내용/ 활동에 들어오는 순간/ 학생들의 교과에 따른 수업 참여도 차이/ 학생들의 머뭇거림, 내적 갈등, 배움과 깨달음의 순간/ 학습 주제에서 파생된 새로운 이야기: 화산과 지진 뭐가 먼저?
교사 자신의 성찰	간단한 학습지와 학생에게 기회를 주는 모습: 학생들 간의 대화가 활성화 됨/ 학생들의 발표: 믿고 주도권을 넘겨야/ 교사의 말이 적으면 학생이 말을 많이 하게 됨/ 연결 짓기를 하면 학생들의 집중이 높아짐/ 교사의 사전 수업 준비 과정에 의한 수업: 풍성한 활동

범교과 수업연구회를 통한 교사의 수업 전문성 향상 개념도

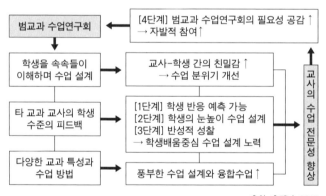

출처: 홍제남, 2017

---

5. 두 학교 모두 중학교임에도 교사학습공동체를 교과별이 아닌 학년별 연구회 형태로 진행하였다. 홍제남(2017)은 이렇게 동일 교과가 아닌 다양한 교과 교사들이 함께하는 수업연구회를 '범교과 수업연구회'로 정의하여 사용하였다. 중학교임에도 동교과가 아닌 범교과 수업연구회로 정착된 이유에 대해, 초기에는 교과별과 학년별을 병행하여 진행하였으나 진행 결과, 같은 학년을 담당하는 여러 교과교사들이 함께하는 범교과 수업연구회가 교과별 수업연구회에 비해 교사들의 수업 전문성 향상에 더 효과적이었기 때문이라고 분석하였다.

앞의 표와 그림을 보면, 교사들은 다른 교과교사의 공개수업연구 참관 과정에서 자신들이 수업을 하는 반의 여러 학생들을 자세히 관찰할 기회를 갖게 된다. 이를 통해 학생들을 '속속들이' 잘 이해하게 되어, '학생들을 속속들이 이해'하며 수업 설계를 할 수 있고, 교사-학생 간 친밀감도 높아져 이것이 수업 분위기 개선에 긍정적 영향을 주고 있다. 이 요인 외에도 타 교과 교사들의 학생 수준의 피드백으로 학생 눈높이에 맞는 수업 설계가 가능하고, 다양한 교과교사와의 협력으로 풍부한 수업 설계와 융합수업이 가능해져 결과적으로 교사의 수업 전문성을 향상시키고 있다.

또한 교사학습공동체는 교사의 수업 전문성을 향상시킬 뿐만 아니라, 학교 내 협력적 교사문화를 생성하고 있다. 구체적으로 첫째, 교사 간 관계가 친밀해지고 동료 교사에 대한 이해의 폭이 넓어지게 된다. 이는 교사들이 교과와 나이, 성별을 떠나 자주 만나게 되기 때문이다. 둘째, 교사 간 대화가 일상적인 대화에서 수업 이야기로 바뀌고 연구하는 분위기가 만들어져 동료 교사에게 교육적 동료애를 느끼게 된다. 셋째, 교사들이 교육적 역할을 자각하고 성찰하는 기회를 갖게 되는데, 이것이 다시 학교혁신에 참여하는 동력이 되고 있다.홍제남, 2017 늘 고립된 채 늘 혼자 외롭고 힘겹게 수업을 고민하며 지쳐가던 교사들이 교사학습공동체를 통해 새로운 활력과 동력을 찾고, 서로 협력하며 학교혁신을 실천하는 학교문화를 만들어가고 있는 것이다.

앞으로 학교 내의 실천이 교육혁신을 이끄는 의미 있는 변화로 지속되기 위해서는, 개별 교사의 의식 변화 차원을 넘어 학교 안에서 교육적인 담론을 활발히 논의하고 실천하는 학교문화와 교사학습공동체가 정착되어야 한다.서경혜, 2009

2. 교사학습공동체 운영 원리

위에서 살펴본 대로 교사의 변화와 교사학습공동체는 학교혁신의 핵심적 요인이다. 그러나 다양한 생각을 가진 교사들이 교사학습공동체 속에서 교육혁신을 위해 함께 협력하며 학교혁신의 성과를 도출하는 일은 쉽지 않은 과정이다. 교사학습공동체가 학교혁신의 역할을 실제로 수행하기 위해서는 교사학습공동체 운영 원리와 극복할 과제를 깊이 성찰하며 실천해야 한다.

배은주[2014]는 경기도와 서울의 혁신중·고등학교 4개교에 대하여 혁신학교 운영의 특징과 갈등을 탐색하여, 갈등의 요인으로 '교장의 일방적 리드와 교사들의 부동의不同議', '최적의 업무분장에 대한 다른 생각', '학생 지도 방식과 내용에 대한 다른 관점', '수업 공개에 대한 부담', '퇴근 시간 지연', '학부모의 교육적 이기심', '혁신학교에 대한 오해와 왜곡' 등을 제시하였다. 최진영 외[2016][6]는 민주적·협력적 학교문화의 지지 요인과 방해 요인을 분석하여, 지지 요인은 1) 학생의 배움에 초점을 두는 비전 형성과 공감과 설득을 통한 비전 공유, 2) 신뢰와 존중의 사회적 자본, 3) 교장의 지원적이고 공유된 리더십, 4) 모든 구성원이 함께 논의하고 결정하는 장으로서 교사회의, 5) 행정업무 전담팀, 6) 협력을 위한 시간과 구조, 7) 지속적인 교사 연수를 위한 재정적 지원, 8) 협력하기 쉬운 학교 구조 등의 물리적 환경, 9) 교육과정 및 수업 혁신을 위한 교사의 자율성, 10) 교사 간 갈등을 중재해

---

6. 최진영 외(2016)는 혁신학교의 민주적, 협력적 학교문화를 연구 주제로 서울형혁신학교를 대상으로 연구하였다. 7개 초등학교에 대한 사례연구와 함께 초등학교 30개교, 중학교 20개교에서 설문조사를 하여 최종 회수된 467명의 설문 결과를 함께 분석하였다.

주는 중간 리더, 11) 고민과 성찰을 통해 변화하고 성장하는 교사, 12) 교육청의 지원과 예산 등이라고 하였다. 방해 요인은 1) 성과급제와 기존 승진 구조와 같은 경쟁을 부추기는 정책, 2) 교사 간 래포 형성 기회와 민주적 소통을 위한 준비 부족, 3) 큰 학교 규모, 4) 교직문화에 대한 고정된 인식과 선 경험으로 인해 변화하려고 하지 않는 교사와 설득과 공감의 과정 없이 혁신에 대한 강한 철학과 신념을 밀어붙이는 교사들 간의 이해 부족과 갈등, 5) 지나친 개인적 자율성, 6) 교원 순환전보제 등을 제시하고 있다.

홍제남[2017]은 혁신학교 사례연구를 하여 결론적으로 교사학습공동체가 형성되기 위한 주요 요소를 아래 그림과 같이 제시하였다.

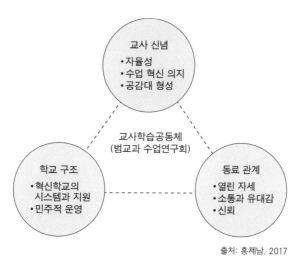

혁신학교 교사학습공동체 형성의 주요 요소

출처: 홍제남, 2017

자율적인 교사들이 교육혁신의 비전을 공유하고, 동료 간 신뢰를 기초로 열린 자세로 소통하며 유대감을 형성하고, 학교 또한 민주적 운영과 효율적 시스템으로 지원해야 한다. 국내외 교육혁신에 대한 많은 연구 또한 비슷한 맥락에서 학교혁신, 교사학습공동체의 성과와 특성, 운영 원리 및 구성 요소, 지지 요인과 극복할 문제 등을 제시하고 있다. 교사학습공동체의 운영 원리와 특성, 지지 요인을 제대로 실현하지 못하면 이것은 역으로 극복할 과제가 되어버린다. 실제로 혁신학교 실천 과정에서 학교에 여러 갈등 양상이 나타나고 있는데, 이것을 정상적인 변화의 과정으로 바라보고 수용해야 함에도 그렇지 못할 경우 구성원들 간에 문제가 심화되어 학교혁신을 저해하는 요인이 되기도 한다. 그러므로 교사학습공동체 운영 과정에서 발생하는 여러 현상과 문제를 어떤 관점에서 바라보고 어떻게 해결 방안을 찾는지는 매우 중요한 문제이다. 이 절에서는 이에 대한 몇 가지 주요한 관점들을 살펴보고자 한다.

가. 교사를, 자유롭게 춤추게 하라

교사학습공동체는 교사들의 자율성과 다양성에 토대를 두어야 한다.서경혜, 2015; 하그리브스 외, 2012 그러나 갈등의 원인 또한 사람들 간의 다양한 생각의 '차이'에서 발생한다. '차이'를 어떻게 바라보고 수용하는가 하는 문제는 교사학습공동체의 성패에 매우 주요한 요인이다. 들뢰즈Deleuze, 1968는 '차이'는 나타나지 말아야 할 것이거나 통일성으로 해소되어야 할 것이 아니라, 지속적인 변화를 이끄는 동인으로 존중되어야 한다고 하였다. '차이'와 '다름'을 갈등의 요소가 아닌 변화의 시작점으로 바라보아야 한다는 것이다.

교사학습공동체의 정체성은 교육현장의 많은 난제를 집단지성[7]으로 지혜와 힘을 모아 풀어가는 데 있다. 집단지성의 토대인 다양성이란 서로 간의 '다름=차이'에 기초한다. 어떤 공동체가 다양성과 차이를 수용하지 못하고 '공동체=동일함'으로 편협하고 왜곡되게 해석한다면, 그 공동체는 결국 다양성을 상실하고 극히 '협소한 지식'만 남게 된다. 그 결과 차이와 다양성에 터해야 가능한 '집단지성'은 발현될 수 없다.

다양성을 인정한다는 것은 상대방의 존재 자체를 존중하고 이를 토대로 '나와 다른 그의 견해를 존중'하며 서로에게 부족한 면을 보완하고 배우는 과정이다. 이는 나와 생각이 다른 타인을 있는 그대로 수용할 수 있는 개방성이 전제되어야 가능하다. '다름'을 인정함으로써 증가할 수 있는 불확실성에 대한 불안을 수용하지 않는 조직은 창의적이고 다양한 실천적 모색이 극도로 제한된다. 이는 집단지성의 핵심 요소인 '학습공동체'보다는 권위적 지식을 강조하는 '집단주의'에 가깝다. 역사적으로 동일한 가치와 신념을 강요했던 집단주의가 얼마나 참담한 결과를 가져왔는지[8] 우리는 이미 경험적 사실로 알고 있다.

햇빛의 무색 투명함에는 비 온 후 보이는 아름다운 무지개를 이루는[9] 다양한 색의 빛들이 들어 있다. 이 다양한 색의 빛들은 자신의 빛의 성질을 드러낼 수 있는 물체와 만나 실체들의 다양한 모습과 존재감을 온전히 드러내게 된다. 오케스트라의 아름다운 음악은 여러 악기가 내는 다양한 소리들이 지휘자의 지휘로 조화를 이룬 결과 탄생

---

7. 레비(Lev'y, 1997)는 "집단지성은 모두에게 분산되어 있고, 끊임없이 진화하며, 실시간으로 조정되고, 결과적으로 유감없는 기량 발휘로 나타나는 지성이다"라고 하였다(서경혜, 2015).

8. 히틀러의 나치, 스탈린의 소비에트 독재, 박정희의 유신독재 등은 민주주의의 기본가치인 '차이'에 기초한 다양성, 공화주의를 인정하지 않는 정치적 독재의 산물이다.

9. 햇빛에는 다양한 파장의 빛이 합성되어 있고, 빛은 파장에 따라 다른 색으로 우리 눈에 보인다. 물체에 햇빛이 비치면 물체의 특성에 따라 빛의 일부는 흡수하고 나머지는 반사한다. 이때 반사되는 빛의 색을 우리는 그 물체의 색깔로 감지한다.

한다. 무색의 밝은 햇빛 다발과 오케스트라의 아름다운 음악이 교사학습공동체라면, 각 무지개의 여러 색깔의 빛과 오케스트라를 이루는 각각의 악기는 교사학습공동체를 구성하는 각각의 교사들이라 할 수 있다. 교사학습공동체에서 집단지성이 발휘되려면 각 개인의 개성적인 역량, 창의성이 온전히 수용되고 드러날 수 있는 문화가 형성되고, 공동체 내에서 교사들이 자유롭게 자율성을 발휘하고 춤추고 노래할 수 있어야 한다.

교사학습공동체에서 교사들이 자율성을 발휘할 수 있는 조건은 무엇이며, 교사들의 자율성을 존중한다는 것은 어떤 의미일까? 오케스트라를 구성하는 각 악기들은 저마다 음색이 다른데, 악기마다의 특성에 맞는 악보를 따라 자신의 소리를 표현할 수 있을 때 자신들의 진가를 제대로 발휘한다. 바이올린 연주자에게 첼로 파트의 악보를 주고 연주하라고 한다면, 연주자는 바이올린만이 가진 소리의 진가를 발휘할 수 없어 자신만의 자율적 본성에서 나오는 아름다운 음을 낼 수 없게 된다. 애써 첼로의 음색을 내보려 해도, 곧 그것은 불가능한 일이며 자신의 존재가치에 위배됨을 깨닫게 될 것이다. 자신의 가치인 차이=다름이 공동체 안에서 온전히 인정받지 못하고 자신의 개성이나 특성과 다르게 연주하고 행동하기를 요구받는 풍토에서 그는 점차 지쳐가고 자신의 존재 의미를 상실하게 된다. 그는 더 이상 자율성을 지닌 한 개체가 아니라 조직이 요구하는 소리를 억지로 내기 위해 피동적으로 움직이는, 자율성을 상실한 개체로 전락한다. 그러다 차라리 소리 내기를 포기하는 것이 오히려 자신을 지키는 길이라고 느끼면 침묵하게 된다. 이렇게 자율성의 기초는 자신의 존재 이유를 있는 그대로 드러낼 수 있는 자유의지의 보장이다.

나. 도덕적 신뢰, 조건 없이 신뢰하라

공동체의 구성원들 간에 신뢰가 없다면 공동체는 만들어질 수 없다. 신뢰란 무엇이고 구성원들이 서로 신뢰하고 협력하는 교사학습공동체를 어떻게 만들 수 있을까?

야마기시 토시오는 신뢰란 "사회적 불확실성이 존재함에도 상대에 대한 믿음 때문에 상대가 자신에게 선한 행동을 하리라 기대하는 것"이라고 하였다. 즉 신뢰란 상대가 내가 기대한 대로 행동하리라는 확실성이 없는 상태에서도 믿는 것으로, '불확실한 상황에서도 상대방이 공동체의 보편적 규범을 따라 협동할 것이라는 믿음'이라고 하였다.정태인, 2013 신뢰에 대한 예를 들어보자. 시골의 길거리를 지나다 보면 종종 과일이나 채소 등을 파는 무인 판매대를 볼 수 있다. 또 여행지에서 접하게 되는 무인 카페는 그 자체로 여행자의 마음을 따뜻하게 해주기도 한다. 사람들은 이 가게에서 물건을 사거나 차를 마시면서, 가게 주인이 가지고 있는 '잘 모르는 타인에 대한 무조건적 신뢰'를 생각해보게 된다.

우슬러너2013는 모르는 타인을 믿고 무인 판매대를 열 수 있는 신뢰의 근원은 무엇일까 질문하고 답한다. 이런 행위는 타인에 대한 도덕적 신뢰가 있어서 가능하다.[10] 도덕적 신뢰는 사람들이 어떻게 행동해야 하는가에 대한 진술로, 사람들은 서로 아무 조건 없이 신뢰해야 한다는 것이다. 이것은 남이 당신을 대접하는 것처럼 당신도 그렇게

---

10. 우슬러너는 신뢰의 종류를 도덕적 신뢰와 전략적 신뢰로 정의하여 비교 설명하였다. 도덕적 신뢰는 무조건적이다. 도덕적 신뢰는 이 세계가 사람들이 사는 좋은 곳이고(셀리그먼, 1997), 형편이 더 나아질 것이며, 스스로가 자기 운명의 주인이라는 생각을 바탕으로 한다. 반면 전략적 신뢰는 타인의 행동양식에 관한 정보를 습득함에 따라 서서히 형성된다. 사교모임이나 특정 목적의 계모임원 사이의 신뢰, 같은 종교인들 사이의 신뢰 등이 이에 속한다. 전략적 신뢰는 새로운 경험으로 인해 타인에 대한 신뢰성의 견해가 바뀔 수 있기 때문에 무너지기 쉽다.

하라는 요구가 아니라, 내가 남에게 대접받고자 하는 대로 무조건적으로 남을 대접하라는 뜻이다. 그러므로 도덕적 신뢰는 어떤 대가를 바라는 것이 아니라 무조건적이다. 거리에서 모르는 사람이 곤경에 처했을 때 도와주거나, 만날 기회가 없는 아프리카의 어린이들을 후원하는 행동은 도덕적 신뢰에서 나온다.

반면 전략적 신뢰는 상대방에 대한 경험을 바탕으로 형성되는 것으로, 그 바탕에는 불확실성에 대한 불안이 깔려 있다. 불확실한 것은 불안해서 신뢰하지 못하고, 경험적으로 확실하게 믿을 만하다고 판단되는 사람만을 신뢰한다. 비슷한 취미나 신념을 바탕으로 활동하는 동호회 모임이나 종교가 같은 사람들 간의 신뢰가 이에 속한다. 사람들은 상대방을 속속들이 알지 못하므로 생기는 불확실성과 불안 때문에 결국 잘 아는 사람들끼리만 함께하려는 경향이 있다. 그러나 이런 폐쇄적 네트워크는 마피아와 같은 '사회적 자본[11]의 그늘'이 될 수 있다.정태인, 2013 우리나라도 '우리가 남이가'로 대표되는 지연에 근거한 지역감정과 학연과 혈연 중심의 분파적 신뢰문화로 인해 여러 사회정치적 문제와 사회적 비용을 치르고 있다.

교사학습공동체가 집단지성을 구현하기 위해서는 각자의 경험에 근거한 협소한 전략적 신뢰에서 벗어나 구성원 상호 간에 개방성, 보편적 가치, 다양성과 불확실성을 수용하는[12] 무조건적이고 폭넓은 도덕적 신뢰의 자세가 요청된다.

---

11. 개인이나 사회의 '신뢰, 규범, 네트워크'의 정도를 말하며, 사회적 자본이 높을수록 사회적 협력이 높고 사회적 비용이 적게 든다고 보고된다(브르디외, 2003).
12. 프랑스의 석학인 에드가 모랭(Edgar Morin)은 1996년에 시작한 UNESCO의 의뢰로 '미래 교육에 필요한 7가지 원칙'을 발표하였다. 이 중 하나로 '불확실성'에 대하여, 우리의 지식과 앎, 과거 현재 미래의 모든 것은 불확실하므로 불확실성을 수용하고 마주 대하는 자세가 필요하다고 하였다(에드가 모랭, 2002).

다. 집단지성: 집단주의가 아닌 학습공동체

공동체의 교사들 특히 리더 교사가 구성원들을 어떻게 신뢰하며 대하는지는 매우 중요하다. 전략적 신뢰는 경험에 근거하여, 신뢰할 만한 상호작용이 있었던 사람만을 신뢰한다. 리더 교사가 자신의 잣대로 활동 과정 속에서 신뢰할 만한 사람과 신뢰하지 못할 사람을 계속 구분하면, 이는 결국 다양성을 인정하지 못하는 결과로 나타난다. 다양성을 인정받지 못한 개인들은 자기의사를 표현하기 점점 어려워져 침묵하거나 형식적으로 참여하게 된다. 실상은 리더 그룹이 인식하든 못하든, 다른 의견들로 인해 자신들이 추구하는 방향이 흔들릴지도 모른다는 불안에서 다른 의견에 침묵하기를 요구하고 있는 것이다. 자신들이 인정하고 수용할 수 없는 '차이=다름'으로 생겨나는 불안 때문에 '어떤 방식으로든' 다른 목소리를 억압하고 제거하려 하기도 한다.[13] 이 과정에서 구성원들은 상처받고 공동체의 폭은 좁아져 말 그대로 '그들만의 리그'가 되기 쉽다. 대개 이런 행위의 명분은 '공동체 지키기'이나, 이미 그 자체에 심각한 모순을 내포하고 있다. 그 결과 실제로는 스스로 공동체를 해치고 있는 것이다.

구체적으로 보면 첫째, 이미 정해진 답을 가지고 가르치려 한다는 점이다. 다양성에 기초하는 집단지성의 원리하에 개방적으로 서로 배우려 하기보다는 자신들의 경험과 성과, 방법이 옳다고 확신하며 구성원들이 이 길을 따라오기를 바랄 뿐이다. 지금까지의 여러 교육개혁 시도가 성공하지 못한 이유는 교사들의 주체성과 자발성에 기초하기보다는, 상부에서 국내외의 특정한 이론이나 방법을 제시하며 교사들

---

13. 힘 있는 권위자나 상부 조직의 권력에 기대기도 하고, 당사자와 적극적인 소통 노력 없이 조직의 다른 구성원들의 여론을 얻기 위한 우회적 행위를 하고 그것을 통해 힘을 행사하기도 한다.

에게 '따라 배우기'를 강요했기 때문이다. 주도세력에 의해 제시된 혁신의 가치와 방법에 대해 다수가 침묵한다면 이는 구성원들이 주체가 되어 '함께 세운 비전'이라 할 수 없다. 설령 모든 구성원이 어느 시점에 실천의 가치와 방향에 합의했더라도 실천 과정에서 지속적으로 성찰, 반성, 평가하며 매 순간마다 발전적 변화를 추구하는 것이 혁신이다. 하멜과 프라할라드는 "창조적 전략이 형식적으로 진행되는 연간계획에 의해서 나오는 경우는 거의 없다"라고 말한다.Senge, 2006 개방적인 자세로 지속적이고 역동적인 변화를 추구해야 한다. 계획되어 있는 어느 한 가지 방식만을 제시하고 이를 가르치며 따르기를 요구한다면, 이는 기존의 하향식 개혁 방식과 본질적으로 같다.

둘째, 교육혁신 실천 과정의 '혼란'과 '갈등'을 좋지 않은 것으로 여긴다. 공동체의 활동 과정에서 생기는 '혼란'과 '갈등'은 다양성이 공존하면서 나타나는 자연스러운 현상이다. 그래서 공동체를 강화하려면 다양성을 서로 이해하고 조정하며 집단지성으로 발전시키기 위한 개방적인 토론 과정이 반드시 필요해진다. 하그리브스2011는 교사학습공동체에서 무엇보다 중요한 요소는 동료 간 협력과 학교 내 전문가들의 토론이라 하였다.[14] 교사학습공동체의 목적은 교사집단의 집단지성으로 교육혁신-학교혁신을 이루는 것인데, 이때 집단지성과 집단주의는 전혀 다른 개념이다. 집단지성은 자발성, 다양성, 개방성에 기초함에 비해 집단주의는 강제된 자발성, 극히 제한된 다양성(경험 범주 안)

---

14. 하그리브스Hagreaves(2011)는 학교에서의 전문적학습공동체의 주요한 요소 세 가지를 제시했다. 첫째는 협력과 토론, 둘째는 교수학습에 초점을 두는 것, 마지막으로 지속적인 평가를 통해 시간에 따른 진전과 문제를 탐색하는 것이다. 그는 블루마운틴 학교 사례를 분석하며, 교사들이 서로 동의하지 않는 부분에 대하여 열정적으로 토의했고, 학교의 미래에 대해 논쟁했으며, 그를 통해 그들은 '성인문화'를 만들어 집단적 사고에 빠질 위험에서 벗어나 학교의 비전을 사회화하고 이 비전을 새로 온 교사들과 공유해갔다고 하였다.

과 폐쇄적 개방성(정해진 기준 안)에 의지한다. 혁신 과정에서 일어나는 혼란과 갈등을 두려워하여 다양한 의견과 시도를 용인하지 않는다면, 많은 토론과 논쟁을 통해 가능해지는 집단지성은 불가능하며 지배적인 의견만이 남게 되어 폐쇄적인 집단주의로 전락하게 된다.

셋째, 사람에 대한 존중과 도덕성보다 공동체를 지킨다는 명분을 우선시한다. 모든 개혁정책은 거창하고 타당하고 의미 있는 명분과 기치를 내세운다. 교원평가는 '교사 능력 개발, 교원의 전문성 신장을 위한 조건 마련'이 명분이었다. 그러나 실제로는 학교현장에서 교사 간의 갈등을 야기하고 학교공동체적 협력문화를 파괴하여 오히려 역효과를 내고 있다. 공동체를 지킨다는 명분으로 자신들의 견해와 다른 의견이나 실천을 억압하고 비난하는 과정에서 학교 구성원들은 서로 직간접적으로 서로 간에 마음에 큰 상처를 입게 되며 공동체는 점차 약화되고 해체되어간다.

이런 행위는 '변화의 절박함이 결코 도덕적 위엄의 부재를 정당화할 수는 없다'는 하그리브스2011의 말처럼 상대방의 존재를 배려·존중하지 않는 도덕성의 부재에서 기인한다. 하그리브스는 '학습공동체가 성공하는 학교는 논쟁의 여지 없이 배려공동체이기도 하다'라고 하였다.[15] 하그리브스가 비공식적 양상이라고 표현한 조직 구성원들 간에 배려하는 문화, 인간적인 동료애가 없는 학교문화라면 교사학습공동체 구축은 불가능하다. 이런 문화가 없는 곳에서는 이끄는 집단들은 참여하지 않는 교사들에 대해 서운함, 미움의 감정이 생겨나고, 참여하지 않는 교사들은 부담감과 거부감으로 힘들어하다 정도가 심해

---

15. 하그리브스가 연구한 성공적인 학교의 한 교사는 리더인 창립 교장의 비전에 대해 "만약 한 개인으로 행복하지 않다면 전문가로서도 행복하지 않다"라고 묘사했다.

지면 서로 반목하기도 한다. 그 결과 학교의 교사공동체는 지배집단의 경험과 신념을 강요하는 '집단주의'가 지배하게 되거나, 일부만의 고립된 '소국분할주의'[16] 조직으로 전락하게 된다.

학교혁신의 가장 주요한 주체로 거론되는 교사학습공동체, 공동체의 가장 중요한 요소인 신뢰 문제에 대한 진지한 고민과 도덕적 신뢰에 터한 학교문화 형성이 요청되는 이유이다.

라. 공유 비전: 개인 비전에 터하라

혁신을 지속하는 조직은 구성원들의 '개인 비전'을 토대로 전체의 비전인 '공유 비전'을 세우고 이를 실현시켜간다.피터 센게, 2006 피터 센게는 학습하는 조직에 대한 논의에서 진정한 공유 비전은 조직 구석구석에 있는 사람들의 개인 비전과 연결되어야 가능하다고 하였다. 공유 비전을 세우는 것은 개인 비전의 상호작용으로 가능하며, 이를 위해서는 지속적인 대화가 필요함을 강조한다. 대화는 개인들이 자신의 꿈을 거리낌 없이 이야기하고 타인의 꿈을 경청하는 법을 배우는 대화여야 하며, 이 과정에서 무엇이 가능한가에 대한 새로운 통찰이 서서히 나타난다. 이것이 가능하려면 다수의 비전이 공존하도록 해야 하며, 개인들의 의견과 비전을 초월하고 통합하는 옳은 방향으로 귀기울여야 한다.

교육혁신과 학교혁신으로 가는 하나의 정도正道는 어디에도 없다.

---

16. 하그리브스와 풀란(2012)은 학교에서 협력하는 방법에 대해 좋은 방법과 나쁜 방법을 제시한다. 그들은 협력적 문화를 소국분할주의, 고안된 동료적 협력관계, 전문적학습공동체, 집합·네트워크·연맹으로 나누고 소국분할주의와 고안된 동료적 협력관계에 대해 교사의 비자발성, 대상화, 부동의, 토론 부재 등의 문제를 제기한다. 더불어 교사들 사이에 '신뢰와 존경심'을 형성하지 않고는 전문적학습공동체가 되는 방법은 없다고 하였다.

서로 간의 진정한 신뢰를 토대로 빠르게 변화하는 상황에 적응할 수 있도록 끊임없이 변화하는 것만이, 혁신으로 가는 유일한 정도이자 원칙이다. 일시적인 효과와 방법에 갇혀 그것만이 혁신으로 가는 옳은 길이라 제시하는 순간 이미 혁신과 변화는 설 자리를 잃고, 기존의 하향식 개혁정책과 같아지게 된다. 교육혁신은 특정한 교육 방법인 스킬 Skill이나 테크닉Technique이 아니라 아트Art적이어야 한다. 정해진 기술이나 방법이 아닌 예술적 관점에서 바라보아야 한다.

교사학습공동체를 구축하는 과정은 단순한 과정이 아니다. 여러 제도적 요인과 더불어 인간의 심리적 요인들까지 세심하게 고려되어야 의미 있는 교사학습공동체 운영이 가능하다. 교사학습공동체를 현장에 구축하는 과정은 교사들이 자발적으로 즐겁게 참여하고 서로 협력하는 과정이어야 한다. 신명 없이 의무감만으로 참여한다면, 교사들의 창발성과 역량은 제대로 발휘될 수 없다.

이상의 논의와 선행연구, 교사학습공동체 경험을 토대로 교사학습공동체를 구축하기 위한 몇 가지 핵심적 원리를 아래와 같이 정리하여 제시한다.

교사학습공동체 구축 원리

- 동료 교사를 조건 없이 신뢰하라
- 불확실성과 변화를 수용하라
- 정답을 갖지 마라
- 다양성을 수용하고 활용하라
- 집단지성에 의지하라
- 개인 비전을 토대로 함께 공유 비전을 만들라
- 자유롭고 즐거운 학교를 만들어라
- 일부분이 아닌 학교문화를 바꿔라
- 시스템으로 지원하라

각 부분은 독자적으로 떨어져 있는 것이 아니라 상호 연관되고 영향을 주고받는 관계이기도 하다. 앞에서는 이 중 가장 핵심적 원리인 동료 교사 간의 '신뢰'와 '집단지성'을 키워드로 삼아 논의하였다.

3. 교사학습공동체 구축을 위한 정책적 과제

교사학습공동체가 교육현장에서 교육혁신의 주체로 자리 잡기 위해 교육정책을 주관하고 시행하며 실천하는 단위인 교육부, 교육청, 학교 차원에서 정책과 시스템으로 교사들의 학습공동체를 지원해야 한다. 이 소절에서는 학습공동체 지원시스템 구축과 이를 위한 정책적 과제를 간략하게 살펴보고자 한다.

첫째, 교사들이 학습하고 연구할 수 있는 시간과 여건을 제도적으로 보장해야 한다. 구체적 방안으로 교사학습공동체 활동시간을 교사들의 수업시수로 인정하길 제안한다. 학교에서 교육혁신을 추진하는 교사들이 공통적으로 한결같이 호소하는 어려움은 시간 부족이다. 손동빈 외, 2017; 홍제남, 2017, 최진영 외, 2017 교사들이 혁신학교를 회피하는 이유도 혁신학교는 일이 많고 시간이 없어 힘들다는 점을 든다. 현재 서울이나 경기도를 비롯한 여러 시·도교육청에서 학교 안 학습공동체를 직무연수로 인정하는 정책을 시행하고 있다. 그러나 교사들이 학교에서 정신없이 바쁜 이유는 직무연수에 대한 부담 때문이 아니므로 이는 적극적인 실효적 대안이 아니다. 교사들이 교사학습공동체를 운영하는 시간에 학생들은 다양한 활동을 할 수 있는 자율시간 운영 등을 생각해볼 수 있다.

더불어 학생들의 교육활동과 거리가 먼 학교 행정업무는 과감히 없애고 필요한 행정업무는 관리자와 행정전담요원이 맡아 수행하는 행정업무체계 구축이 필요하다. 교사들이 교육연구 활동을 하는 교사학습공동체에 집중할 수 있는 시간과 여건이 마련되어야 한다. 안정적인 환경에서 교사 본연의 업무인 교육연구와 교육활동에 전념하고, 학생들을 위한 교육활동으로 돌아갈 수 있도록 학교의 모든 업무를 교육활동 중심으로 구조화하여, 시스템으로 교사학습공동체를 지원해야 한다. 계속 교사들의 헌신과 희생에만 기대서는 교사학습공동체가 지속되기 어렵다. 교사들이 시간에 대한 부담에 쫓기지 않으면서 책임감을 가지고 학습공동체에 참여할 수 있도록 해야 한다.

둘째, 교사에게 교육과정 재구성과 평가권을 대폭 이양해야 한다. 교사학습공동체의 핵심적 성공 요인은 자발성에 기초한 집단지성이다. 지금과 같이 자율적 교육활동 구성이 제도적으로 극도로 제한된 상황에서는, 교사들이 자유롭게 상상하며 의미 있는 교육활동을 실현하기 어렵다.손동빈 외, 2017 교육과정·교육평가에 대한 국가와 교육청의 절대적이고 막강한 권한을 학교에 이양하여, 학교 실정에 맞게 교육과정을 재구성하고 학습 결과를 평가할 수 있도록 실질적이고 자치적인 권한을 부여해야 한다. 교사들이 교사학습공동체를 통해 각 학교와 학생들 상황에 적합한 교육활동을 실제로 펼칠 수 있도록 해야 한다.

셋째, 교사의 자존감과 효능감을 높일 수 있는 학교문화와 교육풍토가 조성되어야 한다. 행동주의 이론에 입각한 교원성과급, 교원평가, 승진제도 등은 교사 간 협력을 방해하고 교사의 자존감과 효능감을 떨어뜨리고 있다. 학교현장에서 행정업무를 효율적으로 잘 처리하는 교사, 각종 점수를 잘 쌓아 빠르게 승진하는 교사가 능력 있는 교사라 여겨지고 있는 학교문화 속에서, 다른 곳에 한눈팔지 않고 아이들의 교육활동을 위해 묵묵히 실천하는 교사들은 온갖 개인적 희생을 감내하고 있다. 그러나 교사학습공동체가 활성화되려면 개인적 희생이 아닌 정당한 평가와 보상이 이루어질 수 있도록 교사평가, 승진 제도 등이 개선되어야 한다. 학교 내부적으로는 교사들이 자유롭게 자신의 의견을 펼칠 수 있는 민주적인 학교문화와 학교 운영의 실질적 주체로 참여하며 연구하고 실천할 수 있는 풍토가 조성되어야 한다. 이를 통해 교사들이 내적 동기, 교육에 대한 진정한 열정으로 교사학습공동체에 자발적으로 즐겁게 참여할 수 있어야 한다.

넷째, 근본적으로는 예비교사교육 단계부터 협력하고 연구하는 능력을 갖춘 교사가 양성·임용될 수 있도록 교사교육과정에 대한 개혁이 이루어져야 한다. 미래학자들은 점차 빠르게 변화하는 21세기에 필요한 주요한 미래역량 중 하나로, 협력적으로 학습하고 연구하는 역량을 들고 있다. 그럼에도 현재 우리나라의 교사양성·임용과정은 여전히 개별적, 경쟁적, 지식 위주의 평가 방식에 머물러 있다. 이렇게 경쟁적이고 개별적인 학습과정에서 예비교사들이 배울 수 있는 내용은 교사학습공동체의 원리와는 상반되는 경쟁의 원리이다. 조윤정 외2017는 미래 교사의 역할로 '학습 촉진자facilitator로서의 교사', '프로젝트 관리자로서의 교사', '상담자로서의 교사'를 상정하며, 교사교육 교육과정 개편이 필요함을 제언한다. 이에 맞는 교육과정 개편과 더불어 교수학습 방법 및 임용제도 변화로 협력하는 역량을 갖춘 교사를 양성해야 한다.

다섯째, 교사학습공동체를 이끄는 리더 그룹 교사들의 역량을 높일 수 있는 학습 기회가 마련되어야 한다. 지금의 교사들 또한 대부분 경쟁적이고 개인적인 풍토에서 학교교육과 교사교육을 받고 성장했다. 이로 인해 협업하고 소통하는 능력이 부족할 수 있다는 점을 인식하고 변화된 시대에 맞는 학습 내용과 교사의 역할을 성찰할 수 있는 기회를 가져야 한다. 이를 위해 대학원 교사파견 제도와 연구년제 교사의 효율성 제고, 대학이나 전문연구자와 거버넌스를 구축해야 한다. 이를 통해 교사들은 국내외의 다양한 교육혁신에 대한 탐색, 아이들의 성장과 학습에 대한 교육학적·인문학적 고찰, 변화된 교사의 역할 등에 대하여 부단히 학습하며 교육 변화의 주체로 새롭게 서야 한다. 교사학습공동체의 교육연구와 활동 방향 또한, 새로운 시대에 대응하는 학습자의 학습과 이를 지원하는 교사의 역할에 기초하여 이루어져야 한다.

4. 나가며: 구슬을 가진 교사, 실행연구자가 되자

"구슬이 서 말이라도 꿰어야 보배"라고 한다. 아무리 좋은 것이 있어도 제대로 활용하지 못하면 쓸모가 없다는 뜻이다. 이를 뒤집어 보면 구슬을 꿸 좋은 도구가 있더라도 구슬이 없으면 도구 또한 무용지물일 뿐이라는 것을 의미한다. 실천적 경험과 이론은 서로 이와 같은 관계이다. 교육학은 학교현장의 교육이 잘 이루어지길 바라며, 교육과 관련된 여러 현상을 다각도로 분석하여 발전적인 대안과 정책 도출을 위한 이론적 토대를 제시하는 것이 목적이다. 그런데 교육과 관련된 여러 현상과 핵심적 문제를 가장 잘 알고 있는 구슬을 가진 주체는 학교현장에서 매일 학생들과 교육활동을 함께하는 교사들이므로 교사들이 교육연구에 주체로 참여해야 한다.

성공적 교육의 대표적 예시로 거론되는 핀란드 교육의 중요한 성공 요인 중 하나는 현장 연구 능력을 갖춘 교사들이다. 핀란드 교사들은 교사양성과정에서 현장능력과 연구능력을 함께 갖추는 교육을 받고 있다.[17] 아순타 뚤라[2011]는 핀란드 교육의 우선적 성공 요인으로, 현장 교사들이 교육현장에 필요한 연구를 통해 교사 전문성을 지속적으로 향상시킨 것을 들면서 이것이 교육혁신의 가장 주요한 성공 열쇠라 하였다.

그런데 우리나라의 교육연구는 주로 도구 사용에 능한 전문연구자들에 의해 이루어져왔다. 혁신학교 실시 이후 교사 연구자들이 조금씩 늘고 있고 전문연구자들도 현장연구를 진행하고 있기는 하나, 현장의 다양하고 복합적인 실태를 제대로 드러내기에는 여전히 한계가 많다. 어느 누구도 현장의 실천가인 교사들만큼 현장의 문제를 잘 알기는 어렵다. 교사학습공동체는 현장교육 실천의 역할뿐 아니라, 실천 과정에서 만나는 여러 교육문제를 파악하고 분석하여 해결책을 제시하는 역할 또한 수행해야 한다. 이를 위해 전문연구자와 거버넌스를 구축할 수 있도록 행정적인 지원이 이루어져야 한다.

무엇보다 중요한 것은 교사들 스스로 자신들이 교육문제 해결의 구슬을 가진 당사자라는 사실을 먼저 인식하는 것이다. 실행하며 연구하는 실행 연구자로 교사의 정체성을 확립하고, 현장의 여러 현상에 내재된 문제를 비판적으로 탐색하며 교사학습공동체의 집단지성으로 교육문제를 함께 해결하는 노력을 기울여야 한다.

---

17. 핀란드 교사들의 지위는 핀란드 사회에서 매우 높고 선호도도 높다. 교사가 되기 위한 경쟁은 치열하며 석사학위를 요구한다. 핀란드 교사들은 그들이 교육받은 대로 실천할 수 있는 완전한 전문적 자율성과 지원을 받는다(하그리브스 외, 2012).

| 참고 문헌

곽영순·김종윤(2016). 「한국형 교사학습공동체의 특성과 과제」. 『교육과정평가연구』 19(1), 179-198.

김경숙(2017). 「교육복지 관점에서 본 혁신학교 사례연구」. 박사학위논문. 한국교원대학교 대학원.

김대훈(2014). 「교사학습공동체 참여를 통한 지리교사 전문성 발달-근거이론적 접근」. 박사학위논문. 한국교원대학교.

김윤희·오상철(2010). 「교사의 정서적 지원과 교사신념이 학생의 자기조절학습지원 수업행동에 미치는 영향」. 『한국교원교육연구』 27(2), pp. 263-282.

노상우(2015). 「혁신학교의 수업 혁신 과정의 과제」. 『교육종합연구』 13(1), pp. 43-67.

배은주(2014). 「혁신학교 운영의 특징과 갈등 탐색」. 『교육사회학연구』 24(12), pp. 145-180.

서경혜(2009). 「교사 전문성 개발을 위한 대안적 접근으로서 교사학습공동체의 가능성과 한계」. 『한국교원교육연구』 26(2), pp. 243-276.

서경혜(2015). 『교사학습공동체』. 학지사.

손동빈·신은희·이형빈·홍제남(2017). 『학교교육과정 혁신 토대 구축을 위한 국가교육과정 개선 방안 연구: 혁신학교 교육과정 실행 사례를 중심으로』. 2017 전국 시·도교육청 국제학술대회자료집.

신경명(2010). 「PCK 측면에서 살펴본 중등과학 교사 교육의 교찰」. 『과학교육평론』 23, pp. 55-63.

오은경(1996). 「교육개혁의 실현을 위한 변화방안의 모색: 단위학교 운영 접근」. 『교육행정학연구』 14(2), pp. 146-165.

윤석주(2016). 「혁신학교 교사들의 교육과정 혁신 경험에 대한 질적 탐구: 학년 공동교육과정을 중심으로」. 『초등교육연구』 29(4), pp. 177-199.

이경호·박종필(2012). 「전문가학습공동체가 학교혁신에 주는 정책적 시사점-미국의 성공적 학교 운영 사례를 중심으로」. 『교육정치학연구』 19(4), pp. 133-153.

의정부여자중학교(2015). 『수업을 비우다 배움을 채우다』. 에듀니티.

전제상·허은정·이동엽(2016. 10. 14). 「교사학습공동체 운영 지원 요구 조사」. 『한국교육개발원·한국교원교육학회 공동포럼: 제97차 KEDI 교육정책포럼 자료집』, pp. 1-24.

정태인·이수연(2013).『정태인의 협동의 경제학』. 레디앙.

조윤정·김아미·박주형·정제영·홍제남(2017).『미래학교체제연구: 학습자 주도성을 중심으로』. 경기도교육연구원.

최진영·송경오·이현숙(2016).『서울형혁신학교의 민주적·협력적 학교문화에 관한 연구』. 서울특별시교육연구정보원.

한대동(1996).「학교의 재구조화와 학생 학습」.『교육연구』6, pp. 15-30.

홍제남(2017).「혁신학교 수업연구회를 통한 교사 수업 전문성 사례연구-다양한 교과교사들이 함께하는 수업연구회 탐색」.『한국교원교육연구』34(1), pp. 175-204.

사토 마나부(2000). 손우정 옮김(2006).『수업이 바뀌면 학교가 바뀐다』. 에듀니티.

아순타 뚤라(2011. 5. 11~5. 17).「핀란드 교사 교육의 발전, 현직 교사 교육과 연수」.『제1회 학교혁신 국제심포지엄 자료집』(pp. 196-205). 학교혁신 국제심포지엄 조직위원회. 서울시교육연수원.

Andy Hargreaves(2003). 곽덕주·양성관·이지헌·이현숙·장경윤·조덕주·황종배 옮김(2011).『지식사회와 학교교육-불안정한 시대의 교육』. 학지사.

Andy Hargreaves & Michael Fullan(2012). 진동섭 옮김(2014).『교직과 교사의 전문적 자본-학교를 바꾸는 힘』. 교육과학사.

Autio, T.(2015. 11. 20). How to build democratically sound and sustainable system of education.『2015 충청권 미래교육 국제포럼 자료집』(pp. 21-49). 교원대학교.

Deleuze, J.(1968). *Difference et repetition*. 김상환 옮김(2004).『차이와 반복』. 민음사.

Edgar Morin(2002). *Seven complex lessons in education for the future*. Unesco. 고영길 옮김(2006).『미래 교육에 반드시 필요한 7가지 원칙』. 도서출판 당대.

Eric M. Uslaner(2002). 박수철 옮김(2013).『신뢰의 힘』. 오늘의 책.

Hord, S. M.(1997). Professional learning communities: What are they and why are they important? Austin, TX.: Southwest Educational Development Laboratory (SEDL).

Peter M. Senge(2006). 강혜정 옮김.『학습하는 조직』. 에이지21.

Pierre Bourdieu. 류석춘 옮김(2003).『사회자본: 이론과 쟁점』. 도서출판 그린.

Sergiovanni, Thomas J., Robert J. Starratt.(1983). *Supervision: a redefinition*. 8th ed. 오은경·한유경·서경혜·김경이·안정희·안선영 옮김(2008).『장학론』. 아카데미프레스.

교육혁신을 위한 교원 전문성 연수의 방향

성기선_가톨릭대학교 교직과 교수, 한국교육과정평가원장

"우리나라는 OECD 국가들 중에서 교사의 질적 수준이 제일 높다!" 이 주장은 한편으로는 진실이고 또 다른 한편으로는 거짓이다. 한국에서 교사가 되기 위해서는 치열한 경쟁을 뚫고 대학에 들어가야 하고, 교원임용고사를 준비하여 높은 경쟁률을 통과해야 한다. 어림잡아 동일 연령대 상위 3~5%의 인재들이 초·중등학교 교사로 임용되고 있으니, 세계 최고 수준의 교원의 질적 수준을 확보하고 있다 해도 과언이 아니다.

그러나 교사의 질적 수준에 대한 평가는 그렇게 좋은 편이 아니다. 교사에 대한 학부모들의 불신, 학교 수업보다는 사교육기관의 수업의 질이 높다고 생각하는 학생들의 생각을 고려하면 입직 단계의 교사 수준이 과연 제대로 유지되고 있는가 하는 회의가 든다. 초기 입직 단계에서 보여주는 교사들의 우수한 질적 수준이 교직경력이 계속되면서도 유지되고 발전될 수 있게 해야만 한국 교육의 질 제고도 보장된다. 이를 위해 필요한 핵심 사항은 바로 교사 전문성 제고를 위한 연수 혁신이다.

교육 변화는 교사들이 무엇을 생각하고 행하는지에 달려 있다. 그런 만큼 단순하고도 복잡한 문제다.Fullan, 2017 또한 이러한 교육 변화의 주체는 교사다. 교사의 전문성과 자발성, 헌신성이 없다면 절대 현장은 변화되지 않는다.[1] 그런 의미에서 교사는 교육개혁의 대상이 아니라 주체로 자리매김되어야 한다. 그러려면 기존 연수 체제로는 불가능하다. 집합식 연수, 위로부터 내려오는 강제 연수, 승진 점수 취득을 위한 연수, 지나치게 형식에 치우친 사이버 연수, 현장의 필요와 괴리된 연수 방법으로는 한계가 있다. 교원이 자신의 전문성을 점검하고, 부족한 부분을 동료들과 협업하며 보완하고, 전문성 강화를 위해 필요한 교육 프로그램을 스스로 기획하고 운영하며 전문적학습공동체에 참여하는 연수로의 전환이 요구된다.

이 글을 통해 우리는 교원[2] 연수의 문제점을 검토하고 연수혁신의 방향이 어떠해야 하는지 성찰하고자 한다. 특히 지난 4년 동안 교육청 단위에서 실시되었던 연수혁신의 사례를 검토하고, 새로운 연수 패러다임 도입을 통한 교사 전문성 고양의 방향을 모색하려 한다.

1. 연수의 개념

교육공무원법에 따르면, "교육공무원에게는 연수기관에서 재교육을 받게 하거나 연수기회가 균등히 부여되어야 한다"(37조), "교육공무원

---

1. Fullan(2016)은, "하향식 개혁이 성공하지 못하는 이유는 지시사항을 전달받는 이들이 변화의 주체라는 의식이 없거나 충성도가 없거나 개혁의 성격을 명확히 파악하지 못해서다"라고 본다.
2. 교원은 유·초·중등학교 교사, 원감, 원장, 교감, 교장을 포함하는 포괄적 개념이다. 연수는 교사를 포함하여 교감, 교장 자격연수 등 전체 교원이 해당하므로 교원이라는 용어를 사용하기로 한다.

은 그 책임을 수행하기 위하여 부단히 연구와 수양에 노력하여야 한다"(38조)라고 명시되어 있어 교원의 연수 필요성을 강조한다. 또한 대통령령인 '교원 등의 연수에 관한 규정'에 따르면 연수에는 교육 이론, 방법 및 직무수행에 필요한 능력 배양을 위한 직무연수와 교원자격 취득을 위한 자격연수로 구분한다. 아울러 국내외 교육기관에 위탁하는 특별연수도 규정한다. 또한 최근 각 시·도교육청에서 실시하는 학습공동체 연수가 있는데, 이는 학교 안과 학교 밖으로 구분되며, 전문적학습공동체Professional Learning Community 연수라고 칭하고 있다. 맥러플린과 탈버트McLaughlin & Talbert, 2001는 "교사들이 협력적인 전문적학습공동체를 만들어 지도에 필요한 자원들을 공유하고 성찰의 시

교원 연수 분류

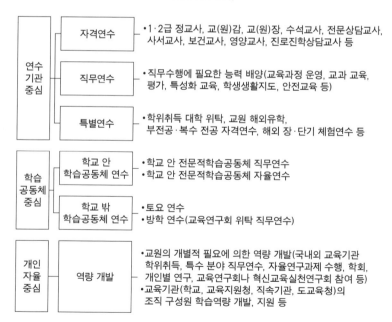

간을 갖는 것, 이것이 교실 수업의 혁신과 지속에 핵심적인 요소"라는 사실을 발견한 바 있다.Fullan, 2016 아울러 개인 자율연수도 광의의 연수 영역에 포함된다. 스스로의 교원 전문성 신장을 위한 다양한 활동, 이를테면 국내외 교육기관 학위취득, 특수분야 직무연수, 자율연구 과제수행, 학회 활동, 개인별 연구, 교육연구회나 혁신교육실천연구회 참여 등 교육과 관련된 다양한 개인적 활동 역시 연수의 범위에 해당된다.

2. 연수 문제점에 대한 교원 인식

교사나 학생이나 학습을 강요당하고 있다. 학생들이 허울뿐인 자율학습을 타율로 받고 있고, 교사는 동원되어야 하는 연수가 많다. 연수를 학점화하고 연수 이수 실적을 학교평가, 성과급 등의 평정지표로 활용하면서 많은 부작용이 나타난다. '연수 쇼핑'이라는 말도 생겨났다. 쉽게 이수할 수 있는 온라인 연수를 찾아다니며 클릭만 하는 고질적인 현상이 발생하고 있다.[3]

일반 교사들이 바라보는 연수에 대한 문제의식을 집약적으로 표현한 말이다. 연수가 승진을 위한 도구가 되고, 평가의 수단이 되고, 실질적인 학교 변화와는 거리가 멀다는 비판이 핵심 내용이다.

좀 더 구체적으로 교원들이 기존 연수에 대해 어떻게 생각하는지 알아보기 위해 경기도 교사들을 대상으로 2015년 6~12월에 걸쳐 조

---

3. 실천교육교사모임(2015). 『교사가 만들어가는 교육 이야기: 교사독립선언』. 에듀니티, 221쪽.

사한 바 있다.경기도중앙교육연수위원회, 2015 집합연수, 원격연수, 혼합연수, 학습공동체, 자격연수에 대해 모니터링을 하였다. 몇 가지 영역으로 구분하여 그 결과를 간략히 제시한다.

먼저 '연수의 의미'에 대한 교원들의 반응을 보면 대체로 긍정적인 평가를 보였다. 연수는 교육의 질을 높이고 교육 상황에 대한 고민을 해결할 수 있게 하며 새로운 교육 이론과 다양한 교육활동 사례를 간접적으로 경험할 수 있게 해준다. 교사는 가르치는 존재로 가장 빠르게 새로운 것을 접해야 한다고 인식하고 있어, 교원 역량 강화를 위해서는 연수가 필수적이라는 점에는 대부분 공감한다.

이러한 연수의 필요성과 그 의미에는 많이 공감하지만 연수 내용과 방법에는 문제점을 강하게 지적한다. 이를테면 위로부터 내려오는 강제 연수의 경우 저항이 가장 심했는데, 외부에서 주어지는 연수는 교원을 대상화하고 자발성을 약화시킨다는 점에서 문제의식을 느끼고 있었다. 교육현장에 활용할 수 있는 전문적 연수의 필요성은 강하게 느끼는 반면 산발적인 주제로 구성된 연수에는 매우 비판적이다. 주제별 연수에 대해 집중적으로 운영되는 연수가 필요하다고 지적한다(예컨대 30시간, 60시간의 교육과정 방식).

현장교사들이 바라는 연수의 방향은 상당히 분명하다. 전술한 바와 같이 교사들이 교육현장에서 활용 가능한 내용, 연수생의 연수 요구 조사 결과 반영, 소그룹별 토론과 연수생 참여 중심의 체험활동, 다양한 평가 방법 활용(관찰 평가, 설문 평가, 상호 평가, 논술 평가, 포트폴리오 평가 등), 승진, 성과급, 학교평가 같은 지표가 아니라 나를 채워줄 수 있는 연수, 교사들이 스스로 준비하는 연수로 소규모 집단 운영, 배우려는 내용을 공동체 협의로 편성하고 연구한 것을 나누는 연수, 인문학 연수를 통한 내면의 치유와 힐링 연수 등을 희망한다.

또한 전문적학습공동체 활동에 대한 생각을 확인해보았다. 혼자서 하는 연수가 아니라 함께 학습공동체를 구성하여 활동함으로써 서로의 고충을 나누고 수업 사례를 공유하면서 상호 성장하는 경험을 갖는다는 반응이 많았다. 집단을 통한 학습과 토론문화는 교사 개인뿐만 아니라 학교공동체의 발전에 많이 기여한다는 점에 상당수가 동의했다. 또한 실제 학급에서 운영되는 활동 주제로 연수가 진행되어 긍정적이었으며, 교육자의 기본자세 성찰과 내면을 다지는 기회가 되었고, 교육과정 운영에서 동료들 간 집단지성을 발휘할 수 있는 기회가 되었다는 점도 지적한다. 기존의 집합식 연수가 학교 공간을 떠나 개별 교사가 자신의 역량을 신장하기 위한 접근이었다면, 전문적학습공동체는 학교 내에서 동료들과 함께 성장하고 실천하고 반성하는 접근이라는 점에서 교사들에게 전혀 다른 경험을 제공한다. 다만 전문적학습공동체를 활성화하려면 해결해야 할 과제도 산재해 있다. 이를테면 소규모 학교에서는 업무 및 교육활동 준비 시간이 많이 필요해 학습시간이 부족해진다는 점, 전문학습공동체 활동이 제대로 이루어지려면 리더가 있어야 하는데 리더 부재로 어려움이 많으며, 전문적학습공동체 활동 운영이 부장이나 담당자 중심으로 이루어지기 때문에 교원들은 수동적으로 받아들이고 있다는 점도 지적한다. 또한 학기말로 갈수록 사전 준비가 소홀해져 참여도가 떨어지며, 학생 지도에 대한 교사의 책무성이 늘어나는 상황이라 업무 경감 없이는 제대로 된 학습활동이 어렵다는 호소도 있다. 그럼에도 이러한 전문적학습공동체 방식의 연수는 교원의 자발성, 현장성, 동료성, 문제중심성, 수업의 공공성 인식[4] 등에서 매우 긍정적인 측면이 있으며, 향후 더욱 확대해

갈 수 있도록 지원할 필요가 있다.

마지막으로 자격연수의 문제점을 검토해보았다. 1정 자격연수나 교감 및 교장 자격연수는 최신 교육정책이 반영되어야 하는 연수이어야 함에도 그러하지 못하다는 것이 일반적인 인식이다. 1정 자격연수는 이론과 실무를 갖추고 본격적으로 교육 실천의 주체가 되는 교원들이 대상자이며, 교감 및 교장 자격연수 대상자는 단위학교에서 정책을 추진하거나 교육 변화에 앞장서서 학교를 운영하는 책무를 지닌 관리자들 또한 연수 대상자다.백병부 외, 2015 그럼에도 세 단계를 통해 이루어지는 자격연수는 다른 직무연수의 변화와 비교할 때 매우 고답적인 방식으로 운영되고 있다는 비판이 강하다. 특히 1정 자격연수의 경우 객관식 평가, 승진과 연계된 상대평가를 강조하기 때문에 현장 교육의 변화에 부합하지 않는다는 비판의 목소리가 강하다.

요컨대 교사들이 기대하는 연수는 현장에 적용할 수 있는 연수, 자발성이 전제된 연수, 공동체 연수, 다양한 선택이 가능한 연수, 생활 공간에서 쉽게 접근할 수 있는 연수 등이다.

---

4. 교사들이 전문적학습공동체를 통해 수업을 공유하게 되고, 수업의 공공성을 확보할 수 있었다는 경험을 많이 토로한다(경기도중앙교육연수위원회, 2015).

"제가 생각하는 전문적학습공동체의 핵심은 수업을 공공성으로 바라보는 태도를 갖게 하면 이게 최고라는 생각이 들거든요. 수업이라는 게 내 것이 아닌 공동으로 책임져야 하는 어떤 것, 그래서 내가 맡은 수업에 같이 고민해야 하는 어떤 것, 이 정도까지 선생님들이 같이 사고할 수 있다면 학습공동체가 성공한 것이라고 생각되는데 1학기 때 책으로 같이 논의하는 과정에서 선생님들이 그 공감들이 성장했다는 생각들이 확 들더라고요…(중략)"(C중학교 3학년 부장). 조윤정 외 (2016). 『전문적학습공동체 사례연구를 통한 성공요인 분석』. 경기도교육연구원, 253쪽.

3. 교원 연수의 패러다임 변화

교원 연수의 문제점을 지적하는 목소리들은 오래전부터 있어왔다. 자격연수 중심의 연수, 형식적으로 운영되는 현장성이 결여되어 있는 위로부터의 연수, 교사들의 전문성 향상과는 거리가 먼 연수의 대안으로 '학교 중심의 현직 교육school-focused in-service education and training'이 제시되었다.서울대교육연구소, 1998 이와 관련해서 교원 연수의 새로운 방향으로 다섯 가지가 강조된다. 이를 간략히 정리하면 다음과 같다.

첫째, 현직 교육은 우선 종래의 결함보완적deficit orientation 개념에서 탈피하여 능력개발적development orientation 개념으로 수정 전환되어야 한다.

둘째, 현장중심적 현직 교육이 이루어져야 한다.

셋째, 현직 교육 프로그램은 교사들의 요구에 기초해서 구성되어야 한다.

넷째, 현직 교육은 성인교육학적andragogy 원리에 기초해서 운영되어야 한다.

다섯째, 교원 연수에 원격교육distance education의 원리와 방법을 활용함으로써 연수 효과를 극대화한다.

이상의 새로운 방향은 지금도 유효하다. 교원의 전문성 개발을 중심으로 해야 하며, 현장의 요구를 반영하여 현장에 적용할 수 있는 내용으로 구성해야 하며, 교사들의 학습 특성을 고려하고, 다양한 원격교육을 접목해야 한다고 요약될 수 있다.

시간이 상당히 지났음에도 교사 연수 현황은 이상적으로 추구해야 할 방향과는 여전히 거리가 멀다. 기존 교원 연수와 새롭게 지향해야 할 연수를 간략히 비교·제시해보겠다.

먼저 연수 주체, 연수 요구, 연수 동기를 함께 살펴보자. 기존 연수는 주로 상부 기관(교육부, 교육청, 연수원 등)이 주체가 되고, 법적인 근거에 기초하여 기획되며, 승진이나 평가에 활용하기 위한 연수가 주축이다. 이를테면 교육공무원법이나 관련법 시행령에 명시된 교원의 연수 조항을 근거로 자격연수와 직무연수가 부여되며, 이는 교사들이 선택할 여지가 거의 없는 방식이다. 이는 우리나라 예비군 훈련과 유사하다. 참여가 의무이니 참여하지 않을 수 없고, 강의를 듣고 싶어 앉아 있는 사람은 아무도 없고, 강사도 이를 알고는 내용과 관계없이 빨리 끝낼 거라면서 일사천리로 내용을 전개해나간다. 강의를 듣고 있는 사람들은 모두 강의 시작과 동시에 엎드려 잔다. 학습자의 자발적 참여와 질문, 상호작용 등은 어디서도 일어나지 않는다. 이와 유사한 행태가 교원 연수 과정에서 벌어지고 있다. 연수 내용이 자신의 필요에 부합하지 않으며, 자발적으로 선택해서 참여한 연수가 아니기 때문이다. 이러한 형식적인 연수는 과감히 없애야 한다. 현장의 필요, 교사 내부로부터의 필요에 근거하여 연수를 기획해야 한다. 기획 주체는 교사, 교사들의 연구모임 또는 단위학교가 되어야 한다. 그뿐만 아니라 강제적인 연수가 아니라 스스로 참여하고, 기획하고, 운영하고, 평가하는 연수 그리고 선택 가능한 연수가 되어야 한다.

연수 방법에서도 기존 연수는 많은 문제점이 있다. 정책 홍보를 위한 연수, 시대·사회적으로 요청되는 연수, 자격검정을 위한 연수 등은 기본적으로 다수가 참여하는 집합연수일 수밖에 없다. 또한 한 명의 강사가 2~3시간 정도를 담당하는 강의식 수업 위주라 연수생들은 앉아서 수동적으로 들어야 한다. 그러다 보니 연수생들은 연수에 참여하기보다는 동원되어 타율적으로 앉아 있을 수밖에 없다. 이러한 형식적인 연수로는 전문성 향상을 기대하기 어렵다. 교원들이 현장에서 필요한 연수를, 스스로 참여하여 협력하고 탐구하고 발표하는 과정을 통해 연수 주체가 되어야만 한다.

그뿐만 아니라 개별 교사의 역량 강화를 포함하여 단위학교의 공통적인 해결 과제를 중심으로 실행학습을 진행해감으로써 연수를 통해 해법을 찾아갈 수 있는 기회가 많아지게 해야 한다. 개별 성장을 넘어서 이제는 공동체의 협력과 성장을 통해 학교문화를 개선해갈 수 있는 연수가 진정 필요한 시점이다.[5] 협력적 문화 속에서 학생들의 학습에 쏟는 집단적 헌신은 매우 중요한 학교 변화의 지점이다. 이를 통해

연수의 새로운 방향

구분	기존의 연수	새로운 연수 방향
연수 주체	교육부, 교육청, 연수원	교사, 교사 모임, 학교
연수 요구	외부(법, 정부 정책 등) 요구	내부, 현장 요구
연수 동기	필수, 의무 연수	자율, 선택형 연수
연수 방법	강의식, 집합식	토론식, 출퇴근식, 원격 연수 등 다양한 기법 활용
연수 목적	개인의 승진, 평가	성장, 공동체성 강화, 힐링

---

5. 이러한 협력과 소통의 필요에 대해 Hargreaves & Fullan(2012)은 "다행히도 지난 20년간의 연구를 보면, 성공적인 학교에서 계획적인 소통이 어떻게 이루어지는지 좀 더 구체적으로 나와 있다. 이때 핵심어는 '협력적으로 일을 처리하는 문화' 또는 오늘날 우리가 '전문성 자본'이라 부르는 것이다"라고 강조한다.

수업을 지도하는 동료 교사들이 협업하고 연구하고 함께 평가하는 경험을 하게 된다. 교사의 전문성 신장과 함께 수업의 질적 변화, 동료성과 관계성 회복 등 매우 다양한 강점을 발휘하게 된다.

4. 연수혁신 사례

교육청별로 교육연수원이 운영되고 있다. 여기서는 17개 교육청 중에서 경북, 전북, 대구, 부산, 경기도교육청의 사례를 중심으로 교육청 연수원의 연수 특징과 프로그램을 간략히 살펴본다.

▶ **경상북도 교육연수원** 지역 교육지원청과의 연계 연수를 강조한다. 교육지원청은 지역적 특색을 고려하여 공모 연수를 신청하게 하고, 연수원과 협의하에 연수생을 선발하며, 시설 대여를 담당하고, 연수원에서는 연수 행정과 운영을 담당하며, 교육지원청과 연수원은 연수가 끝나면 지역 학습동아리로 연계되도록 추수 지원을 한다. 또한 학습동아리 자율연수를 지원한다. 10명 내외의 지역 교사 학습동아리 연수를 지원하는 행정을 하고 여기에 대한 피드백을 제공한다. 농산어촌과 같이 학교 안팎에서 10여 명의 교사를 모으기 힘든 경우 3~4명의 연수생이 인근 교사를 초빙하여 연수를 운영하는 멘토링 연수도 실시하여, 연수생들의 다양한 환경을 배려하는 연수가 특징이다. 또한 주중에 교사들이 학교 업무로 인해 연수 기회를 얻지 못하는 현실을 고려하여 주말 연수를 열어 연수 참여 기회를

보장한다. 주말 연수 프로그램으로는 스토리텔링, 협동학습, 교육연극, 독서교육, 하부르타, 숲 체험 등이 있다. 이 연수원에서는 교직발달단계에 따라 직무연수를 단계화하고 있다. 이를테면 교직발달단계에 따라 초임, 성숙, 발달형으로 프로그램을 모듈화하여 연수를 특화하고 있다.

▶ **전라북도 교육연수원** 연수와 관련된 모든 권한을 연수원이 통제하고 있다는 점이 특징이다. 연수 기본계획 수립과 예산 편성에서 독립성이 있다. 대부분의 연수 과정에는 멘토제를 운영하며, 멘토들은 대부분 혁신학교에서 역량을 발휘하고 있는 교원, 연구년 교원들이 중심이다. 자격연수 및 연수 평가를 담당하는 별도의 연구사를 배치하여 평가의 공정성, 전문성과 보안성을 높이려는 노력을 기울이고 있다. 이 연수원에서는 찾아가는 현장 지원 연수를 운영하고 있으며, 연수원에서 선정한 도서와 계획서를 바탕으로 독서토론 동아리를 공모하고 선정하여 지원하는 학습동아리 연수를 권장한다. 학습동아리 연수의 경우 초등 60개교, 중등 44개교를 대상으로 교사 수업 성찰, 교사 역할 훈련, 교육과정 재구성, 회복적 정의, 비폭력 대화, 평화샘 프로젝트, 에듀힐링 등 다양한 주제로 운영하고 있다. 또한 학교교육과정 세우기 공동체 연수를 통해 학교교육과정 수립을 위한 연수 프로그램을 공모하여 진행한다.

아울러 마을교육공동체 연수를 강조하는데, 여기에는 기본 연수, 심화 연수를 운영하고 있으며, 마을교육공동체와 학교교육과정 연계에 초점을 맞추고 있다. 또한 혁신학교 연수를 강조하는데, 혁신학교로 지정된 학교를 대상으로 1박 2일 전 직원이 참여하는 워크숍을 운영하고 있으며, 학교문화 혁신에 대한 내용으로 모든 학교와 모든 교직원을 대상으로 하는 연수 과정을 운영하고 있다. 이 연수원에서도 공모 연수를 강조하는데, 맞춤형 연수와 독서토론 연수를 통해 개인 만족보다는 공동체 성장을 유도하려는 노력을 기울이고 있다.

[학교교육과정 세우기 공동체 연수]

• 1박 2일 워크숍 연수 과정에 숙박 시설, 멘토 지원
• 전체 강의는 신청 학교 모든 연수생이 함께 듣는 강의형 연수
• 학교별 실습은 각 학교 교원들끼리 실제적으로 교육과정을 함께 만들어가는 실행 중심 연수
• 학습 결과 공유는 학교별 결과 발표 및 다른 학교 결과 공유

▶ **대구교육연수원** 도심공동화로 생긴 폐교에 250억 원의 예산을 써서 새로운 연수원을 리모델링하고 신축하여 도심 속 연수원을 지향하고 있다. 외곽에 위치했던 이전 연수원에서는 오후 5시가 되면 연구사가 모두 퇴근하여 저녁에 연수가 없었으나 새 연수원에서는 평일 야간 연수가 활발히 운영되고, 운영 방식이 크게 달라졌다. 이 연수원에서도 공모 연수 300팀을 운영하고 있는데, 수요자 설계 맞춤형 연수라는 이름으로 1학기 180개, 2학기 120개를 15~30시간으로 운영하는데, 15시간이 대부분이다. 이 연수원은 학생 중심 연수를 강조한다. 이는 15년 뒤 미래의 학생에게 도움이 될 교육을 고려하고 그러한 교육을 해낼 역량을 교원에게 길러주는 것을 목표로 한다.

수업 잘 가르치고 생활지도 잘하는 범주에 머무르지 말고 사회가 어떻게 바뀔지 예측하고, 더 좋은 사회가 되는 데 영향을 미치는 교육이 되도록 연수를 설계하고 있다.

▶ **부산교육연수원**　부산교육연수원에서도 공모형 연수를 운영하고 있다. 공모 연수 선정 수에 따라 학교급별로 초·중등 연구사를 배정하되 연구사의 담당 업무, 운영 학교의 위치를 고려하여 배정한다. 이 연수원의 특화 연수 프로그램은 교과선택형 에듀마켓이라고 볼 수 있다. 이는 화·목·금·토요일 저녁(단, 토요일은 09:30~12:20)에 3시간씩 강좌가 개설되는데, 60여 개의 교과목을 대상으로 수강신청을 받는 방식으로 교사들이 연

에듀마켓 연수 과정(부산)

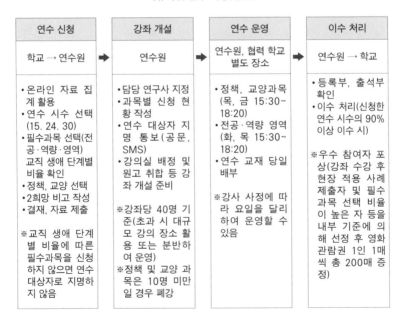

연수 신청	강좌 개설	연수 운영	이수 처리
학교 → 연수원	연수원	연수원, 협력 학교 별도 장소	연수원 → 학교
• 온라인 자료 집계 활용 • 연수 시수 선택 (15. 24. 30) • 필수과목 선택(전공·역량·영역) 교직 생애 단계별 비율 확인 • 정책, 교양 선택 • 2희망 비고 작성 • 결재, 자료 제출 ※ 교직 생애 단계별 비율에 따른 필수과목을 신청하지 않으면 연수 대상자로 지명하지 않음	• 담당 연구사 지정 • 과목별 신청 현황 작성 • 연수 대상자 지명 통보(공문, SMS) • 강의실 배정 및 원고 취합 등 강좌 개설 준비 ※ 강좌당 40명 기준(초과 시 대규모 강의 장소 활용 또는 분반하여 운영) ※ 정책 및 교양 과목은 10명 미만일 경우 폐강	• 정책, 교양과목 (목, 금 15:30~ 18:20) • 전공·역량 영역 (화, 목 15:30~ 18:20) • 연수 교재 당일 배부 ※ 강사 사정에 따라 요일을 달리 하여 운영할 수 있음	• 등록부, 출석부 확인 • 이수 처리(신청한 연수 시수의 90% 이상 이수 시) ※ 우수 참여자 포상(강좌 수강 후 현장 적용 사례 제출자 및 필수 과목 선택 비율이 높은 자 등을 내부 기준에 의해 선정 후 영화 관람권 1인 1매씩 총 200매 증정)

수 시수(15, 24, 30시간 중 선택)를 선택하여 들을 수 있게 하고 있다. 연수 장소도 교육연수원, 연수협력학교, 실습(공연) 장소 등 다양하다. 연수 전체 과정은 표와 같다.

▶ **경기도교육청연수원** 6개 연수원이 있으며, 동서남북 외곽에 있다. 경기도의 상대적으로 넓은 면적을 고려하면, 이들 각 연수원이 어떻게 협력적으로 연수를 함께 고민하고 지원할지에 대해 일관성 있는 기구가 필요하다. 이를 위해 경기도교육청에서는 '경기도중앙교육연수위원회'를 설치하여 6개 연수원을 포함한 본청과 교육지원청의 연수 전체를 기획하고 조절하는 역할을 수행하도록 하였다. 그림은 경기도교육청 전체의 연수를 어떻게 혁신할 것인가에 대한 방향을 제시한다.

경기도교육청 교원 연수 체제 혁신 방안

연수 인식 전환
배우고자 희망하는 연수 학교현장 적용도가 높은 연수 종합적 연수 수요조사와 모니터링

교원 참여형 연수
교육 경험 사례와 토론 중심 연수 교원 주도 공모 연수와 실행 학습 확대 학습·연구모임과 연수 공동 기획 운영

교원 성장 단계별 연수
기본 자격연수＋임용 전 연수 강화 보직(부장)교사, 학습공동체 리더 연수 학교 중견 교사 리더, 교감·교장 직무연수

학교 지원 중심 연수 기관
연수 종합 포털 사이트 구축 운영 연수 시설 개방 및 사이버 협력 강화 연수 우수 강사 풀 구축 및 관리

교원 중심
학교현장 중심
연수 체제

연수 기관 전문성 강화
연수 담당자 전문전형 확대 현장교사 중심 핵심 교수 요원 확보 연수원장, 부장공모제 및 전문직 초빙 연수 협력 실무협의회 상설화

정책, 인사, 행정, 연수 연계
연수 적정 이수 시간 제시 학교평가, 성과급, 근무평가 등 적정화 예산 사용 융통성 확보, 강사료 현실화

경기교육 중앙 연수 기구
경기도중앙교육연수위원회 운영 연수 정책 수립(자격연수, 직무연수) 연수 조정, 연수원 평가, 포털 사이트

연수혁신을 위한 지속적인 연구

배우고자 하는 학습공동체가 주도적인 연수 설계와 운영으로
문제를 해결해나갈 수 있도록 지원하는 경기도교육청 교원 연수 지원 서비스

이 연수혁신 방안을 보면, 연수에 대한 근본적인 인식이 전환되고 있음을 확인할 수 있다. 연수 개편 방안을 간략히 정리하면, 우선 교원의 요구에 의해 연수가 만들어지고 운영되도록 한다, 현장에서 실천할 수 있는 문제해결형 연수를 운영한다, 연수 운영 결과에 대한 평가 방식 개선과 모니터링단을 운영한다, 교원 연수 정책 및 연수 관련 의견 수렴을 위한 포털 사이트를 운영한다는 점을 확인할 수 있다.

교원 참여형 연수를 확대하기 위하여 ▶교육공동체와 연수기관이 함께 연수 기획·운영 확대, ▶교육과정과 수업 중심의 사례 나눔과 실습형 연수 확대, ▶소수 교과(유치원, 특수 등) 교사의 학교 밖 소모임 연수 확대, ▶교원이 주도하는 공모 연수 확대와 교육지원청 교육연구회 부활을 강조하였다. 또한 '찾아가는 연수'를 확대하여 실시하고 있다. 연수기관에서 기획한 프로그램을 학교와 지역사회로 가져가 연수를 운영하고, 연수 기획, 강사 지원, 예산 처리 등은 연수기관에서 지원하는 방식으로 진행한다. 또한 '찾아오는 연수'를 통해 교원들이 원하는 연수를 주말에 배치하여 전문성 강화를 지원한다.[6]

이상에서 살펴본 몇몇 교육청 연수원 프로그램의 특징을 보면, 교원들의 선택을 강조하며, 현장 변화를 연수의 핵심적인 지향점으로 설정하고 있다. 또한 공모 연수를 확대하고, 전문적학습공동

---

6. 경기도교육청에서는 '찾아오는 연수'를 확대하면서 교원들이 기획하고 운영하는 연수를 연수 포털(http://gelearning.kr)에 공개하고, 각 연수프로그램에 교원들이 수강신청을 하면 일정 수의 수강인원이 확보될 경우 개설하는 방식으로 진행하고 있다. 자율기획 연수는 부산교육연수원의 에듀마켓과 유사한 방식이며, 이 두 연수는 연수생들이 스스로의 필요와 요구를 기초로 연수를 선택할 수 있다는 점에서 새로운 연수 방향의 중요한 사례다.

체를 지원하는 방식이 강조된다. 적어도 자격연수의 경우에는 공무원 승진에 관한 규정에 의거하여 변화될 가능성이 아직은 부족한 듯 보이지만, 직무연수의 경우에는 매우 다양한 형태의 연수 혁신이 일어나고 있다는 점에서 긍정적인 평가[7]를 받을 수 있다.

5. 정책적 과제

지금까지 연수는 연수원이 기획하고 운영을 주도하였다. 연수 주체가 되어야 할 교원은 연수 대상, 객체에 머물러 있을 수밖에 없었다. 위에서 아래로 필요한 교육 내용을 내리먹이는 방식, 즉 Top-down 방식의 연수가 대부분이었다. 이러한 방식으로는 교직원의 자발성, 전문성, 열정의 지속성을 이끌어낼 수 없다. 외부 강사에 의해 현실과 맞지 않는 내용 전달식 연수는 효과 면에서도 매우 부정적이다. 일회적 행사성 연수는 지속적 학습을 견인해주기 어려웠다.

지금까지 교직원 주도형 연수가 불가능했던 원인은 몇 가지를 들수 있다. 교직원을 연수 대상으로 여겼기 때문이다. 전문적인 지식은 외부에서 공급되어야 한다는 관료적 사고방식에 연유한다. 연수원 시설이 시 외곽에 위치하여 접근성이 떨어지는 것도 원인이다. 따라서 연수라고 하면 늘 일상에서 떨어져 나와 합숙하면서 며칠을 집중 연수하고 현장으로 돌아오는 방식을 택할 수밖에 없었다. 예산 집행 방

---

7. "전문적학습공동체 공동연구에 참여한 교사들이 주체가 되어 공동연구 성과와 내용으로 현장성 있는 연수 커리큘럼을 짜고 학교현장에서 수업을 고민하고 연구를 실천한 교사가 강사진으로 참여하는 'bottom up 연수'는 교육의 성과를 학교현장에 함께 나누는 참으로 혁신적인 연수정책이다"(홍석희, 2017: 213쪽).

식도 문제다. 연수원과 각 과에서 예산을 편성하여 기획 운영해야 하는 구조가 연수를 왜곡시켜왔다. 이 문제를 해결하려면 몇 가지 정책적 변화가 있어야 한다.

첫째, 언제든 접근 가능한 연수 시설이 확보되어야 한다. 일상 속에서 지속적인 학습이 가능한 공간이 있어야만 일회적 연수가 아닐 수 있다. 도심 속 연수원을 확보하여 언제든지 학교 업무 후 접근 가능한 공간이 제공되어야 한다. 대구, 경기도(안양)의 경우 도심 속 연구공간을 확보하고 있으며, 이는 교원들에게 매우 양호한 연수 공간이 되고 있다. 타 시·도에서도 이러한 연수 공간의 접근성을 고려하여 출퇴근식 연수가 가능하게 해야 한다.

둘째, 예산 편성을 중앙집권식에서 분권형으로 바꾸어야 한다. 이를 위해서는 기존 공모 연수를 확대하여 연수 기획과 운영자에게 예산을 지급해야 한다. 연수는 필요한데 예산 처리가 어려워 다양한 연수가 불가능한 현실을 타파해야 한다. 예산 운영의 자율권과 책임성을 함께 부과하여 자유로운 연수가 행해지는 환경을 조성해야 한다.

셋째, 연수의 질 관리를 위해서는 일정 공간에서 공식적 관리 체제를 유지해야 한다. 특히 공모 연수 같은 분권형 연수를 강화하려면 최소한의 질 관리 체계를 갖출 필요가 있다.

넷째, 정보의 폐쇄성을 극복하기 위해서는 누구나 연수 정보를 열람하고 신청하고 참여할 수 있게 해야 한다. 자신이 요구하는 연수가 언제, 어디서 개설되는지 정보를 수시로 검색할 수 있어야 한다. 스마트폰 앱을 개발하여 누구나 연수 정보를 실시간으로 확인할 수 있게 해야 한다.

다섯째, 단위학교의 수업을 공개하고, 동료 교사들과 협력적 연구를 통해 수업을 개선하고 이를 학교 밖으로 확산해갈 수 있는 문화와 환경을 조성해가야 한다. 전문적학습공동체 활동이 활성화될 수 있게 해야 한다.

여섯째, 연수가 승진의 수단이 되는 체제를 개편해야 한다. 특히 1정 자격연수의 평가 결과가 20여 년 후 교감 승진 시 반영되는 방식을 개편해야 한다. 아울러 자격연수의 평가 방식 역시 객관식 평가를 탈피해야 진정한 연수의 목적이 달성될 수 있다.

일곱째, 불필요한 연수를 과감히 줄이고, 현장 변화, 수업 변화, 학교혁신을 위한 연수에 집중하게 해야 한다. 교육자치 시대를 맞이하여 교육부의 강제연수와 교육청 주도의 연수를 과감히 줄이고 학교 단위, 전문적학습공동체 단위, 교사 개별 단위에서 요청되는 연수를 확대 실시할 수 있게 해야 한다.

여덟째, 연수원 전문성 강화를 위한 방안을 마련해야 한다. 연수 담당 교수진을 확보하고 이들이 안정적으로 연수원에 근무하면서 연구하고 실천할 수 있는 전문성 강화를 위해 노력해야 한다. 연수원에는 역량 있는 젊은 연구사와 연구관들이 우선적으로 배치되어야 하며, 이들이 지속적으로 연수 업무에 몰입할 수 있는 체제를 갖추어야 한다.

마지막으로 교사 연구년제를 확대하여 개인 역량 강화의 기회를 제공해야 한다. 경기도와 서울시에서 실시하고 있는 대학과 협업하는 혁신대학원 운영을 확대하고, 일정 근무 기간이 지나면 연구년을 이수할 수 있도록 기회를 넓혀가야 한다.

이제 연수는 새로운 방식으로 변해야 한다. 교사가 스스로 연구하고, 그 내용을 기반으로 연수를 기획하고 운영하는 방식으로 전환되어야 한다. 결국 교원의 전문성 향상을 위해서는 교원이 주체가 되어 연수를 기획하고 실행, 참여, 평가할 수 있는 체제를 갖추어야 한다. 앞서 살펴본 바와 같이 여러 교육연수원에서도 공모형 연수, 전문적학습공동체 연수, 교원 기획 연수 등을 확대하는 추세가 뚜렷하게 나타나고 있다는 점에서 매우 긍정적으로 평가할 수 있다. 그러나 교원이 주체가 되는 연수가 더욱 확대될 수 있도록 해야 한다. 아울러 학교와 학급혁신을 위한 과제를 발굴하고 이를 연수를 통해 동료들과 공유할 수 있게 해야 한다. 교원들이 전문적학습공동체 활동에 적극 참여하게 하고, 한 발 더 나아가 공동연구활동을 통해 수업에 대한 연구를 공유해갈 필요가 있다. 교원의 전문성은 수업 전문성이 확보될 때 한층 강화될 수 있다. 연수행정에서도 이러한 수업 관련 공동 연구가 진행될 수 있는 지원행정을 시도해야 한다. 이를 위해서는 연구 방법론, 연구 주제 설정, 연구 결과에 대한 발표와 토론의 장을 조성하는 노력도 함께 이루어져야 한다.

부산과 경기도교육청에서 실시하고 있는 에듀마켓과 자율기획연수는 연수혁신의 중요한 사례다. 타율적인 연수에서 자율적인 연수로 변화하는 가능성을 보여주며, 현장의 필요와 교원들의 요구를 적극 반영한다는 점에서 새로운 연수의 모델이 될 수 있다. 연수의 궁극적인 목적은 교육현장의 변화를 이끌어내는 주체 형성에 있다. 교원이 교육개혁의 대상이 아니라 교육 변화의 주체로 자리매김할 수 있도록 연수혁신을 지속해야 한다.

| 참고 문헌

경기도중앙교육연수위원회(2015).『NTTP 2016 교육공동체 연수혁신 방안』. 경기도중앙교육연수위원회.

백병부, 박철희, 송승훈, 원덕재, 배정현(2015).『경기도교육청 교원 연수기관 혁신방안』. 경기도교육연구원.

서울대교육연구소 편(1998).『교육학대백과사전』. 서울대교육연구소.

실천교육교사모임(2015).『교사가 만들어가는 교육 이야기: 교사독립선언』. 에듀니티.

홍석희(2017).『전문적학습공동체 공동연구, 연수 이야기』. BOOKK.

황현정 외(2016).『연수혁신방안』. 경기도교육연구원.

Fullan, M.(2016). *The New Meaning of Educational Change*. Teachers College Press.

McLaughlin, M., & Talbert, J.(2001). *Professional communities and the work of high school teaching*. Chicago, IL: University of Chicago Press.

교육공동체가 함께
만들어가는 학교교육과정

이형빈_전 강원도교육청 정책기획총괄 팀장

혁신교육이 확산된 이후 학교현장에서 다양한 변화가 이루어져왔다. 그중에서도 매우 중요한 변화가 '교육과정'에 대한 인식이 달라졌다는 점이다. 이전에는 '교육과정=국가교육과정 문서=아무도 보지 않는 문서'라는 등식이 성립해온 것도 사실이다. 그러나 이제는 학교교육의 중심은 '교육과정'이라는 점, 그리고 이 교육과정은 교사들이 함께 만들어가는 것이라는 인식이 확산되고 있다. 학교마다 다양하고 창의적인 교육과정이 편성되고, 이러한 교육과정을 바탕으로 수업과 평가가 이루어지고 있다. 이러한 학교교육과정의 궁극적인 목적은 학생의 전인적인 성장을 돕는 것이다.

이 글에서는 교육과정의 의미, 국가-지역-학교교육과정의 관계, 학교교육과정 편성·운영의 절차, 교육과정 재구성 및 수업·평가 혁신의 방향, 학교교육과정 혁신을 위한 제도 개선의 과제 등에 대해 다루고자 한다.

1. 학교교육과정의 의미

교육과정은 교육의 목표, 내용과 방법 등 기본 방향에 대한 큰 그림이자 법적 구속력을 갖는 문서다. 교육과정은 학생들에게 '무엇을, 어떻게, 왜' 가르칠 것인가에 대한 체계적인 계획이자, 학생들이 학교에서 경험한 교육의 총체라 할 수 있다. 교육과정은 거시적으로 볼 때 우리 사회가 지향하는 미래상, 기르고자 하는 인간상 등을 담은 교육 이념을 바탕으로 구체적인 교육 목표를 설정하고, 가르쳐야 할 교육 내용을 체계적으로 조직하며, 이를 바탕으로 교수학습을 진행하고 그 결과를 교육평가를 통해 확인하는 일련의 과정을 담고 있다.

「초·중등교육법」에는 "교육부장관은 교육과정의 기준과 내용에 관한 기본적인 사항을 정하며, 교육감은 교육부장관이 정한 교육과정의 범위에서 지역 실정에 맞는 기준과 내용을 정할 수 있다", "학교는 교육과정을 운영하여야 한다"라고 규정하여 교육과정에 대한 교육부, 교육청, 학교의 역할과 책임을 명시하고 있다. 이렇게 볼 때 교육과정은 크게 국가교육과정, 지역교육과정, 학교교육과정으로 나누어 볼 수 있다.

구분	내용
국가교육과정	교육부장관이 고시하며, 학교가 편성해야 할 교육과정의 공통적, 일반적 기준을 제시한다.
지역교육과정	교육감이 지역의 특성, 학생·교원·주민의 요구와 필요를 반영하여 지역교육의 중점을 설정하고, 학교교육과정 개발을 위한 지침을 제시한다.
학교교육과정	국가수준의 교육과정과 시·도 교육과정 편성·운영 지침 등을 근거로 학교의 특성에 맞게 구체적인 교육과정 운영 계획을 수립한다.

그런데 우리나라는 국가교육과정의 영향력이 매우 큰 나라다. 많은 연구자와 교사들이 지적하듯이 국가수준교육과정에 지나치게 세부적인 내용까지 규정함으로써 교육과정의 자율화와 다양화를 가로막고 있다. 그래서 학교 나름의 교육과정을 마련하기에 근본적인 한계가 있는 것도 사실이다.

그렇다 보니 정작 학교교육과정에 대한 연구와 실천은 상대적으로 미흡한 편이다. 학교에서는 「○○학교교육과정 계획서」라는 문서를 매년 발간하여 홈페이지에 올리지만, 국가교육과정 및 시·도교육청 교육과정 편성·운영 지침의 주요 내용을 단순 요약한 것에 불과한 경우도 있다. 혹은 학교 구성원들의 집단적 지성과 민주적 소통을 통해 학교교육과정을 만드는 것이 아니라, 업무 담당자 중심의 일부 교사 주도로 형식적인 문서가 작성되는 경우도 적지 않다.

하지만 최근 교육과정-수업-평가 혁신의 흐름이 확산되면서 학교교육과정에 대한 연구와 실천도 활발히 이루어지고 있다. 또한 국가교육과정에도 학교교육과정의 수립 절차와 방법에 대해 다음과 같이 규정하며, 이에 따라 시·도교육청에서는 '학교교육과정 함께 만들기' 등의 정책사업을 통해 학교교육과정이 내실화될 수 있도록 강조하고 있다.

Ⅲ. 학교교육과정 편성·운영

1. 기본 사항

가. 학교는 이 교육과정을 바탕으로 학교 실정에 알맞은 학교교육과정을 편성·운영한다.

다. 학교교육과정은 모든 교원이 전문성을 발휘하여 참여하는 민주적인 절차와 과정을 거쳐 편성한다.

　라. 교육과정의 합리적 편성과 효율적 운영을 위해 교원, 교육과정 전문가, 학부모 등이 참여하는 학교교육과정위원회를 구성하여 운영하며, 이 위원회는 학교장의 교육과정 운영 및 의사결정에 관한 자문 역할을 담당한다.

　마. 학교교육과정을 편성·운영할 때는 교원의 조직, 학생의 실태, 학부모의 요구, 지역사회의 실정 및 교육 시설·설비 등 교육 여건과 환경을 충분히 반영하도록 노력한다.

　타. 학교는 동학년 모임, 교과별 모임, 현장 연구, 자체 연수 등을 통해 교사들의 교육활동 개선이 이루어지도록 한다.

　파. 학교는 학교교육과정 편성·운영의 적절성과 효과성 등을 자체 평가하여 문제점과 개선점을 추출하고, 다음 학년도의 교육과정 편성·운영에 그 결과를 반영한다.

_2015개정교육과정 총론

여기서 가장 강조되는 요소는 '교원의 전문성', '민주적인 절차와 과정'이며, 이를 위해서는 동학년 모임, 교과별 모임, 현장 연구, 자체 연수 등의 '교원학습공동체'가 내실 있게 운영되는 것이 중요하다. 이를 기반으로 학교의 교육철학을 공유하고, 국가교육과정 및 지역교육과정에 대한 문해력을 높여야 하며, 교사의 자율적 전문성과 학생의 필요와 요구에 따른 교육과정 재구성이 이루어져야 한다. 이렇게 수립된 학교교육과정을 기반으로 실제 수업 및 평가가 진행되어야 하며, 학교교육과정 운영에 대한 평가 및 피드백이 일상적으로 이루어져야 한다. 또한 이러한 학교교육과정이 원활하게 운영될 수 있도록 국가교육과정을 대강화·적정화하는 등의 개선 방안이 마련되어야 한다. 이 흐름을 다음과 같이 나타낼 수 있다.

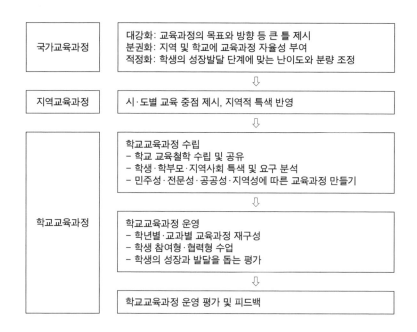

이러한 학교교육과정을 만들어가는 데 필수적인 원리로 민주성, 전문성, 공공성, 지역성을 들 수 있다.

'민주성'은 교육공동체 모두의 참여와 의사소통을 토대로 교육과정을 함께 만들어가는 원리이다. 이를 위해 학교 구성원들의 광범위한 참여와 집단지성을 보장해야 한다.

'전문성'은 교사의 자율성을 존중하고 성찰적 연구를 통해 실천적 지식을 계발해가는 원리이다. 이를 위해 교원학습공동체 운영을 내실화하여 교사들이 협력적 전문성을 바탕으로 교육과정 편성·운영의 주체가 되어야 한다.

배움과 돌봄의 책임교육 공동체

⇩ ⇩ ⇩ ⇩

학교상	참여와 협력을 통해 학생들이 스스로 배울 수 있게 함	배려의 관계 형성 교육복지와 연계	한 명의 학생도 소외되지 않는다	민주적인 학교문화를 만들고 민주시민 양성
비전	자신의 삶을 사랑하고(자존감) 세계와 공존하는(배려) 창의적 민주시민교육			
교육목표	자신의 삶을 사랑하는 사람	세상과 소통하는 사람	생태적 삶을 실천하는 사람	문화예술적 소양을 갖춘 사람
창의지성역량	자기주도학습능력 자기관리능력	자기관리능력 협력적 문제발견 해결능력 의사소통능력 대인관계능력	협력적 문제발견 해결능력 의사소통능력 대인관계능력 민주시민 의식	협력적 문제발견 해결능력 문화적 소양능력 의사소통능력 대인관계능력 민주시민 의식

⇩

	1학년	2학년	3학년
학년중점목표	〈나 세우기〉 •자아 이해를 통해 자기 존중감 수립 •소통과 협력적 문제해결로 평화로운 관계 형성	〈더불어 살기〉 •자연과 세상과 더불어 사는 생태감수성 교육 •삶을 풍요롭게 하는 문화예술 소양교육	〈세상과 소통하기〉 •사회, 역사적 통찰을 통한 사회적 실천과 나눔교육 •삶과 연관된 배움을 통한 구체적 진로교육
교과재구성	•영어: 자기표현, 자기이해 •사회: 민주시민 소양(비판적 사고력)/자존감(선거, 민주적 질서), 배려/(인권교육) •국어: 나를 알고 나의 언어로 표현하기, 시, 연극하기(관계 맺기를 위한 언어 활동)/생활 글쓰기 •과학: 식물의 구조-생태 •수학: 정수확장(형식적 조작기) •도덕: 친구와의 관계, 평화적인 관계(환경, 생명), 도덕적 민감성	•국어: 다양한 상황에 맞는 교육활동/라디오 시나리오, 소설 쓰기 •과학: 우리 몸 •수학: 유리수 확장 •도덕: 친구, 가족, 이웃, 세계시민 간의 관계, 통일(국가, 통일, 민족), 가치, 응용윤리/비판적 사고력 •영어 : 생태교육	•영어: 세계시민 공동체 문화적 소양, 다문화 교육 •사회: 민주시민교육 •국어: 의사소통능력 신장/뮤지컬 시나리오 •과학: 환경 •수학: 실수, 무리수
교과통합프로젝트	자기인식, 평화적 관계	생태와 문화예술	진로와 사회참여
창체	춤테라피, 심리운동, 연극놀이(국어)	생태(체육, 역사-지속가능한 사회 교육, 인간의 조건)	뮤지컬(음악)
오감기행	함께 만드는 여행	자연과 더불어 사는 삶	나를 찾아 떠나는 여행

출처: 의정부여자중학교, 『수업을 비우다 배움을 채우다』(에듀니티, 2015)

'공공성'은 교육의 과정과 결과가 개인적 탁월성을 실현할 뿐만 아니라 모두의 행복과 공공의 가치를 높일 수 있게 하는 교육과정의 원리다. 이를 위해 학교교육과정은 개인의 사적 욕망 추구를 위한 경쟁교육에서 벗어나 교육의 공적 사명과 책임을 구현하는 방향으로 편성·운영되어야 한다.

'지역성'은 학생들의 삶의 터전과 유리된 교육에서 벗어나 지역의 특성과 요구를 반영한 교육을 통해 더불어 살아가는 삶의 공동체를 구현해야 한다는 원리다. 이를 위해 학교교육과정은 지역 공동체의 현실을 반영하고, 지역 공동체를 가꾸어나갈 주체를 기르는 방향으로 편성·운영되어야 한다.

이러한 민주성, 전문성, 공공성, 지역성의 원리에 의해 만들어진 학교교육과정의 예를 들면 앞의 표와 같다.

2. 교육과정-수업-평가 혁신,
그 성과와 제도적 한계

학교교육과정에 대한 새로운 인식의 확산은 교육과정-수업-평가 혁신의 흐름과 긴밀하게 맞물려 있다. 교육과정 재구성을 통해 교사들이 교육과정의 주체가 될 수 있었으며, 수업 혁신을 통해 학생들이 참여하고 협력하는 원리가 확립되었고, 평가 혁신을 통해 교육과정 및 수업 혁신이 열매를 맺을 수 있게 되었다. 이들 각각의 영역에서의 성과와 한계를 정리하면 다음과 같다.

가. 교육과정 재구성의 성과와 제도적 한계

학교현장에서 본격적으로 교육과정 재구성이 이루어진 계기는 혁신학교운동 등 아래로부터의 변화다. 교육과정-수업-평가를 하나의 흐름으로 보고, 교사의 전문적학습공동체를 통해 학교교육과정을 새롭게 바꾸려는 실천이 전개되어왔다. 특히 학년협의회, 교과협의회, 연구동아리 등 학교 내 전문적학습공동체 형성이 교육과정 재구성의 주요 동력이 되었다고 볼 수 있다.

이 과정에서 교과서 중심의 교육과정을 벗어날 수 있는 개념적 근거로 '성취기준'에 주목하게 된다. '성취기준standard'은 사실 국가교육과정의 전통이 약한 영미권 국가에서 공교육의 책무성을 강조하기 위해 도입된 개념이라 할 수 있다. 그러나 이 개념이 우리나라에서는 새로운 의미로 재맥락화되는 과정을 거치게 된다. 국가교육과정에서 성취기준을 강조하고 이에 따라 성취평가제가 도입됨에 따라 교사들이 교과서가 아닌 성취기준을 바라보게 되고, 교과서는 성취기준을 구현한 하나의 자료라는 관념이 형성되었다. 이후 "교과서가 아닌 성취기준을 가르쳐야 한다"는 담론이 형성되면서 성취기준을 중심으로 교과서 내용을 일부 생략하고 새로운 자료를 가져오고 순서를 바꾸는 등의 교과서 재구성이 학교마다 활발히 이루어지게 되었다.

일부 학교에서는 더 적극적인 교육과정 재구성이 이루어지게 되었다. 적극적 의미의 교육과정 재구성은 입시의 영향력과 교과 간 장벽이 거의 없는 초등학교에서부터 활발하게 이루어졌다. 교육과정의 난도와 분량을 적정화하고, 학생의 발달단계를 고려한 학년 단위의 교육과정 재구성을 통해 학생의 발달과 성장을 지원하기 위한 노력이 활발히 이루어졌다.

중등학교에서도 전통적인 분과형 교과 중심 교육과정을 뛰어넘어 범교과적 통합교육과정을 설계하는 등의 실천이 이루어졌다. 이 속에서 학생들의 삶의 경험, 학생들이 길러야 할 역량, 미래 사회가 요구하는 가치가 도출되고 이를 중심으로 한 교육과정 재구성이 활발히 이루어졌다.

하지만 이러한 교육과정 재구성은 기존 국가수준교육과정의 범위를 벗어날 수 없는 소극적 차원의 재구성이라는 점에서 한계가 있다. 그 원인은 크게 두 가지로 나누어 볼 수 있다. 우선 교사의 교육과정 재구성 권한이 법적으로 명확하게 보장되어 있지 않다. 2015 교육과정 총론에는 "교과와 창의적 체험활동의 내용 배열은 반드시 학습 순서를 의미하는 것은 아니므로, 지역 특수성, 계절 및 학교의 실정과 학생의 요구, 교사의 필요에 따라 각 교과목의 학년군별 목표 달성을 위한 지도 내용의 순서와 비중, 방법 등을 조정하여 운영할 수 있다"라고 되어 있지만, 국가교육과정에 제시된 성취기준을 교사가 빠짐없이 모두 가르쳐야 하는지, 이 중 일부를 취사선택하거나 재진술할 수 있는지, 새로운 성취기준을 마련할 수 있는지 등이 명확하지 않다.

또한 창조적 수준의 교육과정 재구성을 제약하는 근본적인 조건은 국정·검정도서 중심의 현행 교과서 제도다. 획일화된 교과서의 틀 속에서는 교육과정에 대한 교사들의 상상력이 근본적으로 제약될 수밖에 없고, 교사가 교육과정의 주체로 성장하기 어려운 조건이 작용한다.

이제는 교사가 주어진 교육과정을 단순히 수행하는 기능인이 아니라 교육과정을 스스로 만들어가는 주체로 성장해야 하고, 그럴 만한 현장의 역량이 성숙했다고 할 수 있다. 교육과정 자율권은 전문가로서의 교사가 마땅히 누려야 할 권리이며, 교사에게 더 많은 자율권을 부여할 때 교육과정 전문성도 신장될 수 있다. 이를 위해서는 교사에게 교육과정 자율권을 부여하고 교과서 제도를 개선해야 한다. 이 점에 대해서는 뒷장에서 상술하기로 한다.

나. 수업 혁신의 성과와 제도적 한계

학교의 모든 교육활동의 중심에는 수업이 있다. 수업은 계획된 교육과정이 교실이라는 공간에서 구체적으로 구현되는 실천의 장이다. 수업은 교사의 가르치는 행위(교수)와 학생의 배우는 행위(학습)로 구성되며, 교사와 학생, 학생과 학생의 역동적인 상호작용이 이루어지는 장이다. 최근에는 수업 패러다임이 학생의 참여와 협력, 탐구를 이끌어내기 위한 방향으로 변화하고 있다.

이러한 수업 혁신의 방향은 교사 중심의 일방적 강의식 수업을 넘어 학생의 참여와 협력을 보장한다는 공통점을 보인다. 이미 학교현장에서는 학습활동지를 활용한 학생 중심 학습활동, 모둠활동 등을 통한 협력학습, 문제해결을 위한 프로젝트 수업 등 다양한 형태의 수업 방식이 확산되고 있다. 이는 학생들이 주체적으로 참여하며 협력하는 가운데 자기 주도적 학습능력, 문제해결능력을 키우고 배려와 협력의 가치를 수업 과정에서 익힘으로써 민주시민으로 성장하는 것을 목적으로 한다.

우리나라에서 이러한 수업 혁신이 활발히 이루어지게 된 동력으로 교사들의 다양한 전문적학습공동체의 힘을 들 수 있다. 전문적학습공동체는 교사들의 자발성과 협력성에 기반을 두고 단위학교 안에서 학년협의회, 교과협의회, 수업 공개 및 연구, 독서모임, 연수 및 실천 등 다양한 연구활동을 통해 교사 스스로 교육과정과 수업을 개선하기 위한 모임이다. 교원들의 협력적 문화를 가로막는 가장 큰 요인으로 교실 사이의 보이지 않는 장벽을 들 수 있다. 특히 담임교사가 거의 모든 수업을 담당하는 초등학교에서는 교실과 교실 사이의 장벽이 더욱 두드러지게 나타나며, 중등학교의 경우에는 교과와 교과 사이의 장벽이 두드러지게 나타난다. 이러한 '교실의 사유화' 현상은 학교조직의 고유한 특성으로도 볼 수 있지만, 외부의 부당한 압력으로부터 교사의 자율적 전문성을 보호해야 했던 역사적 맥락을 통해서도 형성된 것으로 볼 수 있다. 그러나 학교를 관료조직에서 전문가 조직으로 거듭나게 하기 위해서는 교사의 자율적 전문성이 곧 교실의 사유화로 연결되어서는 곤란하며, 공교육이 지향해야 할 공공적 전문성을 위한 협력의 문화를 고양시켜야 총체적인 학교혁신이 이루어질 수 있다.

사실 대부분의 교사들은 '수업 공개'라는 용어 자체에 심리적 거부감이 있다. 이는 과거의 관료주의적이고 획일적인 수업 장학의 폐해에서 비롯된 것이다. 과거의 수업 장학은 획일적인 체크리스트를 바탕으로 교사의 수업 행위를 관찰하여 체크리스트에서 벗어나는 행위를 지적하는 방식으로 이루어져왔다. 이런 방식의 수업 장학은 표준화된 지표에 교사의 수업 방식을 획일화시키고 교사와 학생, 학생과 학생, 교사와 교사 사이의 다양한 역동관계를 살피지 못하는 한계를 보인다. 나아가 수업에서 진행되는 모든 문제를 교사 개인의 자질로 환원함으로써 공동체적 나눔과 성찰이 이루어지지 못하는 한계를 보인다.

이런 점에서 최근 여러 학교에서는 '수업 공개'나 '수업 장학'이라는 용어 대신 '수업 나눔' 혹은 '수업 성찰'이라는 용어를 선호한다. 그리고 교사가 가르치는 행위보다는 학생이 배우는 과정을 살피고 교사들이 수평적·협력적 관계 속에서 공동체적으로 수업을 성찰하는 방식을 취한다. 이런 관점에 따라 참관 교사들은 학생이 배우는 과정을 관찰하며, 동시에 자신의 수업을 성찰하게 된다. 즉 수업 진행 교사에게 '조언할 내용'을 찾는 것이 아니라, 수업을 통해 '내가 배울 점'을 찾게 되는 것이다.

하지만 이러한 학교 안 전문적학습공동체가 활성화되기에는 여러 가지 한계가 있다. 이제 교실 수업을 공개하고 함께 나누는 것에 대한 교사들의 심리적 저항은 상당 부분 완화되고 있다고 볼 수 있다. 그러나 가장 큰 걸림돌은 이러한 모임이 원활히 이루어질 수 있는 시간적·물리적 환경 조성이 쉽지 않다는 점이다.

또한 수업 혁신을 가로막는 제도적 여건 가운데 하나로 학급당 학생 수 문제를 들 수 있다. 이미 학령인구 감소에 따라 학급당 학생 수 감축을 위한 여건은 형성되어 있다. 학령인구 감소라는 위기 요인을 오히려 공교육 개선의 기회 요인으로 전환하여 학급당 학생 수를 대폭 감축하는 정책을 펴야 한다.

다. 평가 혁신의 성과와 제도적 한계

평가는 '교육과정-수업-평가'로 이어지는 과정의 하나다. 평가는 일차적으로 학생들의 학업성취 정도를 확인하여 무엇을 잘하고 못하는지를 알아내는 과정이다. 나아가 평가는 교육 목표를 얼마나 달성했는지 확인하고 이를 교육과정 및 수업 개선의 자료로 활용하는 과정이기도 하다.

그동안 학교현장에서는 이러한 평가의 본래적 의미가 제대로 실현되지 못했다. 그 이유는 무엇보다도 대학입시에서 비롯된 경쟁체제로 인해 평가가 학생 서열화의 도구로 자리 잡았기 때문이다. 그러나 최근에는 이러한 평가관에도 변화가 생겨나기 시작했다. 특히 획일화된 일제식 지필평가에서 벗어나 수행평가나 논술형 평가를 강조하고, 이에 따라 선발 중심의 평가관에서 학생의 발달과 성장을 돕는 평가관으로 전환이 이루어지고 있다.

수업 혁신은 평가 혁신과 맞물리게 된다. 평가 혁신 없는 수업 혁신은 '수업은 협력적인 방식으로 하였으나 평가는 경쟁적인 방식으로 하는' 모순을 낳게 된다. 특히 한국과 같이 평가가 교육과정 및 수업에 막강한 영향을 미치는 현실에서는 오히려 평가의 혁신이 교육과정 및 수업의 혁신을 선도한다고 볼 수 있다.

초등학교의 경우 입시의 영향력이 없고 학교생활기록부에도 성적 및 석차를 기재하지 않기 때문에 평가 혁신이 상대적으로 수월하다. 최근 각 시·도교육청에서는 초등학교 일제식 지필평가를 폐지하고, 학생의 성장과 발달을 돕는 평가를 활성화하고 있다. 중학교의 경우 평가 혁신은 2012년부터 도입된 성취평가제와 2016년에 전면화된 자유학기제의 영향을 크게 받았다. 성취평가제 도입 이후 중학교에서 석차 산출이 폐지되었으며, 자유학기제 도입과 최근 교육부 평가 관련 훈령 개정으로 일제식 지필평가를 치르지 않는 것이 가능해졌다. 그러나 고등학교의 경우 여전히 석차등급을 산출해야 하며, 대학입시의 영향력 때문에 평가 혁신이 거의 이루어지지 않고 있다. 다만 대학입시에서 학교생활기록부 전형이 확대되어 과정 중심 수행평가 활성화와 평가 결과 기록이 중요해짐에 따라 평가 혁신의 계기가 일정 부분 마련되었다.

향후 초등학교에서는 일부 학교에 여전히 남아 있는 일제식 지필평가의 요소, 불필요한 평가 등급 산출 등 과거의 관행을 극복하고 '학생의 성장과 발달을 돕는 평가'라는 지향점을 좀 더 명확히 해야 한다. 최근 평가 결과에 따른 '소통과 지원'을 체계화하는 초등학교도 늘고 있으며, 학생 한 명 한 명의 발달단계와 특성에 맞는 '개별화 평가'를 시행하는 사례도 있다. 이러한 흐름을 '진단-소통-지원'으로서의 평가라고 할 수 있다.

중학교의 경우 자유학기(년)제에서의 경험을 바탕으로 일제식 지필평가를 축소·폐지하고 과정 중심 수행평가를 전면화하는 것이 중요한 과제다. 일부 학교와 교과에서는 '수행평가 100%'를 시행하는 사례도 확산되고 있다. 그러나 여전히 중학교 1학년 자유학기(년)에서의 성과가 2~3학년으로 확산되지 못하는 한계를 보인다. '지필평가 축소·폐지, 수행평가 전면화'와 함께 초등학교에서 시행되고 있는 성장발달 평가의 요소를 중학교에서도 수용하고, 이러한 변화를 바탕으로 고등학교 평가 혁신을 아래로부터 유도할 수 있는 계기를 마련해야 한다.

고등학교는 여전히 평가 혁신의 성과가 미약하다. 그러나 학교생활기록부 전형 확대와 함께 '교육과정-수업-평가-기록의 일체화'라는 담론이 확산되면서 과정 중심 수행평가의 중요성이 고등학교에서도 대두되고 있다. 따라서 '교육과정 재구성 → 학생 참여형·협력형 수업 → 수업 과정에서 이루어지는 수행평가 → 평가 결과의 기록 및 소통'의 선순환 구조 확립은 초등학교와 중학교뿐만 아니라 고등학교에서도 매우 중요한 과제다. 그러나 고등학교의 평가 혁신은 현행 석차 9등급제와 수능의 영향력으로 근본적인 한계가 있다.

수업 혁신은 기본적으로 교사의 개인적·집단적 실천에 달려 있다. 그러나 이와 달리 평가 혁신은 제도 개선이 전제되어야 한다. 고등학교 절대평가 도입, 중학교 교사별 평가 도입이 당면한 제도 개선의 과제라 할 수 있는데, 이 점에 대해서는 다시 상술하기로 한다.

3. 학교교육과정 혁신을 위한 개선 과제

가. 교육부 차원의 과제

학교교육과정 편성·운영을 지원하기 위한 교육부의 핵심 과제는 학교와 교사에게 더 많은 권한을 부여하기 위해 국가교육과정, 교과서 제도, 평가 제도를 개선하는 일이다.

첫째, 국가교육과정 거버넌스의 개선이 필요하다. 그동안 국가교육과정은 주로 관료와 학계가 주도하는 하향식 거버넌스에 의해 운영되어왔다. 특히 학생들의 전인적 성장을 위한 교육과정을 만들려면 교사들의 참여를 확대해야 한다. 그러기 위해서는 국가교육과정위원회를 설치하는 등 실질적인 참여 기구가 마련되어야 한다. 이를 통해 학생의 성장발달 단계에 맞도록 교육과정의 난도와 분량을 조정하는 등 교육과정 적정화를 이루어야 한다.

둘째, 국가교육과정을 대강화하고 지역과 단위학교에 더 많은 자율권을 위임해야 한다. 국가에서는 교육 이념과 목표 등 큰 방향만 제시하고, 구체적인 내용은 지역과 학교에서 스스로 만들어가게 해야 한다. 구체적으로 볼 때 국가교육과정에서는 총론만 제시하고 교과별 각

론은 지역 및 학교가 만들어가는 '강한 형태의 대강화'를 도입하거나, 국가교육과정에서 교과별 각론 및 성취기준을 제시하되 지역 및 학교에서 이를 취사선택하거나 새로운 성취기준을 개발하는 권한을 부여하는 '약한 형태의 대강화'를 도입할 수 있다.

셋째, 교육과정 대강화 및 자율화에 따라 현행 교과서 제도를 개선해야 한다. 현행 국정·검정 교과서 제도를 넘어 인정·자유발행 교과서 제도가 활성화되어야 한다. 우선적으로는 교과서 집필 기준을 완화하여 현행 검정 교과서라 할지라도 더 다양하고 자유로운 교과서가 제작될 수 있도록 해야 한다. 향후에는 교육청 차원의 인정 교과서를 활성화하여 교사의 교과서 개발이 지역마다 활성화되도록 해야 하며, 학교 단위의 자유발행 교과서 제도를 도입해야 한다. 이는 향후 고교학점제 도입 등 학교교육과정 다양화의 흐름에 부합하는 교과서 제도이기도 하다.

넷째, 학급당 학생 수 감축, 교사 연구시간 부여 등을 통해 수업 혁신의 토대를 마련해야 한다. 수업 혁신의 전제 조건은 학급당 학생 수 감축을 통한 대면적 인간관계 형성, 교사의 전문성 신장이다. 학령인구 감소를 학급당 학생 수 감축의 기회로 적극적으로 활용함으로써 위기 요인을 기회 요인으로 전환해야 한다. 또한 교육과정 적정화와 함께 수업시수 감축이 이루어져야 한다. 이는 학생에게는 더 많은 자율활동 기회를 부여하는 것이고, 교사 입장에서는 근무 시간 내에 다양한 교원학습공동체 활동을 통해 연구활동이 활성화되도록 하는 것이다.

다섯째, 교육과정 및 수업의 혁신이 확산될 수 있도록 평가 제도를 개선해야 한다. 학생의 성장과 발달을 돕는 평가라는 취지하에 절대

평가, 질적 평가, 과정 중심 평가, 교사별 평가의 원칙을 분명히 해야 한다. 우선 초등학교에서는 여전히 일부 지역에서 행해지는 일제식 지필평가를 폐지하고 학생의 성장을 돕는 평가의 취지를 명확히 법제화해야 한다. 중학교 평가에서는 과정 중심 수행평가를 확대하며 교사별 평가를 도입해야 한다. 교사별 평가가 도입되어야 다양한 평가 방식을 통한 다양한 수업 혁신을 유도할 수 있다. 고등학교 평가는 대학입시 제도 개선과 연동하여 개선 방안을 마련하되, 단계적으로 절대평가를 도입해야 한다.

나. 교육청 차원의 과제

시·도교육청 차원에서는 학교교육과정 개선이 활성화될 수 있도록 다양한 여건 마련과 지원이 이루어져야 한다. 그 방향은 다음과 같다.

첫째, 국가교육과정에서는 반영되기 어려운, 지역별 특성에 따른 지역교육과정 및 지역화 교과서 등이 마련되어야 한다. 지역교육과정에는 각 지역의 역사와 문화·특색 등을 반영해야 하며, 이를 구현하는 지역화 교과서를 교사들의 광범위한 참여를 통해 개발해야 한다. 이를 통해 학생들의 삶의 터전, 학생들이 가꾸어가야 할 공동체적 삶 등이 학교교육에 온전히 반영되게 해야 한다.

둘째, 학교교육과정이 원활하게 운영될 수 있는 토대인 학교업무정상화, 교원학습공동체 지원 정책을 마련해야 한다. 학교업무정상화의 취지는 기존 행정 중심의 학교조직이 교육과정 중심의 학교조직으로 탈바꿈하여 교사들이 교육활동과 연구에 전념할 수 있게 하는 것이다. 이를 위해 교육청에서는 학교업무정상화 운영 모델을 제시하고 행정인력을 충원하는 등의 지원을 해야 한다. 또한 학교마다 교원학습공동체가 활성화될 수 있도록 예산 지원, 강사 지원 등을 해야 한다.

셋째, 교사들이 교육과정 및 교과서 개발의 주체가 될 수 있도록 지원 방안을 마련해야 한다. 이는 교육부 차원의 과제이기도 하지만, 지역별·교과별 교사들의 연구개발 모임이 활성화되려면 교육청 차원의 역할도 매우 중요하다. 예를 들어 학교별로 자유발행 교과서를 개발하는 것이 당장은 어려운 현실에서, 교육감 인정 교과서를 매개로 교사들이 교과서 개발에 직접 참여할 수 있도록 연구모임을 활성화는 것 등이 필요하다.

넷째, 교사의 전문성 신장을 위한 다각적인 지원이 필요하다. 현재 학교 안 교원학습공동체가 활성화되는 추세라면, 향후에는 학교 간 교원학습공동체나 지역별 연구모임 등을 통해 좀 더 심화된 연구활동이 이루어질 수 있도록 해야 한다. 또한 지역 내 대학과 연계한 현장연구 중심 석·박사학위 취득을 지원할 수도 있다. 이를 통해 초중등 연계 교육과정, 학교 간 공동 교육과정, 지역사회 연계 교육과정, 학생 개별화 교육과정 등 새로운 실천의 지평을 넓혀가도록 해야 한다.

다섯째, 단위학교에서 해결하기 어려운 사각지대 학생을 위한 지원 방안을 마련해야 한다. 기초학력 부진학생, 대안교육이 필요한 학생, 직업교육이 필요한 학생 등을 위한 교육과정은 교육청에서 책임져야 한다. 이를 위해 공립형 대안학교 개설, 기초학력 보장을 위한 중층적 지원 시스템 구축, 학교 안팎의 다양한 자원을 활용한 마을학교 운영 등의 정책이 필요하다. 이러한 정책이 학교교육과정과 분리된 채 운영되기보다는 학교교육과정과 긴밀하게 연계될 수 있도록 하는 시스템 구축이 필요하다.

여섯째, 학교교육과정 운영 중심의 교원인사정책이 필요하다. 예를 들어, 학교교육과정이 원활히 수립되기 위해서는 조기 인사발령(2월 1일 자)이 필요하다는 인식이 확산되고 있다. 이를 위해 교육부와 교육청이 긴밀하게 협력하여 구체적인 실행 방안을 마련해야 한다. 또한 학교교육과정의 지속가능성을 보장하기 위해서는 현행 교원전보제도를 개선해야 한다. 현행 순환전보제도의 긍정적 취지를 유지하되, 농산어촌의 작은 학교나 혁신학교 등에서는 예를 들어 팀 단위 자원교사제, 장기근무제, 지역사회 출신 마을교사제 등 예외적인 인사제도를 검토할 수 있다.

다. 학교 차원의 과제

학교교육과정의 주체는 학교 구성원들이다. 학교교육과정을 개선하기 위한 학교 차원의 과제로는 학교 구성원들의 광범위한 참여와 소통, 학교조직의 재구조화, 교원의 전문성 신장, 학교교육과정에 대한 새로운 상상력 등이 필요하다. 그 방향은 다음과 같다.

첫째, 학교 구성원들의 전문적 집단지성을 일상적으로 모아가는 방안을 마련해야 한다. 일반적으로 학교교육과정은 2월 말 등 특정 시기에 마련하는 관행이 유지되고 있으며, 교과협의회·학년협의회 등이 간헐적으로 이어지는 형편이다. '학교교육과정 편성→운영→평가→피드백'으로 이어지는 흐름은 특정 시기에만 간헐적으로 이루어져서는 곤란하며, 학교교육과정 운영 전반에서 일상적으로 이루어져야 한다. 이를 위해 학교교육과정위원회 등 공식적 기구뿐만 아니라 교원학습공동체, 학년별·교과별 협의회, 학부모회, 학생회 등의 다양한 참여와 소통이 일상적으로 이루어지는 구조를 마련해야 한다.

둘째, 학교조직이 행정 중심 조직에서 교육과정 중심 조직으로 바뀌어야 한다. 이를 위해 학교업무정상화, 학년부 체제 운영 등 여러 방안이 모색되어왔다. 그러나 학교업무정상화의 취지를 이해하지 못하거나 교육청의 지침을 수동적으로 이행하는 학교가 여전히 존재한다. 학교가 교육과정 중심 조직으로 바뀌려면 행정부서 중심의 업무분장, 전시성 행사 남발 등 과거의 관행을 과감히 폐지하는 노력이 필요하다. 일부 학교에서 '학교 안 작은학교(스몰스쿨)'를 운영하면서 학년부장(학년군장)에게 권한을 대폭 위임하는 사례도 있는데, 이러한 발상의 전환이 필요하다.

셋째, 학교교육과정 개선을 위한 핵심은 교원의 전문성이다. 최근 학교마다 교원학습공동체가 활성화되는 추세지만, 여전히 외부 강사 중심의 전달 연수 등 형식적으로 운영되는 사례도 적지 않다. 교원학습공동체를 활성화하려면 무엇보다도 교원업무 경감을 위한 학교장·교감 등 학교 운영자의 인식 전환이 중요하다. 또한 교원학습공동체 운영을 위한 물리적·시간적 여건을 마련해야 한다. 가급적 교원들의 근무시간 중에 교원학습공동체를 운영하기 위해 유연한 학사 일정 조정 등이 중요하다.

넷째, 학교교육과정에 대한 새로운 상상력이 필요하다. 최근 일부 학교에서는 혁신교육지구, 마을교육공동체 등 교육청의 정책과 연계하여 지역사회와 함께하는 학교교육과정을 운영하고 있다. 또한 학생이 스스로 주제를 설정하고 이를 자율적으로 탐구하는 범교과적 프로젝트 수업을 확장하여, 학교교육과정 계획 단계에서 학생의 의견을 적극적으로 반영하는 사례도 나타나고 있다. 학생이 스스로 배울 것을 정하고, 교사와 학부모가 지원하고, 이를 마을과 연계하는 등 새로운 상상력이 현실이 되고 있는 것이다. 이러한 새로운 학교교육과정은 학교의 시간과 공간 구조에 대한 새로운 상상력과 맞물려야 한다.

손동빈·신은희·이형빈·홍제남(2017).『학교교육과정 혁신 토대 구축을 위한 국가교육과정 개선방안 연구』. 2017 우리나라 교육혁신을 위한 전국 시·도교육청 국제학술대회 연구보고서.

의정부여자중학교(2015).『수업을 비우다 배움을 채우다』. 에듀니티.

이형빈(2015).『교육과정-수업-평가 어떻게 혁신할 것인가』. 맘에드림.

이형빈·오재길·서영선·성열관(2017).『국가교육과정 개선 방안 연구』. 전국교육정책연구소네트워크 공동연구보고서.

학생의 삶을 위한 학교에서의 시간

이부영_일과놀이공부연구소 대표, 전 서울강명초등학교 교사

대한민국 국민이라면 초등학교 6년, 중학교 3년, 총 9년은 법으로 규정된 의무교육기간이기에 당연히 학교에 다녀야 하고[1], 의무교육이 아닌 고등학교 역시 진학률이 90%가 넘으니 누구나 12년은 학교 공간과 시간 속에 있게 되는 셈이다. 이 시기는 만 6세부터 18세까지로, 태어나서 성인이 될 때까지 대부분의 시기를 학교에서 학생 신분으로 보내고 있다.[2] 성장기에 보고 듣고 경험하며 배운 것이 한 사람의 인생에 큰 영향을 끼치기 때문에 학교에서 어떤 시간을 어떻게 보내는가 하는 것은 매우 중요하다.

그런데 성장기 중요한 시기를 보내는 대한민국 학교의 학제를 비롯

---

1. 〈헌법 제31조〉
   ① 모든 국민은 능력에 따라 균등하게 교육을 받을 권리를 가진다.
   ② 모든 국민은 그 보호하는 자녀에게 적어도 초등교육과 법률이 정하는 교육을 받게 할 의무를 진다.
   ③ 의무교육은 무상으로 한다.

   〈교육기본법 제8조(의무교육)〉
   ① 의무교육은 6년의 초등교육과 3년의 중등교육으로 한다.
   ② 모든 국민은 제1항에 따른 의무교육을 받을 권리를 가진다.

   [전문개정 2007. 12. 21] [본조제목개정 2007. 12. 21]
2. 학생신분으로 지내는 시기를 '학교에서 성인을 준비하는 시기'로 볼 수도 있다. 하지만, 우리나라 학교교육 모습을 보면 대부분 대학입시 준비로 보내고 있다.

해서 초중등학교에서 운영하는 대부분의 기본 시간 규정은 1946년 조선교육심의회에서 6-3-3제를 제안한 이후 지금까지 그 틀에서 벗어나지 못하고 있다. 현재 이루어지고 있는 대부분의 우리나라 학교체제는 일제를 거쳐 미군정기 때 확립된 것으로, 학교교육은 다음과 같이 '국민 만들기'를 중심으로 시작했고 지금까지 유지하고 있다고 해도 과언이 아니다.

> 국가가 성립 이래 '국민형성'은 가장 중요한 과제로 여겨졌다… 국민형성 교육과 관련해 검토해야 할 것이 규율화 문제이다. 학교교육은 학습 위주의 교육과정뿐만 아니라, 규율을 통해 국민을 구성해낸다. 학교 규율은 학생의 몸에 대해 가해지는 일련의 의도적, 체계적인 규제와 훈련이다. 이러한 학교 규율은 개인을 구체적으로 '대한민국 국민'으로 호명하게 된다. 예컨대 시간 규율은 학업 위주의 학교에서 학업과 무관하게 드물게 주어지는 처벌과 포상 체계를 구성한다. 지각은 단지 시간을 어긴 것이 아니라, 불성실과 게으름 같은 윤리적 결함의 결과로 여겨진다. 반대로 정근과 개근은 성실과 근면이라는 우월한 윤리적 덕성을 발현한 것으로 평가된다. 지각생에게 가해지는 체벌과 개근한 학생에게 주어지는 포상은 규율화가 학생의 몸과 마음에 어떠한 효과를 낼 것인가를 짐작케 한다.오성철 외,『대한민국 교육 70년』, 제5장 국민교육과 국민 만들기, 361-362쪽

특히 남북분단이라는 상황 속에서 우리나라 학교교육은 연이어 등장한 독재정부의 정권 연장을 위해 이용되었다. 독재정권 때 교육을 정치적으로 이용한 왜곡·편향되고 비민주적인 모습을 지금의 학교에

서 찾아보는 것은 어렵지 않다.

지금까지 학교는 학생을 위한 학생의 삶을 중심으로 움직이는 것이 아니라, 관리와 통제 중심으로 운영되어 왔다. 국가수준교육과정에 '학생 중심'이라는 말을 넣기 시작한 것이 제7차 교육과정[3] 때부터다. 이후 현행 2015개정교육과정까지 교육과정은 '학생 중심' 교육과정을 내세우고 있다.[4] 그러나 '학생 중심'이라는 말을 넣었다 해서 과연 학교교육과정이 말 그대로 '학생 중심' 교육과정인가 물으면 선뜻 동의할 사람이 있을까 싶다.

그렇다면 대한민국 학교교육을 진정한 '학생 중심'으로 세우려면 어떻게 해야 할까? 그동안 학교교육이 변해야 한다는 말이 많았는데, 교육 내용이나 방법 못지않게 학생들의 삶에 직접 영향을 끼치는 것이 바로 학생이 학교에서 보내는 시간의 구성이다. 현재 대한민국 학교에서의 시간 운영 체제를 살펴보면서, 시간에 대한 새로운 상상력으로서 '학생 중심'의 '학생의 삶을 위한' 학교의 시간을 어떻게 바꾸어나가야 할지 함께 생각해보는 자리를 마련해보려고 한다.

---

3. 교육부 고시 제1997-15호(1997년 12월 30일 고시). 학교급별, 학년별 시행일은 다음과 같다.
　가. 2000년 3월 1일: 초등학교 1, 2학년
　나. 2001년 3월 1일: 초등학교 3, 4학년, 중학교 1학년
　다. 2002년 3월 1일: 초등학교 5, 6학년, 중학교 2학년, 고등학교 1학년
　라. 2003년 3월 1일: 중학교 3학년, 고등학교 2학년
　나. 2004년 3월 1일: 고등학교 3학년
4. 2015개정교육과정에 제시된 '교육과정의 성격'
　이 교육과정은 「초·중등교육법」 제23조 제2항에 의거하여 고시한 것으로, 초·중등학교의 교육목적과 교육 목표를 달성하기 위한 국가수준의 교육과정이며, 초·중등학교에서 편성·운영하여야 할 학교교육과정의 공통적이고 일반적인 기준을 제시한 것이다. 이 교육과정의 성격은 다음과 같다.
　가. 국가수준의 공통성과 지역·학교·개인 수준의 다양성을 동시에 추구하는 교육과정이다.
　나. 학습자의 자율성과 창의성을 신장하기 위한 학생 중심의 교육과정이다.
　다. 학교와 교육청, 지역사회, 교원·학생·학부모가 함께 실현해가는 교육과정이다.
　라. 학교교육 체제를 교육과정 중심으로 구현하기 위한 교육과정이다.
　마. 학교교육의 질적 수준을 관리하고 개선하기 위한 교육과정이다.

1. 학교의 시간 운영 모습

학생의 삶에 영향을 끼치는 학교의 시간을 초중등의 6-3-3학제와 직접적인 교육과정 운영 관련 시간인 연간 수업일수, 학기제, 교육과정 운영 교과 시수, 단위 수업시간, 교육과정 밖의 시간인 등하교 시간, 쉬는 시간과 점심시간, 방과후 시간으로 나누어 살펴보려고 한다.

6-3-3학제에 대해서

학교에서 학생의 삶을 규정하는 시간의 기본은 초등학교 6학년, 중학교 3학년, 고등학교 3학년으로 이루어지는 6-3-3학제다. 이 학제는 해방 후 급조된 것으로 70여 년을 그대로 유지하고 있다. 그동안 이 학제를 둘러싸고 다양한 논의가 등장하다가 사라지기를 반복했는데, 이제는 6-3-3학제가 학생의 삶을 위해 알맞은 것인지 깊이 생각해봐야 할 때다.

교육과정 운영 관련 시간

우리나라 학교 시간에 대한 내용은 법령으로 규정되어 있다. 「초·중등교육법」 제20조에는 '④ 교사는 법령에서 정하는 바에 따라 학생을 교육한다'라고 되어 있으므로 법령에 규정된 시간은 반드시 지켜야 한다.

먼저 관련법에 제시된 학교의 시간에 대한 기본 규정을 살펴보면, 연간 수업일수는 2012학년도부터 주 5일제가 전면 실시된 이후 초중등학교 모두 '190일 이상'이다.[5] 학기제는 2학기제를 기본으로 하고,[6] 새 학년 시작일은 3월 1일이다.[7]

국가수준교육과정에서 제시하는 초중등학교의 편제는 교과(군)와 창의적 체험활동으로 되어 있다. 초등학교와 중학교 시간 배당 기준은 다음과 같다.[8]

5. 「초·중등교육법시행령」 제45조(수업일수) ① 법 제24조 제3항에 따른 학교의 수업일수는 다음 각 호의 기준에 따라 학교의 장이 정한다. 다만, 학교의 장은 천재지변, 연구학교의 운영 또는 제105조에 따른 자율학교의 운영 등 교육과정의 운영상 필요한 경우에는 다음 각 호의 기준의 10분의 1의 범위에서 수업일수를 줄일 수 있으며, 이 경우 다음 학년도 개시 30일 전까지 관할청에 보고하여야 한다.
   1. 초등학교·중학교·고등학교·고등기술학교 및 특수학교(유치부를 제외한다)
      가. 주 5일 수업을 실시하지 아니하는 경우: 매 학년 220일 이상
      나. 주 5일 수업을 월 2회 실시하는 경우: 매 학년 205일 이상
      다. 주 5일 수업을 전면 실시하는 경우: 매 학년 190일 이상
   2. 공민학교 및 고등공민학교: 매 학년 170일 이상
② 초등학교·중학교·고등학교 및 특수학교의 장은 제1항 제1호 나목 또는 다목의 기준에 따라 주 5일 수업을 실시하는 경우에 수업일수를 정하려면 법 제31조 제1항에 따른 학교운영위원회의 심의 또는 자문을 거쳐야 한다.
[전문개정 2011. 10. 25] [시행일 2012. 3. 1]
③ 중학교의 장은 제1항에 따른 학기 중 한 학기 또는 두 학기를 자유학기로 지정하여야 한다. 이 경우 지정 대상 학기의 범위 등 자유학기의 지정에 관한 세부 사항은 교육부장관이 정한다. [신설 2015. 9. 15, 2017. 11. 28]
6. 제44조(학기)
① 법 제24조 제3항의 규정에 의한 학교의 학기는 매학년도를 두 학기로 나누되, 제1학기는 3월 1일부터 학교의 수업일수·휴업일 및 교육과정 운영을 고려하여 학교의 장이 정한 날까지, 제2학기는 제1학기 종료일 다음 날부터 다음 해 2월 말일까지로 한다. [개정 2004. 2. 17, 2010. 6. 29]
② 제1항에도 불구하고 제91조의 3에 따른 자율형 사립고등학교, 제91조의4에 따른 자율형 공립고등학교 및 제105조에 따른 자율학교(이하 "자율학교 등"이라 한다)의 장은 교육부장관이 정하는 바에 따라 제105조의 4에 따른 자율학교 등 지정·운영위원회의 심의를 거쳐 학기를 달리 정할 수 있다. [신설 2010. 6. 29, 2013. 2. 15, 2013. 3. 23. 제24423호(교육부와 그 소속기관 직제)]
③ 중학교의 장은 제1항에 따른 학기 중 한 학기 또는 두 학기를 자유학기로 지정하여야 한다. 이 경우 지정 대상 학기의 범위 등 자유학기의 지정에 관한 세부 사항은 교육부장관이 정한다. [신설 2015. 9. 15, 2017. 11. 28]
7. 현행 새 학년도 시작일 3월 1일은 1961년(교육법 제4차 개정. 1961. 8. 12)부터 확립되었는데, 이전에는 새 학년 시작일이 4월 1일이었다.
8. 2015개정교육과정 총론, 교육부 고시 제2015-80호(2015년 12월 1일). 고등학교 단위 시간 배당은 교과가 보통 교과와 전문 교과로 나뉘고, 일반고등학교와 특성화고등학교에 따라 세분화되어 제시되므로 생략한다. 그 밖에 초중등교육과정에 대해 자세한 내용은 'NCIC국가교육과정정보센터' http://www.ncic.go.kr에 있다.

초등학교 시간 배당

구분		1~2학년	3~4학년	5~6학년
교과(군)	국어	국어 448	408	408
	사회/도덕		272	272
	수학	수학 256	272	272
	과학/실과	바른 생활 128	204	340
	체육	슬기로운 생활 192	204	204
	예술(음악/미술)	즐거운 생활 384	272	272
	영어		136	204
	소계	1,408	1,768	1,972
창의적 체험활동		336 안전한 생활 (64)	204	204
학년군별 총 수업시간 수		1,744	1,972	2,176

① 이 표에서 1시간 수업은 40분을 원칙으로 하되, 기후 및 계절, 학생의 발달 정도, 학습 내용의 성격, 학교 실정 등을 고려하여 탄력적으로 편성·운영할 수 있다.
② 학년군 및 교과(군)별 시간 배당은 연간 34주를 기준으로 한 2년간의 기준 수업시수를 나타낸 것이다.
③ 학년군별 총 수업시간 수는 최소 수업시수를 나타낸 것이다.
④ 실과의 수업시간은 5~6학년 과학/실과의 수업시수에만 포함된 것이다.

중학교 시간 배당

구분		1~3학년
교과(군)	국어	442
	사회(역사 포함)/도덕	510
	수학	374
	과학/기술·가정/정보	680
	체육	272
	예술(음악/미술)	272
	영어	340
	선택	170
	소계	3,060
창의적 체험활동		306
총 수업시간 수		3,366

① 이 표에서 1시간 수업은 45분을 원칙으로 하되, 기후 및 계절, 학생의 발달 정도, 학습 내용의 성격, 학교 실정 등을 고려하여 탄력적으로 편성·운영할 수 있다.
② 학년군 및 교과(군)별 시간 배당은 연간 34주를 기준으로 한 3년간의 기준 수업시수를 나타낸 것이다.
③ 총 수업시간 수는 3년간의 최소 수업시수를 나타낸 것이다.
④ 정보 과목은 34시간을 기준으로 편성·운영한다.

그리고 2015개정교육과정에서 교육과정 편성·운영 기준에 다음과 같이 제시하고 있다.

4) 학교는 학교의 특성, 학생·교사·학부모의 요구 및 필요에 따라 교과(군)별 20% 범위 내에서 시수를 증감하여 편성·운영할 수 있다. 단, 체육, 예술(음악/미술) 교과는 기준 수업시수를 감축하여 편성·운영할 수 없다.

이에 대해 2015개정교육과정 해설서에는 교과(군) 시수 운영에 대해 다음과 같이 밝혀놓고 있다.

학년군별 총 수업시간 수와 교과(군) 소계 시수는 '최소 수업시수'이므로 단위학교에서는 반드시 그 이상 이수해야 하며, 수업시수 확보는 학교에서 계획한 시수 이상만큼 운영될 수 있도록 체계적으로 관리하여야 한다. 이에 비해 '기준 수업시수'는 학년군별로 운영해야 할 각 교과(군)의 연간 시수로, 이 시수를 기준으로 학교의 특성, 학생·교사·학부모의 요구 및 필요에 따라 수업시수를 조정하여 운영할 수 있도록 한 것이다. 이러한 '기준 수업시수'의 제시는 단위학교에서 교과(군)별 수업시수의 20% 범위 내 증감 운영을 가능하게 하여 학교교육과정 편성·운영의 자율성을 확보할 수 있는 기저가 되고 있다. 다만, 교과(군) 수업시간 수의 '소계' 이상만큼 이수해야 한다. 어느 교과(군)에서 20%를 감축한다면 감축한 분량을 다른 교과(군)에서 증배하여 교과(군) '소계' 이상을 확보해야 한다.

위 시간 배당표에 제시되어 있듯이 교과(군)별 시간 배당은 연간 34주 기준이고, 일반적으로 초등학교 주당 수업시수는 학교마다 차이가 있어서 1~2학년 23~24시간, 3~4학년 26~27시간, 5~6학년 29~30시간을 운영하게 된다. 1시간 수업시간은 초등학교 40분, 중학교 45분, 고등학교 50분인데,[9] '기후 및 계절, 학생의 발달 정도, 학습 내용의 성격, 학교 실정 등을 고려하여 탄력적으로 편성·운영할 수 있다.'[10]는 문구를 넣고 있다. 위 규정에 따라 학교에서는 연간 학교와 학년(급)교육과정을 계획해서 운영해야 한다.

위와 같이 규정된 국가수준교육과정을 학교에서 적용하는 모습을 보면, 교사는 교사대로 정해진 시수와 내용에 따라 진도 빼기 벅차고, 학생들은 수업 따라가느라 1년 내내 여유가 없다. 교육과정이 바뀔 때마다 내용을 줄였다고 하는데도 학교는 주어진 교육과정 내용 진도 나가는 데 허덕이고 있다.

또한 국가수준교육과정을 적용하기 위해 짜놓은 '하루 일과표'를 보면 학교의 시간이 얼마나 빡빡한지 알 수 있다. 다음 표는 초등학교 현장에서 일반적으로 가장 오래 운영해왔고, 현재 가장 많은 학교에서 운영하고 있는 '하루 일과표'이다.[11]

---

9. 단위 수업시간 규정은 제2차 교육과정 시기(1963-1973)부터 1단위 수업시간을 지금처럼 초등학교 40분, 중학교 45분, 고등학교 50분으로 제시하였다가 3차~5차 교육과정에는 초등학교의 경우 1단위 수업시간을 40분~45분으로 조정했고, 다시 6차 교육과정 시기(1992-1997)부터 1단위 수업시간을 초등학교 40분으로 조정해서 지금까지 적용하고 있다.

10. 2015개정교육과정 총론 해설서-초등, 64쪽에는 '탄력적으로 편성·운영할 수 있다'에 대해 다음과 같이 설명한다.
1) 초등학교에서 수업은 '시수제'로 운영되며, 1시간 수업은 40분을 원칙으로 한다. 하지만 기후 및 계절, 학생의 발달 정도, 학습 내용의 성격, 학교 실정 등을 고려하여 수업시간을 융통성 있게 재구성하여 운영할 수 있다. 또한 학생이 학습을 설계하고 주도적으로 참여하는 수업을 강화하기 위해 블록 타임(70분, 80분, 90분, 120분)으로 구성하여 운영할 수 있다. 이때 학교장은 원칙적으로 40분을 1차시 기준으로 합산한 학년군별 최소 수업시간보다 줄어들지 않도록 유의해야 한다.

일반 초등학교 하루 일과표

구분	시작	끝	소요 시간	비고
등교		09:00		
1교시	09:10	09:50	40	
2교시	10:00	10:40	40	
3교시	10:50	11:30	40	
4교시	11:40	12:20	40	
점심시간	12:20	13:10	50	•급식 지도 •교내 안전 지도
5교시	13:10	13:50	40	
6교시	14:00	14:40	40	
	14:40~			•방과후학교 활동 •돌봄교실 활동

중등의 경우에는 단위 시간이 각각 45분과 50분으로 다를 뿐, 7~8교시까지 하루 일과시간이 규정되어 있다 보니 초등학교에 입학하면서부터 고등학교 졸업할 때까지 12년 동안 위와 같은 시간에 맞춰 살 수밖에 없다. 위에 정해놓은 시간 규정을 어기면 결석, 조퇴, 지각, 결과 처리가 되어 잘못하면 진급이나 졸업이 불가능해지기도 하고, 시간을 어기는 학생은 바로 학교 '부적응아', '문제아' 취급을 받게 된다.

교사들 역시 자신이 초등학생 시절부터 '40분 수업-10분 쉬는 시간'이 몸에 밸 정도로 익숙해져 있어서 이 틀을 고정불변하게 여기며, 이 틀 외에는 생각조차 해보지 않고 지내고 있다.

그러나 40분 단위로 끊어서 하는 수업시간 운영 모습을 잘 생각해

---

11 이 '하루 일과표'는 2014년 경기도교육청을 시작으로 2015년부터 전국적으로 시행된 '9시 등교제' 이후의 일과표다. 이전에는 대부분 학교가 등교 시간을 8시 40분~50분으로 해서 1교시 전 '아침자습' 시간이 있었다.

보면 문제점이 많다. 수업 시작 종이 울리면 수업이 바로 시작되는 것이 아니고, 자리 정돈과 해당 시간 교과서와 준비물 챙기는 데 5~10분이 금방 지나간다. 또 수업시간에 반드시 발생하는 아이들의 생활지도를 하다 보면 정작 본 수업에 집중되는 시간은 25분이 채 되지 않는다. 또 40분 단위로 시간을 끊어서 수업을 하다 보니 짧은 시간 동안 관련 수업주제를 시작하다 끝나는 경우가 더 많다. 다음 날 이어서 수업하면 흐름이 끊겨 수업 내용이 자연스레 이어지기 힘들다. '40분 수업-10분 쉬는 시간'의 구조는 과거 일제식, 강의 중심 수업에 최적화된 시간 구조일 뿐, 학생들의 활동이 중심이 되는 수업의 시간 단위로는 적합하지 않다. 그렇기 때문에 혁신학교 정책 이후 많은 혁신학교가 '40분 수업-10분 쉬는 시간' 구조를 깬 다양한 시간 운영을 시도해왔다.

국가수준교육과정에 "탄력적으로 편성·운영할 수 있다"는 문구가 있긴 하다. 하지만, '탄력적'이란 말을 시간을 늘려서 운영하는 '블록타임(70분, 80분, 90분, 120분)'으로만 제시하고 있다. '탄력적 운영'을 단위 시간을 늘려서 운영하는 것 말고도 내용에 따라 얼마든지 10분이나 15분, 20분, 25분, 30분처럼 줄여서 운영할 수도 있는데, 늘리는 것만 제시하고 있는 것이 매우 아쉽다.[12]

교육과정 밖 시간

학교에서 형식적인 교육과정에 규정된 시간 못지않게 잠재적 교육

---

12. 일부 혁신학교에서 내용에 따라 날마다 10분이나 15분, 20분 단위로 교육과정을 운영하려고 시도해봤으나 적용할 수 없는 이유가 첫째는, 기존 40분 단위 수업에만 익숙해 있는 교사들이 선뜻 받아들이지 못하는 분위기가 있는데 이는 블록수업도 마찬가지다. 둘째는 교육청에서 교육과정 컨설팅을 통해 이를 '편법·변칙 운영 의심'을 하면서 적극적으로 못하게 막아왔는데, 교육청 측에서도 역시 '탄력적'이란 말을 시간을 늘려서는 운영할 수 있지만, 줄여서는 운영할 수 없다고 해석하고 있다.

과정으로서 교육과정 밖의 시간 운영 또한 매우 중요하다. 학교교육에 매우 큰 영향을 미치는 교육과정 밖의 시간 규정은 등교시간, 쉬는 시간과 점심시간, 그리고 교육과정 밖에서 이루어지는 학습 활동인 '아침자습'과 '자율학습', 방과후 시간이 있다. 이 시간들은 교육과정 운영의 흐름을 원만하게 해주고 도와주며 지원하는 역할을 하기 때문에 이 시간들을 어떻게 구성하느냐에 따라 학교교육의 내용과 완성도가 달라질 수 있다.

〈등교 시간〉

2014년 경기도교육청이 가장 먼저 학생들의 신체 및 정신 건강을 위한 '9시 등교제'를 실시하기 전까지만 해도 대부분 학교의 학생들이 일찍 등교했다. 정규 1교시 시작 시간 때문이 아니라, 교육과정 밖에서 진행하는 0교시 보충학습이나 자율학습, 아침자습 때문이다. '9시 등교제'는 2015년 이후 전국으로 확산되어 현재는 전국 대다수 학교들이 '9시 등교제'를 운영하고 있다.[13] '9시 등교'가 신체와 정신 건강에 도움이 될 뿐만 아니라,[14] 전례 해오던 '1교시 전 0교시 자율학습(중등)'과 '아침자습(초등)'이 자연스럽게 사라지게 되어 학생들의 학습노동시간이 줄어드는 계기가 되고 있다.

---

13. 학생·교사·학부모 모두 "8시 30분 이후 등교 만족도 높아"– 경남교육연대 설문조사 결과 … "8시 30분 등교는 시작, 9시 등교를 촉구"(2018.02.08) http://omn.kr/po1o, 아침 먹는 학생↑ … '오전 9시 등교정책' 효과, 수면시간도↑(2017.12.11) http://www.newsis.com/view/?id=NISX20171211_0000172923&cID=10201&pID=10200.

14. 경기도교육청 정책연구, '9시 등교 효과 분석(2015)'에서, "9시 등교로 초·중·고등학생의 하루 평균 수면시간은 각각 7분, 17분, 31분씩 늘었고 아침식사 횟수, 부모와의 대화시간, 혼자서 공부하는 시간도 늘어났다. 9시 등교가 학생들의 신체 및 정신 건강에 긍정적인 효과를 주고 있다"고 연구결과가 도출되기도 했다.

〈쉬는 시간〉

학교에서 쉬는 시간을 살펴보면, 〈일반 초등학교 하루 일과표〉에
나타나 있듯이 필자가 초등학생이던 시기 이전부터 대한민국 대부분
초등학교 하루 일과표에는 각 교과 시간 사이에 쉬는 시간 10분을 배
정하고 있다. 이 시간에 전 시간에 사용한 교과서와 학습자료를 치우
고 다음 시간에 필요한 교과서와 준비물을 챙기고 화장실에 다녀와
야 한다.

초등학교 교실에서 아이들을 관찰하면 쉬는 시간이 겨우 10분인데
도 수업 끝나는 종이 치기 무섭게 운동장에 나가서 땀 뻘뻘 흘리며
놀거나, 친구들과 둘러앉아서 놀이를 하기도 하고 책을 읽는 아이도
있다. 그러나 친구들과 재미있게 놀다가 수업 시작종이 울리면 한참
몰두하던 놀이를 접고 제자리에 앉아야 하고, 책 내용 속에 빠지려고
하면 책을 접어야 해서 뒷부분 내용이 궁금한 나머지 수업시간에 책
상 밑에 놓고 몰래 보는 아이도 있다.

대부분 아이들은 쉬는 시간 10분으로는 운동장에 나가 뛰어놀기도
힘들고, 친구들과 모여서 놀이하기도 힘들고, 푹 빠져서 책 읽기도 힘
드니까 아예 할 생각을 접게 된다. 초중고를 막론하고 학생들은 쉬는
시간이 짧은 것에 불만이 많다.

그런데 쉬는 시간 동안 '친구들과 노는 것에 빠져 있다가' 수업이 시
작되어서야 그때부터 지난 시간 교과서와 준비물을 갖다 놓고 이 시
간 교과서와 준비물을 챙기고, 놀다가 못 간 화장실을 가겠다는 아
이, 물 먹으러 가겠다는 아이들이 있어서 수업할 시간이 줄어들게 되
다 보니 수업을 진행하는 교사의 입장에서 보면, 쉬는 시간에 노는 아
이들이 못마땅할 수밖에 없다. 수업 진행에 방해가 되니까 학생들한테

'쉬는 시간에 놀지 않기!', '화장실에 다녀오는 것 말고는 쉬는 시간에 제자리에 꼼짝 말고 앉아 있기!' 같은 일방적이고 인권침해적인 통제 규정을 마련하는 일이 생기면서 학생들과 갈등의 원인이 되기도 한다.

결국 '쉬는 시간 10분'이라는 것은 이 시간은 노는 시간이 아니다, 놀지 말고 수업 준비만 하라는 뜻이다. 엄밀하게 말하면 '쉬는 시간'도 아니고, 단지 수업을 위한 시간, '수업 준비 시간'인 것이다. 단적인 예로 쉬는 시간을 5분으로 배정한 학교가 있어서 학생들의 휴식권 박탈 논란이 있었다. 2010년 서울 모 초등학교에서 '쉬는 시간 5분'으로 운영하기 위해 학부모 설문 가정통신문을 보내며 학교 측에서 '쉬는 시간을 5분으로 했을 때의 장점'을 다음과 같이 써놓았다고 한다.

- 쉬는 시간을 5분으로 해도 교육과정 운영에 전혀 지장이 없다.
- 수업지도에 전혀 지장을 받지 않는다.
- 안전사고 예방에 훨씬 좋다.
- 수업시간이 빨리 끝나 선택의 폭이 넓다.
- 교사 90% 이상이 찬성한다.

위 다섯 가지 내용이 지금까지 '쉬는 시간' 배정의 의미를 확실하게 보여준다고 볼 수 있다. 특히 교사들이 '쉬는 시간 5분'을 '90% 이상' 찬성한 이유는 두 가지다. 찬성했다기보다 교장이 추진하는 '쉬는 시간 5분'에 반대할 용기가 없어서가 첫째 이유고, 둘째 이유는 아이들이 놀면 다음 시간 수업에 방해가 되기 때문이다. 실제로 쉬는 시간 10분도 많으니 더 줄여야 한다고 주장하는 교사를 많이 봤다. 또 쉬는 시간 10분 동안에도 화장실에 갈 사람 외에 나머지는 자리에서 움직이지 못하게 하는 학급이 아직도 많은 게 사실이다.

〈점심시간〉

점심시간도 40~50분인 학교가 많은데, 이 시간이면 학급 수가 많은 학교에서는 차례로 급식실에 가거나 급식 준비하고 밥 먹고 나서 뒷정리하면 시간이 다 지나가고 만다. 쉬는 시간 10분과 점심시간 40~50분 배정은 학생들의 삶이 아니라 교사 중심으로 아이들을 관리·통제하기 위한 시간 배정이라는 것을 부정하기 힘들다. 수업시간과 쉬는 시간을 '40(45)분-10분-40(45)분-10분'같이 운영하는 것은 학생들이 책상에 앉아서 수업에만 참여할 수 있을 뿐, 공부하는 틈틈이 충분히 쉬거나 친구들과 어울려 이야기하고 놀 수 있는 권리가 무시되는 시간이다. 이에 대해 최근 초등학교 중심으로 학생들에게 놀 시간을 충분히 주자는 '놀이밥' 운동이 일어나고 있다.[15]

〈방과후 시간〉

정규 수업시간이 끝나면 아이들은 그때부터 더 바쁘다. 방과후 때 학생들은 방과후학교 수업을 들으러 가는 학생과 집으로 가는 학생, 교문 앞에 학원 차가 기다리는 학생으로 나뉜다. 집으로 바로 가는 학생은 매우 드물다.

수업이 끝나기 무섭게 바로 가야 할 곳이 있기 때문에 방과후에 학생들과 교실에서 자율적으로 할 수 있는 교실 청소와 정리, 상담활동, 친구들과 이야기하거나 어울려 놀기 같은 모든 활동을 할 수가 없다.

---

15. '놀이밥'이란 말은 아동문학가이면서 어린이놀이 운동가인 편해문 선생님이 쓴 『아이들은 놀이가 밥이다』(2012, 소나무)에서 비롯되었다.

교사가 수업시간에 못한 이야기를 해보고 싶어도 학원 늦는다고, 방과후학교 수업 늦는다고 아이들이 남아 있어주질 않고, 조금이라도 늦게 보내면 학부모들의 민원이 들어오기 일쑤다. 또한 교실 공간도 방과후학교나 돌봄교실 수업 장소로 내주어야 해서 수업이 끝난 뒤 학급에서 자율적인 활동을 할 수 없는 형편이다.

학생들 대부분은 학교 수업이 끝나고 난 뒤 또 다른 교실과 또 다른 실내 공간에 갇혀서 더 심한 학습 노동에 내몰리고 있는 현실, 이것이 바로 현재 학교 안팎에서 학생이 보내는 삶의 시간 모습이다.

2. 학생의 삶을 위한 학교 시간, 새로운 상상과 적용을 위하여

현재 학교의 시간 구조는 학생의 삶을 배려하지 않고, 수업을 진행하기에 효율적이고, 학생들을 통제하고 관리하기 편한 쪽으로만 구성되어 있다. 현재 운영하고 있는 학교의 시간 운영 모습에서 찾아볼 수 있는 문제를 꼽아보면 다음과 같다.

첫째, 현재 학교 시간은 개인의 인간적인 삶이 아닌 근대 국가주의에 필요한 '국민 만들기'에 적합한 체제다. 따라서 현재의 교육관과 학생들에게 알맞지 않다.

둘째, 지나치게 획일적으로 구성되어 있어 다양한 상상력이 들어갈 틈이 없다.

셋째, 시간이 촘촘하고 빡빡하게 구성되어 있어 숨 쉴 틈이 없다.

넷째, 현재의 학교 시간은 학생 중심, 학생의 삶 중심이 아니라 관리와 통제에 편하고, 훈육을 위해 적합하다.

다섯째, 현재 제시되어 있는 학교의 시간 구성은 과거 일제식, 강의식 수업 구조에 적합해서 학생들의 활동 중심 수업에 적절하지 않다.

마지막으로, 학교의 시간 운영 체제가 도시가 발달하기 전, 자연친화적인 농경문화 속에서 만들어진 것으로, 당시에는 학생들이 학교 밖에서 하는 자유로운 실외 활동이 많았지만, 현대에 와서는 학습 위주 실내생활 중심이어서 절대적으로 노는 시간이 부족한 아이들에게 부적절하다.

따라서 오늘날의 학교교육활동에도 알맞지 않은 학교의 시간 구조를 현재의 교육관과 교육내용, 방법에 적절한 학교의 시간으로 하루빨리 재구성하지 않으면 안 된다. 학생의 삶, 특히 인권마저도 무시되는 현재의 학교 시간에 대한 새로운 상상력을 통해 실천하고 적용하려는 노력이 시급하다.

6-3-3학제는 지금 학생들에게 알맞은가?

학생의 삶을 위한 학교의 시간에 가장 크게 영향을 미치고 학생의 삶을 규정하는 6-3-3학제를 조정할 필요가 있다.

학생들의 신체적·정신적 발달 상황이 6-3-3제를 규정한 70여 년 전과 크게 다르고, 학교교육의 역할도 많이 달라졌다. 따라서 학제에 대한 근본적인 재구성이 필요하다.

현재 논의되는 학제의 구성이 초등을 1년 줄이고 중등을 1년 늘리는 5-4-3제, 초등만 1년 줄여서 학생 시기를 줄이는 5-3-3제, 여기에 고등학교도 1년 더 줄이는 5-3-2제 같은 것이 있다. 지면 관계로 왜 이렇게 주장하는지에 대해서까지 자세히 밝힐 수는 없다. 필자의 생각으로는 학생 시기를 줄여서 아이들을 학교에 묶어두지 않는 쪽으로 개정하는 것을 적극 제안하고 싶다. 그래서 제시해보자면, 만 5세 입학에 초등학교 5년, 중학교 3년 고등학교 2년을 제안하고 싶다.[16] 이렇게 되면 당연히 초중등교육의 내용도 시간도 지금과 완전히 다르게 재편해야 한다.

학제라는 학교교육의 기본 골격을 바꾸지 않고 학교의 시간을 바꾸는 것은 과거의 틀에서 벗어나기 힘들기 때문에 학교교육의 시간을 규정하는 기본 학제부터 전면적으로 바꾸었으면 한다.

수업일수와 수업시수는 적당한가?

현재 초중등학교 법정 수업일수는 '190일 이상'이다. 이는 주 5일 수업 이전 '205일 이상'에서 15일 줄인 것이다.

주 5일 수업을 실시하면서 이상하게 학교현장에서는 주 6일 수업 때보다 여유가 없고 빡빡하게 운영되는 느낌이 든다. 그럴 수밖에 없는 이유가, 수업일수는 15일 줄었지만 교육과정 운영 시수 배정 기준은 주 6일 수업할 때와 똑같은 '34주'를 기준으로 하기 때문이다. 주 5일 수업을 한 달에 한 번 시범운영할 때는 한 주분 시간(34시간)을 뺐고, 한 달에 두 번 운영할 때는 2주분 시수(68시간)를 뺐다가 주 5일 수업을 전면 실시하면서부터는 다시 주 6일 수업 때처럼 34주로 돌아가고 만 것이다(다음 표 참조). 그렇기 때문에 학교현장에서 발생하는

---

16. 이렇게 주장하는 가장 큰 이유는 다음과 같다. 지금 만 6세 입학아동과 옛날 만 6세 아동의 발달상황이 다르고, 유치원을 지나치게 오래 다니고 있어서 만 5세부터 초등학교에 입학시키고, 또 고등학교 3학년은 학교에서 입시준비로 보내는 현실을 볼 때, 고등학교는 2학년으로 끝내고 1년은 입시나 취업 준비 기간으로 삼으면 좋겠기 때문이다. 이렇게 되면 지금보다 3년 빨리 고등학교를 졸업하게 되어 사회 분위기가 많이 활성화되리라 본다.

주 5일제 적용 과정과 각 교육과정 연간 수업일수·수업시수 변화 모습-초등학교

교육과정	제7차 교육과정		2007년 개정교육과정		2009년 개정교육과정	2015년 개정교육과정
주 5일 수업 실시 현황	주 6일 수업		월 2회 주 5일 수업 실시 (2006 . 3. 1 ~2012. 2. 28)		주 5일 수업 (2012. 3. 1~)	주 5일 수업
수업일수	220일 이상		205일 이상		190일 이상	190일 이상
기준 주수	34주		34주		34주	34주
학년(학년군)	연간 기준 수업시수					
1	830	1,680	830	1,680 (0)	1,680 (0)	1,744 (+64)
2	850		850			
3	986	1,972	952(-34)	1,904 (-68)	1,972 (+68)	1,972 (0)
4	986		952(-34)			
5	1,088	2,176	1,054(-34)	2,108 (-68)	2,176 (+68)	2,176 (0)
6	1,088		1,054(-34)			
시수 변화	–		제7차 교육과정보다 3~6학년 학년별 연간 34시간씩 감축		2007년 개정 교육과정보다 3~6학년 학년군별 연간 68시간씩 증가	2009년 개정 교육과정보다 1, 2학년군 64시간(창체 -안전한 생활) 증가
교육과정 문서 내 주 5일 수업 관련 내용	–		1곳. "Ⅳ. 초등학교의 시간 배당 기준 3~6학년의 연간 총 수업시수는 주 5일 수업에 따라 감축된 시간 수이므로, 학교에서는 교과 수업시간 수 중 연간 34시간의 범위 내에서 감축하여 운영한다."		1곳 "나. 편제와 시간 배당 (2) 시간 배당 3~4학년의 국어과 기준 수업시수는 주 5일 수업에 따라 감축된 시간 수이므로 학교에서는 442시간을 기준 수업시수로 운영할 수 있다."	없음

문제가 매우 큰데도, 2009개정교육과정 때 정리하지 못한 것을 2015 개정교육과정 때도 놓치고 말았다.

현재 국가수준교육과정 교과 시수 배정 규정 때문에 중등은 초등보다 더 심각한 문제가 발생하고 있다. 중등도 기준 시수가 34주로 초등과 같은데, 중등의 경우는 여러 교과를 한 교사가 지도하기 때문에 교과 시간 배정이 자유로운 초등과 달리, 교과별 교사가 교과별로 다른 시수를 배정해서 운영하는 것이 여간 어려운 일이 아니다. 그래서 각 시·도교육청에서 한 학사 감사 결과를 보면, 학급별로 교과 시수 이수 시수가 다르고, 국가수준교육과정에서 제시하는 교과별 기준 시수를 이수하지 못하는 심각한 일이 많이 발생하고 있다. 그런데 많은 학교가 실제와 달리 숫자만 맞춰놓거나 기준 시수 미달을 방치하고 있다. 이런 일은 주 5일 수업이 전면 실시된 후부터 계속 일어나고 있는데, 교육부와 교육청은 이런 심각한 문제를 방관하고 있다.

시수 배정 문제를 해결하기 위해 매주 변경 시간표를 사용하거나 분기마다 교과별 시간표를 조정해서 운영하는 '수업시수 조정기'를 갖는다. 그러나 교과별 교사가 다른 중등의 경우에는 초등처럼 수업시수 조정을 하기가 만만치 않다.

지금이라도 국가수준교육과정에 규정한 교육과정 편성·운영 시수를 '주 5일 수업'에 걸맞은 기준 시수 즉 34주→32주로 조정이 필요하고, 더불어 주 6일 수업 기준 주당 교과별 수업시수로 계획되어 있는 교과별 시수도 재조정이 필요하다.

물론 현행 '190일 이상'인 수업일수 또한 단순한 '숫자' 계산보다는 미래를 바라보는 현재의 교육관과 학생의 삶에 적당한지 깊이 따져봐야 한다.

매주 시간표를 달리 운영하는 ㄱ초등학교 3학년 변동 시간표

블록 \ 요일		월	화	수	목	금
1	09:00 ~10:20 (80분)	국어	체육	영어	국어	과학
				음악		
10:20~10:50(30분)		노는 시간				
2	10:50 ~12:10 (80분)	수학	영어	국어	수학	미술
			도덕/사회			
12:10~13:10(60분)		점심시간				
3	03:10 ~14:30 (80분)		사회		과학/체육	창체
					음악/창체	

국영수 중심의 교육과정 교과 시수 배정은 지금도 유효한가?

역사 이래로 국가수준교육과정에 배정된 교과 시수가 가장 많이 차지하는 것이 국영수다. 수능시험에서도 배점이 가장 높은 교과가 국영수다. 그렇다 보니 학창시절 '공부 잘한다'는 학생은 국영수를 잘하는 학생이 중심이 될 수밖에 없다. 아무리 예체능 교과를 잘한다 해도 국영수를 못하면 '공부 잘한다'는 소리를 듣지 못한다. 그렇다 보니 우리나라 교육현장 역시 국영수 중심 교육으로 왜곡될 수밖에 없다. 대입이 가까운 학년일수록 대학입시와 상관없는 과목, 특히 예술 교과들은 찬밥 신세를 면치 못하고 교과 시간이 아예 사라질 정도다.

'공부 잘한다'는 것이 과연 무엇을 말하는 걸까? '학력'이 높다는 것은 무엇을 말하는가? 지금까지는 공부와 학력을 국영수 중심으로 생각해왔지만 이제는 바꾸어야 할 때가 왔다. 이미 늦었지만, 더 이상 늦출 수 없다. 시수 '숫자'만 바꾼다고 될 일이 아니다. 학교교육이 여

전히 학생의 삶을 규정하는 데 영향력이 크므로, 국가수준교육과정의 틀을 전반적으로 바꾸어야 할 때다.

교과 시수에 대한 상상력을 불 지피기 위해 도발적 제안을 하자면, 지금처럼 교과마다 시수를 달리할 게 아니라 모든 교과를 같은 시수로 배정하면 어떨까?

고교 시절에 배운 모든 교과를 똑같이 대학수학능력시험 대상 과목으로 해서 배점도 똑같이 하고, 대학에서는 전공별로 필요한 교과점수를 선택하게 하면 안 될까?[17]

3월인 새 학년도 시작일, 이대로 괜찮은가?

우리나라 초중등학교의 새 학년은 3월에 시작한다. 전 세계에서 3월에 새 학년을 시작하는 나라는 우리나라와 아르헨티나, 칠레 세 나라뿐이라고 한다. 이웃 일본과 북한은 파키스탄과 함께 4월에 새 학년을 시작하고,[18] 중국과 미국, 유럽의 대부분 나라들이 9월에 새 학년이 시작된다.

대부분 나라들이 9월 학기제를 채택하다 보니 국제화시대에 유학 가는 아이들이 늘면서 학기가 달라 생기는 문제가 발생한다. 그래서 국제화 기준에 알맞게 9월 학기로 변경하자는 목소리가 그동안 끊임없이 제기되어 왔지만 3월을 9월로 바꾸는 일이 간단한 문제가 아니기에 말이 나왔다가 들어가고 할 뿐, 9월 학기제로 변경하자는 목소리

---

17. 물론 대학수학능력시험이 지금처럼 응시 기회가 1년에 1회뿐인 것과, 출제자의 출제 경향과 의도를 파악해서 정답 하나 고르는 5지선다형에서 벗어나야 한다.

18. 우리나라도 일본과 같이 4월에 새 학년을 시작하다가 1961년 박정희 대통령 취임 직후 3월로 변경되었는데, 이후 계속 3월에 새 학년을 시작하고 있다. 일본이 4월 학기를 채택하는 이유는 정부와 거의 모든 기업의 결산 시기가 3월이라 이를 통일시키기 위해서라고 한다.

는 지금도 적지 않다.

그리고 최근 몇 년 새 정치권을 중심으로 새 학년을 2월로 변경하자는 의견이 제기되고 있다. 이것은 우리나라 학교의 2월 교육과정 운영 실태에 따른 것이다. 겨울방학이 끝난 뒤 학년말 방학이 있는 2월은 수업일수도 적은 데다가 상급 학교 입학도 결정되고, 이미 교육과정을 다 끝낸 시기여서 학교마다 교육과정이 비정상적으로 운영되고 있다는 것에서 비롯되었다. 교육과정이 부실하게 운영되면서 낭비되는 시간을 없애기 위해 12월 겨울방학 전에 모든 학사 일정을 마친 다음 2월부터 새 학년을 시작하자는 것이다.[19] 2월 학기제 변경 논의가 활발하다가 잠잠해진 상태다. 모 대안학교에서는 1년 학사 일정을 우리의 절기의 흐름에 따라, 만물이 생동하기 시작하는 입춘에 시작해서 동지에 끝내는 경우도 있다. 논의가 잠잠해졌지만, 현재 3월 새 학년 시작일을 변경하자는 생각은 여전히 남아 있다.

정해진 지 오래 되었으니까, 다른 나라가 하니까 우리도 같이 따라 해야 한다는 식이 아니라, 우리나라 교육을 둘러싸고 있는 상황을 종합적으로 따져보고, 3월 새 학년 시작이 현재 학생의 삶에 알맞은지 따져보고, 현재처럼 그대로 3월로 할 것인지, 9월로 할 것인지 다른 달로 할 것인지 깊이 생각해봐야 할 때다.

현재의 2학기제는 학생의 삶에 알맞은가?
「초·중등교육법시행령」에 따라 우리나라 모든 학교는 2학기제를 운영하고 있다.

---

19. 2월에 새 학년을 시작하는 나라는 우리와 계절이 반대인 오스트레일리아와 뉴질랜드 두 나라 뿐이다.

제44조(학기)

① 법 제24조 제3항의 규정에 의한 학교의 학기는 매 학년도를 두 학기로 나누되, 제1학기는 3월 1일부터 학교의 수업일수·휴업일 및 교육과정 운영을 고려하여 학교의 장이 정한 날까지, 제2학기는 제1학기 종료일 다음 날부터 다음 해 2월 말일까지로 한다. [개정 2004. 2. 17, 2010. 6. 29]

다만, 자율학교의 경우 다음과 같은 예외 규정을 두고 있다.

② 제1항에도 불구하고 제91조의 3에 따른 자율형 사립고등학교, 제91조의 4에 따른 자율형 공립고등학교 및 제105조에 따른 자율학교(이하 "자율학교 등"이라 한다)의 장은 교육부장관이 정하는 바에 따라 제105조의 4에 따른 자율학교 등 지정·운영위원회의 심의를 거쳐 학기를 달리 정할 수 있다. [신설 2010. 6. 29, 2013. 2. 15, 2013. 3. 23. 제24423호(교육부와 그 소속 기관 직제)]

하지만 자율학교도 대부분 2학기제를 벗어나지 못하고 있다.

우리나라 학교현장에서 다양한 학기제를 운영하는 계기가 된 것은 교육감 지정 자율학교인 혁신학교가 생기면서부터다.

1년을 2학기로 운영하는 모습을 보면 1학기는 3월부터 8월 중순 이후 여름방학이 끝나는 날까지이고, 2학기는 여름방학이 끝난 다음 날부터 2월 말까지로 한 학기 기간이 너무 길다. 쉴 틈도 없다. 긴 시간을 쉼 없이 진행하면 교사와 학생 모두 성찰할 시간이 없다.

쉼 없이 교육과정을 운영하다 보니 교사도 아이들도 지치게 되어

1학기에는 3, 4월에 수업 분위기가 잡히다가 더위가 시작되는 6월 중순부터, 2학기 때는 캐럴이 들리기 시작하는 11월 중순부터 수업 분위기가 흐려진다. 7월과 12월에는 교사도 학생도 지친 상태에서 오직 방학할 날만을 기다리게 된다. 학기 중에 쉬는 때가 없으니 학년 초에 세웠던 계획을 점검하고 성찰해서 다시 세우는 기회가 없다. 이런 2학기제의 단점을 보완하기 위해 새롭게 계획해서 운영하게 된 것이 '4계절 학기'다.

지금도 혁신학교에서는 다양한 학기제를 운영하고 있는데, 다음 표는 서울형혁신학교를 처음 시작한 서울강명초등학교가 실시하는 봄·여름·가을·겨울 계절별 '4학기제' 운영 모습이다.

'4학기제'가 단순히 학기를 넷으로 나눈 것이 아니라, 한마디로 자연의 흐름에 따라 '쉼과 마디가 있는 4계절학기'다. 따라서 각 계절학기마다 특징이 다르면서 학기마다 한 번씩 1년에 네 번 하는 것이 많다. 계절마다 집중해서 하는 교육과정 주제가 다르고, 문화예술교육도 다르고, 계절학기가 끝날 때마다 배운 것을 나누는 '잔치'도 하고, 평가 통지도 하고, 교육과정 평가회도 하고, 방학도 한다. 특히 1학기 중간인 5월 초와 2학기 중간인 10월 말에 각각 열흘 정도 하는 봄방학과 가을방학의 의미가 매우 깊다.

봄방학과 가을방학은 학교자율휴업일을 몰아서 하고 여름방학과 겨울방학을 조금씩 당겨서 하는데, 이 기간 동안 가장 의미 있는 것이 교사와 아이들의 '쉼'이다. 두 달여 동안 달려온 뒤에 잠깐 '쉼'을 가짐으로써 몸과 마음의 긴장을 풀고, 지난 기간을 자연스럽게 성찰하는 기회가 되며, 다시 힘을 얻어 새로운 학기를 새로운 마음가짐으로 맞이하게 된다. 이렇게 중간에 쉼을 두면 7월과 12월에도 교사와

4학기제와 감성을 깨우는 가람결 배움

	창의 음악 (2·4·6학년)	조소 (1·3·5학년)	수공예 (1·3·5학년)	목공 (2·4·6학년)
봄 학기	학년교육과정 설명회: 3월 19일~26일 학부모 상담 기간: 4월 13일~24일(*봄학기 상담 통지) 새싹 잔치주간: 4월 27일~30일 봄학기 교육과정 평가회: 4월 30일			
	봄방학(5월 1일~5월 10일: 10일간)			
여름 학기	1차 '학교 여는 날': 5월 20일 여름학기 교육과정 평가회: 7월 20일~21일 봄·여름학기 학년교육과정 운영결과 보고회 '수업나눔': 7월 15일, 22일 *여름학기 평가 통지(자체 통지표)			
	여름방학(7월 25일~8월 23일: 30일간)			
가을 학기	학부모 상담 기간: 10월 5일~16일(*가을학기 상담 통지) 열매 잔치주간: 10월 19일~23일 가을학기 교육과정 평가회: 10월 22일			
	가을방학(10월 24일~11월 1일: 9일간)			
겨울 학기	2차 '학교 여는 날': 11월 26일 1년 교육과정 평가회: 12월 중 가을·겨울학기 학년교육과정 운영결과 보고회 '수업나눔': 12월 9일, 26일 맺음 잔치(전체): 12월 18일 / 학급마무리 잔치: 12~2월 중 *겨울학기 평가 통지(나이스 입력 통지표 통지) 학년교육과정 최종본 제출: 1월 말			
	겨울방학(12월 31일~1월 24일: 25일간), 학년말 방학(2월 6일~2월 29일: 24일간)			

학생들이 지치지 않고 흐트러지지 않으며 학기말까지 정상적인 수업을 운영할 수 있게 된다. 방학도 여름방학과 겨울방학으로 나눠 길게 하는 것보다 중간 중간에 쉬어주는 것이 매우 필요하다. 지금 우리나라 학기제의 가장 큰 문제는 쉴 틈이 없고, 그래서 성찰할 시간이 없다는 것인데, 대안으로 '사계절 학기제'를 포함한 다양한 학기제의 구

상과 실천이 필요하다.

넓고 깊은 배움 '블록수업'

앞서 40분 단위 수업에 대한 문제점을 얘기했는데, 그 대안이 바로 두 시간을 묶어서 하는 80분 '블록수업'이다.[20] '40분 단위' 수업에서도 미술 교과만은 교과의 특성으로 이미 두 차시를 묶어서 '80분 수업'으로 진행해왔다.

'80분 블록수업'이란 계산상으로 '40분＋40분＝80분'인 것만이 아니다. '40분 수업'을 묶어서 '80분 블록수업'으로 진행하는 가장 큰 이유는, '40분 수업'이 매 시간 준비하고 시작하는 데 시간을 많이 할애할 수밖에 없으므로 수업 내용이 넓고 깊이 들어갈 수 없다는 데 있다. 그런데 초반에 수업 분위기가 잡힌 채로 80분을 진행하면 40분＋40분이 아닌 80분＋a를 진행할 수 있게 된다. '40분 수업' 할 때보다 '넓고 깊은 배움'이 이루어지는 것이다.

그리고 '80분 블록수업'이 요즘 수업에 알맞은 이유는, 과거와 달리 현재 대부분의 수업이 학생의 활동 중심으로 이루어지기 때문에 '40분 수업'에서는 충분히 할 수 없는 한계가 있다. 반면에 80분 동안에는 충분히 활동할 수 있는 시간을 확보할 수 있다. '80분 블록수업'은 고학년뿐만 아니라 1~2학년에서도 하는데, 1~2학년 아이들의 집중력에 무리라서 하지 말아야 한다는 사람도 있다. 하지만 그것은 일제식 강의식일 때 얘기다. 요즘은 아이들이 충분히 몸을 움직이면서 수업을 하기 때문에 아이들은 지루한 줄 모른다. 특히 놀이 활동 중심으로 이

---

20. '블록수업'의 명칭은 학교마다 다르기도 한데, 가장 많이 사용하는 것이 '블록수업'이다. '블럭수업'이라는 곳도 있는데, '블록수업'이 정확한 표기다. 일부 학교에서는 '묶음 수업'이라고도 한다.

루어지는 저학년 수업에서 더욱 '80분 수업' 또는 '90분 수업', '100분 수업'을 해야 맞다.

'80분 블록수업'을 제대로 하려면, 과거와 같은 강의식 수업으로 하면서 단지 40분 수업을 묶는 것에 그쳐서는 안 되고, 학생의 삶이 중심이 되는 주제 중심 교과통합으로 교육과정을 재구성해서 수업 역시 활동 중심으로 운영해야 한다.[21] 다음은 블록수업을 운영하고 있는 한 초등학교의 하루 일과표다.

서울ㄱ초등학교 하루 일과표

구분	시간		내용
등교	08:50~	10분	자유시간, 수업 준비
1블록	09:00~10:20	80분	아침열기 (몸과 마음을 깨우는 시간)
			넓고 깊은 배움·1
노는 시간	10:20~10:50	30분	노는 시간
2블록	10:50~12:10	80분	넓고 깊은 배움·2
점심시간	12:10~13:10	60분	점심시간
3블록	13:10~14:30	80분	넓고 깊은 배움·3
방과후활동	14:50~		방과후학교 활동 및 자율·동아리 활동

아이들에게 충분히 쉬고 놀 수 있는 시간을 주자

앞에서 살펴보았듯이 우리나라 학교의 시간에는 학생들이 쉬고 놀 수 있는 시간이 없다. 운신의 폭을 되도록 좁혀서 숨통이 막히게 시간이 짜여 있다. 지금의 학교 시간은 학생 중심이 아니라 수업을 효율적

---

21. 교과와 교사 사이에 벽이 상대적으로 두터울 수밖에 없는 중등에서도 교육과정을 학생들의 삶이 중심이 된 주제로 교과를 통합해서 운영하는 혁신학교 수업 사례들이 많이 나오고 있다.

으로 운영할 수 있게 통제와 관리 중심으로 구성되어 있기 때문이다. 수업시간이나 다른 건 다 그대로 두더라도 가장 먼저 학교의 일과표에 노는 시간과 점심시간만이라도 지금보다 몇십 분 더 여유 있게 늘리면 숨통이 트이고 그만큼 학생의 삶이 달라지리라 믿는다.

노는 시간을 10분에서 15분 또는 20~40분으로 늘리면 어떨까? 60분으로 늘리면 어떤 일이 일어날까? 점심시간을 60분에서 80~90분으로 늘리면 어떨까?

위 표에 소개된 서울ㄱ초에서는 블록수업을 한 뒤 노는 시간 30분을 배정하고 점심시간을 60분으로 했더니 아이들의 표정이 많이 달라졌다. 이 정도만으로도 아이들은 충분히 논다고 생각하고 제대로 놀아서인지, 아이들이 밝고 수업시간에도 집중력이 우수했다. 이것이 바로 혁신학교에서 노는 시간, 놀이시간을 충분히 확보하고 있는 중요한 이유다.

창의성교육을 위해 창의성 전문 강사를 불러다가 창의성 관련 수업을 몇십 시간 하는 것보다 아이들에게 노는 시간을 주는 것이 더 필요하고, 토론이 필요하다며 토론시간 몇 시간 늘리고 협력수업을 하는 것보다 아이들이 충분히 어울려 놀 수 있는 시간을 주는 것이 더 효과적이라는 것은 이미 검증된 사실이다.

최근 '놀이'의 중요성이 점점 더 강조되고 교육청 단위에서도 적극 지원하고 있어서 다행이다.[22]

다음은 놀이시간을 60분 확보하고 있는 전라북도교육청 '놀이밥 60+ 프로젝트' 시범학교의 하루 일과표다.[23]

전북 ㄴ초등학교 하루 일과표

구분	시간	내용
09:00~10:20	80분	1~2교시 블록타임
10:20~10:50	30분	중간 놀이시간
10:50~12:10	80분	3~4교시 블록타임
12:10~12:40	30분	점심시간
12:40~13:10	30분	점심 놀이시간
13:10~14:30	80분	5~6교시 블록타임
14:30~		방과후 활동

다음은 강원도교육청이 운영하고 있는 '1, 2학년 놀이밥 100분, 3시 하교' 시범학교의 하루 일과표다. 아이들에게 놀이시간을 확보해 주기 위한 노력이 전라북도교육청과 강원도교육청만이 아니라 전국 시·도교육청에 확산되기를 바라고, 이어서 시범운영학교 운영을 통해 나온 문제점을 해결하고 장점을 살려서 모든 학교에 확산되길 바란다.

---

22. 〈"쉬는 시간 10분, 화장실 다녀오면 끝" 언제까지〉 놀이가 미래다2-초등학교 시간표를 바꾸자 ①-1] '놀이'가 배제된 학교 현실(2017. 10. 19) http://news.mt.co.kr/mtview.php?no=2017092708435034514&outlink=1&ref=http%3A%2F%2Fsearch.daum.net
〈놀이의 마법! "학교 다니는 게 행복… 문제아 없어져"〉 놀이가 미래다2- 초등학교 시간표를 바꾸자②-1] 쉬는 시간 늘린 학교 가보니(2017. 10. 26) http://news.mt.co.kr/mtview.php?no=2017101015002788697&type=1
강원도교육청의 실험… 초등 1, 2학년 '놀이밥 100분, 3시 하교' 시범 운영(2018. 01. 25) http://news.donga.com/3/all/20180125/88350701/1
전북도교육청, 놀이밥 60+ 프로젝트 '시동'-학생에게 놀이문화를. 중간놀이 시범학교 초등 20교, 방과후 놀이과정 개설 등 http://www.newsmaker.or.kr/news/articleView.html?idxno=10420
23. 전라북도교육청이 2015년에 신체활동이 부족한 학생문화를 개선하기 위해 •초등 1일 60분 이상 놀이시간 확보, •방과후학교 놀이 프로그램 도입, •중고등학교 틈새신체활동 확대 등을 골자로 한 '놀이밥 60+ 프로젝트'를 추진하면서 초등학교 20개교를 시범학교로 운영하였다.

강원 ㄷ초등학교 하루 일과표

구분	시간	
등교	09:00~	
아침 놀이밥	09:00~09:30	30분
1, 2교시	09:30~10:50	80분
중간 놀이밥	10:50~11:30	40분
3교시	11:30~12:10	40분
점심(60분)+점심 놀이밥(30분)	12:10~13:40	90분
4, 5교시	13:40~15:00	80분
하교	15:00~	

나가며

얼마 전, 대통령직속기구인 저출산대책위원회에서 저출산에 대한 대책으로 1, 2학년 수업시간을 늘려서 3시에 끝내는 방안을 제시했다는 소식이 들리는데, 이 얘기를 들은 사람들의 첫마디가 '지금도 힘든 아이들 죽이려고?'였다. 지금 수업을 늘리는 일보다 중요한 것이 아이들에게 쉴 틈을 주는 것이다. 충분히 놀 수 있는 시간을 주는 것이다. 수업시수를 늘리는 대신 노는 시간과 점심시간을 길게 확보하는 방안도 생각해볼 수 있다. 방과후에 노는 시간을 두게 되면, 노는 시간이 보장되지 않으니 수업시간 중간 중간에 노는 시간을 길게 확보하는 것이다.

또 하나, 현재 학교에서 꼭 필요하지만 확보하기 힘든 시간이 자율 동아리활동과 토론(회의)시간이다. 과거에는 방과후에 진행했던 전교

어린이회의, 학생회의가 선출할 때만 요란할 뿐, 회의가 제대로 이루어지지 않아 유명무실해져서 학생자치가 사라져가는 원인이 되고 있다. 노는 시간과 점심시간을 충분히 확보해준다면 노는 시간에 아이들 스스로 운영하는 동아리활동도 자연스럽게 활성화될 것이고, 전체 토론이나 회의도 자연스럽게 활성화되리라 생각한다. 학생자치가 사라지거나 할 수 없는 이유가 학생들이 할 줄 몰라서가 아니고, 할 시간이 없기 때문이다.

지금까지 살펴본 것처럼 현재 우리나라 학교의 시간에 대한 각종 규정은 오래된 과거의 유산이다. 현재의 학교교육은 학생들의 삶을 더 좋게 만들어주기는커녕 학생들의 삶을 담아내지 못하고, 오히려 과거의 틀로 옥죄고 있다. 현재의 학교의 시간에 대한 규정으로는 학생의 삶뿐만 아니라 학교교육에 대한 그 어떤 새로운 상상력조차 생기기 힘들다.

이에 국가를 위한 획일화된 '국민'이 아닌 학생 개인의 인간적인 삶을 위한 시간 구성이 절실하다. 이어서 일부 교육청에서 시도할 준비를 하고 있는 '학점제'를 비롯해서 무학년제 운영, 초중등 통합학교 운영, 다양한 교육과정과 시간 운영 같은 학교의 시간에 대한 새로운 상상력을 적용하고 실천할 수 있는 정책의 변화가 하루빨리 필요하다.

| 참고 문헌

서울강명초등학교(2014). 『서울형혁신학교 4년의 기록-함께 만들어가는 강명초 이야기』.

서울특별시교육청(2017). 『서울형혁신학교 우수사례집』.

송순재·손동빈·강민정·윤우현·이희숙·이부영·김정안·이상우·이수미·손유미·백화현·구민정·이주영·최미숙·김세희·엄미경(2017). 『혁신학교, 한국 교육의 미래를 열다』. 살림터.

오성철·강일국·박환보·김영화·장상수(2015). 『대한민국 교육 70년』. 대한민국역사박물관.

이길상(2007). 『20세기 한국 교육사』. 집문당.

이부영(2013). 『서울형혁신학교 이야기』. 살림터.

이부영(2018). 「'혁신미래교육'을 외치지만, 학교는 여전히 낡은 과거 교육」. 『2017년 서울특별시교육청 청렴시민감사관 활동보고서』. 서울특별시교육청.

전국교육정책연구소네트워크(2017). 『교육혁신을 위한 주요 정책연구』. 2017 전국교육정책연구소네트워크 공동연구자료집.

정재걸(2010). 『오래된 미래교육』. 살림터.

학교 공간 구성과 재구조화에 대하여

이승곤_남양주문화예술포럼 공동대표, 전 경기 호평중학교 교장

공공재로서의 학교는 법과 규정에 의해 조직적인 학습을 가능하게 하는 공간을 필요로 한다. 시대가 그토록 급변하는 동안 학교 공간의 모습이 과거의 그것에서 탈피하지 못하는 까닭은 무엇인가? 학교교육의 내용이나 수업 방법에 대한 혁신이 시대적 요청이라 부르짖으면서도 막상 물리적인 교육환경에 대해서는 '패싱'했기 때문일 것이다. 최근 학교혁신을 수업이나 교육과정 운영 외에 '공간' 측면에서 바라보려는 외연의 확장은 학교혁신의 단계적 진전이라 할 수 있다. '학교 공간'의 물리적 여건이 '형식'의 요소에 속한다면, 교육과정은 '내용'일 것이며, 내용 없는 형식 없고 형식 없는 내용 없듯이, 그리고 형식이 내용을 결정한다는 맥루한의 말이 아니더라도 학교의 형식인 공간구조에 대한 관심은 이제야 비로소 학교혁신이 실사구시적 국면에 올라서게 된 것이 아닌가 여겨지는 측면도 있다.

학교 공간 활용에 대한 성찰과 진단을 현장에 피드백하자는 것은, 교육의 변화와 혁신 성장이 지닌 현재의 한계를 지적하고 더욱 진취적 관점에서 지원하기 위함이다. 출입문과 다량 수용이 가능한 교실 공간, 그것만이 미덕이요 가치란 듯, 어딜 가나 똑같은 무채색의 획일화된 공간에서는 학생도 교사도 개성과 창의성이 담보되지 않으며 학업의 심리적 억압을 해방시키지 못한다. 인간은 신이 창조한 자연환경에다 정서적·심미적 배려와 기술적 요소를 부여하여 재창조하는 과정에서 자신의 정체성을 찾는다. 안정적인 배움의 공간, 연구와 대화가 가능한 여유와 쉼의 공간, 혁신적 교육과정 실현이 가능한 수업 공간, 인간과 삶의 존엄을 사색할 수 있는 학교 공간이 필요한 것이다. 다시 말해서 학교 공간 혁신의 일차적인 목표는 교수학습의 효율성 향상이며, 궁극적인 목표는 학교 구성원들의 삶의 질을 높이는 데 있다

1. 새로운 학교를 위한 건축

몇 해 전, 스웨덴의 와스타 릴 짐나지움Wastra Real Gymnasiom을 방문하여 학교교육과정과 시설에 대해 안내를 받았다. 학교장은 학생의 성장을 담보하는 다양한 교육과정에 자부심이 있었으며, 이러한 운영 덕분에 이 학교가 지역에서 인기가 많다 하였다. 넓은 잔디밭과 로마네스크풍의 붉은 벽돌건물, 복도 천장의 아치가 교차되며 이루는 미려한 천장의 곡선미, 탁 트인 현관과 가파르지 않은 층별 계단, 큐폴라cupola형 강당 돔의 은은한 자연채광, 개교의 역사와 함께하는 중앙계단의 모자이크 벽화, 학교 설립자의 초상화 등에서 어찌 동경을 품지 않을 수 있을까. 110년 역사를 담고 있는 건물은 스웨덴 유수의 건축가가 남긴 명작이다. 한 세기를 넘겼지만 학교 건물은 주변과 어울리며 당당했고 조화로웠다. 건축가의 의도와 배려가 담긴 학교 건축물은 역사를 품었고, 지역과 마을은 학교에 자부심을 지녔으며, 방문객

인 나에게는 당당한 교육문화유산으로 다가왔다.

루이스 칸은 학교를 '사람과 사람 사이를 배움과 성장 그리고 소통의 인연으로 재구성하는 곳'으로 본다.[1] 루이스 칸의 물음처럼 '이 공간은 교육을 위해 어떻게 작동합니까?'라고 자문해야 한다. 학교는 학생 모두에게 신체적·정신적 성장이 일어나게 하는, 공공성이 높은 장소다. 자기 자존감은 물론, 관계의 존엄을 배워 민주적 가치를 연습하고 올바르게 삶을 향유할 수 있는 시민을 길러내는 도야소陶冶所이다. 가정과 마을이 부담하는 공동체적 육아와 훈육의 비중은 한층 줄어들었고 그만큼 학교 의존도가 더 높아졌음은 주지의 사실이다. 배움과 돌봄의 측면에서 더 많은 사회적 요구를 받고 있으며, 교수학습 내용에서 학업적 성장 외에 사회적 관계를 배워 갈등과 문제를 해결해 나가는 태도나 소양도 학교가 교육할 몫이 되었다. 다가올 4차 산업시대에 학교의 역할과 기능은 '학교가 아니면 안 되는' 대면적 접촉 기회의 불가피성 때문에 더욱 증대된다는 역설이 성립된다.

가. 학교 공간에 대한 이해와 분류

학교 공간을 효율적으로 활용하고 재구조화하기 위해 현재의 학교 환경에 대한 이해와 진단이 필요하다. 공간의 재구성은 구성원들과 충분한 협의를 갖고 시행하여야 한다. 새로운 공간의 확보는 사용자의 만족을 높여주지만 유지 관리에 따른 예산 배정, 보수와 청결 유지 등 여러 문제를 수반하기도 한다.

최근 건축되는 학교나 바람직한 공간을 갖춘 학교에서 눈에 띄는

---

1. 루이스 칸은 21세기 최고의 미국 건축가로, 김경인(2015), 『공간이 아이를 바꾼다』, 257쪽에서 재인용.

것은 우선 공간 구성의 다양성이다. 학생들의 휴게 공간도 질과 양의 측면에서 증대되었다. 쉬는 시간이나 점심시간을 배려한 대화와 휴식 공간이 늘어난 현상은 혁신학교에서 찾아볼 수 있는데, 이는 학생 생활인권, 학생복지에 대한 관심이 높아지면서 생겨난 변화다. 학업의 중대성에 밀린 휴식의 중요성은 그동안 미뤄온 학생인권의 측면에서도 중요하다. 종일 학업에 시달리는 것이 권리이자 의무인 학생들에게서 찾아낸 '휴식'의 재발견이란 '학습권'에서 소외되어 '자투리적 권리'로 취급된 '쉴 권리'의 발견이며, 학생들의 휴식 공간은 교사의 휴게 공간과 함께 필수 공간이다. 진정한 배움이 자신과의 소통이라 할 때, 생물학적인 소통이 곧 휴식이라면 이는 마땅히 강조되어야 할 공간이다. 학교라는 공간에 선별과 경쟁의 기제가 우월하게 작동하는 상황이 지속될수록 교실과 그 이외의 공간들도 위계적 관계를 공고히 하

학교 공간의 구분

공간 구분	시설 구분에 따른 분류
배움의 공간	일반교실(학급), 특별교실-과학실, 미술실, 음악실, 가사실, 기술실, 영어실, 전산실, 체육관, 운동장
연구실 공간	교무실, 교무업무지원실, 협의회실, 시청각실
교육 지원 공간	교장실, 행정업무지원실, 발간실, 프린터실, 방송실
학생복지 공간	학생자치회실, 동아리실, 도서실, 보건실, 룸베이스휴게 공간, 학생 식당, 진로상담실, We클래스
교사복지 공간	교사휴게실, 교사 식당
학부모 공간	학교운영위원회실, 학부모 동아리실
녹지 공간	학교 정원, 교사동 주변의 수목, 옥상 정원, 야외 벤치
진출입 이동 공간	교문, 진입로, 현관, 복도, 주차장, 자전거 거치대
설비 및 기자재 보관 공간	기계실, 정수 탱크실, 창고, 재활용 분리수거장
기타	장독대, 조리실, 조리사 휴게실, 필로티 공간

는 데 기여할 뿐이었던 기존 건물위계를 반성해야 한다.

나. 학교 규모의 적정성

최근에는 학교 신설이 어렵게 되었다. 출생률이 감소하면서 학생 수가 줄어 신설 학교 허가를 억제하고 폐교되는 학교가 늘고 있다. 그러나 필자가 근무하는 학교 소재 지역사회는 인구 증가 추세여서, 2022년이면 지역 인구의 50% 이상이 증가하여 관내 2개 중학교는 36학급 규모가 되어 대규모 과밀학급이 될 형편이다. 36학급 규모가 되면 학생과 교직원 수가 1,200명을 넘게 된다. 이 정도가 되면 학교는 학생 교육보다는 학생 관리에 더 신경을 써야 한다. 흔히 자동차나 선박 탑승 인원이 적정선을 넘거나 적재량 이상의 화물을 실어 사고가 난 보도를 접한다. 경찰과 매스컴이 찾아낸 사고 원인은 대부분 초과된 정원과 화물이다. 그런데 학교는 유일하게 적정 규모에 대한 객관적 기준과 최소 설비 기준이 비켜 가는 곳이다. 3~4개 학급의 체육수업이 동시에 운영될 경우, 신체 활동을 요하는 수업임에도 활동 공간 부족으로 교실 수업으로 대체되기도 한다.

현행 시설기준령에 따르면 10학급 규모의 학교나 36학급 규모의 학교나 음악실, 미술실, 가사실 등 학습이 가능한 특별교실은 1실로 되어 있다. 학생 수 300명인 학교와 1,200명인 학교의 시설기준이 같다는 말이다. 이런 실정을 학부모들은 알 수가 없다. 교육계 내부에서도 이런 현실에 무감각해져 있고 사회적 관심도 소홀하다. 놀라운 유연성이 학교 시설기준령에 반영되고 있는 것이다!

점심시간, 식당을 향해 질주하지 않으면 배식을 받기 위해 10~20분 이상 줄을 서서 기다려야 한다는 사실을 학습한 학생들은 생존경쟁적인 행동을 보이게 된다. 이러한 상황에서는 남을 위한 배려와 양보·질서의 문화가 자리 잡기 어렵다. 교육 선진국의 학교들은 학교당 학생수가 몇백 명을 넘지 않는다. 최근 우리나라에서도 출산율 저하로 초등학교 배정 인원이 줄고 있다. 우리도 학교급별로 배움과 돌봄이 효율적으로 이루어질 수 있는 적정 학교 규모의 표준을 제시하고 이를 법제화하는 정책이 실현되어야 한다. 활동적 교수학습과 실험 실습이 필요한 경우, 그러한 수업을 실현할 수 있는 특별교실과 공간이 확보되어야 한다.

다음의 표는 특별교실이 어떻게 증가되는지를 보여준다. 기본 내용은 1973년에 만들어지고 1982년에 개정되어 사용되고 있으니 40여년 전의 묵은 기준에 따라 적용된다. 특별실은 교과의 틀에 갇혀 있다. 통합적인 학습이나 개별·모둠학습을 위한 다양한 공간 구성과 확보는 법령에 의하면 적극적인 설치가 불가능한 상황이다. 이 표에 의하면, 1개 특별실이 추가 설치되려면 학급 수가 곱으로 늘지 않으면 강제할 수 없는 형편이다. 또 다른 문제는, 학습을 위한 공간 규정은 있으나 학생자치, 휴식 공간 등을 위한 공간 존치에 대해서는 기준을 마련해두지 않았다는 점이다.

다. 학교 건축의 획일적 기준안과 시공의 어려움

평소 알고 지내던 교장이 있다. 학교 인근에 대단위 공동주택사업이 진행되며 새 학교를 지어 이전하는 계획이 발표되었다. 낡은 학교에서 신축되는 학교로 이전한다는 생각에 교장은 꿈에 부풀었다. 학생과 교사, 학부모들의 바람을 담아 최적화된 교육환경의 학교를 짓겠다는 의욕으로 교사와 학부형이 참여하는 교사 신축 협의를 하고 수차

특별교실 및 그 준비실의 기준 수

특별실\학교급	과학 교과에 필요한 특별교실(물리교실·화학교실·생물교실 또는 지학교실)의 수	음악과 또는 미술 교과에 필요한 특별교실 수	기술 교과에 필요한 특별교실(목공실·기계실·전기실 또는 제도실 등)의 수
초등학교	(1) 48학급까지는 1개 교실을 둔다. 단, 24학급 이하인 경우에는 보통교실을 겸용할 수 있다. (2) 48학급을 초과하는 경우에는 24학급을 초과할 때마다 1개 교실을 가산한다.	학교 사정에 따라 둔다.	학교마다 1개 교실을 둔다. 단, 36학급 이하인 경우에는 과학교실 또는 보통교실을 겸용할 수 있다.
중학교	(1) 15학급까지는 1개 교실을 둔다. (2) 15학급을 초과하는 경우에는 15학급을 초과할 때마다 1개 교실을 가산한다.	(1) 음악교실 30개 교실을 초과할 때마다 1개 교실을 둔다. 단, 9학급 이하인 경우 보통교실을 겸용할수 있다. (2) 30학급을 초과하는 경우에는 30학급을 초과할 때마다 1개 미술교실, 음악교실을 같은 수로 한다. 미술교실: 음악교실과 같은 수로 한다.	(1) 15학급까지는 1개 교실을 둔다. 단, 6학급 이하인 경우에는 과학교실을 겸용할 수 있다. (2) 15학급을 초과하는 경우에는 15학급을 초과할 때마다 1개 교실을 가산한다.
고등학교	(1) 9학급까지는 1개 교실을 둔다. (2) 9학급을 초과하는 경우에는 9학급을 초과할 때마다 1개 교실을 가산한다.	(1) 45학급까지는 1개 교실을 둔다. 단, 9학급 이하인 경우에는 보통교실을 겸용할 수 있다. (2) 45학급을 초과할 경우에는 30학급을 초과할 때마다 1개 교실을 가산한다. 미술교실: (1) 45학급까지는 1개 교실을 둔다. 단, 12학급 이하인 경우에는 보통교실을 겸용할 수 있다. (2) 45학급을 초과할 경우에는 45학급을 초과할 때마다 1개 교실을 가산한다.	(1) 24학급까지는 1개 교실을 둔다. 단, 3학급 이하인 경우에는 과학교실을 겸용할 수 있다. (2) 24학급을 초과하는 경우에는 24학급을 초과할 때마다 1개 교실을 가산한다.

[시행 1982. 1. 27.] [대통령령 제10707호, 1982. 1. 27. 일부 개정]

례 시공사와 협의를 하였다. 주변의 건축 전문가와 교육청 학교 건축 담당자를 찾아가 몇 번이나 자문을 받기도 하였다. 몇 달 후 교장을 만나 진척 상황을 물어보니 우울한 표정이었다. 정작 학교 시공을 맡은 업체의 직원과 시공을 앞두고 협의할수록 표준건축비를 넘어서는 추가 건축비, 공사 기간 문제, 설계 변경의 이유를 들거나 법령에 의한 불가함으로 '안 된다', '못 한다'는 업자의 말에 교장은 체념하게 되었단다. 학교 구성원의 의견이 반영된 참여형 학교 건축은 예산과 법령이라는 태산을 넘어야 만나는 이상임을 확인하게 된 사례다.

학교 신축을 위해서는 체계적인 의견 수렴이 필요하다. 시·도교육청이 발주하는 신축 학교의 경우, 학생, 학부모, 교사의 존재가 잠재적 가능성일 뿐인 상태라 정작 그 학교의 사용자가 건축의 설계와 시공 과정에 참여할 수 없어 문제가 된다. 설계 단계에서 학교의 특성을 살렸는지 세심하게 점검하고, 성실하고 양심적인 학교 건축 전문업체가 공사와 감리를 맡는다면 얼마나 좋겠는가. 그러나 이것은 부질없는 바람에 그치는 경우가 많다. 학교 공간을 디자인하며 그곳이 어떠한 교육 내용을 가르치는 곳인지, 사용자들은 무엇을 원하는지, 확보된 대지의 조건과 특징 등을 다양한 관점에서 파악해야 한다. 그래야 실제 사용 공간의 규모와 학생 교육과 활동, 이동 공간을 배려한 공간 구획과 설계가 이루어질 것이다. 증축이나 개축에서도 반드시 시공업체 외의 기관에서 전문 컨설팅을 받아야 한다. 새로운 학생 유입으로 교실 등을 증축할 경우 교육지원청이 예산을 세우고 입찰을 받아 시공사를 선택하게 된다.

교육과정 실현을 위한 적합성을 가늠할 주체인 교사와 수요자인 학생들의 의견이 학교 공간을 만드는 데 반영되지 않는다는 점을 생각해본다. 교사나 학생들은 건축 전문가는 아니나 학교 공간의 사용 주체로서 공간적 불편과 장단점을 누구보다 잘 알고 있다는 점에서 최적의 공간 규모와 필요 설비, 안전 문제를 제시할 수 있는 당사자다. 선정된 시공업체가 학교가 요구하는 의견을 귀담아듣지 않고 기술적인 편의를 들고 나오는 경우가 있다. 새로운 제안에 대하여 구조상 불가함이나 과다한 비용 증가를 구실로 자신들의 원안을 고수하기도 한다. 이를 막기 위해서라도 설계 단계부터 전문성 있는 외부 컨설턴트가 정기적으로 협의하고, 시공 단계의 참여가 이루어져야 한다. 증축할 때도 해당 학교에 소위원회를 두고 시공사 대표, 학생, 교사, 학부모 대표와 외부 전문가가 참여하여 증축이 완료될 때까지 공사 진행 과정을 함께한다면 교육 주체의 의견이 반영된 공간을 만들게 될 것이다. 학교 건축을 위한 단위학교 위원회의 구성과 활동에 대한 지침을 만들고 실제로 이러한 기구가 제 역할을 하며 가동될 수 있는 규정이 필요하다.

라. 학교 건축의 새로운 방향과 비전

매년 대규모 택지개발과 함께 새로운 학교를 짓고 있다. 군·면 단위 학교들은 학령기 학생의 급감으로 통합 또는 폐교 상황을 맞기도 한다. 도시의 학교들도 건축된 지 40~50년이 된 교사를 허물고 증·개축을 한다. 인간은 환경의 영향을 받고 새롭게 환경을 만들어가는 존재다. 크리스티안 리텔마이어[2005]는 『느낌이 있는 학교 건축』을 통해 학교의 정신을 조화롭게 담아내는 학교 건축에 대해 말한다. '항시적으로 메시지를 전달하는' '공간'에 주목하고 아이들의 시선으로 공간을 인지하고 느낌을 들을 수 있어야 한다는 차원에서 학교 건축의 중요성을 말하는 것이다. 학교 공간은 학교가 추구하는 철학을 담을 수 있어야 하고, 몸과 마음에서 느끼고 누릴 안전성, 합리성, 편리함을 갖추어야 한다는 말에 공감한다. 도식화된 구조의 교실과 복도로 이분되었던 학교 공간은 비선형적이고 가변적으로 활용될 수 있는 구조로 바뀔 것이다. 현재의 학교 공간은 폐쇄형 구조의 교실이 약 70%이고, 나머지 약 30%가 연구실, 복도 등 이동과 공유 공간으로 배분되어 있다. 폐쇄형 공간의 가변화와 공유 공간 확대는 비형식적 교육인 협의와 토론, 학생 개별의 정서적 소통을 가능하게 할 것이다.

　주거공간의 만족도가 높으면 함께 사는 가족에 대한 소속감과 자부심도 높아진다. 교실 환경이 학생 성장에 미치는 영향에 대해 미국 텍사스대학교의 새뮤얼 고슬링 교수의 연구는 시사하는 바가 크다. 지저분한 생활 공간을 가진 사람들이 깨끗한 생활 공간을 가진 사람보다 효율적이거나 체계적이지 못하고 창의력도 떨어진다는 것을 밝혀냈다. 이 연구에 의하면, 햇살이 드는 창문, 소음과 분진 없는 청결한 교실, 싱그러움이 넘치는 교실, 온도가 적정한 교실, 자연을 주제로 하는 그림이 있는 교실은 학생들의 만족도와 소속감을 높여주며, 정서적 안정은 물론 학업성취도가 상대적으로 높다는 결과가 나왔다. 이를 보더라도 새로운 학교 건축의 방향은 다양화된 교육과정을 수행하기에 편리한 구조로 디자인되어야 함을 인정할 수 있다.

　현재 학교 건축물의 획일적 모양과 시설의 빈곤함은 어디서 오는 것일까? 그 원인을 규명하기 위해 조달청의 자료를 분석해보았다. 지역과 규모에 따라 건축비 차이가 있지만, 타 기관의 건축비에 비해 학교 신축 표준건축비가 현저하게 낮다. 비교된 공공건물의 표준건축비보다 낮으며, 교도소보다도 낮은 건축비가 책정되어 있다. 국가와 교육청은 미래의 인재를 기르는 교육의 가치와 중요성을 말하지만, 학생들이 교육받는 공간 건축에 대한 지원은 매우 빈약하다.

학교는 공공기관 중 단위 면적당 생활밀집도가 가장 높고, 이용자들이 가장 장시간 머무는 곳이다. 평생을 살아갈 힘을 기르고, 창의적 사고와 협력과 소통을 배우며 미래를 꿈꾸는 곳이다. 학교는 일반 건축에 비해 친환경적이며 생태적 감수성을 높일 수 있게 조경에도 신경을 써야 한다. 하지만 학교가 특수 공간으로서 타 기관의 건축물에 비해 추가적인 예산 지원은 고사하고 저예산으로 지어야 하는 현실은

공공기관 표준건축비 비교표(기준 연도 2015년)

	지역	m²당 공사비 (원)	공종별 공사비 비율(%)					
			건축	기계	전기	통신	소방	부대시설 (토목, 조경)
초등학교	대구시	1,578,290	62.95	11.71	13.98	5.94	2.50	2.93
중학교	세종시	1,722,641	60.47	13.17	11.65	4.31	3.26	7.14
고등학교	서울시	1,576,681	60.52	11.78	13.20	4.06	3.10	7.33
대학교	부산시	1,942,667	53.34	17.36	15.68	5.16	4.57	3.88
시청사	전남	2,108,421	48.47	20.92	11.90	7.99	4.84	5.88
경찰서	경기도	2,162,386	55.08	11.38	11.71	11.37	3.37	7.09
소방서	울산시	2,296,104	72.50	10.82	7.81	3.83	0.79	4.26
우체국	부산시	1,942,024	50.71	15.37	14.77	4.35	1.41	13.39
교도소	강원	2,277,204	58.03	11.54	14.13	11.65	2.7	2.48
수련시설	경북	3,984,389	52.58	11.74	10.43	5.38	2.90	16.96
도서관	충남	2,639,787	54.77	16.78	10.40	4.11	3.28	10.66
체육관	서울	3,013,304	56.35	13.71	9.53	5.32	2.50	12.58
병원	전남	2,303,250	46.53	24.79	15.03	6.80	3.01	3.84
연구소	서울	2,600,596	45.29	20.35	13.86	7.66	4.45	8.39

출처: 조달청 시설사업국 건축설비과 자료

속히 극복해야 할 문제다.

학교 건축은 교육을 제대로 이해하는 건축가에 의해 행해져야 한다. 양질의 재료로 부실하지 않게 시공되어 학생과 교사로부터 신뢰받아야 한다. 학교는 건물과 공간 자체로 말하며 배움을 주는 역할을 한다는 것을 엄중하게 받아들여야 한다.

교육부와 교육청은 학교 신설에 대한 권한이 있기에 '신설 학교 시설기준 및 개선'과 '신설 학교 설계비 요율 적용 표준화 제도'에 대한 개선 작업에 착수하여야 한다. 변화하는 교육환경과 미래교육과정을 실행하기에 현재의 제도와 기준이 적합한지 전면적 재검토가 필요하다. 또한 학교 신설 시 전문가 그룹, 교육청과 외부 인사로 구성되는 '신설 학교 설계공모 선정위원회'가 있지만 제대로 작동되지 않고 있다. 이들 위원회는 교수, 건축사, 교육청 관련 담당자, 교장, 교감들로 구성되어 있다. 정작 교육과정을 운영하는 교사나 배움의 주체인 학생의 참여가 보장되어 있지 않고 학부모의 참여도 막힌 현실이기에 위원회 구성의 개선이 필요하다.

학교 증축의 경우에는 공사 발주를 지역교육지원청이 하는데, 이 경우에도 학교의 사용자와 외부 전문가들이 참여하는 소위원회의 조직과 활동이 필요하다. 학교가 그러한 역할을 하기 어려울 경우 지자체와 교육지원청이 사용자의 학교 요구가 반영될 수 있는 기구를 만들어 가동해야 한다.

2. 학교 공간의 재구조화

학생 수가 줄면서 빈 교실이 생기는 경우가 많다. 이렇게 늘어난 유휴 교실을 활용하는 방안에 대해 학교와 지역사회가 함께 고민해야 한다. 일반 교실을 다른 용도의 공간으로 바꾸는 것이 결코 쉬운 일은 아니다. 일반 교실을 활동이 필요한 공간으로 바꾸려면 교실 안에 가득 들어차 있는 책걸상과 사물함을 어떻게 할 것인가 하는 가장 기본적인 문제부터 맞닥뜨리게 되기 때문이다. 새로운 공간을 만들려면 기존 장치나 시설을 활용하기도 하지만, 처분해야 하는 상황이 생기기도 한다. 여유가 생긴 공간을 학생들이 사용하는 자치회의실, 학생동아리

호평중학교 열람실 재구조화(2018)

개선 전 열람실의 획일적인 책상과 의자

친근한 공간으로 개선 작업 중

목재의 따듯함과 친환경을 드러냄

곡선으로 처리된 내부와 다양한 열람좌석

실, 학생 휴게 공간 등으로 재구성할 수 있다. 이 공간을 학생들이 참여하여 만들 수 있다면 다채로운 공간 디자인을 경험하게 하고 성취감과 소속감을 높이는 계기도 될 것이다.이승곤, 2016

최근 수년간 학급 수의 변화를 살펴보면, 2009년에 비해 2017년의 경우 학생 수가 150만 명 이상 줄었으나 학급 수는 오히려 7,000개 이상 늘었다. 학생 수의 감소와 함께 학급당 학생 수가 줄면서 학급 수가 늘어난 것이다. 학생 수가 좀 더 감소한다면 유휴 교실과 공간이 더 늘어날 것이다. 앞으로 변화되는 상황에 따라 지역교육청은 유휴 공간의 다양한 활용 사례를 지역 학교와 공유하는 정책이 필요하다. 일반 교실의 특별교실화를 비롯하여 휴게 공간, 개방적 모둠학습코너, 네트워크 작업실, 자치협의회실, 수업교구 제공실 등으로 기존 공간 활용은 다양한 모습을 띨 것이다.

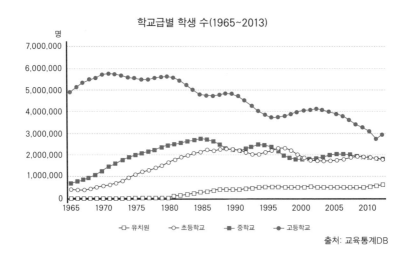

최근 일부 교육지원청에서는 학교 단위 시설관리 컨설팅을 해주는 부서가 신설되어 있다. 장차 학령인구 감소로 유휴 공간이 늘어날 것

으로 보이는 상황에서 모든 교육지원청에 학교 환경디자인팀의 설치와 운영을 제안한다. 단위학교 공간의 효율적인 재구조화를 지원하기 위함이다.

3. 미래학교의 모습

미래학교는 변화되는 교육 내용과 방법이 적용될 수 있게 공간과 시설이 바뀔 것이다. OECD에서 상정하는 미래학교 보고서는 2030년을 기준으로 하며, 한국교육학술정보원도 같은 시기를 미래학교의 배경으로 두고 있다. OECD 보고서(참고 문헌)에서는 변화된 교육을 위해 3가지 요소를 말한다. 강력한 리더십Strong leadership, 역량 있는 교사Capable and confident, 혁신적 교육환경Innovative learning environments이다. 결국 전문성 높은 인적자원과 물리적 환경이 학교 변화의 핵심이라고 보는 것이다.

혁신적인 교육환경의 조건을 좀 더 세분하여 본다면 지속적으로 변화와 성장을 추구하는 학교, 안전하며 배움을 키우는 학교, 지역사회와 연계되는 학교, 배움과 활동을 지원하는 학교, 정서적 안정과 휴식의 공간을 갖춘 학교, 유비쿼터스 시대를 지원하는 환경을 갖춘 학교, 확대와 변형이 자유로운 개방된 학습 공간을 갖춘 학교, 개별화된 배움과 협력적 문제해결을 지원하는 구조를 갖춘 학교 등을 꼽을 수 있다.

경기 상상캠퍼스는 기존 공간을 개축하여 창조적 문화예술 공작소와 체험장을 만들었다. 전환의 시대를 맞이하는 청년 세대들이 문화적 실험을 통해 마을, 공동체, 지속가능성, 자율, 자립, 공생 등의 가치를 실험하고 확산하는 공간으로 주목받고 있다.

한국교육학술정보원의 보고서2011는 미래학교 체제에 관한 연구에서 학교 건축을 할 때 다음과 같은 환경과 가치를 지향하도록 제안한다. 미래학교의 구축 방향은 유비쿼터스 기반의 '스마트 학교Smart School', '글로벌·지역사회와 연계된 학교Connected School', 환경 친화적이고 에너지 감축을 고려한 '생태지향적 학교Eco-Friendly School', 학생들을 위험이나 재해에서 보호하는 '안전한 학교Safety School', 창의적이고 협력적인 학습활동을 지원하는 '즐거운 학교Fun School'이다.

가. 교수학습 활동 중심의 공간

획일적인 국가교육과정이 줄고 지역과 학교의 특성이 반영되면 소규모 그룹이나 개별 단위로 학습이 구성될 것이다. 학습 내용을 개별 혹은 협력학습을 통해 이해하고 체험할 수 있도록 개별 학습 공간, 소규모 협력학습 공간, 가상체험학습실, 디지털미디어 활용 제작실, 도구 자료 지원실 등 배움 중심의 주체적 활동 공간 수요가 더 늘게 된다. 학교는 개별화된 배움의 이력을 효율적으로 관리하고 지원할 수 있도록 학습 환경을 재구조화해야 한다.

나. 지역 네트워크 중심 교육 공간

미래의 교실은 학생들의 다양한 요구를 받아들여 외부 전문가와 네트워킹이 온·오프라인으로 활발하게 이루어지고, 교실 공간도 네트워크 학습을 지원하는 형식으로 바뀔 것이다. 학생, 교사, 학부모, 학교 행정가 등이 모두 상호작용하며 배우고 성장하는 삶의 공간인 만큼 직접적인 학습 공간 외에 친교와 휴게 공간, 식당이 함께 설계되고, 체

핀란드 학교의 다양한 공간: 2015(sotungin lukio) 대표적인 미래형 중고등학교. 열린 교육환경을 토대로 특히 IT classroom을 갖추었으며, 모든 학생에게 휴대용 컴퓨터와 태블릿이 제공된다. 해외 여러 나라와 상호 교육 프로그램을 공유하고 있다.

교내 다목적 공연실-연극, 공연, 합창

평생교육 현장으로 공유되는 공간

다채로운 설비의 도서관

칠판, 교탁 등 고정된 형식이 없는 교실

력단련실, 실내체육관, 공연장 등 규모 있는 시설은 지역과 공유하게 될 것이다. 많은 시설들이 지역사회와 공동 운영되며, 평생학습에 기여하게 될 것이다. 최첨단 기기 설치와 이를 관리 지원하는 외부 전문 운영사와의 협력이 긴밀해진다. 네트워크 중심, 개별화 교육과정의 확대와 함께 사용자 간 교류와 소통을 지원하는 생활 중심의 공간 배려가 필요하다.

다. 창의활동 중심 공간

창조적이고 혁신적인 활동을 통해 유연한 지식이나 새로운 산출물을 만들어내는 학습 공간, 창의적 프로젝트나 가상현실 체험 등을 할

수 있는 창작실이나 미디어 제작실, 야외 창작 공간도 필요하다. 창의
적 활동 공간을 위한 첨단 기술 지원, 고급 정보 검색 및 가공이 가능
한 웹 기반 시설과 3D프린터 같은 첨단 장비 지원은 물론, 수공업적인
방식으로 의도한 용품을 만들 수 있는 공방 형식의 공간 설비도 필요
할 것이다.

라. 자치활동과 커뮤니티 활동 공간

학생회의 정기적인 협의와 학생들이 주관하는 활동이 가능하도록 지
원할 공간이다. 비교과 활동의 증가, 동아리 학생들이 계획하고 표현하
고 활동할 수 있는 공용 공간, 소음이 유발되는 악기, 공구 등을 다루
는 학생들을 위한 흡음 독립형 공간, 수시 모임과 대화와 휴식을 위한
라운지 등의 개방형 공간, 공연과 율동 연습이 가능한 반개방형 내부
공간, 신체적 활동이 가능한 운동장과 체육관 활용의 극대화, 학교 밖
외부 시설의 활용과 본교 시설에 대한 외부 개방이 병행되어야 한다.

마. 노작을 통해 생태적 감수성이 커가는 공간

인공지능에 의한 사회변혁과 첨단공학이 정보 취득과 활용의 양극
화를 가져와 4차 산업시대 인간 소외는 가속화될 것이다. 생명의 탄
생과 성장, 수확의 과정에 참여하면서 성장과 경작의 기쁨을 체험하
는 공간으로서의 스쿨가든의 필요성이 대두된다. 학교는 친환경 식물
경작에 관심을 갖게 되고, 생태교육과정도 도입될 것이다. 학교 정원
과 학교 텃밭이 더욱 다양한 형태로 만들어지고, 초록의 생명들이 노
작활동을 통해 학교 공간 곳곳에서 학생들과 교감할 수 있을 것이다.
영국 속담에 "정원 없는 집에서 사는 것은 영혼 없는 집에서 사는 것

이다"라는 말이 있다. 나무는 새를 불러 모으고 꽃들은 벌과 나비 또 곤충들을 모이게 한다. 자연과 교감하는 학교 숲의 가치는 더욱 중요해질 것이다.

이미 앞서 지적하였듯이 학교의 규모, 지역의 특성, 학생, 교사의 요구가 반영되지 못한 학교는 학생과 교사의 '밀집 수용 공간'이다. '학생수용계획', '배치계획' 등의 용어가 그렇듯이 교육부, 교육청, 교육지원청은 여전히 학교 공간을 단위 면적당 학생을 집어넣는 것이라는 관점으로 본다. 학생들을 전인적 성장을 추구하는 생활인으로 보지 못하고 있다는 반증이다. 학교 공간이 생활 공간, 지적·정서적 성장과 문화예술적 감각을 체험할 수 있도록 재구조화되고 새롭게 디자인되어야 한다. 교육부는 미래 사회의 요구를 예측하고 이에 대비하는 학교 공간의 한국형 표준 모델을 연구하여 기준을 마련할 정점에 있다. 미래형 선도 학교를 설립하고 순차적으로 시범 운영하여야 한다. 교육청도 지역의 실정과 학생·교사들의 의견을 반영한 학교 설립과 증개축에 필요한 제도와 장치들을 만들어 지원해야 한다.

우리는 오랫동안 변화와 개선을 위하여 법과 규정의 신설이나 정비를 요구해왔다. 그러나 어느 시대건 제도적 정비는 늘 뒤떨어져왔고, 변화를 실행하지 못하는 이들은 이를 구실 삼아 움직이지 않았다. 단위학교 안에서는 학교 환경 재구조화를 위한 학생, 교사, 학부모가 참여하는 소위원회를 설치·운영하여야 한다. 그리고 작은 쉼터, 공간 꾸미기를 실행하며 그 가치와 의미를 공유한다면 학교 재구조화가 우리와 무관한 담론에 머물지 않게 될 것이다.

김경인(2014), 『공간이 아이를 바꾼다-긍정의 건축으로 다시 짓는 대한민국 교육』. 중앙북스.

김영주·최영식·양영희·박미연·이승곤(2016). 『다시, 혁신교육을 생각하다 1-혁신학교를 움직이는 다섯 가지 생각』. 창비교육.

크리스티안 리텔마이어. 송순재·권순주 옮김(2005). 『느낌이 있는 학교 건축』. 내일을여는책.

한국교육학술정보원(2011). 『미래학교 체제 도입을 위한 Future School 2030 모델 연구』. 연구보고 KR 2011-12.

학교회계제도를 통해 살펴본
교육자치와 학교 자율

고효선_서울특별시교육청 중등교육관, 전 북서울중학교 교장

'학교 자율'과 '교육자치'는 교육개혁 논의에서 빼놓을 수 없는 핵심 주제다. 특히 우리나라처럼 교육에 국가 주도성이 강하게 작용해온 경우 교육혁신으로 나아가기 위해 자율과 자치에 대한 절박함이 더욱 남다르다. 그러나 실제 교육현장에서 '자율'이라는 말은 유난히 좁은 의미로 쓰이고 있다. 교육 주체들이 직접 의사결정을 하고 집행과 평가를 주도하는 데까지 이르지 못하고, 국가교육과정, 중앙정부 주도의 교육정책, 예산 편성 지침 등의 촘촘한 규제 범위 안에서 매우 '제한된 자율'을 행사할 수 있을 뿐이다.

단위학교의 자율성을 높여야 교육개혁이 가능하다는 공감대는 이미 형성되어 있다. 교육현장에서 직접 교육을 하고 있는 사람들이야말로 학교교육에 관해 최선의 결정을 내릴 수 있으며 학교의 변화를 일으킬 수 있기 때문이다. 그러나 이런 당위성과 그간의 노력에도 불구하고 교육자치나 학교 자율화 수준은 여전히 미흡하다. 자율적인 교육 활동에 필요한 예산은 부족하고 그나마 주어지는 예산에도 일일이 꼬리표가 붙는다. 학교를 교육행정기관의 하부 기관으로 여겨 지시와 통제를 일삼는 관행 또한 여전하다.

새 정부 출범 직후 교육부는 학교가 '자율적인 교실혁명의 주체'로, 교육청이 '지역 맞춤형 교육정책의 수립자'로, 교육부가 '자율적인 학교혁신 활동의 지원자'로 변화되어 공교육 혁신을 이루겠다는 의지를 보였다. 교육자치와 학교 자율화는 단순히 권한을 배분하는 문제를 넘어서 학교를 정책의 대상이 아니라 주인으로, 행정기관은 상급 기관이 아니라 지원 기관으로 자리매김하겠다는 철학의 바탕에서 실현될 수 있다. 현실적으로 명실상부한 학교의 자율운영을 위해서는 학교 예산의 자율권 확대가 동반되어야 한다.

1. 지방교육자치와 지방교육재정 제도의 이해

교육 예산에는 교육에 대한 철학과 가치관, 교육정책을 실현하는 수단인 사업이 담겨 있다. 달리 말하면 교육 주체의 정책 의지와 정책 실현 약속을 수치로 표현한 것이 예산이다.

학교 예산을 이해하기 위해 먼저 교육 관련 재정의 구조를 알 필요가 있다. 우리나라는 교육 분야 예산이 정부 예산의 약 14~15%를 차지한다. 시·도교육청은 교육기관인 유치원, 초·중·고등학교와 교육행정기관인 교육청, 교육지원청 등을 설치·경영하고 있는데, 여기에 필요한 경비를 지방교육재정이라 하고, 이 재정을 관리하는 회계를 시·도교육비 특별회계라 한다. 유·초·중등교육은 자방자치단체(시·도교육청) 소관임에도 중앙정부가 비용 대부분을 배분해주는 것은 지역 간 교육 격차가 생기지 않게 하기 위해서다.

지방교육재정은 국가가 지원하는 예산인 중앙정부 이전수입(지방교육재정교부금)과 자치단체에서 지원하는 지방자치단체 전입금, 시·도교육청 자체 예산 등이 합쳐져서 편성된다. 지방자치단체는「지방교육재정교부금법」[1]에 따라 법정전입금과 비법정전입금[2]을 시·도교육청에 교육비특별회계로 전출한다.

국가가 지원하는 지방교육재정교부금은 전체 시·도교육청 재정 규모의 약 70%를 차지하며, 배분 목적에 따라 보통교부금[3]과 특별교부금[4]으로 나뉜다. 보통교부금은 시·도교육청의 인건비, 시설비, 학교·교육과정 운영 등에 쓰이며, 총액으로 교부되어 교육청이 자율 편성하는 재원이다. 특별교부금은 유·초·중등 교육 분야의 국가시책사업, 지역현안사업, 재해대책 및 복구와 같이 특별한 재정 수요에 쓰이는 예산이다.

---

1. 1971년 제정된「지방교육재정교부금법」은 지방자치단체(시·도교육청)가 학교 등 교육기관 및 교육행정기관을 관리·운영하는 데 필요한 재원을 지원하여 교육의 균형 있는 발전을 도모하기 위해 교부금 교부 기준 및 산정 등에 관한 사항을 정한 법이다. 이 법에는 시·도교육청의 주요 재원이 되는 교부금의 재원, 보통교부금과 특별교부금의 산정 등에 관한 사항과 지방자치단체의 부담이 되는 사항에 대해 법률로 규정하고 있다. 지방교육재정교부금은 내국세의 20.27%와 교육세 일부를 재원으로 하며, 보통교부금과 특별교부금으로 구성된다. 또한 시·도와 같은 지방자치단체에서 교육, 학예에 관한 지원을 위하여 지방교육세, 담배소비세의 일부, 시·도세의 일정비율 금액 등을 시·도교육청으로 전입해야 한다는 규정을 두어, 지방자치단체의 의무를 정하고 있다.
2. 법정전입금에는「지방세법」제151조에 따른 지방교육세에 해당하는 금액, 담배소비세액의 45%에 해당하는 금액(도 지역 제외), 시·도세 전입금(서울 10%, 광역시 및 경기도 5%, 그 밖의 도 및 특별자치도 3.6%),「학교용지확보 등에 관한 특례법」에 의한 학교용지일반회계 부담금 등이 있으며, 비법정전입금은 지방자치단체가 시·도교육청에 의무적으로 전출해야 하는 경비 외에 재량으로 전출하는 경비다.
3. 보통교부금은 국세인 내국세의 20.27%의 97%와 국세인 교육세 일부를 재원으로 하며, 2018년도 보통교부금 규모는 약 48조 원이다. 내국세는 소득세, 법인세, 부가가치세, 특별소비세, 증권거래세, 인지세 등이 해당한다. 2018년 이전에는 보통교부금이 내국세의 20.27%의 96%였으나 문재인 정부가 들어서며 시·도교육청의 재정 자율성을 높이기 위해 보통교부금 비율을 1%p 높여 교부하는 것으로 바뀌었다.
4. 특별교부금은 국세인 내국세의 20.27%의 3%를 재원으로 하며, 2018년도에는 약 1조 4,000억 원이 편성되었다.

지방교육재정 세입 재원 구조

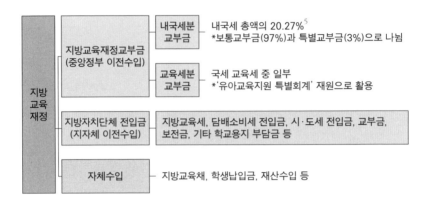

지방교육재정교부금 구조(2018년)

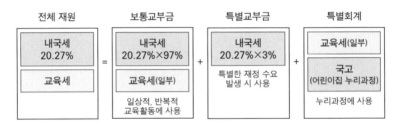

    교육부는 각 시·도교육청의 교육활동에 필요한 금액에서 자체 예상 수입액을 뺀 금액을 보통교부금으로 교부한다. 즉 모든 시·도교육청의 재정 여건이 서로 다르기 때문에 재정 수입이 열악한 지역에 부족한 재원을 보전해주는 것이 보통교부금이다. 교육재정의 불균형으로 인한 지역별 교육 격차를 완화하고 국가 차원에서 교육의 균형 있는 발전을 도모한다는 취지이다. 보통교부금은 지역별 학교 수·학생

---

5. 지방교육재정교부금의 교부 비율은 2010년에 20.27%로 정해졌으며, 그 이전에는 11.8%('01년 이전)→13.0%('01)→19.4%('05)→20.0%('08)로 점차 확대되었다.

수·학급 수 등을 고려하여 17개 시·도교육청에 나누어 교부되며, 교육청은 교부받은 보통교부금과 그 외 재원을 합친 총액 범위 내에서 자율적으로 예산을 편성한다. 보통교부금은 지방교육재정에서 가장 큰 비중을 차지한다.

특별교부금은 용도를 지정하여 교부한다는 점에서 특정목적재원의 성격을 띤다. 특별교부금은 일정한 산식을 적용해 규모를 산정하는 보통교부금과 달리 교육부가 상당한 재량권을 행사할 수 있는 재원이다. 특히 특별교부금 중 60%를 차지하는 국가시책사업은, 사업 수행은 시·도교육청이 하지만 계획 수립과 예산 배분이 중앙정부 주도로 이루어지므로 시·도교육청의 재정 자율권을 제한하는 요인이 된다. 이러한 작동 기제는 시·도교육청에서 학교로 교부하는 정책사업비(목적사업비)에도 그대로 적용되며, 학교의 자율성을 훼손하는 주요 요인 중 하나다.

지방교육재정의 3분의 2를 차지하는 중앙정부 이전수입(지방교육재정교부금)의 재원은 국세와 지방세 등이므로 세입 규모가 경기 변화의 영향을 크게 받는다는 것을 알 수 있다. 우리나라의 지방교육재정은 자체 재원 조달 기능이 없어 중앙정부와 지방자치단체의 이전재정에 의존하는 구조다. 지방교육재정은 의존수입이 전체 예산의 85%(지방교육채를 포함하면 약 96%) 이상 차지하고 있어 세입분권이 매우 낮고, 교육자치단체의 중요한 지출 의사결정이 중앙정부의 통제를 받고 있으므로 세출분권 또한 낮다. 시·도교육청의 이러한 재정 여건은 결국 단위학교 재정에 영향을 주며 매년 재정 규모를 예측하기 어렵게 한다. 또 교육비특별회계에서 성질별 세출을 보면, 지출 비중이 가장 높은 것은 교원과 행정직원 등의 인건비로 60% 정도를 차지하고, 교육청에서 학교로 주는 전출금의 비중은 교육특별회계의 20%를 약간 넘는 정도다.

최근 3년간 교육비특별회계 세입 항목

항목 구분	2016년	2015년	2014년
세입 결산액(금액)	66조 1,000억 원	62조 4,000억 원	60조 5,000억 원
중앙정부 이전수입	66.3%	64.3%	67.7%
지방자치단체 이전수입	18.0%	17.6%	16.9%
자체수입	2.2%	2.3%	2.5%
지방교육채, 기타 등	13.5%	15.8%	12.9%
세입 결산액	100%	100%	100%

출처: 지방교육재정알리미

최근 3년간 교육비특별회계 항목별 세출 결산액

항목 구분	2016년	2015년	2014년
세출 결산액(금액)	60조 원	56조 6,000억 원	56조 8,000억 원
인건비	60.5%	62.2%	58.3%
물건비	3.4%	3.4%	3.5%
전출금 등[6]	20.0%	20.6%	21.6%
기타	16.0%	13.6%	16.5%
세출 결산액	100%	100%	100%

출처: 지방교육재정알리미

---

6. 전출금 등: 각급 학교의 기본운영비 및 목적사업비 등 학교회계로 전출하는 재원.

2. 학교자율운영을 위한 제도적 장치, 학교회계제도

학교회계제도란

교육재정을 최종 소비하는 곳은 학교이므로 단위학교에서 재정을 어떻게 운영하느냐에 따라 교육의 성과는 크게 달라질 수밖에 없다. 단위학교 예산제도School-based Budgeting인 학교회계제도는 재정에 대한 의사결정 권한을 단위학교에 위임하여 자율적으로 운영하게 함으로써 교육의 질과 효율성을 높이려는 취지에서 2001년에 도입되었다. 이전에는 교육청이 일상경비, 도급경비 등으로 복잡하게 분리해서 주던 경비를 한데 묶어 한꺼번에 총액으로 보내면, 학교에서는 구성원들로부터 예산 요구를 받아 학교운영위원회의 심의를 거쳐 자체 실정에 맞게 예산을 편성하고 집행하는 제도다. 그동안 여러 가지 경비로 관리되던 학교 재정이 하나의 회계로 통합됨에 따라 관리가 쉬워졌으며, 재정 운용 효율성을 높였다. 아울러 회계연도를 학년도와 일치[7]시켜 교육활동을 효과적으로 지원할 수 있게 되었고, 예산·결산을 모두 공개하게 하여 재정 운용의 투명성도 높였다.

- **예산 편성** 정해진 세입 예산으로 어떤 사업에 얼마의 돈을 사용할지 계획을 세우는 것. 교사·학생·학부모의 의견을 듣고 학교운영위원회의 심의를 거쳐야 함.
- **예산 집행** 예산 배정이라는 계획을 통해 필요한 시기에 필요한 사

---

7. 교육청의 교육비특별회계의 회계연도는 1월 1일~12월 31일까지이다. 학교회계가 도입되면서 학교는 학년도에 맞춰 학교회계의 회계연도를 3월 1일~다음 해 2월 28(29)일까지로 정하였다.

업에 적정한 돈을 지출하는 것.

- **결산** 3월부터 다음 해 2월까지 집행한 예산을 숫자로 정리한 것. 학교운영위원회의 심의를 받음.

학교회계의 설치는 「초·중등교육법」과 공립학교회계 규칙에 규정되어 있는데, 학교마다 회계를 설치하여 학교 재정 운영의 자율성을 보장하도록 법률이 정한 것은 단위학교 중심의 학교 경영을 보장한다는 의미를 담고 있다.

학교회계 재원 운용의 특징

전국의 11,000개가 넘는 학교에 설치된 학교회계는 법률적으로 교육청의 교육비특별회계와 분리되어 있다. 학교회계를 교육비특별회계와 분리하여 교육청의 간섭을 받지 않고 학교가 자율적으로 재정 운용을 할 수 있도록 한 것이다. 학교회계는 교육청이나 지방자치단체에서 지원해주는 돈과 학생들의 수익자부담경비 등으로 학교운영위원회의 심의·의결을 거쳐 예산을 편성·집행한다. 학교에서는 이 예산으로 3월부터 다음 해 2월 말까지 1년 동안 사업을 집행하고 그 결과를 정리해서 결산 자료를 만든다. 결산 또한 예산과 마찬가지로 학교운영위원회 심의를 거쳐 최종 확정한다.

2015년 공립학교회계의 재원별 세입 현황을 살펴보면 이전수입 65.3%, 학부모 부담 및 자체수입 30.3%, 기타 수입 4.4%로 되어 있다. 이전수입의 대부분은 시·도교육청에서 전입되는 교육비특별회계 이전수입이며, 그다음으로는 기초자치단체에서 이전되는 교육경비보조금의 비중이 높다. 자체수입은 대부분 수익자부담수입과 고등학교의 학

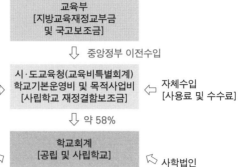

학교의 재정 구조

교육부
[지방교육재정교부금
및 국고보조금]

⬇ 중앙정부 이전수입

지자체 이전수입
지방자치단체(광역, 기초)
[법정전입금 및 비법정전입금] ⇨ 시·도교육청(교육비특별회계)
학교기본운영비 및 목적사업비
[사립학교 재정결함보조금] ⇦ 자체수입
[사용료 및 수수료]

⬇ 약 58%

약 30%
학부모부담수입
[등록금/수익자부담경비] ⇨ 학교회계
[공립 및 사립학교] ↖ 사학법인
[법정부담금/이전수입]

자체수입
[사용료 및 수수료 등] ↗ 약 7%
기초자치단체
[교육경비보조금]

교 운영지원비를 합친 학부모부담수입으로 되어 있다. 일반적으로 사립학교는 재단에서 전입되는 재원이 많다고 생각하나 통계에서 드러나듯 공립학교와 마찬가지로 교육청에서 이전되는 수입이 대부분을 차지하며, 학교법인에서 이전되는 수입은 1.5%[8]에 불과하다.

학교회계에서 세출은 인적자원 운용, 학생복지/교육 격차 해소, 기본적 교육활동 등 8개 정책사업으로 분류된다. 2015년도 사업별 세출 현황을 살펴보면 학생복지/교육 격차 해소 사업이 42.3%로 가장 비중이 높으며, 기본적 교육활동 경비 비율은 14%에 채 못 미친다. 시·도교육청에서 교직원 인건비 및 대규모 시설사업비를 집행하기 때문에 인적자원 운용과 학교 시설 확충 경비의 비중은 낮다.

---

8. '학교(공립·사립학교) 재원별 세입 결산 현황 개요' 표에서는 사학법인의 이전수입을 기타 이전수입 비율 2.98%에 포함시켜 표시했으며, 이 중 절반가량인 1.5%가 학교법인으로부터의 이전수입이다.

학교(공립·사립학교) 재원별 세입 결산 현황 개요

단위: 백만 원, %

구분			공립		사립		합계	
			결산액	구성비	결산액	구성비	결산액	구성비
이전수입		중앙정부 이전수입	25,606	0.16	6,334	0.06	31,940	0.12
		지방자치단체 이전수입	1,075,940	6.73	161,743	1.56	1,237,683	4.70
		교육비특별회계 이전수입	9,124,191	57.11	6,368,291	61.57	15,492,482	58.86
		기타 이전수입	205,629	1.29	308,520	2.98	514,149	1.95
		소계	10,431,366	65.29	6,844,888	66.17	17,276,254	65.64
자체수입	학부모부담수입	등록금	271,747	1.70	1,490,195	14.41	1,761,942	6.69
		수익자부담수입	4,411,335	27.61	1,659,820	16.05	6,071,155	23.07
	행정활동 수입		158,272	0.99	69,996	0.68	228,268	0.87
	소계		4,841,354	30.30	3,220,011	31.13	8,061,365	30.63
기타	전년도 이월금		704,168	4.41	279,076	2.70	983,244	3.74
전체			15,976,888	100.00	10,343,975	100.00	26,320,863	100.00

출처: 한국교육개발원(2016), 2016 공립학교회계분석 종합보고서, 2016 사립학교교비회계분석 종합보고서

공립학교 초·중·고 학교회계 세출 결산 현황

단위: 백만 원, %

정책사업별	2014년		2015년	
	결산액	구성비	결산액	구성비
인적자원 운용	421,010	2.7	489,715	3.2
학생복지/교육 격차 해소	6,644,099	43.0	6,460,633	42.3
기본적 교육활동(교과활동 및 창의적 체험활동)	2,138,815	13.9	2,086,606	13.7
선택적 교육활동(방과후학교 운영 및 그 외)	2,448,746	15.9	2,383,586	15.6
교육활동 지원	1,335,475	8.7	1,384,591	9.1
학교 일반 운영	2,069,252	13.4	2,084,373	13.7
학교 시설 확충	352,820	2.3	353,102	2.3
학교 재무활동	28,580	0.2	26,536	0.2
전체	15,438,797	100.00	15,269,142	100.00

출처: 한국교육개발원(2016), 2016 공립학교회계분석 종합보고서

단위학교 학교회계의 세입과 세출을 자세히 살펴보면 몇 가지 특징을 발견할 수 있다. 첫째, 목적사업비가 학교 예산의 2/5에 이를 정도로 높다. 학교회계 재원은 학교가 자율적으로 편성·운영할 수 있는 학교기본운영비와, 사용 목적과 용도가 지정되어 전입되는 목적사업비로 되어 있다. 목적사업비는 재원을 주는 교육청이나 지자체가 정해준 지침에 따라 예산을 편성해야 하며, 집행 후에는 개별 목적사업비별로 정산하고 잔액은 반납하게 되어 있다. 최근 10년간 통계상에는 학교기본운영비가 목적사업비보다 증가폭이 더 크게 나타나 학교 재정 운영 자율성이 확대된 것처럼 보인다. 하지만 이는 수치상의 증가에 불과하다. 교육부의 시·도교육청 평가지표에 학교기본운영비 전출 비율이 반영되면서 기존 목적사업비를 학교 운영비에 통합시켜 교부하는 사례가 늘어났기 때문이다.

둘째, 학부모부담경비 규모가 크다. 학부모부담경비는 등록금과 각종 수익자부담경비를 합친 것을 말한다. 학교교육에 학부모 부담액이 감소하는 추세이긴 하지만 의무교육기관인 초등학교와 중학교조차 정규교육과정 운영에 드는 학부모 부담액 규모가 여전히 크다. 2016년 공립학교 학부모 부담 비율은 초등학교 18.9%, 중학교 16.9%로 나타나 있다.한국교육개발원, 2016 학생 체험활동이 늘고 학교가 교복 구입을 주관하게 되면서 체험활동비·교복 구입비 등 수익자 부담이 증가하고 있다.

셋째, 기본적 교육활동비 비중이 낮다. 정규교육과정 운영에 쓰이는 기본적 교육활동비 투자가 학교 재정 규모에 비하여 매우 적으며, 기본적 교육활동에 소요되는 비용에도 학부모부담경비가 포함되어 있다. 2012년 이후 복지 투자가 확대되면서 기본적 교육활동비 비율은 더욱 감소하는 추세다. 통계를 보면 2015년 기본적 교육활동비 규모는 학교회계 세출 결산액의 14.9%인데, 이 중에서 수익자부담경비를 제외하면 12.2%에 불과하다.

넷째, 학생복지/교육 격차 해소 부문의 규모가 매우 크다. 이 부문의 투자는 점점 확대되어 2015년 공립학교 세출 결산에서 42.3%를 차지한다. 학생복지 및 교육 격차 해소를 위해 소요되는 이 정책사업에는 학교교육과 직접적인 연관이 낮은 항목들도 포함되어 있다.

3. 학교 재정 운영의 자율성을 확보하려면

단위학교 재정 운영의 자율성이란 외부의 통제를 받지 않고 학교 실정에 맞게 스스로 교육계획을 세우고, 그 계획을 추진하는 데 소요되는 교육재정을 자율적으로 운영한다는 의미이다. 그리고 자율운영의 결과로 교육활동의 성과를 높인다는 목적까지 포함하는 것이다. 교육은 공공재이므로 교육재정의 효율적이고 공평한 배분이 가장 우선하는 것은 두말할 필요가 없지만, 그 과정에서 학교의 자율성을 위축시키지 않도록 주의를 기울여야 한다.

학교 구성원이 예산의 주인이 되어야 자율성을 지킬 수 있다

학교회계제도는 학교장, 행정실장뿐 아니라 교사들이 적극 참여할 때 제대로 작동할 수 있다. 교사의 능동적인 참여가 없으면 학교에 주어진 예산의 자율권이 결국 학교장 권한으로 되돌아가고 만다. 교육 주체의 합의에 의해 학교교육계획을 정했다 하더라도 예산이 제대로 편성되어야 그 계획은 실현이 가능해진다. 단위학교의 1년 교육 설계도인 '학교교육계획'은 교사가 중심이 되고 학생과 학부모의 의견을 반영하여 세운다. 그런데 정작 교사가 예산 요구에 소극적이거나 예산 편성에 참여하지 않으면 학교의 교육철학을 구현해낼 방도가 없다. 교육계획과 예산의 일치도 이루어내기 어렵고, 계획과 예산이 일치하지 않을 때 계획은 일개 문서에 불과할 뿐이다. 학교회계제도 도입으로 학교 구성원의 재정 운영 참여 기회가 확대되었어도 실제 참여가 낮은 것은 제도의 취지를 이해하지 못하거나, 실무적인 어려움으로 회계 처리를 두려워하기 때문이다. 그 외에도, '돈'을 다루는 일은 교사의 고유 업무가 아니라는 생각, 학생과 학부모의 관심과 참여 부족, 교사의 업무량 증가 등 다양한 이유가 있을 것이다.

목적사업비 규모가 클수록
학교의 자율성은 낮아지고 교육 격차는 벌어진다

단위학교 재정 운영의 자율성은 학교가 자율적으로 편성할 수 있는 재원의 규모로 측정할 수 있다. 학교의 재정 규모는 계속 늘고 있지만 이것이 곧바로 학교 재정 자율성으로 이어지지 못하고 있다. 2014년의 예를 보면, 교육청에서 학교에 주는 교육비특별회계 이전수입 중에서 총액으로 교부하여 자율 편성이 가능한 학교기본운영비 비율은 29.8%이다. 학교회계 세입 전체를 기준으로 하면 자체적으로 예산 수립이 가능한 재원은 그보다 더 낮아진다. 여기서 인건비, 공공요금 등의 경직성 경비를 제하면 단위학교 자율로 사용할 수 있는 재원은 더욱 줄어든다. 이에 비해 교육비특별회계 이전수입 중 '목적사업비'의 비율은 대략 34%이고, 여기에 수익자부담과 학교발전기금전입금 등을 더한 '목적사업비성 경비' 비율은 무려 62%에 이른다. 목적사업비가 많을수록 학교의 가용 재원이 줄기 때문에 작년에 편성된 예산을 그대로 복사해서 써도 지장이 없을 정도로 학교 재량으로 편성할 여지가 줄어든다. 또 성립 전 예산 편성, 추가경정예산 편성, 정산과 반납 등 부수적인 업무 처리에 행정력이 낭비되고 교사의 업무도 증가된다. 목적사업비가 많으면 학교 재정 불균형과 빈익빈부익부 현상도 생긴다. 학교기본운영비는 학생 수·학급 수 등을 반영한 재정 배분 공식에 따라 비교적 공평하게 배분되지만, 목적사업비는 사업 목적에 따라 선별적으로 지원하기 때문에 학교별 예산 규모의 차이를 발생시키고 이로 인해 학교 간 교육 격차가 생길 수 있다. 게다가 학기 중간에 수시로 교부되는 목적성 경비 때문에 학교교육계획을 수정해야 하거나 이미 편성된 학교 예산과 중복되어 불용액이 되기도 한다. 목적사업비를 주는 교육청과 지자체 간 소통이 부족한 경우 중복 지원이 되기도 한다.

이런 상황은 학교 재정 운영의 자율성을 확보한다는 학교회계 도입 취지에 크게 어긋난다. 단위학교에서 목적사업비가 감소되지 않는 원인 중 하나는 학교기본운영비에 교육청 시책을 실행하기 위한 목적사업비를 포함시켜 교부하기 때문이다. 기본운영비에 목적사업비가 상당히 숨어 있기 때문에 학교는 더욱 재량권이 줄어든다. 그러나 교육청은 목적사업비를 줄이면 시책 효과가 줄고 학교를 관리하기 어려워진다는 우려 때문에 학교로 권한을 넘겨주는 데 인색하다.

학교와 교육청의 재정 영역 구분이 명확해야
학교회계제도의 취지가 지켜진다
시·도교육청 평가 기준에 단위학교 전출금 규모가 반영되면서 교육청에서 하던 많은 사업 예산이 학교로 교부되었다. 교육청에서 예산을 집행하는 것이 더 효율적인 사업까지 학교운영비에 포함시켜 단위학교로 보내는 일이 많아졌다. 학교 입장에서는 예산은 늘었으나 교육청에서 정한 사업을 학교가 대신하게 되면서 업무 부담만 늘게 되었다. 예를 들면 노후 PC 교체나 모든 학교가 공통으로 사용하는 소프트웨어 등은 교육청에서 일괄 구입하여 배분하면 비용 절감 효과를 거둘 수 있음에도 학교운영비에 포함시켜 전출하는 사례 등이다. 교육감 직고용으로 전환된 학교회계직의 인건비를 학교에서 집행하고, 복지사업도 폭넓게 학교로 들어와 있다. 단위학교에서 처리하는 것이 적합한 업무와 시·도교육청이나 지자체에서 처리하는 것이 더 적절한 업무를 분리하여 학교의 업무 부담을 덜고 자율권을 확대하는 데 새로운 고민이 필요하다.

학교회계 재정 운영의 효과성·계획성·투명성은 항상 점검해야 한다

단위학교 재정제도인 학교회계제도는, 재정에 관한 권한을 교육청이 학교로 이양하면 학교는 재원을 가장 효과적으로 지출할 수 있다는 전제에서 출발한 제도다. 학교의 직접적 이해 당사자들의 참여로 재원 지출 효과를 높이고 그 결과 교육의 성과를 끌어올릴 수 있다는 전제이다. 그러나 직접적 이해 당사자들이 예산에 대해 전문성이 없거나 전문성이 있더라도 참여하지 않으면 재정 운영 효과는 떨어질 수밖에 없다.

또한 정규교육과정에 사용되는 기본적 교육활동비가 적은데 그마저도 4분기에 집중적으로 집행되는 경우가 많고 불용·이월률도 높다는 것은 계획성 측면에서 개선이 필요하다는 것을 보여준다. 학교교육계획이 제대로 추진되려면 계획 단계부터 예산을 고려해야 한다. 그런데 학교에서는 예산 편성이 훨씬 먼저 이루어진다. 예산 수립 기준이 되는 학교교육계획은 보통 신학년도 3월에 완성되는데 학교 예산은 방학 전 12월 말이나 1월에 이미 편성된다. 이런 사정 때문에 새로운 시도를 피하고 전년도를 답습하여 예산을 편성하는 경우가 많다.

재정 운영에는 투명성이 매우 중요하다. 학교가 재정 정보를 적극 공개하고 접근성을 높여 교사와 학부모의 참여 기회를 늘리면 투명성과 책무성이 높아질 것이다. 학교는 예·결산 내역 등 회계에 관한 사항을 인터넷 홈페이지와 학교알리미 사이트에 연 1회 이상 공개해야 한다. 이것은 법률로 정해져 잘 지켜지고 있으나 실질적인 공개 효과를 높이려면 일반인도 예·결산서를 이해할 수 있도록 쉬운 해설 자료를 같이 제공하는 방안이 필요하다.

학교회계 예·결산에 대한 평가와 환류는 자율성과 책무성을 높인다

학교 예산을 제대로 사용하고 있는가에 대한 점검과 평가는 필수이다. 최근 수년 사이 교육청이 주도하던 학교평가를 학교자체평가로 전환하는 교육청이 늘고 있는데, 이 자체평가에 재정평가가 반드시 포함되어야 한다. 이와 함께 시·도교육청에서 매년 발표하는 학교회계 재정분석 보고서를 학교 예산 편성에 환류하면 학교 예산을 합리적으로 운영하는 데 참고가 될 것이다.

4. 학교혁명을 위한
학교회계제도의 개선과 새로운 상상

교사와 학부모·학생이 주체가 되어 학교 예산 편성하기

학교 예산은 교육철학과 방향을 구현하는 매우 중요한 수단이다. 학교회계라는 독립적인 단위학교회계를 설치하여 교육 주체들의 예산 편성 참여를 제도화함으로써 자율성과 투명성 면에서 분명 상당한 진전을 이루었다. 그러나 학교 구성원들이 스스로 참여하려는 의지는 아직 부족해 보인다. 교사는 수업에만 머무는 것이 아니라 학교교육 설계자 역할까지 해야 한다. 최상의 교육을 할 수 있는 여건을 만들고 교육활동에 충분한 지원을 하려면 적절한 예산이 수반되어야 한다. 따라서 교사들은 학교 예산에 관심과 전문성을 가지고 개입해야 한다. 학교 자율을 넘어 학교자치로 나아가는 과정의 하나로 학교 재정 운영의 자율성을 꼽는다면, 예산 사업에 가장 중심적인 역할을 해야 하는 주체가 바로 교사다.

한편 학교장은 교사와 학부모, 학생들에게 학교 운영 및 재정 정보를 공유하고 이해를 높이기 위해 노력해야 하며, 학교 구성원이 예산 편성에 참여하여 역할을 할 수 있도록 독려할 의무가 있다. 또 법률로 정해진 학교운영위원회의 예·결산 심의나 예결산소위원회가 형식적으로 운영되지 않도록 최선을 다해야 한다.

교육청은 1급 정교사 자격연수나 직무연수에 학교 예산에 관한 내용을 포함하여 예산에 대한 교사들의 이해를 높이고 관심을 촉구해야 한다. 교사들은 학교회계제도가 복잡하고 어렵다고 생각한다. 예산 집행 우선순위에 대한 담당자 간 견해차, 행정 절차에 대한 이해 부족, 복잡한 문서처리 때문에 학교회계제도를 불편하게 여기기도 한다. 교사와 학부모, 학교운영위원들에게 예산 편성 및 결산 심의에 전문성을 가지고 책임 있는 자세로 임할 수 있도록 연수와 홍보를 강화하고, 이와 함께 학교회계제도 운영의 행정 절차를 더욱 간소하게 개선해야 한다.

교육청 정책사업과 목적사업비 과감하게 축소하기

학교의 자율과 자치를 지원한다는 명목으로 교육청이 일련의 사업을 기획하고 학교에 시행을 촉구한다면 이는 전형적인 관료주의적 관행이다. 자율이라는 용어로 포장하되 정작 구성원들이 자율성을 발휘할 기회를 박탈하는 꼴이다. 진정으로 학교에 자율과 자치를 확대하려면 첫째, 교육부부터 시·도교육청이 자율적으로 재정 운영을 할 수 있도록 특별교부금을 축소하고 보통교부금을 확대해야 한다. 2018년부터 보통교부금 비율을 내국세분 교부금의 97%로 기존보다 1%p 높였는데, 시·도교육청이 편성 재량권을 갖는 보통교부금의 비율을 높인 것은 의미가 있지만 최소 98% 이상으로 더 확대할 필요가 있다. 이와 함께 보통교부금 교부 기준을 간소화하여 교육청의 자율성을 저해하는 요인도 없애야 한다. 또 2018년부터 특별교부금 비율을 4%에서 3%로 축소하였으나 앞으로 2% 이하로 더욱 축소하고, 여기에 더해 특별교부금의 60%로 배정되는 국가시책 특별교부금의 비율을 대폭 줄여 교육청과 학교에 부담이 되는 국가시책사업을 최소화해야 한다.

둘째, 시·도교육청은 시책사업을 운영하는 목적사업비를 줄이고 학교기본운영비를 적어도 표준교육비 수준으로 확대 배분해야 한다. 학교기본운영비를 확대하는 것은 학교교육활동을 정상 운영하고 학교회계 도입 취지를 살리는 일이다. 교육청은 예산을 주는 입장에서 집행 지침을 통해 세세하게 관리해야 재원이 목적에 맞게 효율적으로 사용되리라 여기지만, 학교를 신뢰하지 않고 관리 감독하는 습관과 사업비를 확보하고 있으려는 사업 욕심을 버려야 한다.

셋째, 목적사업비 교부 시기를 앞당기고 배분의 공평성과 집행의 유연성을 확보해야 한다. 목적사업비는 예산이 성립된 후 회계연도 운영 중에 교부되는 경우가 많아 예산 운영에 어려움이 있다. 3월 이후 수시로 예산을 교부하던 것을 1월까지 사업예산 배정을 완료하도록 개선해 학교에서 미리 새 학년도 계획을 세울 수 있도록 해야 한다. 또 특정 학교에 목적사업비가 집중되지 않도록 단위학교 간 목적사업비 배분의 공평성을 높이고, 다양한 상황과 변수가 존재하는 학교 실정을 고려해 유연하게 집행할 수 있도록 사용 내역의 지나친 제한을 완화해야 한다.

아래에서 위로: 학교가 설계하고 요구하는 예산 항목 설치하기

예산의 '총액 배분'과 '자율 편성'은 예산을 사용하는 기관의 전문성과 현장 경험을 최대한 살리고 자율성을 부여하기 위한 원칙이다. 이 원칙으로 재원 배분의 효율성과 예산 사용의 자율성이 높아졌다. 그런데 문제는 총액 배분하는 학교기본운영비의 규모가 매우 작고, 게다가 경상경비가 큰 부분을 차지하고 있다는 점이다. 그러다 보니 학교가 재량껏 편성할 수 있는 재원은 더 줄어들고 새로운 교육활동을 시도하기가 어려워 학교 재정 운영의 자율이 위축된 상황이다. 이 문제의 궁극적 해결 방법은 학교기본운영비를 늘리는 것이다. 이와 병행하여 '아래에서 위로', 즉 학교가 요구하고 교육청이 배분하는 예산 항목 설치를 고려해볼 수 있다. 다시 말하면, 현재와 같이 학교기본운영비는 교육청에서 자체 배분 기준으로 교부하되, 교육청 목적사업비를 대폭 줄이고 그 재원의 일부로 단위학교에서 계획한 사업에 예산을 지원하는 새로운 예산 교부 방식을 도입하자는 것이다. 단위학교가 교육활동을 기획하고 소요 예산을 신청하면 교육청이 심의·배분하는 일종의 '학교참여예산'이라 할 수 있으며, 이것은 목적사업과 달리 교육청의 집행지침이 아니라 학교가 세운 계획에 따라 집행할 수 있도록 해야 한다. 학교별 여건이 천차만별이므로 학교 구성원들이 가장 필요하다고 판단하는 부분에 예산을 지원하는 것은 학교의 자율을 높이는 데 긍정적으로 작용할 것이다. 단, 이 방안이 학교별 경쟁을 유발하는 수단으로 쓰이거나 예산 배분의 공평성을 저해할 수 있다는 점도 경계해야 한다.

아울러 학교기본운영비 교부계획도 교육청에서 일방적으로 시기와 금액을 정하는 것이 아니라 거꾸로 학교에서 교부계획을 세워 요청하는 방식도 생각해볼 필요가 있다. 이렇게 되면 필요한 시기에 적정하게 교부할 수 있어 학교의 수요에 맞출 수 있고, 순세계잉여금도 줄일 수 있을 것이다.

또 하나의 방안으로 '목적사업 선택제' 도입을 고려할 수 있다. 목적사업 축소와 더불어, 교육청 사업부서가 일방적으로 사업을 정하고 예산을 배분하는 방식에서 벗어나 단위학교가 필요한 사업을 계획하고 신청할 수 있는 선택형 사업을 확대하는 것이다. 일부 교육청이 이미 이와 유사한 '공모사업 선택제', '공모사업 자율운영제' 등을 실시하고 있다. 교육부도 특별교부금을 축소하면서 일부 국가시책사업에 대해 교육청과 학교에서 세부 사업계획을 세워 공모 신청할 수 있도록 전환하는 것이 바람직하다고 본다.

공교육비에 숨어 있는 학부모 부담 줄이기

수익자부담경비란 학교운영위원회의 심의를 거쳐 학부모가 부담하는 경비이다. 현행 학교회계제도에서는 예산총계주의 원칙에 따라 수익자부담경비를 학교 예산의 세입·세출로 관리하고 있다. 수익자부담경비는 다른 예산과 달리 각 사업별로 별도로 관리하고 사업 종료 후 10일 이내에 정산하여 남은 돈은 납부자에게 반납하도록 되어 있다.

그런데 학교별 수익자부담경비 규모[9] 차이가 크고 이로 인해 교육격차가 발생하고 있다. 예를 들면 같은 서울 내에서도 학생 1인당 단위학교 간 방과후학교교육비와 학생수련활동비, 현장학습비에서 많게는 수십만 원의 격차가 생긴다고 한다. 결국 학부모의 경제적 능력에 따라 학교교육에서조차 교육의 질 차이가 생긴다는 뜻이다. 특히 교육과정과 직접 관련이 있는 학생수련활동비와 현장체험학습비의 학교 간 격차가 크다는 것은 심각한 문제다. 정부는 최소한 의무교육 기간 동안에는 정규교육과정 관련 경비는 수익자 부담이 아닌 학교 재정에서 부담하도록 교육 투자를 늘려야 한다.

수익자부담경비의 성격에 따라 학교회계 외에서 별도 관리하는 방안도 고민해볼 만하다. 현재는 교육과정과 직접 연관이 없고 학부모

---

9. 학교회계에서 수익자부담경비(학부모부담경비)
　지방교육재정알리미의 학교별 자료에 따르면, 2016학년도 서울 중학교의 경우 학교회계에서 학부모부담수입이 차지하는 비율은 학교마다 다르지만 대략 25~35% 정도이다. 그러나 이 중 무상급식 지원금, 방과후학교 저소득층 지원, 수련·소규모테마교육여행 저소득층 지원 등이 학부모부담수입으로 잡히기 때문에 실제 학부모가 부담하는 경비는 위 비율의 대략 절반 이하이다.

와 업체 간 대리집행 성격의 경비도 학교회계에 포함되어 있어 학교 재정 규모가 실제보다 부풀려 보이는 착시효과가 생긴다. 학자에 따라 업체와 학부모 간의 일시적인 대리집행 성격이 강한 위탁급식비, 앨범비, 교복비 등의 경비는 별도 회계로 관리해야 한다고 제안하기도 한다. 의무교육조차 수익자부담경비에 의존하는 것은 분명 짚고 넘어가야 할 문제인데도 수익자부담경비가 학교회계로 통합되면서 겉으로 잘 드러나지 않아 문제가 희석되는 면이 있다. 수익자부담경비는 의무교육 내실화와 교육 격차 해소의 취지에 맞게 개선이 시급하다.

교육청과 학교의 역할을 명료하게 구분하기

학교회계 직원은 교육청에서 전담하여 인력을 채용하고 관리하는 방안을 고려해야 한다. 지금은 학교회계직에 대한 사용자가 학교장에서 교육감으로 전환되었고 총액인건비에 학교회계직이 반영되어 있다. 따라서 학교 자체 인력 운용이 필요한 직종을 제외한 학교회계 직원은 교육청에서 전담하여 인력을 채용하고 관리하는 것이 타당하다. 학교회계 직원의 직군이 다양해지고 각종 수당과 처우개선비 등의 지급 기준도 매번 바뀌는 등 단위학교의 인건비 관련 업무가 갈수록 증가하고 있다. 사실 학교는 이런 행정 절차를 처리하기에 전문성이 부족할뿐더러 이로 인한 급여 담당자의 부담이 대단히 크다. 이것을 교육청에서 일괄 처리하면 학교의 행정업무도 줄지만, 각종 수당과 처우개선비를 여러 차례 학교로 전출하는 일과 정산 업무가 줄어들기 때문에 교육청 전체 차원에서 보면 업무 경감 효과도 있을 것이다. 최근 조리종사원 등 일부 교육공무직에 대한 인건비 부담 주체를 학교에서 교육청으로 전환하는 교육청이 늘고 있다.

복지사업 운영 방법도 재검토해볼 필요가 있다. 교육문제라는 것의 상당 부분은 사회·경제적인 문제에 근원이 있는 것이다. 복지 부분도 그렇다. 교육 격차를 해소하기 위해 저소득층 학생들에게 다양한 지원을 하는 것은 당연하고 바람직한 일이지만, 많은 부분을 학교를 통해 처리해야 하는지는 의문이다. 학교에 돌봄 기능을 계속 확대하는 문제나, 지자체나 교육지원청이 할 수 있는 복지 지원 업무가 학교로 들어오는 문제, 학교 주관 교복공동구매와 같이 민생문제를 학교를 통로로 삼아 풀려는 안이한 관행에 대해서는 진지하게 고민해보아야 한다.

그리고 일괄 구매하면 효율성과 예산 절감 효과가 있는 사업은 교육청이 되가져가는 것이 맞다. 예를 들면 서울교육청은 2016년부터 학교에서 많이 쓰는 컴퓨터 소프트웨어 라이선스 계약을 일괄적으로 했다. 그동안 1,200여 개 학교에서 따로 계약하던 것을 일괄 발주하여 예산을 절감하고 학교의 업무도 많이 줄어들었다.

학교자체평가 기준에 학교 재정 운영 평가를 포함하여 책무성 높이기

최근 대다수 교육청이 법률에 명시된 '학교평가'를 학교자체평가 방식으로 전환하는 추세다. 학교 구성원들이 자율성과 책무성을 가지고 평가 주체로서 학교교육 전반을 점검하고 반성하는 실천적 교육활동으로서의 의미가 있기 때문이다.

학교평가 영역과 내용은 학교교육계획 수립, 교육활동 수행, 교육 성과 관리, 만족도 조사 등을 모두 포함한다. 따라서 평가지표를 통해 학교의 모든 교육활동이 얼마나 효과적으로 기능하고 있는지, 문제점과 개선점은 무엇인지 파악하는 데 도움이 되어야 한다. 그런데 여기에 학교 재정에 관한 평가지표는 거의 포함되어 있지 않다. 학교가 재량권을 가지고 스스로 평가할 수 있도록 제도가 만들어졌고 그 제도의 목적이 학교의 자율성을 높이는 데 있다면, 학교 재정 운영의 자율성과 책무성에 대한 평가 기준이 반드시 포함되어야 한다. 예산 편성 과정에 구성원이 얼마나 참여했으며 의견이 얼마나 반영되었는지, 학교장은 예산 관련 정보를 적극 공개·공유하고 구성원의 참여 확대를 위해 노력했는지, 예산은 적기에 집행되었는지, 학교교육계획과 예산 편성의 정합성이 높은지, 직접 교육에 투입된 재원의 비율은 어느 정도인지 등이 평가지표로 들어가야 한다. 학교자체평가를 준비하고 진행하는 과정에서 교사들이 수업과 학생생활교육뿐 아니라 재정·교육시설·환경 등 학교 경영 전반을 아우르는 종합적인 안목을 키우는 성장의 기회가 되고 학교의 재정 책무성을 높이는 계기가 되어야 할 것이다.

| 참고 문헌

공은배·김지하·이선호·우명숙(2010).『학교재정의 생산성 제고 방안 연구』. 한
국교육개발원 연구보고서.

공은배·송기창·우명숙·천세영·한유경(2006).『교육재정 운영상황 종합 진단 연
구』. 한국교육개발원 정책연구.

김병주(2016).『학생 수 감소에 따른 교육환경 변화와 교육재정 운용 방향』.

김지하 외(2016).『교육환경변화에 따른 지방교육재정제도 재구축 방안 연구』. 한
국교육개발원 연구보고서.

김현철(2016).『학교회계 목적사업비 배분 실태 및 개선 방안』. 한국교육개발원
이슈페이퍼.

서울특별시교육청(2016).『2016 지방교육재정 분석 보고서(2014, 2015회계연도
서울특별시교육비특별회계 운영결과)』. 서울특별시교육청 자료.

서울특별시교육청(2017).『2017년도 서울특별시 공립학교 학교회계 재정 분석
보고서(2016회계연도 기준)』. 서울특별시교육청 자료.

서울특별시교육청(2017).『2017학년도 학교자체평가 기본계획』. 서울시교육청
자료.

서울특별시교육청(2017).『2018년도 예산안』. 서울특별시교육청 자료.

유솔아 외(2012).『학교교육 개선을 위한 학교자체평가 실행 방향 탐색』. 한국교
육개발원.

이광현(2016).『학생 수 중심의 지방교육재정 교부방식 개선 방향 및 과제』. 지방
교육재정연구센터.

임성일(2016).『지방교육재정의 책임성 강화와 지방자치단체 간 협력적 재정관계
구축』. 한국교육개발원.

KERIS(2017).『국가재정과 지방교육재정의 관계 분석』. 지방교육재정알리미 테마
별 분석·설명 자료.

KERIS(2017).『학교 재정구조 및 재정운용 현황 분석』. 지방교육재정알리미 테마
별 분석·설명 자료.

마을과 함께하는 교육

이희숙_서울은빛초등학교 교장

우리나라의 학교교육은 대량의 인적자원을 길러내어 공급하는 역할을 수행하면서 국가 발전에 기여해온 측면이 있으나, 삶과 분리된 지식 중심의 교육과 대학 입시에 매몰된 경쟁교육의 심화로 학생들은 장시간 학습노동에 시달리고, 학부모들도 자녀의 미래에 대한 불안감을 해소하기 위해 사교육에 의존하는 악순환이 계속되고 있다.

장시간의 학습 노동과 경쟁에 내몰린 아이들은 상급 학년으로 올라갈수록 자아효능감이 낮아지고, 좌절감과 무기력감에 빠져 성적 비관으로 인한 자살, 학교폭력 증가 등 여러 문제를 양산하고 있다.

이러한 교육문제를 해결하고 학생들이 미래 사회를 살아가는 데 필요한 역량을 효과적으로 기르기 위해서는 학교교육의 획기적 전환이 필요하다. 오랫동안 이어져온 교과서와 교실에 갇힌 정형화되고 경직된 교육과정 운영에서 탈피하여 학교 밖으로 학습의 장을 넓혀 학생들에게 다양한 경험과 생산적 학습을 제공해야 한다. 그런 의미에서 학교와 마을의 연계는 미룰 수 없는 과제가 되고 있다.

최근 미래 사회에 대한 다양한 진단과 예측은 장차 아이들이 자신들이 마주하게 될 문제를 슬기롭게 극복하고 주체적 삶을 살 수 있도록 하기 위해 교육이 어떤 역할을 해야 하는지 과제를 안겨주고 있다.

이 글에서는 마을과 함께하는 교육이 왜 필요한지, 마을과 함께 하는 교육을 활성화시키기 위한 방안이 무엇인지에 대해 기술해보고자 한다.

1. '마을과 함께하는 교육', 왜 필요한가?

삶과 배움이 일치하는 교육

과거에는 어릴 때부터 대가족과 마을이라는 공동체 속에서 다양한 경험과 관계 맺기를 통해 자연스럽게 삶의 지혜와 기술을 배우며 성장해왔다. 그런데 산업사회의 등장과 함께 학교가 세워지면서 가정과 마을에서 일상적으로 이루어지던 배움과 돌봄의 기능이 학교에 고스란히 전가되었다.

대량의 산업 인력을 길러내기 위해 학교교육이 획일화되고 표준화되면서 아이들 개개인의 삶을 보살피고 성장을 돕는 역할이 점차 축소되고 있는 상황이다.

학교교육이 지식 중심의 교육에서 벗어나 아이들의 삶을 가꾸는 교육으로 바뀌려면 아이들의 삶의 공간인 마을이 교육 공간으로 재조명되어야 하며 마을의 인적·물적 자원 및 콘텐츠가 학교 교육에 적극 활용되어야 한다. 아이들이 학습과정에서 마을의 문제를 자신의 문제로 인식하고 해결해나가는 과정을 경험함으로써 다양한 도전과 난관을 스스로 해결할 수 있는 능동적 주체로 성장할 수 있다.

'한 아이를 키우는 데 온 마을이 필요하다'는 아프리카 격언에서 알 수 있듯이 아이들의 온전한 성장과 발달을 실현하기 위해서는 학교와 마을이 아이들을 함께 키우고, 마을이 아이들의 배움터가 되어야 한다.

최근 서울시교육청의 서울형혁신교육지구 사업[1], 마을결합형 학교, 학교협동조합 정책 추진과 서울시의 마을과 학교 상생 프로젝트[2], 마을공동체 사업 등을 통해 민관학 거버넌스가 구축되고, 개별적으로 흩어져 있던 지역의 인적·물적 교육 자원이 체계적으로 조직화되면서 학교와 마을을 이어주는 마을교육생태계가 활발하게 형성되고 있다. 서울뿐만 아니라 전국의 교육청과 지자체에서도 마을교육생태계를 구축하기 위한 다양한 정책이 추진되고 있어 앞으로 학교와 마을의 협력이 더욱 가속화될 전망이다.

학교와 마을의 만남이 단기적이거나 시혜적인 일회성 만남이 아니라 일상성과 지속성을 유지하는 마을교육공동체로 연결되고 마을공동체 안에서 포괄적이고 미래지향적인 활동이 이루어진다면 삶과 배움이 일치하는 교육이 더욱 빠르게 실현될 것이다.

마을공동체 복원과 아이들의 마을살이 실현

무한 경쟁으로 인한 인간성 파괴와 점점 피폐해지고 각박해지는 현대사회의 삶에 대한 대안으로 전국 곳곳에서 마을공동체 복원을 위

---

1. 서울형혁신교육지구 정책은 교육청, 서울시, 자치구, 지역주민이 참여하여 지역사회와 학교가 협력하는 새로운 교육 모델을 만들기 위해 서울시와 서울시교육청이 지정하고 지원하는 사업으로서 2013년과 2014년 구로구와 금천구에서 독자적으로 시작하였으며 2015년부터는 서울시와 서울시교육청의 협력사업으로 전환되어 2018년 현재 서울의 25개 자치구 중 22개 자치구가 지정·운영되고 있다.
2. 마을과 학교 상생 프로젝트는 서울시 마을공동체 종합지원센터가 마을 만들기의 핵심 사업으로 주민 모임과 교사들이 함께 마을학교를 운영하도록 지원한 사업으로 2015년 6개 마을, 2016년 9개 마을이 지정되어 3년간 운영되었으며 2017년도에 마무리되었다.

한 사업이 활발히 펼쳐지고 있다. 서울에서도 4년 전부터 마을공동체 만들기 사업이 시작되어 많은 지역에서 주민 모임과 주민 네트워크가 활성화되고 있다. 마을공동체를 지원하기 위해 서울시와 자치구마다 마을공동체 사업 담당 부서가 신설되었고, 자치구별로 마을 민주주의를 표방하며 생활 자치를 구현해나가고 있다. 이런 노력 덕분에 서울 곳곳에서 마을공동체가 복원되고 주민들의 마을살이가 되살아나고 있다.

마을공동체 복원은 미래 사회에 도래할 불평등 문제와 환경문제 등 여러 사회적 문제를 함께 해결하고 이웃과 더불어 행복한 삶을 유지하며 지속가능한 사회를 만들기 위한 시대적 요구이자 아이들의 마을살이를 위한 터전으로서 의미가 있다.

요즘 아이들은 학교에서 수업을 마친 후에도 방과후학교 또는 사설 학원을 전전하다가 늦은 시간에 귀가하는 학습 과잉의 일상을 살아가고 있다. 아이들의 하루 동선이 주로 집과 학교, 학원으로 단순하게 이루어지다 보니 마을살이를 경험할 기회가 거의 없다. 아이들의 마을살이 부재는 자신의 삶의 터전인 마을에 대한 몰이해와 무관심을 가중시키고 있다.

아이들이 마을의 공동체적 가치와 문화를 경험하고 마을 사람들과의 상호작용과 공감을 통해 민주시민으로 성장하기 위해서는 학교교육만으로는 한계가 많다.

마을살이를 통해 자신이 살고 있는 마을에 어떤 사람이 살아가고 있고, 어떤 공간들이 있으며, 어떤 일들이 일어나고 있는지 알 수 있는 기회를 갖게 된다면 아이들은 마을을 더욱 가깝게 여기며 마을공동체에 대한 자긍심을 갖게 되고, 성인이 되어서도 마을공동체의 일원으로서 마을을 위해 의미 있는 역할을 하는 선순환이 이루어질 수 있다.

학교와 마을의 상생적 역할 분담

우리나라 교사들은 오랫동안 각종 공문서 처리와 잡무에 시간과 에너지를 빼앗겨 교사 본연의 업무인 수업에 집중할 수 없는 처지에 놓여 있다.

학교 공간 사용의 수월성과 사교육 경감 목적으로 도입된 방과후학교와 돌봄 업무, 교육 불평등을 해소하기 위해 학교에 부과되는 복지 예산 등은 교사의 업무 부담을 가중시키는 주요 요인이 되고 있다. 교사들이 수업 외에 많은 업무를 감당해야 하는 상황에서 교과서 중심의 지식교육에서 탈피하여 삶과 연계된 마을교육과정 운영을 기대하기는 매우 어렵다.

교사가 담당하고 있는 교육복지 관련 업무, 방과후학교 업무, 돌봄 업무를 점진적으로 마을로 이관해서 마을교육공동체와 접목해나간다면, 학교는 삶과 연계된 질 높은 정규수업과 생활지도에 집중하고 마을은 아이들의 방과후의 삶을 담당하는 상생적 역할 분담이 가능해진다. 학교와 마을의 상생적 역할 분담을 통해 아이들의 배움과 돌봄이 더욱 내실 있게 이루어질 수 있을 것이다.

교육 불평등 해소

과거에는 어려운 환경에서도 열심히 노력하면 성공할 수 있는 기회가 많아 '개천에서 용 난다'는 말이 통용되었지만 갈수록 교육 불평등이 심화되어 교육의 계층 이동의 사다리 기능이 거의 사라지고 있다.

미래 사회에는 지금보다 소득 불평등이 더욱 심화될 것으로 예상되어 교육 불평등을 해소하기 위한 대책의 필요성이 높아지고 있다.

학교가 한 아이도 포기하지 않는 책임 교육에 매진한다 해도 다양한 가정 배경을 가진 아이들의 교육 불평등을 해소하는 데는 한계가 많으므로 교육불평등 해소가 효과적으로 이루어지기 위해서는 학교와 마을의 협력을 통한 마을교육공동체 활성화가 필요하다. 학교와 마을의 협력이 더욱 강화되어야 하는 이유이기도 하다.

맞벌이 가정의 어린 자녀들을 위한 돌봄실 운영, 생활이 어려운 아이들을 위한 지역아동센터 운영, 배움이 느린 학생을 위한 학습 지원, 특수교육 대상 학생을 위한 지원 등 교육복지 정책이 다양하게 추진되고 있지만 대상 인원이 한정되어 충분한 돌봄과 복지가 이루어지기에는 역부족이다. 게다가 아이들의 돌봄을 담당하는 기관끼리 정보 공유와 협력이 체계화되지 못해 지원이 효율적으로 이루어지지 못하고 있다.

한 아이도 소외되거나 배제되지 않고 모든 아이들에 대한 전면적인 돌봄이 이루어지려면 가정·학교·마을이 유기적으로 연결되어야 한다. 특히 아이들이 삶의 터전인 마을에서 건강하게 성장할 수 있도록 마을을 중심으로 한 돌봄 기능을 강화해나가는 노력이 필요하다.

2. '마을과 함께하는 교육' 활성화 방안

교사·학생·학부모 자치 강화

학교와 마을 연계가 활발하게 이루어지기 위해서는 학교교육의 3주체인 교사·학생·학부모가 학교 안에서 주체적 위상과 역할을 갖고 서로 소통하고 협력하면서 자치공동체를 형성해야 한다. 주체 간의 소통과 협력이 제대로 이루어지지 않는 경직되고 폐쇄적인 학교문화는 마을과의 소통을 어렵게 한다. 학교 안에서 교육에 대한 활발한 토론과 자율성이 부여될 때 교사들의 자발성이 살아나고 교사들의 관심과 에너지가 학교 담장을 넘어 마을로까지 이어지게 된다. 실제로 마을과 함께하는 교육이 잘 이루어지는 학교의 공통점은 학교 내 구성원 간 의사소통이 원활하게 이루어지고 교육활동의 계획과 실행에 대한 자율성이 충분히 보장되어 있음을 알 수 있다.

교사의 자율성 못지않게 학생과 학부모의 자치도 강화되어야 한다.

지금까지 대부분의 학교에서는 학생들의 의견 수렴 과정 없이 교사들이 일방적으로 만든 학칙, 생활규정, 상벌제 등 각종 규정을 학생들에게 지키도록 강요하는 문화가 고착화되어왔다. 학생들은 믿는 만큼 성장할 수 있으므로, 학생들에게 스스로 규정을 만들게 하거나 학생회 활동을 주체적으로 할 수 있도록 기회를 부여하면 기대 이상으로 의미있는 활동을 계획하고 실행하는 저력을 보여준다. 실제로 혁신학교에서 몇 개월간의 토론을 거쳐 학생들 스스로 생활협약을 만들거나, 학생회 활동과 예산을 주체적으로 계획을 세워 실천하는 등 학생들의 바람직한 자치활동 사례가 많이 만들어지고 있다. 학생들이 주체적으로 활동을 계획하고 실천하는 과정이야말로 훌륭한 민주시민교육이 아닐 수 없다. 학생들의 자치 역량이 높아지면 학생들의 활동이 학교 밖 마을로 확장되어 마을에 대한 관심과 참여가 높아질 것이다.

학부모는 학교교육의 주체임과 동시에 마을 주민이라는 이중적 존재이기 때문에 학교와 마을을 이어주는 매개체 역할로 가장 적합하다. 그러나 학부모는 학교의 필요에 의해 각종 행사에 동원되는 등 소극적 참여에 머물러왔다. 최근에야 교육청별로 학부모회 지원조례 제정, 학부모회 예산 및 공간 지원 등을 통해 학부모회의 위상과 역할이 높아져 학부모회 활동이 그 어느 때보다도 활발해지고 있다. 학부모 자치가 잘 실현되면 학교 내에서의 활동을 넘어 학교 밖 마을교육생태계 활성화에 많은 도움이 될 것이다.

학교운영위원회 지역위원의 역할 제고

학교운영위원회는 교원위원, 학부모위원, 지역위원으로 구성되는데 그중 지역위원은 학교 규모에 따라 2명 내외로 구성된다. 학교운영위원회 구성에 지역위원이 포함된 이유는 학교교육과 지역과의 연계를 높이기 위함인데, 실제 지역위원의 대다수가 지역과의 연관성이 거의 없어 지역위원으로서의 차별화된 역할을 기대하기 어렵다. 학교와 마을의 협력을 강화하고 마을교육생태계를 활성화하기 위해 지역위원의 역할을 새롭게 정립할 필요가 있다.

학교운영위원회 지역위원은 교육적 마인드와 경험이 풍부하고 마을교육공동체 활동에 관심과 참여도가 높은 마을 주민 중에서 선출하여 학교와 마을 사이에 가교 역할을 맡는다면 마을과 함께하는 교육에 많은 도움이 될 것이다.

학교운영위원회 산하에 지역위원과 마을 협력 담당 교사, 학부모 등이 함께하는 마을협력 소위원회를 두어 학교와 마을 연계 컨트롤타워 역할을 수행하는 방안도 생각해볼 수 있다.

마을 협력 담당 교사 배치

최근 각 시도교육청마다 혁신교육지구사업이나 마을결합형 학교 등의 업무를 담당하는 부서가 만들어지고 있으나, 학교는 아직 마을 협력 업무를 전담하는 교사가 따로 없어서 마을 연계에 대한 추진이나 관심도가 떨어질 수밖에 없다. 또한 대부분의 교사들이 학교에서 멀리 떨어진 곳에서 출퇴근하는 경우가 많아 교사들의 마을에 대한 이해와 정보가 부족한 상황이다.

사정이 이렇다 보니 교사 개개인이 교육활동에 필요한 마을 자원을 일일이 찾아보거나 발굴하는 데 어려움이 크다. 이런 어려움을 지원하기 위해서 학교 내에 마을협력부나 대외협력부 등의 명칭으로 업무 부서를 만들고 교사 중 마을 활동 참여 경험이 풍부하거나 마을에 거주하는 교사를 마을 협력부 담당 교사로 배치하면, 학교와 마을 협력이 좀 더 내실 있게 이루어질 수 있다. 마을 협력 담당 교사는 학교가 속해 있는 마을 자원에 대한 정보를 교사들과 공유하고, 학교 인근에서 교육적으로 활용 가능한 자원을 발굴하여 학교교육활동과 연계하는 역할을 수행한다. 또한 지역 내 주민 모임이나 마을공동체 관련 단체와의 네트워킹을 통해 학교와 마을의 관계망을 강화한다. 마을 협력 담당 교사는 본인이 희망하면 거주 지역 내의 학교에서 장기간 근무할 수 있도록 한다.

학교 공간의 개방 또는 공유

마을공동체 활성화와 지속성을 유지하는데 공간은 매우 중요한 요소이다. 지자체에서도 마을공동체 활성화를 위해 공간 지원에 고심하고 있지만, 대도시의 경우 공공 건물 부족과 높은 공간 임대료 때문에 공간 지원이 매우 제한적으로 이루어지고 있다. 최근 지자체별로 아파트 건립이나 도시 재생 사업을 추진할 때 주민 커뮤니티 공간을 만들거나 지역 내 공공 건물 중 유휴 공간을 파악하여 주민 모임 장소로 제공하는 등 주민 커뮤니티 공간 마련을 위해 노력하고 있다.

공간 부족의 어려움을 겪는 지역 주민들에게 방과후에 비어 있는 학교 공간은 매우 매력적인 공간으로 여겨져 학교 공간 개방에 대한 요구가 더욱 높다. 그러나 공동화되고 있는 구도심의 소수 학교를 제외하고는 대부분의 학교가 이미 방과후학교나 돌봄교실 운영으로 유휴 공간이 거의 없고, 오히려 정규 교육활동에 필요한 공간 확보도 충분치 않은 상황이어서 학교 공간 개방에 대해 학교와 마을의 입장 차가 크다.

앞으로 학교와 마을의 협력이 증대할수록 학교 공간 개방에 대한 요구도 높아질 전망이므로 학교와 마을 모두 교육적으로 상생할 수 있는 방안이 마련되어야 한다. 예를 들면 지자체가 지역 내의 유휴 교실을 발굴해서 목공실 등 학생과 마을 주민들이 함께 활용할 수 있는 공간으로 리모델링한 다음, 주간에는 학생들의 정규 교육활동에 활용하고 방과후에는 학부모나 마을 주민에게 개방하면 학교와 마을 모두에게 도움이 될 수 있다. 공간 개방 시 화재 등 안전 사고가 발생했을 때 학교장의 법적 책임 문제 해소, 방과후 공간 운영에 따른 관리비용 지원 등 학교 공간 개방에 따른 학교의 부담을 최소화해야 학교의 협력을 이끌어낼 수 있다.

향후 신설되는 학교는 학교와 마을의 공간 공유가 편리하게 이루어질 수 있도록 설계 단계에서부터 공간 구성에 대한 새로운 상상이 필요하다.

교사의 마을 이해하기

대부분의 교사들은 거주지가 근무 학교와 멀리 떨어져 있어 학교가 속해 있는 마을에 대한 이해가 부족한 편이다. 교사들의 마을에 대한 무관심과 몰이해는 마을 연계 교육활동을 어렵게 하고 있다.

마을과 함께하는 교육이 잘 구현되기 위해서는 교사들의 마을에 대한 이해가 우선되어야 한다. 마을 탐방 연수는 교사들이 마을을 이해하는 데 매우 효과적인 방법이 될 수 있다. 마을 탐방을 통해 마을

서울 동구여중 교사 마을 탐방 사례 타임테이블

1팀 성북동 (갤러리, 공방, 출판, 역사) /씽굿, 곰살구, 성아들 [가이드: 신○○]	2팀 미아동 (청소년, 문화, 공연) /리엠, 하마귀, 제이크 [가이드: 이○]	3팀 정릉동 (시장, 예술, 청소년, 창작소) /노디, 옷장 [가이드: 김○○]
11:20~12:20 점심	11:20~12:30 점심	11:30~12:45 정릉시장 입구 만남 (신시장 사업단 소개)
12:30~2:30 성.아.들 투어-최순우 옛집 (전시, 해설)	12:30~1:20 감성달빛(제이크 활동 소개, 1분 그림 그리기 워크숍)	12:00~1:00 점심
2:40~3:40 시각예술네트워크 공간들 /스페이스캔(전시) /아틀리에 무지개, 마미공방, 17717 /오뉴월 이○○(전시, 작가) /오디너리 북샵	1:30~2:20 청소년문화공유센터 ('청소년 문화의 생산과 공유' 소개)	1:00~1:20 K2 인터내셔널
	2:30~3:00 미아리고개예술극장 ('지역 공유 공간의 운영 모델' 소개/성북진경 공연 준비 중)	1:30~1:50 적정기술놀이터, 청소년 휴카페
	3:10~3:40 미아리고가 하부 공간 ('유휴 공간과 지역 재생' 소개, 송○○ 큐레이터 /'고가마켓' 참관)	2:00~2:30 행복한정릉창작소(김○○)
		2:50~3:20 아리랑시네센터, 성북문화재단
4:00 학교 도착 1~3팀 '공유의 시간'		

출처: 2016 서울교육연수원 마을결합형학교 원격연수

의 다양한 공간을 직접 눈으로 관찰하고, 마을의 유래, 역사를 이해하고 다양한 마을공동체와 조우하는 좋은 기회가 될 것이다. 마을 탐방 일정과 안내를 마을에 대해 잘 알고 있는 마을활동가의 도움을 받아 실시하면 탐방의 효과성을 높일 수 있다.

교사가 마을을 깊이 있게 파악하고 이해하기 위해서는 마을 탐방만으로는 부족하므로 평소 시간을 내어 마을 주민 모임과의 교류, 마을 행사 참석 등을 통해 마을 사람들과 교감을 넓히는 등 마을의 삶 속에 들어가 다양한 관계망을 형성하도록 한다.

학교와 마을의 협력은 기능적이고 도구적인 것을 넘어서야 한다. 교사가 마을을 교육적으로 재해석하고 재구성하는 주체로서 자리 잡으려면 마을에 대한 관심과 이해의 폭을 꾸준히 넓혀가야 한다.

마을 자원 발굴 및 활용

마을 연계 교육과정을 풍부히 하기 위해서는 마을의 다양한 인적·물적 자원에 대한 정보를 잘 파악해서 교육활동에 접목시켜야 한다. 최근 마을 연계 교육활동의 필요성이 강조되고, 중학교 자유학기제의 체험활동과 진로교육 활성화로 마을 자원에 대한 관심이 높아지고 있다.

마을 자원에 대한 관심이 높아짐에 따라 교육청과 지자체가 함께 마을 자원을 발굴해서 마을 자원 목록을 만들거나 마을 지도를 제작하는 사례가 늘고 있다. 학교나 교사가 독자적으로 마을 자원을 파악하기가 쉽지 않기 때문에 교육청이나 지자체에서 제공하는 마을 자원 목록은 마을교육과정을 운영하는 데 매우 유용하다.

교육청의 마을 자원 안내 자료 외에도 학교 차원에서 학교 주변 마

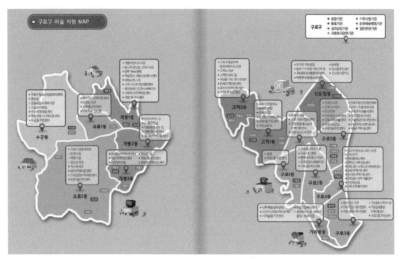

구로구 마을 자원 MAP[3]

을 자원을 면밀히 파악, 활용해 앎과 삶이 일치하는 교육을 실현해나
가도록 한다.

마을 연계 교육과정 만들기

우리나라는 전국의 모든 지역 모든 교실에서 국정 또는 검인정 교과
서로 표준화된 수업이 이루어지고 있다. 현재 공식적으로 사용되는 교
과서 중 지역화 교과서는 초등학교 4학년 사회과 교과서가 유일하다.

표준화된 교과서에 의존하여 수업이 이루어지다 보니 아이들의 삶
과 앎이 분리된 지식 중심 교육의 틀을 벗어나지 못하고 있다.

삶과 앎이 일치하는 교육을 위해서는 지역의 특수성과 다양성, 역

---

3. 서울시교육청은 혁신교육지구 사업의 일환으로 자치구별 마을 자원 목록을 만들어 서울시교육청
홈페이지에 탑재해서 누구나 검색해서 활용할 수 있도록 하고 있다. 탑재된 마을 자원 목록 중 구
로구 자원 목록 MAP을 예로 들었다.

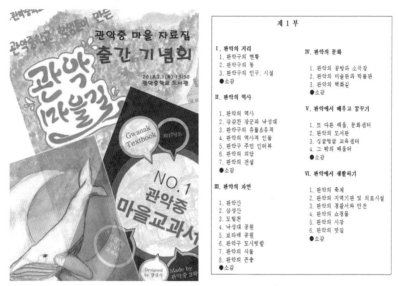

제 1 부

Ⅰ. 관악의 지리
1. 관악구의 현황
2. 관악구의 동
3. 관악구의 인구, 시설
● 소감

Ⅱ. 관악의 역사
1. 관악의 역사
2. 강감찬 장군과 낙성대
3. 관악구의 유물&유적
4. 관악의 역사적 인물
5. 관악구 주민 인터뷰
6. 관악의 퀴즈
7. 관악의 전설
● 소감

Ⅲ. 관악의 자연
1. 관악산
2. 삼성산
3. 도림천
4. 낙성대 공원
5. 보라매 공원
6. 관악구 도시텃밭
7. 관악의 식물
8. 관악의 곤충
● 소감

Ⅳ. 관악의 문화
1. 관악의 공방과 소극장
2. 관악의 미술관과 박물관
3. 관악의 벽화길
● 소감

Ⅴ. 관악에서 배우고 꿈꾸기
1. 또 다른 배움, 문화센터
2. 관악의 도서관
3. 실골벵굴 교육센터
4. 그 밖의 배움터
● 소감

Ⅵ. 관악에서 생활하기
1. 관악의 축제
2. 관악의 지역기관 및 의료시설
3. 관악의 경찰서와 안전
4. 관악의 쇼핑몰
5. 관악의 시장
6. 관악의 맛집
● 소감

서울 관악중학교 마을교과서 목록[4]

사성이 반영된 마을 연계 교육과정을 만들어가야 한다. 학교교육활동에 일상성을 최대한 끌어들이고 아이들 스스로 문제를 해결하면서 성장할 수 있도록 돕는 교육적 관점이 필요하다. 가정과 학교가 자리 잡은 지리적·사회적 조건으로서의 마을이 학교교육과정과 연계되어 아이들의 체험과 관찰, 탐구활동 등 유의미한 교육적 경험의 장이 될 때 학교와 마을의 일상적 관계 맺기와 화학적 결합이 가능해진다.

마을 연계 교육과정은 지역사회의 인적·문화적·환경적·역사적 인

---

4. 서울시 구로구에 위치하고 있는 관악중학교의 국어과 구본희, 황정희 선생님과 사회과 박래광, 서미라, 강효순 선생님이 함께 마을 교과서 만들기 프로젝트를 계획하여 3학년 전체 아이들과 마을교과서를 만들었다. 이 외에도 국어와 미술 시간을 이용하여 마을길 만들기 프로젝트 수업, 체육 시간을 이용한 동네 조깅길 만들기 프로젝트 등 마을 연계 교육과정을 통해 다양한 마을 교과서를 제작하여 지난 2월 관악중 도서관에서 '관악중 마을 자료집 출간 기념회'를 열었다. 마을 연계 교육과정을 통해 아이들은 자신이 사는 마을에 대해 새롭게 생각하고 마을공동체에 대한 관심과 소속감을 갖게 될 것이다.

프라를 적극적으로 활용해 이루어지는 마을을 통한 교육, 자신이 살아가는 마을과 지역에 대해 배움으로써 마을공동체 일원으로서 자긍심과 자존감을 높여주는 마을에 관한 교육, 마을공동체의 지속가능한 발전을 위한 역할을 고민하는 마을을 위한 교육이 실현되는 과정이다.

마을 연계 교육과정이 구현되기 위해서는 교사의 인식 전환과 함께 교육과정 재구성에 필요한 마을 자원 인프라 구축, 마을 자원 정보 자료 제공 등 지원이 병행되어야 한다.

처음부터 마을 연계 교육과정을 재구성하기란 쉽지 않다. 우선 교과 영역 중 마을과 직접적인 관련이 있는 단원이나 주제나, 마을 자원을 활용할 수 있는 창의적 체험활동, 마을과 함께하는 축제 등의 영역부터 시도하고 차츰 교육과정 재구성을 통한 마을교육과정으로 진전시켜나간다.

이런 경험들이 쌓이면 교과서 내용에 얽매이지 않고 배움과 삶이 일치하는 마을교육과정을 만들어갈 수 있을 것이다.

마을연계 교육과정을 운영할 때 마을살이 경험이 풍부한 학부모의 지원을 받으면 교육적 효과를 높일 수 있을 뿐만 아니라 학부모의 역할을 바람직하게 정립해가는 기회가 될 수 있다.

[서울원당초 학부모와 함께하는 마을 탐방 수업 사례]

학부모와 협력하여 마을 탐방 수업을 만들다

9월 28일 서울원당초등학교 3학년 학생들이 사회수업의 일환으로 마을 탐방을 다녀왔다. 이 현장체험학습이 여타 다른 수업하고 달랐던 점은 교실을 벗어나 마을을 교육의 장소로 삼은 것뿐 아니라 그 과정에서 학부모와 교사가 협력하여 만든 수업이라는 데 있다.

서울원당초등학교는 학부모회 내 분과 모임과 동아리 모임이 활발하게 진행되고 있는데, 올해는 마을교육과 관련한 동아리가 생겨 마을 수업에 도움을 주고 있다. 9월초 교사와 학부모가 같이 3학년 사회 교과서와 관악백과사전 등 마을 관련 책자를 가지고 마을 탐방의 주제와 코스를 정했다.

첫 번째 코스는 시장길로 인헌시장부터 샤로수길까지 코스로 전통시장과 몇 년 전까지 시장이었으나 빠르게 변화하고 있는 샤로수길을 비교해볼 수 있었다. 탐방길 중에 오래된 가게를 철거하는 모습을 보았는데, 오래된 가게가 사라진 자리에는 예쁜 인테리어로 장식한 독특한 가게들이 들어서고 있었다.

두 번째 코스는 역사길로 강감찬 장군의 생가터부터 낙성대 공원 안국사까지 코스로 강감찬 장군의 생애와 업적을 생각해보는 코스로 기획하였다.

세 번째 코스는 예술길로 미당 서정주 생가부터 백제 요지를 거쳐 구벨기에대사관인 시립미술관까지 탐방하였다. 한강변의 유일한 백제 토기 요지는 원래 모습을 찾기 힘들고 텃밭으로 사용되고 있었다. 백제요지 옆에 70년 된 가옥이 한 채 있는데 백제요지에 묶여 우물, 부엌 등 옛 모습을 그대로 간직하고 있었다. 학부모들이 답사하는 과정에서 주인 할머니의 허락을 받아 마을 탐방 때는 3학년 친구들이 집에 들어가 예전의 집과 현재 자신들이 사는 집의 모습을 비교하는 살아 있는 교육 체험을 할 수 있었다.

이러한 코스를 만들기 위해 교사와 학부모가 각각 한 차례 답사를 다녀온 후 워크북 초안에 수정할 부분과 추가할 부분을 넣었다. 또 탐방 코스당 놀이터 한두 곳을 넣어 어린이 놀이터에 대해 주제가 무엇인지 찾아도 보고, 아쉬운 점이나 좋은 점도 생각해보며 내가 꿈꾸는 놀이터를 스케치하는 활동을 넣었다.

또한 마을길을 좀 더 주의깊게 살펴보기 위해 조각지도를 만들어 어린이들이 직접 길을 찾아가도록 활동을 구성하였다. 이를 위해 교사와 학부모들이 3코스의 주강사와 보조강사를 나누어 맡은 후 각자 맡은 코스로 2차 답사를 나가 사진을 찍고 조각지도를 완성하였다.

학생들은 교실을 떠나 지도를 유심히 살펴보며 길을 찾는 활동을 매우 즐거워하였으며, 미술 사진 단원과도 통합하여 마음에 드는 곳이 나타나면 미술적 요소가 잘 드러나도록 사진도 찍었다. 시장길 미션에서는 인헌시장에서 파는 물건들이 어느 지역이나 나라에서 왔는지도 알아보고, 내가 가고 싶은 가게와 그 이유도 선정하였다. 또한 샤로수길에 어울리는 나만의 가게도 만들어보았다. 역사길에서는 강감찬 생가터와 안국사를 둘러보고 생각이나 느낌을 적고, 강감찬 전시관에서 전시물을 보고 간단한 활동을 하였다. 또 배영환 씨가 설치미술의 일환으로 만든 낙성대 공원의 작은 도서관을 보며 미술적인 요소를 찾아보고 내가 만드는 어린이 도서관을 상상해보았다. 예술길에서는 서정주 시인의 시에서 마음에 드는 부분을 찾아보고, 생가에서 서정주 할아버지가 쓰던 물건들을 살펴보았다. 또한 앞에서 말한 것과 같이 백제요지를 살펴보고 그 옆의 주택을 둘러보고 마지막으로 구벨기에대사관을 들른 후 마을 탐방을 마무리지었다.

각 탐방 코스는 교사 1명(담임교사 2, 교과교사 1)과 학부모 2명으로 구성하였으며 학부모를 일일 선생님으로 임명하여 각 코스 설명도 학부모 선생님이 맡아 진행하였고 교사와 학부모 1명은 학생들의 활동과 안전 지도를 하였다.

마을은 학생들이 살아가는 공간으로 살아 있는 교육 자료라 하지만 5년마다 이동하는 공립학교 교사는 마을의 구석구석까지 잘 알지 못하는 경우가 많다. 이번 마을 탐방은 마을을 잘 아는 학부모들과 교사가 협력하여 학생들의 흥미와 교육적 효과를 잘 살려낸 수업이었다고 생각한다.

출처: 2017 서울교육단체협의회에서 발행한 〈더불어 배움〉 신문

지역별 사회적 교육협동조합 구축

최근 학교매점 협동조합, 학교옥상 햇빛발전소 협동조합, 방과후학교 협동조합 등 학교협동조합이 속속 만들어지고 있다. 협동조합은 자본주의 경제의 여러 문제점을 극복할 대안으로서 앞으로 더욱 활성화될 필요가 있지만, 거대 자본에 맞서 건실하게 뿌리내리기에는 운영 전략과 시장 확보 등 아직 갈 길이 멀다.

교육협동조합은 상생적 경제 모델로서의 가치뿐만 아니라 지속가능한 마을교육공동체의 안착을 위해서도 활성화될 필요가 있다. 이미 마을공동체나 혁신교육지구 사업을 통해 주민들의 활동 경험이 축적되었고, 주민들 간의 네트워크가 활성화되어 있기 때문에 협동조합 조직화로 한 발 더 나갈 수 있는 여건이 성숙되었다고 볼 수 있다.

학교마다 개별적으로 이루어지고 있는 교육여행, 졸업 앨범 제작, 급식 식재료 구입, 방과후학교 운영, 돌봄실 운영, 매점 운영, 현장체험

학습, 학생 동아리활동 지원, 대안교실 운영, 청소년 단체 운영, 문예체 등 비교과 영역에서의 수업 지원, 학부모 연수 강좌 운영, 캠프 등을 지역 내에 있는 거점별 교육협동조합을 통해 해결한다면 공공성을 담보한 양질의 교육 서비스로 교사의 업무 해소에도 도움이 되고, 마을 주민 역시 협동조합 참여를 통해 공동체적 삶을 살아갈 수 있다.

미래 사회에는 정보의 독점 심화, 기술 혁명으로 인한 일자리 감소 등 소득 양극화가 더욱 심화될 것으로 예상되는데 교육협동조합을 시발점으로 해서 지역 내 다양한 사회적 협동조합이 만들어진다면 마을 교육공동체의 지속성과 자생력에도 도움이 될 것이다. 또한 마을 주민의 평등한 참여와 공정한 경제활동으로 마을공동체를 더불어 함께 살아가는 행복한 삶의 터전으로 만들어갈 수 있을 것이다.

마을 연계 직업체험학교 운영

4차 산업혁명으로 지식과 기술의 효용주기가 가파른 속도로 짧아지고 있어서 학교교육도 과거의 주입식 지식 전달 방식을 벗어나 생산적인 학습 경험 기회를 많이 제공할 필요가 있다. 현재 직업교육을 목적으로 운영되고 있는 특성화고등학교는 입학 후 자신의 진로를 고려한 학과를 선택해서 3년 동안 한 학과에 대해 깊이 있게 학습하는 장점이 있지만 입학 당시 선택한 학과를 변경하기가 어려워 여러 영역을 경험해보고 싶은 학생의 선택권이 제한되는 단점이 있다. 또한 대부분의 학습이 학교 시설 안에서 이루어지기 때문에 학습 경험이 제한적일 수밖에 없다.

고등학교 교육에서의 직업교육에 대한 새로운 접근이 필요하며 이에 대한 방안으로 학생의 욕구와 흥미에 부합한 생생한 진로체험 기회를 제공하기 위한 마을 연계 직업체험학교 운영을 생각해볼 수 있다.

고등학교 3년 동안 관심과 흥미 있는 분야 3~4개를 정하여 기본 학습은 학교에서 하고, 일정 시간 동안 자신이 관심 있는 분야에 대해 직업체험학교를 통해 직접 전문가에게 필요한 지식과 기술을 배우고 실습하면서 직업 체험의 기회를 갖고, 한 분야의 학습이 끝나면 순차적으로 다른 분야를 같은 방식으로 학습하면서 자신의 적성을 찾아가는 학습 기회를 제공한다. 학생들의 다양한 관심 분야를 충족시키기 위해 학교는 지역의 현장과 전문가를 발굴하고 배움터로 지정하여 학생들에게 유익한 학습이 이루어질 수 있도록 한다.

정해진 공간과 시간표로 이루어지는 학교 수업에서 벗어나 학교 밖 자원을 활용하는 수업은 학생들의 몰입도와 흥미를 높여 훨씬 유익하고 생산적 학습이 될 것이다.

직업체험학교는 정규교육과정과 연계하여 운영하는 방안과 함께 중·고등학교를 졸업하고 상급 학교에 진학하기 전에 1년 동안 진로를 모색하는 기간을 통해 자신이 평소 관심 있는 영역을 깊이 있게 탐구하고 현장에서의 경험을 축적하여 자신의 진로나 학과를 선택하는 데 도움이 되는 1년제 직업체험학교 운영 시스템도 마련한다.

지역에는 청소년수련시설이나 진로교육지원센터, 대안교육기관, 지역아동센터, 청소년 문화센터, 도서관, 공연장, 전시관 등 청소년 대상 기관이나 시설이 많이 있다. 또한 학부모나 지역주민으로 구성된 다양한 주민 모임이 있으며, 문화예술 전문가나 장인 등 인적자원이 산재해 있다.

이들 인적·물적 자원들을 발굴하고 조직화해서 지역의 교육 인프라를 풍부하게 만들면 직업체험학교 운영이 더욱 원활해질 것이다.

마을학교를 통한 평생학습체제 구축

미래 사회에는 정형화된 학습 방식보다는 다양한 학점제, 프로젝트 학습, 지역사회 네트워크를 통한 학습 등 유연한 평생학습체제가 일반화될 것이다. 살아가면서 배우고 배우면서 살아가는 평생학습의 장으로서의 마을학교가 많이 만들어진다면 일상적 배움의 기회가 더욱 풍부해질 것이다. 최근 사람들의 인식의 변화로 대안적 삶과 생태적 삶을 추구하는 사람이 늘어나고 있다. 마을공동체를 통한 생태적 삶을 실현하고, 상생과 관계 맺기, 배움의 욕구를 충족하기 위한 마을학교가 만들어지고 있다.

열린 학습 공간으로서의 마을학교는 기존의 경직된 교육체제를 대체할 민주시민교육의 장이 될 수 있으며, 일상의 삶과 배움을 통해 마을 사람들이 함께 성장하는 배움터로서의 기능을 수행함과 동시에 다양한 형태의 학습연합체로 운영될 수 있다.

마을학교를 기반으로 마을교육생태계가 풍부해지면 학교와 마을의 경계가 사라지고 지속가능한 평생학습의 장으로서 역할이 원활해질 것이다.

다층적 민관학 거버넌스 구축

마을교육공동체 기반이 잘 형성되고 마을이 평생교육의 배움터가 되기 위해서는 민관학 거버넌스를 통한 다양한 주체의 결합이 이루어져야 한다. 독자적으로 교육 관련 정책이나 사업을 담당해왔던 교육청, 구청, 민간이 함께 모여 교육을 위한 협력체계를 구축하고 논의하며 체계화시켜 사업의 중복, 단기적 일회성 사업 남발, 관 주도의 사업 시행으로 인한 문제점을 해소하고, 내실 있는 사업계획과 실행을 통해

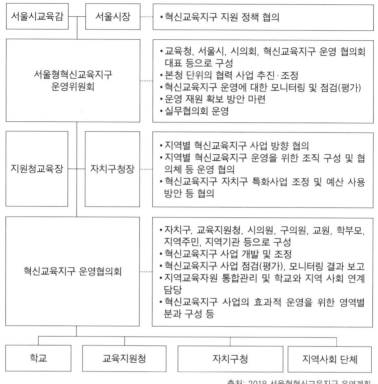

2018 서울형혁신교육지구 민관학 거버넌스 사례

| 서울시교육감 | 서울시장 | • 혁신교육지구 지원 정책 협의 |

서울형혁신교육지구 운영위원회
- 교육청, 서울시, 시의회, 혁신교육지구 운영 협의회 대표 등으로 구성
- 본청 단위의 협력 사업 추진·조정
- 혁신교육지구 운영에 대한 모니터링 및 점검(평가)
- 운영 재원 확보 방안 마련
- 실무협의회 운영

| 지원청교육장 | 자치구청장 |
- 지역별 혁신교육지구 사업 방향 협의
- 지역별 혁신교육지구 운영을 위한 조직 구성 및 협의체 등 운영 협의
- 혁신교육지구 자치구 특화사업 조정 및 예산 사용 방안 등 협의

혁신교육지구 운영협의회
- 자치구, 교육지원청, 시의원, 구의원, 교원, 학부모, 지역주민, 지역기관 등으로 구성
- 혁신교육지구 사업 개발 및 조정
- 혁신교육지구 사업 점검(평가), 모니터링 결과 보고
- 지역교육자원 통합관리 및 학교와 지역 사회 연계 담당
- 혁신교육지구 사업의 효과적 운영을 위한 영역별 분과 구성 등

| 학교 | 교육지원청 | 자치구청 | 지역사회 단체 |

출처: 2018 서울형혁신교육지구 운영계획

마을교육공동체의 기반을 형성해나가야 한다.

서울에서는 서울형혁신교육지구 사업을 통해 자치구 단위의 민관학 거버넌스가 구축되어 지역사회의 여러 주체들이 협치 모델을 만들어 가고 있다. 학교-마을 연계를 강화하려면 자치구 단위의 민관학 거버넌스뿐만 아니라 자치센터 중심의 중간적 거버넌스, 학교 단위의 거버넌스 구축이 함께 이루어져야 한다.

자치구 단위의 민관학 거버넌스는 혁신교육지구 사업을 총괄하는

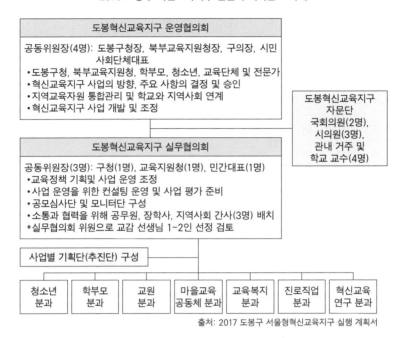

2018 도봉구 혁신교육지구 민관학 거버넌스 사례

도봉혁신교육지구 운영협의회

공동위원장(4명): 도봉구청장, 북부교육지원청장, 구의장, 시민
 사회단체대표
•도봉구청, 북부교육지원청, 학부모, 청소년, 교육단체 및 전문가
•혁신교육지구 사업의 방향, 주요 사항의 결정 및 승인
•지역교육자원 통합관리 및 학교와 지역사회 연계
•혁신교육지구 사업 개발 및 조정

도봉혁신교육지구 자문단
국회의원(2명),
시의원(3명),
관내 거주 및
학교 교수(4명)

도봉혁신교육지구 실무협의회

공동위원장(3명): 구청(1명), 교육지원청(1명), 민간대표(1명)
•교육정책 기획및 사업 운영 조정
•사업 운영을 위한 컨설팅 운영 및 사업 평가 준비
•공모심사단 및 모니터단 구성
•소통과 협력을 위해 공무원, 장학사, 지역사회 간사(3명) 배치
*실무협의회 위원으로 교감 선생님 1~2인 선정 검토

사업별 기획단(추진단) 구성

| 청소년 분과 | 학부모 분과 | 교원 분과 | 마을교육 공동체 분과 | 교육복지 분과 | 진로직업 분과 | 혁신교육 연구 분과 |

출처: 2017 도봉구 서울형혁신교육지구 실행 계획서

컨트롤 타워로서 중간 단위 거버넌스의 역할을 돕고, 중간 단위 거버넌스를 통해 더욱 촘촘하게 사업이 실행될 수 있도록 하는 역할을 맡는다. 이를 위해서는 지방자치와 교육자치 분리의 단점을 극복하고 역할 강화를 위해 교육청과 자치구의 관련 담당자와 민의 대표가 함께 운영하는 조직체를 만들어 상시적 지원 업무가 이루어져야 한다.

중간 단위의 거버넌스는 자치센터를 중심으로 자치센터 관할 지역 내에 있는 유·초·중·고를 포괄하여 관할 지역 내의 마을 자원을 공유하고, 함께 참여하는 활동을 통해 단위학교가 가지는 제한된 범위를 벗어나 마을 자원의 활용과 협력을 통해 시너지 효과를 높일 수 있을 것이다. 중간 단위 거버넌스가 마을교육생태계 구축의 구심점이

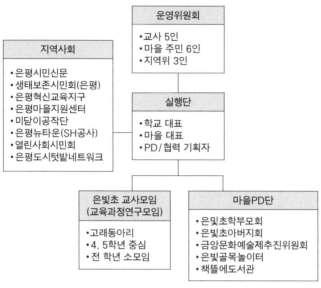

검바우 마을학교 거버넌스 사례[5]

운영위원회
- 교사 5인
- 마을 주민 6인
- 지역위 3인

지역사회
- 은평시민신문
- 생태보존시민회(은평)
- 은평혁신교육지구
- 은평마을지원센터
- 미닫이공작단
- 은평뉴타운(SH공사)
- 열린사회시민회
- 은평도시텃밭네트워크

실행단
- 학교 대표
- 마을 대표
- PD/협력 기획자

**은빛초 교사모임
(교육과정연구모임)**
- 고래동아리
- 4, 5학년 중심
- 전 학년 소모임

마을PD단
- 은빛초학부모회
- 은빛초아버지회
- 금앙문화예술제추진위원회
- 은빛골목놀이터
- 책뜰에도서관

출처: 김지나 외(2015), 마을과 학교 상생 프로젝트 모니터링 및 사례연구 보고서

되려면 자치센터마다 마을의 이해도가 높고 활동 경험이 풍부한 마을 활동가를 업무 담당자로 배치해야 한다.

중간 단위 거버넌스가 자치센터 중심이라면 학교 단위에서의 거버넌스도 필요하다. 학교 단위에서는 관리자, 담당 교원, 학교운영위원회 지역위원, 학부모 대표, 마을의 다양한 주민 모임이 참여하는 거버넌스를 구성하여 학교와 마을이 함께하는 교육을 만들어가는 중추적 역할을 담당한다. 학교에서 마을 연계 교육과정이 내실 있게 이루어지기 위해서는 학교 단위 거버넌스 구성이 꼭 필요하다.

---

5. 검바우 마을학교는 서울시 마을공동체 종합지원센터에서 2015년부터 2017년까지 3년 동안 진행한 마을학교 상생 프로젝트에 참여하여 은빛초와 5개의 마을 주민 모임이 함께 운영한 마을학교로서 지역에 있는 많은 단체와 기관이 참여하는 민관학 거버넌스를 구성으로 마을학교 운영이 체계적으로 내실 있게 이루어졌다.

3. 나가며

마을과 함께하는 교육은 교사와 마을 주민 모두에게 새로운 길을 만들어가는 어려운 여정이다. 아직도 많은 교사들은 마을과 함께하는 교육의 필요성에는 공감하면서도 마을 연계 교육활동 운영에는 소극적이다.

마을은 학교의 담장이 높다고 생각하고, 학교는 마을이 준비가 덜 되어 있다고 인식하고 있다. 따라서 학교와 마을의 만남이 원활하게 이루어지려면 학교와 마을 구성원들의 상호 이해와 마을과 함께하는 교육이 아이들의 삶과 배움에 어떤 의미와 가치가 있는지에 대한 공감대 형성이 선행되어야 한다.

마을은 다양한 주민 모임을 통한 주체 형성과 역량 강화를 통해 학교와 협력할 토대를 마련해야 하며, 학교는 학교문화를 과감히 바꾸어 개방적이고 자율적인 환경을 만들어 마을과 함께할 수 있는 여건을 만들어야 한다. 학교와 마을 두 주체가 긴 호흡으로 소통을 통해 마음의 문을 열고 서로에 대한 이해의 바탕 위에서 함께 협력하고 실천해나갈 때 앎과 삶이 일치하는 교육이 실현될 수 있을 것이다.

김지나·최혜자·김영현·이창환·이희숙·김영삼(2015).『마을과 학교 상생 프로젝
  트 모니터링 및 사례연구 보고서: 여섯 갈래의 마을학교로 가는 길』. 서울시마
  을공동체 종합지원센터.
서울시교육청(2016).『서울미래교육준비협의체 기초 연구 보고서: 서울미래교육
  의 상상과 모색』.
박래광·구본희·황정희·서미라·강효순(2017).『서울 관악중학교 마을 교과서』.
서울시교육청(2018).『2018 서울형혁신교육지구 운영계획서』.

정치기본권도 없이
민주시민교육을 하라니요?

민주주의와 함께 춤추는 교사라야 민주주의 발전의 원동력이다

곽노현_(사)징검다리교육공동체 이사장, 전 서울특별시교육감

민주주의는 민주주의자 없이는 작동 불가능하다. 하지만 누구도 민주주의자로 태어나지는 않는다. 국가주의자나 엘리트주의자, 배금주의자와 마찬가지로 민주주의자도 가정과 학교, 직장과 사회에서 다양한 학습과 경험을 통해 만들어진다. 가정교육은 평생 가는 '세 살 버릇'을 결정짓기 때문에 몹시 중요하다. 그러나 밥상머리와 일상생활에서 뭘 배우는지는 집안마다 들쭉날쭉한데, 이건 부모 운에 따라 정해진다. 직장은 경제적 이해관계와 사회관계의 중심이자 새로운 학습과 경험으로 인도하는, 성인기에서 제일 중요한 삶의 학교이자 사회다. 그러나 경제활동과 직장생활을 할 때쯤이면 기질과 성품은 이미 고착되고, 실천적 가치가 돈과 효율성으로 축소된다. 사회는 몹시 추상적이고 층위가 다양하다. 일상생활을 통해 경험하는 사회는 지역사회와 직장사회뿐이고, 그걸 넘어서는 광역과 국가, 인접국과 세계의 일은 언론매체를 통해 간접 경험한다.

학교교육의 특성과 21세기의 시대적 요구

학교는 가정이나 직장, 정치공동체와는 성격이 다르다. 무엇보다 학교는 부모 운과 계급계층을 뛰어넘어 아이를 보편적인 존재로 키우는 책임을 수행한다. 유아기와 성인기 사이의 학령기는 인격과 성품의 가소성이 클 때다. 누구나 제일 많은 시간을 학교에서 보내기 때문에 잠재교육과정까지 포함한 학교의 영향력은 몹시 크다. 학교는 직장과 달리 경제활동에서 자유롭고, 돈과 합목적성만 높이 받들진 않는다. 학교는 다양한 인격과 재능을 꽃피우는 배움의 공동체이지 더 많은 이윤과 효율성을 추구하는 경제공동체가 아니다. 마지막으로 학교는 국가 등 광역 정치공동체와 달라서 직접 체험 가능한 가장 큰 규모의 사회관계다. 학교에서 국가 이데올로기와 권력 이데올로기, 경쟁 이데올로기가 약할수록 평등하면서도 다양한 우정과 협력, 연대의 사회관계를 경험할 기회가 많아진다.

가정과 달리 출신 계급에 얽매이지 않고, 직장과 달리 경제활동에서 자유로우며, 국가와 달리 낯선 이들의 권력공동체가 아니라는 소극적 특성과, 가소성이 높은 학령기의 지역사회 아동들을 모아놓고 표준적인 교육과정과 시설을 제공하며 공교육=민주시민교육을 제공한다는 적극적 특성상 학교는 민주주의자 양성에서 우월적 지위에 있다. 한 사회의 민주주의의 수준과 실질을 결정하는 가정, 학교, 직장, 국가 중에서 민주시민 양성의 관점에서는 학령기 아동들에게 민주시민성을 길러주는 학교교육이 가장 중요하다. 사회의 민주주의를 위해 가정민주주의, 직장민주주의, 언론민주주의와 함께 학교민주주의가 필수적인데, 그중에서도 학교민주주의가 우선이다. 가정의 가부장적 문화와 직장과 경제생활의 효율지상주의 문화, 주요 언론의 기득권 옹호적이고 현상유지적인 시각을 교정하는 힘도 학교민주주의가 길러낼 작은 민주주의자들에게서 나올 수밖에 없기 때문이다.

더욱이 21세기 민주주의의 위기 상황은 더 많은 민주시민교육을 요구한다. 금융·무역·투자 등 경제세계화 및 정보통신기술과 인공지능기술 등 과학기술의 눈부신 전문화와 융복합화는 끊임없이 새로운 문제를 발생시킨다. 그러나 일국 차원의 시스템과 민도가 경제세계화와 과학기술 발전을 좇아가지 못하면서 일반 시민은 알 수 없는 상층부 부패 비리가 만연할 뿐 아니라 대의민주제의 문제해결능력 자체에 대한 불신과 회의가 널리 확산되고 있다. 전대미문의 기후변화와 세계화된 경제환경, 인공지능기술로 대표되는 4차 산업혁명이라는 문명사적 삼각파도 앞에서 과연 보통 사람 중심의 민주주의가 문제해결능력의 위기를 극복하고 다시 희망의 불빛을 줄 수 있을지는, 학교교육이 더 당당하고 적극적인 민주시민, 그것도 세계시민의식까지 갖춘 민주시민을 길러내고 있는지에 달려 있다. 결국 이는 교사의 문제의식과 사명감, 민주시민 역량에 달려 있는 것이다.

민주국가에서 교사의 막중하고도 특별한 역할

10년 후의 민주주의를 강화하고 싶은가? 그렇다면 민주주의에 대한 신념이 투철하고 민주주의와 함께 춤추는 교사를 만들어내는 일에 투자하고, 그 방향으로 교사양성과정과 임용과정을 과감하게 바꿔야 한다. 교과 전문성을 넘어 민주시민성을 갖춘 교사의 양성과 임용으로의 대전환은 한국 민주주의 발전에 사활이 걸린 일이라 할 수 있다. 교사의 시민덕성과 시민역량 고취가 민주시민교육 활성화와 실질화에 결정적이라 할 때, 먼저 다뤄야 할 한국 특유의 시급한 문제가 있다.

교육의 정치중립성을 근거로 지금까지도 교사에게 선거권을 제외한 정치기본권을 금지하고, 선거연령을 19세로 고수하며 고등학생에게 선거권을 주지 않는 점이 그것이다. 지금과 같은 본격적인 과거 청산과 개혁 국면에서도 공교육=민주시민교육의 방법론을 확립하고 교사의 정치기본권을 회복하며 18세 선거연령을 확보하는 최소한의 시대적 과제를 해결하지 않으면 한국의 공교육과 민주주의의 진전은 결정적 지체현상을 겪게 된다.

이 글은 이러한 문제의식 아래 다음과 같이 주장한다. 첫째, 학교교육은 통째로 민주시민교육이다. 둘째, 정치현안교육은 보이텔스바흐 합의의 3대 원칙에 따라 진행해야 한다. 셋째, 보이텔스바흐 원칙이야말로 우리 헌법이 요구하는 교육의 정치중립성의 실체다. 넷째, 교육의 정치중립성을 명분 삼아 관철 중인 교사의 정치기본권 4중 금지법제는 더 이상 발붙일 수 없다. 다섯째, 2016년 겨울의 탄핵 국면과 2017년 5월의 정권 교체, 2018년의 개헌 국면은 교사정치기본권 회복의 추동력을 제공 중이다.

공교육은 통째로 민주시민교육이다

민주시민교육의 관점에서 볼 때 유초중등교육은 전체가 민주시민교육의 성격을 띤다. 유초중등 교육과정과 교육활동은 발달 단계와 분과 경계에 따라 구획 지어졌을 뿐, 내용적으로는 불가분의 관계이고 유기적이며 상호 보강적인 민주시민교육으로 기능하도록 설계돼 있다. 그렇기 때문에 어떤 특정 교과나 활동도, 심지어 민주주의 근현대사나 인권동아리 활동도, 주제연관성이 강할 뿐, 민주시민교육으로서 특권적이거나 우월적인 지위를 주장하기 어렵다. 정치세계뿐 아니라 과학기술이나 예술문화 등 사회의 어떤 분야도 국가 차원의 영향력에서 벗어날 수 없고 주인의식을 갖추려면 똑같은 학습과 실천이 필요하기 때문이다.

교육기본법도 '공교육=민주시민교육'의 관점을 지지한다. 교육기본법에 따르면 공교육의 목적은 이타주의적 '홍익인간'을 이념적 지향으로 '자주적 생활능력'과 '민주시민의 자질'을 길러주는 데 있다. 자주생활인, 민주시민, 홍익인간은 인간성이 갖춰야 할 핵심 요소이자 인간이 나아가야 할 세 발전 단계로 볼 수 있다. 개인생활도 자치하지 못하는 사람이 국가와 공동체를 집단 자치하는 일에 제대로 참여할 리 없다. 국가와 공동체의 일에도 관심 없는 사람이 널리 타인을 이롭게 하는 일에 관심 가질 리 없다. 자기 삶에 영향을 미치는 공동체의 일에 주인의식을 느끼는 민주시민은 홍익인간의 최소치와 자주생활인의 최대치를 갖춘 셈이다. 그런 점에서 공교육의 목적과 사명을 단순히 민주시민 양성에 있다고 요약해도 무방하다.

민주시민교육과 잠재교육과정 그리고 학교문화

학교교육과정, 특히 국민공통기본교육과정은 법이 정한 교육 목적인 생활자주성, 민주시민성, 홍익인간성 함양을 구현하는 수단이다. 문서상의 교육과정은 수업시간에 수업 내용과 수업 방법, 평가활동을 통해 구체적으로 실현된다. 각 교과의 수업 내용은 물론 수업 방식과 평가 방법도 민주시민교육에 적합해야 한다. 교육과정은 시간표로 상징되는 공식교육과정과 광의의 학교문화에 배어 있는 잠재교육과정으로 대별된다. 물론 둘 다 민주시민교육에 적합해야 한다. 특히 잠재교육과정은 학생들의 인성과 시민성 형성에 미치는 영향력이 공식교육과정보다 훨씬 크고 지속적이다. 잠재교육과정은 문화적·구조적 요소가 훨씬 강한 특성이 있기에 공식교육과정보다 바꾸는 게 더 어렵기 때문이다.

교육과정의 핵심은 수업이다. 평균적인 한국인은 만 5세에서 18세까지 13년 동안 유초중고를 다니며 매년 최소한 34주 이상, 매주 최소한 30시간 이상을 학교에서 수업을 받으며 지낸다. 뭐든지 1만 시간을 반복 훈련하면 달인의 경지에 이른다고 할 때, 보통의 한국인은 최소한 1만 3,200시간 이상을 학교 수업을 받으며 보낸, 수업 경험의 달인들이다. 스펀지처럼 뭐든지 흡수하는 청소년기 내내 학교를 오가면서 보통의 한국인이 그 많은 수업시간에 가랑비에 옷 젖듯 체득해서 달인의 경지에 오른 것이 과연 무엇일까? 그것이 과연 민주주의적 의식과 행태, 다시 말해서 민주시민의 덕성과 역량일까?

어린 학생들이 주인의식과 참여의지, 자율성과 연대역량을 갖춘 민주주의자로 클 것인지, 아니면 엘리트주의자, 권위주의자, 국가주의자, 배금주의자로 클 것인지는 최소한 1만 3,000시간에 달하는 학령기의 수업시간에 교사들로부터 어떤 가치관과 사회의식, 어떤 태도와 덕성이 명시적·묵시적으로 전수되는지에 따라 결정된다 해도 과언이 아니다. 다들 알고 있듯이 우리 교육은 입시경쟁교육이지 민주시민교육과는 거리가 멀었다. 학생들은 공부 기계 취급을 당하며, 비교와 경쟁이 무슨 사회적 DNA처럼 몸에 새겨졌다. 그 결과 대부분의 아이들은 자존감이 낮고 지적 호기심이 약하며 행복하지 않다.

협의의 수업 방식도 중요한 잠재교육과정의 하나다. 예를 들어 지식의 효과적인 전달과 주입을 목적으로 교사가 잘 소화해서 일방적으로 전수하는 기존의 강의형 수업 방식이 권위주의에 친하다면 교사와 학생, 학생과 학생 사이에 자유롭게 질문과 토론이 오가고 소통과 협력이 살아 있는 혁신적 수업 방식은 민주주의에 친하다. 당연히 수업 방식을 민주친화형으로 최대한 바꿔야 한다. 그러려면 교사들의 부담이 크다. 교육감 시절 내가 교사의 행정업무 부담을 줄이기 위해 교원업무정상화정책을 본격적으로 추진한 이유다.

분명히 모든 학교가 공식교육과정의 교과서와 언어로는 민주주의, 정의, 인권 등을 가르쳤다. 그럼에도 우리 아이들은 수업 방식과 생활지도, 학교행사와 학생활동 등 잠재교육과정을 통해 어려서부터 엘리트주의와 권위주의, 국가주의를 내면화, 체질화한다. 특히 생활지도 방식이 중요하다. 몇 년 전만 해도 두발과 용의복장 단속이 주 업무였고 수틀리면 체벌과 폭언이 횡행했지만 지금은 대부분 사라졌다. 종전에 학생들은 아무 권리도 없었다. 교사들은 일기장도 볼 수 있었고 휴대품과 소지품 검사를 할 수 있었다. 학생인권조례 시행 이후 생활지도 패러다임이 학생인권 친화적으로 바뀌고 있다. 중요한 잠재교육과정의 바람직한 변화다.

학생회 활동과 동아리 활동 등 학생자치활동은 그 자체가 민주시민교육의 성격을 띤다. 학생자치로 각종 행사를 기획하고 각종 규정을 만들고 상벌과 징계를 정하는 게 바람직하다. 교사 및 학부모와 만드는 3주체(학교생활)협약은 좋은 보기의 하나다. 교육활동과 학교 현안에 대해 여론조사와 토론회 등으로 학생들의 의견을 모아서 학교장이나 학운위에 제출할 수 있다. 하지만 아직도 대다수 학교에서 학생자치는 명목만 있을 뿐 실질이 없다. 실질적인 학생자치를 허용하면 사고가 날까 걱정하는 교장들이 적지 않다. 그러나 아이들의 문제는 아이들 세계에서 아이들이 잘 아는 맥락에서 발생하기 때문에 아이들의 집단지성을 통해 얼마든지 풀 수 있다. 민주주의를 몸으로 체험하기 위해서는 학생자치를 과감하게 또한 실질적으로 보장해야 한다. 서구에선 학생회 간부가 교장/교사초빙위원회의 위원으로 활동한다. 우리 학생들이라고 못할 이유가 있는가?

민주시민교육으로 공교육을 재편하기 위해서는 권위주의와 엘리트주의에 찌든 잠재교육과정과 학교문화를 확 바꿔야 한다. 나는 교육감 시절 체벌폭언 금지와 학생인권 보장, 학생의회(학생참여위) 운영으로 잠재교육과정 혁신 의지를 알렸다. 학생인권은 교사도 마구 침입할 수 없는 자율 공간과 학생들의 자치 영역, 학교 운영 참여 기회를 대폭 확장하겠다는 정책 의지의 표현이었다. 학교생활에서 학생들의 자치와 참여, 자유를 최대한 보장하고, 그 바탕에서 책임과 의무도 강화하는 방향으로 학생생활교육의 대원칙을 바꾸지 않고서 공교육을 민주시민교육으로 만들 방법은 없다. 나는 교육감 시절 자율적 생활규율, 엄격한 수업규율을 슬로건으로 내걸었다. 지금의 조희연 서울시교육감은 질문이 있는 교실, 토론이 있는 교사회, 교복 입은 시민으로 학교문화 혁신의 키워드를 정식화했다.

민주시민교육과 학교 운영 시스템, 교장 리더십

유초중등 공교육은 민주주의를 위한 민주주의 교육이어야 한다. 학교도 민주주의를 위한 민주주의 학교여야 한다. 그런데 공교육과 학교를 이렇게 만들려면 무엇보다도 공교육과 학교를 민주주의에 의해, 민주적인 방식으로 운영해야 한다. 지금은 교육부와 교육청의 지시와 지침이 없으면 학교가 움직이지 못할 정도로 학교의 자율성이 없다. 지금의 교장은 교육부와 교육청의 대리인일 뿐, 교사와 학부모, 학생들의 대표자가 아니다. 교사도 교육과정 편성과 평가의 자율성이 없다. 중앙집권적 관료행정 시스템과 권위주의적 교장문화, 상호 노터치 원자적 교사문화에 길들여진 교장과 교사들이 무슨 수로 민주주의자를 길러낼 수 있겠는가.

민주시민교육에 친화적인 학교가 되기 위해서는 첫째, 학교가 교육과정과 교육활동을 최대한 자율적으로 결정할 수 있어야 한다. 학교 자율성을 획기적으로 높이려면 교육부가 유초중고에서 99% 손을 떼고 교육청에 권한을 이양해야 하며, 교육청도 최대한 학교에 권한을 넘겨주고 학교 지원 역할을 맡아야 한다. 둘째, 학교 자율성 확대가 교장 독재의 심화로 귀결되지 않으려면 학교운영위와 교원인사위를 실질적으로 운영하고 교사회를 법정 심의의결기구로 만들어서 교장의 제왕적 권한을 대폭 축소해야 한다. 셋째, 학교의 자율성 확대는 교장의 민주적 리더십을 요구한다. 이를 위해서는 지금의 스펙관리형 누적점수제 교장승진제도를 혁파해야 한다. 당장은 교장공모제, 특히 내부공모제를 최대한 활용하되 최장 10년 이내에 지금의 시대착오적인 교장승진제도를 고치고, 교사 경력 15년만 넘으면 누구나 일정 시간 연수를 거쳐 교장자격을 받을 수 있게 하여 공모경쟁을 통해 교사와 학부모, 학생에게 교장선택권을 주는 방향으로 바꾸는 게 바람직하다. 물론 이런 중층적인 제도개혁과 무관하게 기존 교장들의 개혁 마인드와 민주적 리더십을 적극적으로 이끌어내고 보상할 때만 민주시민교육에 걸맞은 학교민주화를 앞당길 수 있다.

교육 내용과 민주시민교육

공교육의 본질과 사명이 민주시민교육에 있기 때문에 모든 교육과정과 학교문화가 민주주의를 위한 민주주의의 교육과정이자 학교문화가 되어야 한다는 것은 아무리 강조해도 지나치지 않다. 특히 학교 교육 내용에서 민주주의와 인권평화생태 감수성, 사회정의와 과학의 사회적 책임성에 반하는 요소가 있어서는 안 된다. 이런 오류는 사회 교과뿐만 아니라 어느 교과목에서도 있을 수 있다. 정치/경제/법/역사/지리 등 사회 교과만이 민주시민 교과가 아니라는 점을 다시금 기억해야 한다. 음악/미술/체육 교과와 과학/기술 교과는 물론 수학 교과와 가정보건 교과를 통해서도 얼마든지 민주시민성과 홍익인간성을 키워줄 수 있다.

실제로 내가 만난 교사들은 거의 예외 없이 자신의 교과목이 민주시민교육의 불가결한 구성 요소라고 자부했다. 특히 국어 교사들이 그렇다. 민주시민교육의 실질이 폭력과 강요, 거짓과 위선을 혐오하고 소통과 토론, 진실과 정의를 추구하는 데 있는 이상, 소통과 토론을 배우는 국어교육은 민주시민교육이 아닐 수 없다. 민주시민교육의 관점에서 특정 교과 우월주의는 배척하지만 민주주의에 친한 토론논쟁식, 팀프로젝트 수업 방식으로의 전환은 사회 교과와 국어 교과부터 시작하면 좋겠다. 교과 속성상 상대적으로 용이하다고 알려져 있기 때문이다.

가끔 역사 교과서나 사회경제 교과서, 가정생활 교과서 등에서 정치 불신, 노동 경시, 성 평등, 약자 차별 등 강화된 인권 감수성에 어긋나는 내용이 발견돼 문제가 된다. 이런 시대착오적인 내용도 민주시민교육의 관점에서 볼 때 결코 작은 문제가 아니지만 그보다 더 큰 문제는 통일교육, 정치교육, 노동교육, 언론교육, 성교육이 상대적으로 시간이 부족하고 내용이 부실해서 보완이 필요하다는 점이다. 교과 밖 민주시민교육이 이 부분에 집중하는 이유다. 교육 내용은 정기적으로 업데이트되어야 시대를 쫓아갈 수 있다. 시대상황이 바뀌면 민주주의의 과제가 달라지기 때문에 당연히 공교육=민주시민교육의 강조점도 바뀌지 않을 수 없다. 민주시민교육으로서 21세기 공교육은 최소한 민주적 협업능력과 생태감수성, 과학탐구의 사회적 책임성을 길러주는 방향으로 나아가야 한다.

21세기 교육과정은 내용적으로 세계적·국내적 차원의 경제적 양극화와 4차 산업혁명, 기후변화와 생태계 위기, 문명 충돌과 테러리즘 등 인류 공통의 고난도 현안 과제들을 깊이 있게 다뤄야 한다. 문제가 있으면 문제해결을 위한 노력이 뒤따르고, 부정의가 있으면 사회정의를 위한 투쟁이 불붙기 마련이다. 21세기 공교육은 반차별 인권운동과 평화군축운동, 환경운동과 노동운동, 신생에너지와 탈핵운동 등 민주주의와 인권, 사회정의와 지속가능 발전을 위한 국내외의 헌신과 분투를 소중하게 다뤄서 누구도 사회와 역사의 진보에 대한 신뢰와 희망의 끈을 놓지 않게 도와야 한다.

민주시민교육 중 꼭 필요한데도 교육과정에서 상대적으로 소홀하게 다뤄지는 부분이 있다. 이런 부분은 학교 안으로 외부 강사들을 모셔 와야 한다. 또한 현장체험이나 진로체험처럼 학교 밖에서 이루어질 수 밖에 없는 부분도 있다. 이런 부분은 과감하게 학교 밖 학교를 찾아 나서야 한다. 이처럼 공교육의 민주시민교육 전환은 학교 문을 안팎으로 열어놓을 것을 요구한다. 학교 밖에는 생생하고 풍부한 민주시민교육 자료가 있는 민주시민교육의 잠재적 현장이 매우 많다. 예를 들어 국가기관과 지방자치기관, 공기업과 노동조합, 민주항쟁기념단체와 공익시민단체, 대통령기념관과 여성평화인권박물관은 예외 없이 학교 밖 민주시민학교가 될 수 있다. 아직 쓸 만한 교육시설과 지원역량을 갖춘 곳은 드물다. 그래서 모든 국가기관과 공·사 단체에 민주시민교육 제공 및 협조 의무를 부과하고 지역별 민주시민교육네트워크 구축을 지원하는 방향으로 제도화하는 것이 바람직하다.

보이텔스바흐 3대 원칙

지난 시기 학교에는 안보교육강사, 통일교육강사, 보훈교육강사, 효도교육강사 등이 인성교육이나 민주시민교육의 이름으로 들락거렸다. 2017년 자유총연맹 소속 한 안보교육강사가 극우파적인 시각으로 박근혜 탄핵과 촛불 시민을 일방적으로 폄훼하다 교사와 학생들의 집단 항의와 야유를 받고 쫓겨난 사례가 있다. 아이들의 최상의 유익을 위해 학교에는 아무나 들여서는 안 된다. 검증이 필요하다. 나는 언론보도를 접하면서 학교에 와서 광의의 인성교육이나 민주시민교육을 실시하는 강사에게는 보이텔스바흐 합의라 불리는 정치교육의 3대 원칙에 대한 적절한 연수와 훈련을 의무화해야 한다는 생각을 떨칠 수 없었다.

독일의 정치교육학자들은 1976년 보이텔스바흐에서 협의의 민주시민교육＝정치교육의 3대 원칙으로 교화주입 금지, 논쟁성 재현, 학생 이해관계 중심 원칙에 합의했다. 보이텔스바흐 3대 원칙에 따르면 학문과 정치의 영역에서 논쟁적인 사안을 학교와 교실에서 다룰 때 교사나 강사는 다양한 주장을 균형 있게 재현함으로써 학생들의 주체적 판단 형성을 지원할 뿐, 자신의 주의주장을 일방적으로 주입·교화하려 들면 안 된다. 보이텔스바흐 3대 원칙은 향후 학교교육에서 사회 현안 토론논쟁 형태의 민주시민교육을 활성화하기 위해 교사들이 반드시 준수해야 하는 최소한의 교육 원칙이자 직업윤리라고 할 수 있다.

위에서 언급한 문제의 강사는 자유총연맹 소속이라서가 아니라 민주시민교육의 기본 원칙을 무시하고 그에 역행했기 때문에 문제가 된 것이다. 그 강사가 그랬듯이 정치적으로 편향된 교조 주입 교육을 민주시민교육으로 착각하는 일부 교사와 강사들 탓에 일부 초중등학교 교사들과 학부모들은 아직도 학교 수업시간에는 정치논쟁이 불붙은 사회 현안을 가급적 다루지 않는 편이 바람직하다는 비교육적 미신에 매여 있다. 그렇지만 이분들도 정치적으로 민감하고 논쟁적인 주제를 교육적으로 바람직하고 정치적으로 공정하게 다루는 보이텔스바흐 원칙을 접한다면 생각이 달라질 것으로 믿는다.

예를 들어, 사드 도입이 필요하고 안전한지는 불가피하게 논쟁적이다. 군사와 안보를 넘어 외교와 경제에 두루 걸친 복합적인 문제인데다 관련 당사국이 여럿이라 그렇다. 당연히 사드 도입 전격 결정을 둘러싸고 치열한 논쟁과 저항이 진행됐다. 배치 장소로 결정된 성주 주민부터 똘똘 뭉쳐 반대했다. 이런 상황에서 교육부는 2016년 7월 24일 사드 배치의 당위성과 안전성을 일방적으로 옹호하는 국방부 문건을 모든 학교의 학부모, 교사, 학생에 안내해줄 것을 17개 시·도교육청에 지시했다.

교육청의 반응은 세 갈래로 나타났다. 경북교육청을 포함한 10개 교육청은 늘 그래왔듯이 교육부 공문을 그대로 학교로 시행했다. 홍보문건을 받아본 경북 성주의 학부모들이 분통을 터뜨렸을 것은 불문가지다. 다른 한편 광주와 강원 등 4개 진보 교육청은 교육부 공문의 학교 이첩을 거부했다. 마지막으로 경기와 전북, 서울 교육청은 전례 없는 반응을 보였다. 교육부 공문을 그대로 보내는 대신, '열띤 논쟁이 진행 중인 사안이므로 찬반양론을 균형 있게 다뤄야 한다'는 조건을 달아 학교로 보낸 것이다.

그 후로 학부모나 교사를 상대로 강연할 때 청중에게 물어보면 언제나 세 번째 대응 방식에 대한 지지가 80% 넘게 나온다. 학교 밖 세상에서 '학문적·정치적으로 논쟁이 있는 사안에 대해선 교실 수업에서도 반드시 논쟁적으로 다뤄야 한다'는 원칙에 압도적인 동의를 표하는 셈이다. 이 원칙은 극우에서 극좌까지 다섯 성향의 정치교육 이론가들과 실천가들, 그리고 정치교육 관계자들이 1976년 독일 보이텔스바흐에 모여 며칠을 토론한 결과 실질적 합의에 도달한 3대 원칙 중 두 번째 원칙이다. 보통 논쟁성 재현 원칙이라 부른다.

이와 관련하여 흥미로운 사실은, 세상에서 치열한 논쟁이 진행 중인 사안, 이른바 주요 정치 현안과 쟁점에 대해 학교 수업에서 다루는 것이 바람직한지를 물으면 언제나 교사와 학부모 청중의 80% 이상이 그렇다고 답변하더라는 점이다. 내 예상치를 훨씬 뛰어넘는 결과라 놀라웠다. 이유는 그래야만 아이들이 그런 문제를 교육적으로 생각하고 토론해볼 기회를 갖는다는 것과, 그래야만 아이들이 현실문제에 대해 바보가 되지 않는다는 것이다.

물론 교사들이 수업시간에 정치 현안을 다루는 데는 여러 제약이 있다. 우선 교사도 많은 시간과 신경을 써야 준비할 수 있다. 미리 정해진 진도 빼기에도 방해가 된다. 게다가 묘하게 금기시되는 주제들이 있다. 예를 들면 세월호 참사, 강정 해군기지, 밀양 핵발전소, 성주 사드 배치 등 그때그때 고도로 정치화된 대형 이슈들이 그렇다. 그럼에도 교사와 학부모들은 아이들이 현실의 중요한 사회문제에 대해 학교 수업을 통해 교육적으로 학습하고 토론할 기회를 갖는 편이 바람직하다는 데 별다른 이견이 없었다.

내친김에, 정치·역사·법·경제 등 사회 교과 시간에 학문적·정치적으로 논쟁적인 현안을 가르칠 때 교사의 역할이 어때야 하는지 물어보면 대부분의 교사는 놀랍도록 동일한 견해를 표출했다. 국가적·사회적 현안과 쟁점을 다룰 때는 교사가 자신이 바람직하다고 생각하는 특정 견해를 주입, 교화, 옹호해선 안 된다는 것. 교사의 역할은 학생들의 독립적인 판단을 돕는 데 있지 교사의 견해를 아이들에게 전수하는 데 있지 않다는 것이다. 이 원칙 역시 학교 정치교육의 원칙으로 독일 보이텔스바흐에서 합의된 3대 원칙 중 첫 번째 원칙이다. 학생압도 금지원칙 또는 교화주입 금지원칙이라 부른다.

보이텔스바흐 합의를 구성하는 마지막 제3원칙은 학생이해관계 중심 원칙이다. 정치교육의 목적은 학생 개개인이 어떤 정치 상황에서든 자신의 정치적 이해관계가 어떤 것인지 깨닫고 자신의 정치적 이해관계 증진에 필요한 방법과 수단을 탐색하도록 지원하는 데 있다는 것. 눈앞의 정치 상황에 대한 이론적 분석과 이해를 넘어 그것에 영향을 끼치는 데 필요한 시민행동과 정치 참여의 역량까지 익힐 수 있다면 그것이 최선의 정치교육 혹은 민주시민교육이라는 것이다. 이 원칙에 대해서도 교사와 학부모 청중은 별다른 문제가 없다고 입을 모았다.

요컨대, 우리나라 교사와 학부모들은 보이텔스바흐 합의라는 것을 들어본 적이 없음에도 이미 내용적으로는 그 3대 원칙을 인식, 수용 중인 것으로 보인다. 그렇다면 독일의 모든 정파가 정치교육의 원칙으로 보이텔스바흐 3대 원칙에 합의할 수 있었듯이 우리나라 교육계도 진보·보수 가릴 것 없이, 민주시민교육의 원칙이자 사회교과수업의 원칙으로, 나아가 교직윤리의 원칙으로 보이텔스바흐 원칙을 공식적으로 수용할 가능성이 활짝 열려 있는 셈이다.

2016년 독일에선 보이텔스바흐 합의 40주년 기념 토론회가 여기저기서 열렸다. 보이텔스바흐 3대 원칙은 그사이 독일 학교에서 정치교육의 3대 원칙으로 뿌리내렸고, 독일 국경을 넘어 유럽 각국의 역사교육과 정치교육에 영향을 미쳤다. 영국에서는 주입교화 금지원칙과 논쟁성 재현원칙이 '1996년 교육법' 제406조와 제407조로 명문의 법이 됐다. 보이텔스바흐 원칙은 이제 유럽연합 국가들의 보편적 원칙으로 자리 잡았다고 보아도 무방하다. 지금까지 이러저런 비판과 보완 요구가 없는 것은 아니지만 모든 정파가 합의한 최소한의 민주시민교육 원칙이라는 점에서 철옹성 같은 권위를 자랑한다.

교육의 정치중립성은
보이텔스바흐 원칙만 요구한다

내가 보이텔스바흐 3대 원칙에 꽂힌 이유는, 그것이 교육의 정치적 중립성을 보장하는 가장 효과적인 방법이고 그것만으로 충분하다고 생각하기 때문이다. 다시 말해서 교육의 정치적 중립성을 보장하기 위해서는 지금처럼 교사의 정치활동권을 제약할 것이 아니라 보이텔스바흐 3대 원칙을 공식 수용하면 된다. 보이텔스바흐 원칙은 내게 교육의 정치적 중립성을 보장하는 덜 제약적이면서도 더 효과적인 대안으로 다가왔다.

우리 헌법이 교육의 정치적 중립성을 '보장되어야 하는 어떤 가치'로 선언할 때 합리적 핵심은, 수업시간에 특정 정당의 입장이나 교사의 정치적 견해가 일방적으로 주입·교화되어서는 안 된다는 것이다. 교사 개개인에게 판단 정지나 교육 포기를 요구하는 것이 아니라 학생 개개인이 독립적인 판단 주체가 되게끔 학생을 무엇으로도 압도하려 들지 말라는 뜻이다. 현실적으로는 학생들에게 다양한 의견과 논거를 제시하고 토론과 논쟁을 통해 차이와 장단점에 눈뜨게 한 후 최종 판단을 학생 개개인에게 맡기고 기다려주는 자세가 교육의 정치적 중립성이 요구하는 교사의 자세가 아닐까 싶다. 보이텔스바흐 3대 원칙이 요구하는 것이 바로 이것이다.

교육의 정치적 중립성에 위배되는 정치적 편향성과 당파성의 위험은 크게 볼 때 두 군데서 온다. 하나는 정권의 요구, 다른 하나는 교사의 확신이다. 교육부의 지시에 따라 수업시간에 정부여당의 입장을 일방적으로 옹호하고 교조적으로 전달해야 한다면 학교는 정부여당의 홍보기관일 뿐, 교육기관이라고 할 수 없다. 사드 배치의 당위성과 안전성을 확신하는 국방부의 일방적 홍보자료를 교실에서 가르치라는 교육부 공문이 전형적인 보기다.

정치적 확신이 강한 교사가 교단에서 자신의 정치적 견해를 여과 없이 쏟아내는 경우도 교육의 정치적 중립성을 위협한다. 이런 교사는 교육을 주입이나 교화로 착각하고 있다. 정치에 무관심하고 무지한 것을 정치적 중립성으로 포장하며 공공연하게 수업시간에 자랑하는 교사들도 마찬가지로 위험하다. 자신도 모르게 정치적으로 무관심한 소극적이고 수동적인 신민형臣民型 시민을 길러내기 때문이다.

교사정치기본권 4중 금지법제와 그 악영향

교육의 정치적 중립성을 확보하기 위해 우리나라는 교사의 정치기본권을 심하게 제약하는 입법정책을 써왔다. 정치적 표현과 비판의 자유를 인정하는 나라에서 집단행동 금지라는 이름 아래 성명서 등 정치적 집단의사표현을 금지했으며, 정당민주주의를 하는 나라에서 정당 가입과 정당활동을 못하게 했다. 선거민주주의를 하는 나라에서 선거운동을 금지하고 선거 90일 전 사직을 의무화해서 경선도 안 치른 상태에서 사직을 강제했다. 사실상의 입후보 금지 조치다. 그 결과 교사집단의 정치적 진출이 철저하게 봉쇄돼 교사 출신은 모든 층위의 정치권에서 멸종위기종이 된 상태다.

정치활동권을 박탈당한 집단으로는 교사 외에도 공무원이 있지만 공무원 출신은 국회, 광역의회, 기초의회는 물론 지자체장 등 선출직을 가장 많이 배출하는 직종의 하나다. 하여 공무원의 경험세계와 이해관계는 입법과 정책과정에서 넘치게 반영된다. 교사의 경우는 그렇지 않다. 유초중등 교육 예산이 55조 원을 넘고 교사만 해도 50만 명에 육박하지만 시군구의회와 시도의회, 국회에서 교사 출신 의원은 찾아볼 수 없다. 교육 관련 입법과정을 교육 전문성, 특히 현장성이 취약한 비교사 출신 국회의원이나 지방의원들이 좌지우지한다는 뜻이자 교육정치의 질이 높지 않다는 뜻이다.

반면 독일에서는 연방의원의 6%가 교사 출신이다. 우리나라로 치면 300명 국회의원 중 무려 18명이 교사 출신이라는 뜻이다. 주의회나 기초의회로 내려갈수록 그 비율이 높아진다. 독일뿐 아니라 대부분 유럽 국가에서는 너무나 일반적인 현상이다. 우리나라에서도 교사집단은 1등 주권자, 1등 시민이 될 모든 조건을 갖췄다. 가장 학력수준이 높은 집단이고 사회경제적으로도 확실한 중산층이다. 선진 유럽 국가들에서 대학교수, 법률가와 함께 정치적으로 가장 중요한 집단 중 하나인 교사집단의 정치 배제는 한국 민주주의의 인적자원에 큰 손실을 초래한다.

교사정치기본권 4중 금지 악법 대신 보이텔스바흐 합의를!

교육의 정치중립성을 위해 교사의 집단정치표현과 정당활동, 선거운동과 입후보를 금지하는 4중 금지 시스템은 조금도 합목적적이지 못하다. 위에서도 언급했지만 이렇게 외곽을 철저하게 봉쇄해도 첫째,

정권이 교육과정 개편을 통해 학교 수업시간에 교사의 입을 빌려 일방적으로 말하는 현상을 막지 못한다. 둘째, 정치적 신념이 강한 일부 교사가 교실에서 아이들을 상대로 자기주장만 일방적으로 쏟아내는 현상도 막지 못한다. 지금의 4중 금지 시스템은 교사의 학교 안 수업활동에 대한 제약이 아니고 교사의 학교 밖 시민활동에 대한 제약이기 때문이다. 필요한 것은 수업시간 중 교사의 정치표현에 대한 교육철학적 규제인데도 엉뚱하게 직무수행에서 벗어난 자유시간 중 교사의 시민적·정치적 권리 행사를 규제한다. 합목적성이라곤 없는 과잉 규제다.

교육현장에서 교육의 정치적 중립성을 보장하기 위해 꼭 필요한 원칙은 보이텔스바흐 원칙이다. 이것만 사회적으로 합의되고 수업문화와 교직윤리로 뿌리내리면 교사가 당적을 갖건 특정 후보를 지지하건 선거에 나가건 교단의 정치적 중립성이 지켜질 수 있다. 그러면 지금의 정치활동제약입법이 소용없게 된다. 보이텔스바흐 원칙 준수를 조건으로 일반 시민과 동일한 정치활동권리를 보유하게 된 교사집단은 정당에 가입해서 새로운 활력과 문화를 공급할 것이며, 선출직에 자유롭게 진출하여 상당한 비중을 차지하며 교육입법과 교육정책에 전문성을 불어넣게 될 것이다. 이는 학교에서는 민주시민교육을 활성화하고 정당민주주의를 좀 더 건강하게 만들 것으로 기대된다.

촛불시민혁명과 정권 교체, 그리고 교육개혁 전망

이명박근혜 정권 시절 입증되었듯이 민주주의가 후퇴하면 민주시민교육도 후퇴한다. 김대중·노무현 정권 시절 입증되었듯이 민주주의가 전진하면 민주시민교육도 전진한다. 민주주의가 민주주의자를 요구하는 이상 민주주의자 양성이 사명인 학교교육의 중요성은 아무리 강조해도 지나침이 없다. 학교에선 오늘의 아이들이 자랄 뿐 아니라 내일의 민주시민과 내일의 민주주의가 자란다. 그런데 내일의 민주주의는 오늘의 아이들이 민주적인 학교제도와 문화 속에서 1등 민주시민 교사에게 입시경쟁교육이 아닌 민주시민교육을 받을 때만 가능하다. 다시 말해서 내일의 민주주의는 오늘의 민주주의가 있어야만 더 꽃피울 수 있다. 그렇다면 우리 민주주의의 미래는 아직도 썩 밝지 않다. 오늘의 아이들은 여전히 권위주의와 관료주의 학교문화 속에서 강제된 2등 민주시민 교사에게 입시경쟁교육을 받으며 자라고 있기 때문이다.

다른 한편 다행스러운 점은, 2016년 겨울에서 2017년 봄까지 전국적으로 전례 없는 규모의 민주시민교육이 광장에서 전개됐다는 점이다. 누구도 가르치려 들지 않았지만 모두가 체득하지 않을 수 없었다. 교과서에서 추상적 개념으로 배운 민주주의, 주권자, 시민연대, 명예혁명이 광장에서는 살아 꿈틀거리는 실체였다. 누구나 가슴으로 깨닫고 몸으로 느낄 수 있었다. 시민 한 사람 한 사람은 보잘것없을지 몰라도 모이고 뭉치면 어떤 권력도 당할 수 없다는 정치적 진실을 깊이 깨달았다. 그 깨달음을 몸으로 느꼈기에 깊었으며 기쁨이 따랐기에 지속가능하다. 우리나라에서 헌법 1조의 주권자의식은 촛불시민혁명을 거치면서 최고조에 달했다. 당연히 교사, 학부모, 학생의 주권자/시민의식도 어느 때보다 강하다.

촛불시민혁명이 만들어낸 일반 시민의 강화된 주권자의식과 그 덕에 들어선 문재인 정부 파워 엘리트들의 진보적 성향이 맞물려 향후 한국 사회는 민주주의와 인권보장의 모든 차원에서 한 단계 이상 업그레이드될 것으로 전망된다. 기업생태계와 일자리시장에 큰 변화가 없고 대학 서열화 체제와 수능 중심 대입제도가 근본 틀을 유지하는 이상 입시경쟁교육을 5년 만에 민주시민교육으로 전환하는 건 불가능할 것이다. 그럼에도 문재인 정부와 진보 교육감들이 동일한 비전 아래 보조를 맞출 경우 잠재적 교육과정과 학교 운영구조의 일대 민주화에 필요한 제도개혁은 상당한 속도로 진행될 가능성이 높다.

교사정치기본권 확보를 위한 헌법소원과 대통령 개헌안

교사의 정치기본권 확보 캠페인을 위해 2017년 가을 자발적 교사 모임인 홍길동교사당과 (사)징검다리교육공동체가 의기투합해서 교사정치기본권시민연대를 조직했다. 첫 사업으로 1000인 헌법소원을 내기로 하고 약 100일 동안 교사 1,068명의 소송비 후원과 동참 서명을 받았다. 그러나 처음 계획한 대로 1,068명 교사 명의로 헌법소원을 낼 경우 헌법재판소가 정치운동으로 보고 각하할 위험이 있다는 법무법인의 의견을 받아들이지 않을 수 없었다. 결국 2018년 2월 28일, 교사 1,068명의 지지의견서와 함께 33인 교원대표 명의로 헌법재판소에 선거운동과 입후보를 금지하는 현행법에 대해 헌법소원을 제출했다. 33인은 전교조, 교총, 좋은교사운동, 실천교사모임, 교육희망네트워크 등 대표적 교사단체들의 전·현직 대표급 인사들이었다. 평교사에서 교장까지 두루 망라된 명실상부한 33인의 교사대표들이 역사상 최초로 조직적인 운동의 일환으로 집단헌법소원을 제출한 것이다. 참고로 정당가입금지와 집단행동금지에 대해서도 헌법소원을 추가로 낼 예정이다.

지난 3월 26일 국회에 공식 발의된 문재인 대통령의 개헌안에 따르면, 공무원에게 요구되는 정치적 중립성은 "직무를 수행할 때"로 한정된다. 이는 직무 밖 정당활동과 직무 밖 집단의사표시를 허용하겠다는 뜻으로 해석된다. 개헌안은 또한, 누구든지 선거운동을 자유롭게 할 수 있다고 선언하며 공무원과 교사의 직무 밖 선거운동도 특별한 사정이 없으면 풀어줄 태세다. 만약 이 개헌안이 재적 국회의원 2/3 이상 찬성으로 통과하면 교사의 정치기본권 4중 금지는 후속 입법을 통해 모두 효력을 잃게 될 것으로 전망된다. 중요한 것은 교사의 정치기본권 보장에 대한 사회적 공감대가 적어도 대통령의 개헌안에 반영될 만큼 이미 무르익었다고 볼 수 있다는 점이다. 대통령 개헌안은 향후 헌법재판소에서 교육부의 의견을 구할 때 교육부가 교사정치기본권 보장에 전향적이고 적극적인 의견을 낼 수 있게 규범적 토대가 돼줄 것으로 기대된다.

요약과 결론

지금 같은 문명사적 대전환의 시대에는 시대 변화를 성찰적으로 읽어내고 주체적으로 대처하며 더 인간적이고 정의로운 새 길을 찾아내는 지적·정치적 훈련이 어느 때보다도 절실하게 요구된다. 교육은 아이들에게 미래의 준비이기도 하지만 현재의 삶 그 자체이기도 하다. 행복하게 자란 아이들이 행복한 세상을 만들 수 있다. 평등을 누려 본 아이들이 평등한 세상을 만들 수 있다. 민주시민교육을 제대로 받은 아이들이 민주적인 세상을 만든다. 그래서 아이들의 현재적 삶 자체가 미래를 위해서도 중요해지는 것이다. 민주주의는 교육 내용뿐 아니라 교육 방법을 통해서도 구현된다. 우리나라 학교현장의 민주주의는 교과서 속에만 있는 경우가 태반이다.

혁신학교에서는 학습자 중심 수업관에 기초해 모둠학습을 통한 협력과 토론 수업, 학생들의 자율성을 신장시키는 프로젝트 수업 등을 적극적으로 실시하고 있다. 모둠·토론 수업을 통해 학생들은 교과 성적 외에 친구들의 다양한 의견과 능력들을 발견하게 된다. 수업을 통해 학생들은 민주주의의 기본원리인 다양성의 존중과 토론을 통한 상호 성장을 몸에 익히게 된다. 그러나 혁신학교에서 시도되고 있는 민주시민교육이 아직 우리나라 1만여 학교에서 일반적으로 실천되고 있지는 못하다. 혁신학교의 수업 혁신을 일반 학교로 확대하는 것은 한국의 민주주의를 구경꾼 민주주의에서 토론꾼 민주주의로, 여론조사 기반 인스턴트 민주주의를 공론 기반 숙의민주주의로 진화시키기 위해 필수적이다.

앞으로는 국가와 공공의 일에 대한 학생들의 관심도와 참여 경험, 개입 역량을 공교육의 성패 척도로 삼는 것이 제일 바람직하다. 내 경험으로는 개개인의 학습욕구와 학습의지도 공공성과 사회성을 만날 때 가장 강해지고, 협력적 학습문화도 뿌리내릴 수 있다. 수학과학 교과도 예술문화 교과도 환경생태 교과도 예외가 아니다. 누구든지 이럴 때 자기주도적으로 심화학습의 필요를 느끼고 협력적으로 진행하게 된다. 이런 시스템 아래서는 당연히 학습과 삶의 이력을 통해 공공성과 사회성을 추구하며 개혁성과 혁신성을 보여준 교사에게 임용과 승진의 우선권을 줘야 한다. 특히 불리한 여건의 아이들을 대상으로 거둔 교육 성과에 대해 아낌없이 격려하고 우대해야 한다.

공교육을 민주시민교육으로 재편하고 민주시민 육성에서 성공하는 공교육으로 전환하기 위해 꼭 필요한 것이 교사의 정치기본권 확보다. 현재 교사는 집단행동과 정당활동, 공직출마와 선거운동을 금지당한 채 정치구경꾼의 삶을 강요받는다. 교사는 선출직과 마찬가지로 민주주의를 위한 민주주의의 기관이라는 점에서 민주주의에 대한 이해와 실천이 남달라야 하는 특수한 직업이다. 공교육이 입시경쟁교육에 머물 때는 교사의 정치금치산자 신분이 덜 문제됐을지 모르겠다. 하지만 공교육을 민주시민교육으로 재정립하려는 현재의 시점에서 교사의 학교/직무 밖 시민적·정치적 활동은 교사 인권과 정치 발전을 위해서는 물론이고 민주시민교육을 위해서도 적극 권장되어야 한다.

정치기본권 위에 잠자지 않고 정치기본권을 적극적으로 행사하는 교사들이 많아질수록 교사들은 수업 관련 사회생활 분야의 구조적·정치적 성격을 잘 이해하고 드러낼 수 있다. 이래야 학교교육이 개인을 바꾸는 입신양명교육을 넘어 세상을 바꾸는 민주시민교육이 된다. 이때 교육의 정치적 중립성 걱정은 접어도 된다. 교실 수업에서 보이텔스바흐 원칙 적용과 교내 정치활동 금지만으로도 100% 문제없이 확보되기 때문이다. 지금처럼 민주시민의 정치기본권도 못 누리는 교사들에게 민주시민을 길러내라는 건 난센스다. 민주주의와 더불어 웃고 울며 민주주의와 함께 춤추는 민주주의의 교사라야 교육기본법의 민주시민 육성 명령을 제대로 이행할 수 있다. 여기에는 예외가 없다.

삶의 행복을 꿈꾸는 교육은 어디에서 오는가?

● **교육혁명을 앞당기는 배움책 이야기** 혁신교육의 철학과 잉걸진 미래를 만나다!

한국교육연구네트워크 총서

 01 핀란드 교육혁명
한국교육연구네트워크 엮음 | 320쪽 | 값 15,000원

 02 일제고사를 넘어서
한국교육연구네트워크 엮음 | 284쪽 | 값 13,000원

 03 새로운 사회를 여는 교육혁명
한국교육연구네트워크 엮음 | 380쪽 | 값 17,000원

 04 교장제도 혁명
한국교육연구네트워크 엮음 | 268쪽 | 값 14,000원

 05 새로운 사회를 여는 교육자치 혁명
한국교육연구네트워크 엮음 | 312쪽 | 값 15,000원

 06 혁신학교에 대한 교육학적 성찰
한국교육연구네트워크 엮음 | 308쪽 | 값 15,000원

 07 진보주의 교육의 세계적 동향
한국교육연구네트워크 엮음 | 324쪽 | 값 17,000원
2018 세종도서 학술부문

 08 더 나은 세상을 위한 학교혁명
한국교육연구네트워크 엮음 | 404쪽 | 값 21,000원
2018 세종도서 교양부문

 09 비판적 실천을 위한 교육학
이윤미 외 지음 | 448쪽 | 값 23,000원
2019 세종도서 학술부문

 10 마을교육공동체운동: 세계적 동향과 전망
심성보 외 지음 | 376쪽 | 값 18,000원

 11 학교 민주시민교육의 세계적 동향과 과제
심성보 외 지음 | 308쪽 | 값 16,000원

 12 학교를 민주주의의 정원으로 가꿀 수 있을까?
성열관 외 지음 | 272쪽 | 값 16,000원

한국교육연구네트워크 번역 총서

 01 프레이리와 교육
존 엘리아스 지음 | 한국교육연구네트워크 옮김
276쪽 | 값 14,000원

 02 교육은 사회를 바꿀 수 있을까?
마이클 애플 지음 | 강희룡·김선우·박원순·이형빈 옮김
356쪽 | 값 16,000원

 03 비판적 페다고지는 세상을 변화시킬 수 있는가?
Seewha Cho 지음 | 심성보·조시화 옮김
280쪽 | 값 14,000원

 04 마이클 애플의 민주학교
마이클 애플·제임스 빈 엮음 | 강희룡 옮김
276쪽 | 값 14,000원

 05 21세기 교육과 민주주의
넬 나딩스 지음 | 심성보 옮김 | 392쪽 | 값 18,000원

 **06 세계교육개혁: 민영화 우선인가 공적 투자 강화인가?**
린다 달링-해먼드 외 지음 | 심성보 외 옮김 | 408쪽 | 값 21,000원

 07 콩도르세, 공교육에 관한 다섯 논문
니콜라드 콩도르세 지음 | 이주환 옮김
300쪽 | 값 16,000원

 08 학교를 변론하다
얀 마스켈라인·마틴 시몬스 지음 | 윤선인 옮김
252쪽 | 값 15,000원

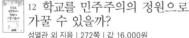

 혁신학교
성열관·이순철 지음 | 224쪽 | 값 12,000원

 행복한 혁신학교 만들기
초등교육과정연구모임 지음 | 264쪽 | 값 13,000원

 서울형 혁신학교 이야기
이부영 지음 | 320쪽 | 값 15,000원

 대한민국 교사, 어떻게 가르칠 것인가?
윤성관 지음 | 320쪽 | 값 15,000원

 아이들을 어떻게 가르칠 것인가
사토 마나부 지음 | 박찬영 옮김 | 232쪽 | 값 13,000원

 모두를 위한 국제이해교육
한국국제이해교육학회 지음 | 364쪽 | 값 16,000원

● 비고츠키 선집 시리즈 발달과 협력의 교육학 어떻게 읽을 것인가?

생각과 말
레프 세묘노비치 비고츠키 지음
배희철·김용호·D. 켈로그 옮김 | 690쪽 | 값 33,000원

도구와 기호
비고츠키·루리야 지음 | 비고츠키 연구회 옮김
336쪽 | 값 16,000원

어린이 자기행동숙달의 역사와 발달 I
L.S. 비고츠키 지음 | 비고츠키 연구회 옮김
564쪽 | 값 28,000원

어린이 자기행동숙달의 역사와 발달 II
L.S. 비고츠키 지음 | 비고츠키 연구회 옮김
552쪽 | 값 28,000원

어린이의 상상과 창조
L.S. 비고츠키 지음 | 비고츠키 연구회 옮김
280쪽 | 값 15,000원

비고츠키와 인지 발달의 비밀
A.R. 루리야 지음 | 배희철 옮김 | 280쪽 | 값 15,000원

수업과 수업 사이
비고츠키 연구회 지음 | 196쪽 | 값 12,000원

비고츠키의 발달교육이란 무엇인가?
비고츠키교육학실천연구모임 지음 | 412쪽 | 값 21,000원

비고츠키 철학으로 본 핀란드 교육과정
배희철 지음 | 456쪽 | 값 23,000원

성장과 분화
L.S. 비고츠키 지음 | 비고츠키 연구회 옮김
308쪽 | 값 15,000원

연령과 위기
L.S. 비고츠키 지음 | 비고츠키 연구회 옮김
336쪽 | 값 17,000원

의식과 숙달
L.S 비고츠키 | 비고츠키 연구회 옮김
348쪽 | 값 17,000원

분열과 사랑
L.S. 비고츠키 지음 | 비고츠키 연구회 옮김
260쪽 | 값 16,000원

성애와 갈등
L.S. 비고츠키 지음 | 비고츠키 연구회 옮김
268쪽 | 값 17,000원

흥미와 개념
L.S. 비고츠키 지음 | 비고츠키 연구회 옮김
408쪽 | 값 21,000원

관계의 교육학, 비고츠키
진보교육연구소 비고츠키교육학실천연구모임 지음
300쪽 | 값 15,000원

비고츠키 생각과 말 쉽게 읽기
진보교육연구소 비고츠키교육학실천연구모임 지음
316쪽 | 값 15,000원

교사와 부모를 위한 비고츠키 교육학
카르포프 지음 | 실천교사번역팀 옮김
308쪽 | 값 15,000원

혁신교육, 철학을 만나다
브렌트 데이비스·데니스 수마라 지음
현인철·서용선 옮김 | 304쪽 | 값 15,000원

혁신교육 존 듀이에게 묻다
서용선 지음 | 292쪽 | 값 14,000원

다시 읽는 조선 교육사
이만규 지음 | 750쪽 | 값 33,000원

대한민국 교육혁명
교육혁명공동행동 연구위원회 지음
224쪽 | 값 12,000원

경쟁을 넘어 발달 교육으로
현광일 지음 | 288쪽 | 값 14,000원

독일 교육, 왜 강한가?
박성희 지음 | 324쪽 | 값 15,000원

핀란드 교육의 기적
한넬레 니에미 외 엮음 | 장수명 외 옮김
456쪽 | 값 23,000원

한국 교육의 현실과 전망
심성보 지음 | 724쪽 | 값 35,000원

● 4·16, 질문이 있는 교실 마주이야기 통합수업으로 혁신교육과정을 재구성하다!

 통하는 공부
김태호·김형우·이경석·심우근·허진만 지음
324쪽 | 값 15,000원

 내일 수업 어떻게 하지?
아이함께 지음 | 300쪽 | 값 15,000원
2015 세종도서 교양부문

 인간 회복의 교육
성래운 지음 | 260쪽 | 값 13,000원

 교과서 너머 교육과정 마주하기
이윤미 외 지음 | 368쪽 | 값 17,000원

 수업 고수들
수업·교육과정·평가를 말하다
박현숙 외 지음 | 368쪽 | 값 17,000원

 도덕 수업, 책으로 묻고 윤리로 답하다
울산도덕교사모임 지음 | 320쪽 | 값 15,000원

 체육 교사, 수업을 말하다
전용진 지음 | 304쪽 | 값 15,000원

 교실을 위한 프레이리
아이러 쇼어 엮음 | 사람대사람 옮김
412쪽 | 값 18,000원

 마을교육공동체란 무엇인가?
서용선 외 지음 | 360쪽 | 값 17,000원

 교사, 학교를 바꾸다
정진화 지음 | 372쪽 | 값 17,000원

 함께 배움
학생 주도 배움 중심 수업 이렇게 한다
니시카와 준 지음 | 백경석 옮김 | 280쪽 | 값 15,000원

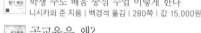 **공교육은 왜?**
홍섭근 지음 | 352쪽 | 값 16,000원

 자기혁신과 공동의 성장을 위한
교사들의 필리버스터
윤양수·원종희·장군·조경삼 지음 | 280쪽 | 값 14,000원

 함께 배움 이렇게 시작한다
니시카와 준 지음 | 백경석 옮김 | 196쪽 | 값 12,000원

 함께 배움 교사의 말하기
니시카와 준 지음 | 백경석 옮김 | 188쪽 | 값 12,000원

 교육과정 통합, 어떻게 할 것인가?
성열관 외 지음 | 192쪽 | 값 13,000원

 미래교육의 열쇠, 창의적 문화교육
심광현·노명우·강정석 지음 | 368쪽 | 값 16,000원

 주제통합수업,
아이들을 수업의 주인공으로!
이윤미 외 지음 | 392쪽 | 값 17,000원

 수업과 교육의 지평을 확장하는 수업 비평
윤양수 지음 | 316쪽 | 값 15,000원
2014 문화체육관광부 우수교양도서

 교사, 선생이 되다
김태은 외 지음 | 260쪽 | 값 13,000원

 교사의 전문성, 어떻게 만들어지나
국제교원노조연맹 보고서 | 김석규 옮김
392쪽 | 값 17,000원

 수업의 정치
윤양수·원종희·장군 지음 | 280쪽 | 값 14,000원

 학교협동조합,
현장체험학습과 마을교육공동체를 잇다
주수원 외 지음 | 296쪽 | 값 15,000원

 거꾸로 교실,
잠자는 아이들을 깨우는 수업의 비밀
이민경 지음 | 280쪽 | 값 14,000원

 교사는 무엇으로 사는가
정은균 지음 | 292쪽 | 값 15,000원

 마음의 힘을 기르는 감성수업
조선미 외 지음 | 300쪽 | 값 15,000원

 작은 학교 아이들
지경준 엮음 | 376쪽 | 값 17,000원

 아이들의 배움은 어떻게 깊어지는가
이시이 준지 지음 | 방지현·이창희 옮김
200쪽 | 값 11,000원

 대한민국 입시혁명
참교육연구소 입시연구팀 지음 | 220쪽 | 값 12,000원

 교사를 세우는 교육과정
박승열 지음 | 312쪽 | 값 15,000원

 전국 17명 교육감들과 나눈 교육 대담
최창의 대담·기록 | 272쪽 | 값 15,000원

 들뢰즈와 가타리를 통해 유아교육 읽기
리세롯 마리엣 올슨 지음 | 이연선 외 옮김
328쪽 | 값 17,000원

학교 혁신의 길, 아이들에게 묻다
남궁상운 외 지음 | 272쪽 | 값 15,000원

프레이리의 사상과 실천
사람대사람 지음 | 352쪽 | 값 18,000원
2018 세종도서 학술부문

혁신학교, 한국 교육의 미래를 열다
송순재 외 지음 | 608쪽 | 값 30,000원

페다고지를 위하여
프레네의 『페다고지 불변요소』 읽기
박찬영 지음 | 296쪽 | 값 15,000원

노자와 탈현대 문명
홍승표 지음 | 284쪽 | 값 15,000원

선생님, 민주시민교육이 뭐예요?
염경미 지음 | 244쪽 | 값 15,000원

어쩌다 혁신학교
유우석 외 지음 | 380쪽 | 값 17,000원

미래, 교육을 묻다
정광필 지음 | 232쪽 | 값 15,000원

대학, 협동조합으로 교육하라
박주희 외 지음 | 252쪽 | 값 15,000원

입시, 어떻게 바꿀 것인가?
노기원 지음 | 306쪽 | 값 15,000원

촛불시대, 혁신교육을 말하다
이용관 지음 | 240쪽 | 값 15,000원

라운드 스터디
이시이 데루마사 외 엮음 | 224쪽 | 값 15,000원

미래교육을 디자인하는 학교교육과정
박승열 외 지음 | 348쪽 | 값 18,000원

흥미진진한 아일랜드 전환학년 이야기
제리 제퍼스 지음 | 최상덕·김호원 옮김 | 508쪽 | 값 27,000원
2019 대한민국학술원우수학술도서

폭력 교실에 맞서는 용기
따돌림사회연구모임 학급운영팀 지음
272쪽 | 값 15,000원

그래도 혁신학교
박은혜 외 지음 | 248쪽 | 값 15,000원

학교는 어떤 공동체인가?
성열관 외 지음 | 228쪽 | 값 15,000원

학교 민주주의의 불한당들
정은균 지음 | 276쪽 | 값 14,000원

교육과정, 수업, 평가의 일체화
리사 카터 지음 | 박승열 외 옮김 | 196쪽 | 값 13,000원

학교를 개선하는 교장
지속가능한 학교 혁신을 위한 실천 전략
마이클 풀란 지음 | 서동연·정효준 옮김 | 216쪽 | 값 13,000원

공자던, 논어는 이것이다
유문상 지음 | 392쪽 | 값 18,000원

교사와 부모를 위한
발달교육이란 무엇인가?
현광일 지음 | 380쪽 | 값 18,000원

교사, 이오덕에게 길을 묻다
이무완 지음 | 328쪽 | 값 15,000원

낙오자 없는 스웨덴 교육
레이프 스트란드베리 지음 | 변광수 옮김
208쪽 | 값 13,000원

끝나지 않은 마지막 수업
장석웅 지음 | 328쪽 | 값 20,000원

경기꿈의학교
진흥섭 외 지음 | 360쪽 | 값 17,000원

학교를 말한다
이성우 지음 | 292쪽 | 값 15,000원

행복도시 세종,
혁신교육으로 디자인하다
곽순일 외 지음 | 392쪽 | 값 18,000원

나는 거꾸로 교실 거꾸로 교사
류광모·임정훈 지음 | 212쪽 | 값 13,000원

교실 속으로 간 이해중심 교육과정
온정덕 외 지음 | 224쪽 | 값 13,000원

교실, 평화를 말하다
따돌림사회연구모임 초등우정팀 지음
268쪽 | 값 15,000원

학교자율운영 2.0
김용 지음 | 240쪽 | 값 15,000원

학교자치를 부탁해
유우석 외 지음 | 252쪽 | 값 15,000원

국제이해교육 페다고지
강순원 외 지음 | 256쪽 | 값 15,000원

교사 전쟁
다나 골드스타인 지음 | 유성상 외 옮김
468쪽 | 값 23,000원

 시민, 학교에 가다
최형규 지음 | 260쪽 | 값 15,000원

 학교를 살리는 회복적 생활교육
김민자·이순영·정선영 지음 | 256쪽 | 값 15,000원

 교사를 위한 교육학 강의
이형빈 지음 | 336쪽 | 값 17,000원

 새로운학교 학생을 날게 하다
새로운학교네트워크 총서 02 | 408쪽 | 값 20,000원

 세월호가 묻고 교육이 답하다
경기도교육연구원 지음 | 214쪽 | 값 13,000원

 미래교육, 어떻게 만들어갈 것인가?
송기상·김성천 지음 | 300쪽 | 값 16,000원
2019 세종도서 교양부문

 교육에 대한 오해
우문영 지음 | 224쪽 | 값 15,000원

 혁신교육지구 현장을 가다
이용운 외 4인 지음 | 344쪽 | 값 18,000원

 배움의 독립선언, 평생학습
정민승 지음 | 240쪽 | 값 15,000원

 선생님, 페미니즘이 뭐예요?
염경미 지음 | 280쪽 | 값 15,000원

 평화의 교육과정 섬김의 리더십
이준원·이형빈 지음 | 292쪽 | 값 16,000원

 수포자의 시대
김성수·이형빈 지음 | 252쪽 | 값 15,000원

 혁신학교와 실천적 교육과정
신은희 지음 | 236쪽 | 값 15,000원

 삶의 시간을 잇는 문화예술교육
고영직 지음 | 292쪽 | 값 16,000원

 혐오, 교실에 들어오다
이혜정 외 지음 | 232쪽 | 값 15,000원

 혁신교육지구와 마을교육공동체는
어떻게 만들어지는가?
김태정 지음 | 376쪽 | 값 18,000원

 **선생님, 특성화고 자기소개서
어떻게 써요?**
이지영 지음 | 322쪽 | 값 17,000원

 학생과 교사, 수업을 묻다
전용진 지음 | 344쪽 | 값 18,000원

혁신학교의 꽃, 교육과정 다시 그리기
안재일 지음 | 344쪽 | 값 18,000원

● **살림터 참교육 문예 시리즈** 영혼이 있는 삶을 가르치는 온 선생님을 만나다!

 꽃보다 귀한 우리 아이는
조재도 지음 | 244쪽 | 값 12,000원

 성깔 있는 나무들
최은숙 지음 | 244쪽 | 값 12,000원

 아이들에게 세상을 배웠네
명혜정 지음 | 240쪽 | 값 12,000원

 밥상에서 세상으로
김흥숙 지음 | 280쪽 | 값 13,000원

 우물쭈물하다 끝난 교사 이야기
유기창 지음 | 380쪽 | 값 17,000원

 선생님이 먼저 때렸는데요
강병철 지음 | 248쪽 | 값 12,000원

 서울 여자, 시골 선생님 되다
조경선 지음 | 252쪽 | 값 12,000원

 행복한 창의 교육
최창의 지음 | 328쪽 | 값 15,000원

 북유럽 교육 기행
정애경 외 14인 지음 | 288쪽 | 값 14,000원

 시험 시간에 웃은 건 처음이에요
조규선 지음 | 252쪽 | 값 15,000원

● 더불어 사는 정의로운 세상을 여는 인문사회과학 사람의 존엄과 평등의 가치를 배운다

 밥상혁명
강양구·강이현 지음 | 298쪽 | 값 13,800원

 도덕 교과서 무엇이 문제인가?
김대용 지음 | 272쪽 | 값 14,000원

 자율주의와 진보교육
조엘 스프링 지음 | 심성보 옮김 | 320쪽 | 값 15,000원

 민주화 이후의 공동체 교육
심성보 지음 | 392쪽 | 값 15,000원
2009 문화체육관광부 우수학술도서

 갈등을 넘어 협력 사회로
이창언·오수길·유문종·신윤관 지음
280쪽 | 값 15,000원

 동양사상과 마음교육
정재걸 외 지음 | 356쪽 | 값 16,000원
2015 세종도서 학술부문

 교과서 밖에서 배우는 철학 공부
정은교 지음 | 280쪽 | 14,000원

 교과서 밖에서 배우는 사회 공부
정은교 지음 | 304쪽 | 값 15,000원

 교과서 밖에서 배우는 윤리 공부
정은교 지음 | 292쪽 | 값 15,000원

 한글 혁명
김슬옹 지음 | 388쪽 | 값 18,000원

 우리 안의 미래교육
정재걸 지음 | 484쪽 | 값 25,000원

 왜 그는 한국으로 돌아왔는가?
황선준 지음 | 364쪽 | 값 17,000원
2019 세종도서 교양부문

 공간, 문화, 정치의 생태학
현광일 지음 | 232쪽 | 값 15,000원

 인공지능 시대의 사회학적 상상력
홍승표 지음 | 260쪽 | 값 15,000원

 동양사상과 인간 그리고 사회
이현지 지음 | 418쪽 | 값 21,000원

 좌우지간 인권이다
안경환 지음 | 288쪽 | 값 13,000원

 민주시민교육
심성보 지음 | 544쪽 | 값 25,000원

 민주시민을 위한 도덕교육
심성보 지음 | 500쪽 | 값 25,000원
2015 세종도서 학술부문

 교과서 밖에서 배우는 인문학 공부
정은교 지음 | 280쪽 | 값 13,000원

 오래된 미래교육
정재걸 지음 | 392쪽 | 값 18,000원

 대한민국 의료혁명
전국보건의료산업노동조합 엮음 | 548쪽 | 값 25,000원

 교과서 밖에서 배우는 고전 공부
정은교 지음 | 288쪽 | 값 14,000원

 전체 안의 전체 사고 속의 사고
김우창의 인문학을 읽다
현광일 지음 | 320쪽 | 값 15,000원

 카스트로, 종교를 말하다
피델 카스트로·프레이 베토 대담 | 조세종 옮김
420쪽 | 값 21,000원

 일제강점기 한국철학
이태우 지음 | 448쪽 | 값 25,000원

 한국 교육 제4의 길을 찾다
이길상 지음 | 400쪽 | 값 21,000원
2019 세종도서 학술부문

 마을교육공동체 생태적 의미와 실천
김용련 지음 | 256쪽 | 값 15,000원

 교육과정에서 왜 지식이 중요한가
심성보 지음 | 440쪽 | 값 23,000원

 식물에게서 교육을 배우다
이차영 지음 | 260쪽 | 값 15,000원

참된 삶과 교육에 관한
생각 줍기